Bader/Koltermann/Stirnberg/Walkenhorst

Steuerberater-Prüfungsklausuren
Ausgabe 2018

www.nwb.de

Steuerfachkurs · Prüfung

Steuerberater-Prüfungsklausuren Ausgabe 2018

Von
Ltd. Regierungsdirektor i. R. Franz-Josef Bader
Steuerberater Jörg Koltermann
Prof. Dr. jur. Martin Stirnberg
Dipl.-Finanzwirt Ralf Walkenhorst

Mit Unterstützung des Studienwerks der Steuerberater in Nordrhein-Westfalen e. V.

nwb AUSBILDUNG

ISBN 978-3-482-**63957**-9

Satz: Griebsch & Rochol Druck GmbH, Hamm
Druck: Stückle Druck und Verlag, Ettenheim

VORWORT

Ein großer Vorteil der Berufe im Bereich des Steuerrechts ist der, dass man seine Karriere aktiv mitgestalten kann, zum Beispiel, indem man sich zum Steuerberater fortbildet. Wenngleich dieses Berufsexamen mit zu den anspruchsvollsten zählt, so kann man der Prüfung durch eine gezielte Vorbereitung einen Teil ihres Schreckens nehmen. Der vorliegende Band soll diejenigen, die sich entschlossen haben, an einer der nächsten Prüfungen teilzunehmen, unterstützen.

Zur Vorbereitung auf die Steuerberaterprüfung sollten Sie möglichst viele Klausuren selbständig lösen. Es bedarf nämlich schon einiger Klausurerfahrung, um mit den ziemlich umfangreichen Sachverhalten in der vorgesehenen Zeit von sechs Zeitstunden fertig zu werden.

Nur wer die notwendige Erfahrung in der Bearbeitung prüfungsnaher Klausuren besitzt, kennt die zahlreichen kleinen Hürden, die neben den eigentlichen Klausurproblemen in jeder Klausur zu bewältigen sind. Können Sie diese Hürden schnell nehmen, haben Sie genügend Zeit, sich den eigentlichen Klausurproblemen zu widmen. Darüber hinaus sind Sie darin geübt, sich die sogenannten „Standardpunkte" zu sichern. Die meisten Prüfungsklausuren können allein mit Hilfe dieser Bewertungspunkte mit einem ausreichenden Ergebnis gelöst werden, ohne dass die Spitzenprobleme der Klausur gelöst wurden.

Die Autorenlösungen in diesem Band fallen gleichwohl mitunter ausführlicher aus, um die Leser auf diese Weise beim Nacharbeiten des Stoffes zu unterstützen.

Dieses Buch enthält die Klausuren der Steuerberaterprüfung 2013 und 2012, jeweils fortgeschrieben auf die für die Prüfung 2018 maßgebende Rechtslage und einschließlich der Lösungen.

Die Klausuren der Prüfungen 2013 und 2012 sollen Aufschluss geben über die derzeitigen Prüfungsanforderungen, ferner über den Aufbau der Steuerberater-Prüfungsklausuren und deren Prüfungsschwerpunkte. Erfahrungsgemäß wird bei der Abfassung von Prüfungsklausuren auf Sachverhalte älterer Klausuren zurückgegriffen, so dass die Bearbeitung älterer Klausuren im Vorbereitungsprogramm auf die Steuerberaterprüfung nicht fehlen sollte.

Im Rahmen der schriftlichen Steuerberaterprüfung sind bekanntlich drei Klausuren zu schreiben, nämlich je eine aus dem

- Gebiet des Verfahrensrechts und anderer Steuerrechtsgebiete (AO, USt und zumeist Bewertung, ErbSt),
- Gebiet der Ertragsteuern (ESt, KSt, GewSt) sowie aus dem
- Gebiet der Buchführung und des Bilanzwesens.

Informationen zu den zugelassenen Hilfsmitteln für die Steuerberaterprüfung finden Sie auf Seite 1 dieser Ausgabe.

Um zur mündlichen Prüfung zugelassen zu werden, darf der Durchschnitt der drei Klausuren die Zahl 4,5 nicht übersteigen. Zwei **Beispiele**:

- Klausur 1: **5**; Klausur 2: **5**; Klausur 3: **3,5** = Ø **4,5**
  schriftlicher Prüfungsteil **bestanden**, aber
- Klausur 1: **4,5**; Klausur 2: **5**; Klausur 3: **4,5** = Ø **4,66**
  schriftlicher Prüfungsteil **nicht** bestanden.

Wie sich die Noten der einzelnen Klausuren errechnen, zeigt folgende Tabelle:

Punkte	**Note der Klausur**		**Punkte**	**Note der Klausur**	
95 – 100	sehr gut	1	50 – 58,5	ausreichend	4
88 – 94,5	sehr gut	1,5	40 – 49,5	ausreichend	4,5
81 – 87,5	gut	2	30 – 39,5	mangelhaft	5
74 – 80,5	gut	2,5	20 – 29,5	mangelhaft	5,5
67 – 73,5	befriedigend	3	0 – 19,5	ungenügend	6
59 – 66,5	befriedigend	3,5			

Wir hoffen sehr, dass Ihnen dieses Buch die Vorbereitung auf Ihre Steuerberaterprüfung erleichtert, und wünschen Ihnen dabei den verdienten Erfolg.

Für Hinweise und Anregungen sind wir dankbar.

Nordkirchen/Münster/Herne
im März 2018

Verfasser, Studienwerk, Verlag

HINWEIS

Dieses Buch wurde mit Unterstützung des Studienwerks der Steuerberater in Nordrhein-Westfalen e.V., Geschäftsstelle Münster, Hüfferstraße 73, 48149 Münster, erstellt.
(www.studienwerk.de)

INHALTSVERZEICHNIS

Steuerberaterprüfung 2012/2018

Gleich lautende Erlasse der obersten Finanzbehörden der Länder über den Termin der schriftlichen Steuerberaterprüfung 2018 und die hierfür zugelassenen Hilfsmittel

vom 20. 10. 2017 (BStBl 2017 I S. 1440)

Der schriftliche Teil der Steuerberaterprüfung 2018 findet bundeseinheitlich vom

9 bis 11. Oktober 2018

statt. Für die Zulassung zur Prüfung, Befreiung von der Prüfung und die organisatorische Durchführung der Prüfung sind die Steuerberaterkammern zuständig. Entsprechende Anträge sind an die zuständigen Steuerberaterkammern zu richten. Näheres regeln die Bekanntmachungen der Steuerberaterkammern, die in den Kammermitteilungen und auf den Internetseiten der Steuerberaterkammern veröffentlicht werden.

Für den schriftlichen Teil der Steuerberaterprüfung 2014 werden als Hilfsmittel Textausgaben (Loseblatt-Sammlung oder gebunden) beliebiger Verlage zugelassen. Mindestens benötigt werden die Texte folgender Gesetze einschließlich ggf. hierzu erlassener Durchführungsverordnungen und Richtlinien:

- Abgabenordnung, Finanzgerichtsordnung, Verwaltungszustellungsgesetz,
- Erbschaftsteuer- und Schenkungsteuergesetz, Bewertungsgesetz,
- Umsatzsteuergesetz,
- Einkommensteuergesetz , Körperschaftsteuergesetz, Gewerbesteuergesetz,
- Umwandlungsgesetz, Umwandlungssteuergesetz,
- Außensteuergesetz,
- Investitionszulagengesetz,
- Grunderwerbsteuergesetz, Grundsteuergesetz,
- Bürgerliches Gesetzbuch, Handelsgesetzbuch, Aktiengesetz, GmbH-Gesetz,
- Steuerberatungsgesetz.

Es liegt in der Verantwortung der Bewerber, dafür Sorge zu tragen, dass ihnen neben dem aktuellen Rechtsstand des Prüfungsjahres 2018 die vorgenannten Vorschriften auch in der für das Kalenderjahr 2017 geltenden Fassung zur Verfügung stehen. Sofern bei der Lösung einzelner Aufgaben ein anderer Rechtsstand maßgeblich ist, werden die entsprechenden Rechtsvorschriften dem Aufgabentext als Anlage beigefügt.

Die Textausgaben dürfen weitere Gesetzestexte, Verwaltungsanweisungen der Finanzbehörden, Leitsatzzusammenstellungen, Fußnoten und Stichwortverzeichnisse enthalten. Fachkommentare sind ausdrücklich nicht zugelassen.

Die jeweiligen Textausgaben sind von den Bewerbern selbst zu beschaffen und zur Prüfung mitzubringen. Sie dürfen außer Unterstreichungen, Markierungen und Hilfen zum schnelleren Auffinden der Vorschriften (sog. Griffregister) keine weiteren Anmerkungen oder Eintragungen enthalten. Die Griffregister dürfen Stichworte aus der Überschrift und Paragraphen enthalten. Eine weitere Beschriftung ist nicht zulässig.

Die Benutzung eines nicht programmierbaren Taschenrechners ist zulässig.

Steuerberaterprüfung 2013/2018

Prüfungsaufgabe aus dem Verfahrensrecht und anderen Steuerrechtsgebieten

Teil I: Abgabenordnung und Finanzgerichtsordnung

Sachverhalt 1

Am 11. 6. des Jahres 13 schildert Dorothea Dorn, wohnhaft in der Schwanthalerstr. 5 in 82256 Fürstenfeldbruck (Finanzamtsbezirk Fürstenfeldbruck/Bayern), im Rahmen einer Besprechung mit Steuerberater Leopold Bayerl in Dachau (Finanzamtsbezirk Dachau/Bayern), Ludwigstraße 5, folgenden Sachverhalt:

„Ich bin am 12. 3. 13 mit einem akut durchgebrochenen Zwölffingerdarmgeschwür im Koma ins Universitätskrankenhaus „Rechts der Isar" in München eingeliefert und dort notoperiert worden. Erst am Abend des 2. 5. 13 bin ich aus dem Krankenhaus entlassen worden. Als ich dann am 3. 5. 13 meinen überquellenden Hausbriefkasten geöffnet habe - ich lebe nämlich allein - habe ich eine Überraschung erlebt:

In meinem Briefkasten in der Schwanthalerstr. 5 in Fürstenfeldbruck, befand sich der Einkommensteuerbescheid für das Jahr 11 des Finanzamts Dachau vom 18. 3. 13 (Bescheiddatum), adressiert an, „Frau Dorothea Dorn, Badstraße 33, 85221 Dachau". Ich war kurz vor dem Notfall von Dachau nach Fürstenfeldbruck in die Schwanthalerstr. 5 umgezogen. In dem Bescheid wurde eine Einkommensteuer i. H. v. 38 028 € festgesetzt.

Ich betreibe seit Jahren in Fürstenfeldbruck, Schwanthalerstr. 4, meine Physiotherapiepraxis. Als nun im Nachbargebäude, Schwanthalerstr. 5, eine Wohnung zum 15. 2. 13 frei geworden war, habe ich diese Chance genutzt, um endlich nicht mehr pendeln zu müssen. Im Rahmen meines Umzuges war ich noch nicht dazu gekommen, die Behörden, insbesondere die betroffenen Finanzämter zu informieren, allerdings hatte ich bei den Postdienstleistern bereits einen Nachsendeauftrag ab 1. 3. 13 erteilt, da ich bis zum 1. 3. dieses Jahres meine alte Wohnung räumen musste.

Auf dem Kuvert des besagten Bescheides war vom Postbediensteten vermerkt: *„Zustellversuch in Dachau, Badstraße 33, am 19. 3. 13, aber verzogen – Nachsendung"*. Darunter stand: *„Zustellung Fürstenfeldbruck, Schwanthalerstr. 5, am 28. 3. 13"*.

Ich habe dann gegen diesen Steuerbescheid vorgehen müssen, denn der darin festgestellte Gewinn 11 aus der von mir selbständig betriebenen Physiotherapiepraxis (Krankengymnastik) i. H. v. 120 000 € ist zu hoch. Ich habe leider fälschlicher Weise in meiner Gewinnermittlung 11 (Einnahme-Überschussrechnung nach § 4 Abs. 3 EStG) die Begleichung einer Honorarforderung über 2 380 € gegen einen Privatpatienten als Betriebseinnahme erfasst. Die Bezahlung war mit Scheck erfolgt, dieser war am 28. 12. 11 ausgestellt und mir am gleichen Tag übergeben worden, aber beim Einlösungsversuch am 3. 1. 12 war keine Deckung vorhanden. Erst im Februar 12 war dann der Betrag von dem Patienten bar bezahlt worden. Trotzdem habe ich in der Gewinnermittlung des Jahres 11 die „Scheckzahlung" als Betriebseinnahme erfasst. Dies ist zu korrigieren, da der Scheck ja nicht gedeckt war, also keine Erfüllung eingetreten ist.

Dann habe ich noch eine zweite Überraschung erlebt: Als ich am Sonntag, 5. 5. 13, noch einmal zu meiner mittlerweile ab 15. 3. neu vermieteten früheren Wohnung in Dachau gefahren bin, um noch einige Angelegenheiten mit dem Vermieter zu regeln, hat mir meine Nachbarin aus der Badstraße 31 einen an mich gerichteten Brief in die Hand gedrückt, der schon vor längerer Zeit vom Postboten aus Versehen in ihren Briefkasten eingelegt worden war. Sie hätte den Brief schon längst an mich weitergeben wollen, es dann aber vergessen, nachdem wir uns wegen meines Umzugs und Krankenhausaufenthalts nicht mehr getroffen hätten.

Der Brief ist gerichtet an „Frau Dorothea Dorn, Badstraße 33, 85221 Dachau". Im Kuvert ist ein „Bescheid für das Jahr 11 über die gesonderte Feststellung von Grundlagen für die Einkommensbesteuerung" vom Finanzamt Fürstenfeldbruck enthalten. Festgestellt ist ein Gewinn für das Jahr 11 aus selbständiger Tätigkeit i. H. v. 120 000 €. Als Datum ist auf dem Bescheid der 14. 2. 13 aufgedruckt. Diese Gewinnfeststellung ist natürlich genauso falsch wie der Gewinn im Einkommensteuerbescheid. Immerhin widersprechen sich die beiden Finanzämter nicht in der Höhe des festgestellten Gewinns.

Mein Hauptproblem ist aber, dass dieser Bescheid überhaupt nicht mehr hätte ergehen dürfen. Er ist doch völlig sinnlos, wo ich jetzt auch in Fürstenfeldbruck wohne, allein deshalb wünsche ich schon dessen Aufhebung. Ich habe dies alles bereits dem Finanzamt mitgeteilt, hier ist die Kopie des Schreibens, das ich an das Finanzamt Dachau per Einschreiben mit Rückschein gesandt habe und das dort am 3. 6. 13 (Datum auf dem Rückschein angegeben) eingegangen ist:

„Dorothea Dorn *29. 5. 13*
Schwantalerstr. 5
82256 Fürstenfeldbruck

An Finanzamt Dachau
Bügermeister-Zauner-Ring 2 85221 Dachau

Betrifft Einkommensteuer des Jahrs 11

Sehr geehrte Damen und Herren,

ich bin mit dem Einkommensteuerbescheid 2011 des Finanzamtes Dachau vom 18. 3. 13 und mit dem Gewinnfeststellungsbescheid 11 des Finanzamtes Fürstenfeldbruck vom 14. 2. 13 nicht einverstanden..

Der darin jeweils festgestellte Gewinn aus der von mir selbständig betriebenen Physiotherapiepraxis (Krankengymnastik) i. H. v. 120 000 € ist leider zu hoch."

(Im Folgenden ist genau dasselbe geschildert, was auch dem Steuerberater in der Besprechung mitgeteilt worden ist, deshalb ist es hier nicht erneut abgedruckt).

Das Schreiben an das Finanzamt Dachau endet mit dem Satz:

„Ich bitte Sie, überprüfen Sie alle von mir angesprochenen finanzamtlichen Maßnahmen, wenn ich zu spät dran sein sollte, üben Sie bitte Nachsicht aufgrund meiner schweren Erkrankung."

Das Schreiben war nicht unterschrieben.

Aufgaben:

1. Sie erhalten von Steuerberater Bayerl den Auftrag, ein Gutachten zu erstellen, ob Frau Dorn bereits zulässige Einsprüche gegen die angesprochenen Maßnahmen der Finanzämter Dachau und Fürstenfeldbruck eingelegt hat, oder ob von der Steuerkanzlei noch etwas veranlasst werden muss, damit letztlich zulässige Einsprüche vorliegen

2. In dem Gutachten sollen Sie dann weiter prüfen, ob die Einwendungen von Frau Dorn Erfolg haben werden.

Alle Verwaltungsakte waren mit einer zutreffenden Rechtsbehelfsbelehrung versehen.

Die Angaben von Frau Dorn entsprechen der Wahrheit.

Sachverhalt 2

Kai Hundertmark betreibt in Ingolstadt (Finanzamtsbezirk Ingolstadt/Bayern) in der Industriestraße 71-75 als Alleininhaber einen Groß- und Einzelhandel mit Elektro-Küchengeräten aller Art mit der Bezeichnung „Küchentechnik Hundertmark e. K.“. Der Betrieb ist als Mittelbetrieb i. S. d. § 3 BpO eingestuft. Der Gewinn wird durch Betriebsvermögensvergleich, §§ 4 Abs. 1, 5 EStG ermittelt, das Wirtschaftsjahr ist mit dem Kalenderjahr identisch. Kai Hundertmark ist ledig und wird seit zwanzig Jahren vom örtlich zuständigen Finanzamt Ingolstadt zur Einkommensteuer veranlagt.

Der Betrieb von Kai Hundertmark war im Jahr 11 zur turnusmäßigen Betriebsprüfung vorgesehen. Steueramtmann Thomas Bartl bereitete am 12. 9. 11 in seinem Büro im Finanzamt Ingolstadt die Betriebsprüfung vor und ermittelte aus den Veranlagungsakten folgende Eckpunkte:

	Jahr 06	Jahr 07	Jahr 08
festgesetzte ESt	100 000 €	170 000 €	190 000 €
unanfechtbar	ja	ja	Ja
Festsetzung	uVdN	uVdN	Endgültig

Für alle Veranlagungszeiträume lagen von Kai Hundertmark eigenhändig unterschriebene Einkommensteuererklärungen vor. Diese waren beim Finanzamt Ingolstadt formgerecht jeweils in dem Kalenderjahr eingegangen, das dem jeweiligen Veranlagungszeitraum folgte. Die jeweiligen Unterlagen für die Ermittlung des Gewinns aus Gewerbebetrieb, Gewinn- und Verlust-Rechnung und Bilanz, waren in der gesetzlich vorgeschriebenen Weise mit den Steuererklärungen abgegeben worden. Hundertmark war jeweils zeitnah erklärungsgemäß zur Einkommensteuer veranlagt worden, die Einkommensteuerbescheide waren ihm gegenüber wirksam bekannt gegeben worden.

Das Finanzamt Ingolstadt, Betriebsprüfungsstelle, gab am 4. 10. 11 folgendes Schreiben zur Post:

„An Herrn Kai Hundertmark
Industriestraße 71- 75
93059 Ingolstadt

Prüfungsanordnung *4. 10. 11*

Es wird gegen Sie die Duldung einer Außenprüfung für die Einkommensteuer der Jahre 06 bis 08 angeordnet. Die Außenprüfung ist gem. § 193 Abs. 1 AO bei Ihnen zulässig.

Als Prüfungsbeginn wird der 7. 11. des Jahres 11 bestimmt, StA Thomas Bartl ist für die Durchführung der Außenprüfung in ihrem Betrieb in der Industriestraße 71-75 vorgesehen.

Karl Speckner
(RR Karl Speckner) SL Bp“

Mit Schreiben vom 2. 11. 11, Eingang beim Finanzamt Ingolstadt am Freitag, 4. 11. 11, legte Kai Hundertmark „Einspruch gegen die Prüfungsanordnung vom 4. 10. 11“ ein. Er beantragte die ersatzlose Aufhebung der Prüfungsanordnung. Ein Antrag auf Aussetzung der Vollziehung der Prüfungsanordnung war nicht gestellt worden.

StA Bartl war am Montag, 7. 11. 11, um 9.00 Uhr zur Prüfung in den Geschäftsräumen erschienen. Er hatte sich bis 11.30 Uhr gerade einmal ein Bild über die vorgelegten Unterlagen gemacht, als sein Sachgebietsleiter telefonisch anordnete, er solle die Prüfung abbrechen und die Prüfung bis zur Entscheidung über den Einspruch gegen die Prüfungsanordnung unterbrechen.

Am 17. 4. 12 wies das Finanzamt Ingolstadt in einer Einspruchsentscheidung den Einspruch von Kai Hundertmark gegen die Prüfungsanordnung vom 4. 10. 11 als unbegründet zurück. Nach telefonischer Anmeldung nahm StA Bartl am 5. 11. 12 die Prüfung wieder auf und prüfte sieben Arbeitstage in den Geschäftsräumen von Hundertmark. Zur Vorbereitung der Schlussbesprechung am 26. 3. 13 teilte Bartl u. a. folgende Prüferfeststellung dem mittlerweile von Kai Hundertmark als Beistand bevollmächtigten Steuerberater Helmut Schönhuber mit:

Tz. 1 der Prüferfeststellungen:

Im März 06 hat Kai Hundertmark das Grundstück Industriestr. 75 für den Bau eines modernen Hochregallagers erworben, da er in den Online-Handel eingestiegen war und dafür ein modernes Hochregallager errichten musste. Das auf dem erworbenen Grundstück befindliche alte Bürogebäude ist abgerissen und im gleichen Jahr durch einen zum 15. 12. 06 fertiggestellten modernen Hochregallagerbau ersetzt worden. Die Abbruchkosten haben sich auf netto 200 000 € belaufen, weil die Fassade der alten Halle mit Asbest-Eternitplatten verkleidet war, deren Entsorgung extreme Kosten verursacht hat. Die gesamten Abbruchkosten sind als sofortig abzugsfähige Betriebsausgabe gebucht worden.

Bei materiell-steuerrechtlich richtiger Würdigung des Vorganges hatten diese Kosten als Teil der Herstellungskosten für das neue Lagergebäude aktiviert und abgeschrieben werden müssen, weil beim Kauf Abbruchabsicht für die alte Halle bestanden habe. Die zusätzliche jährliche AfA für das Gebäude nach § 7 Abs. 4 Nr. 1 EStG betrüge dann 3 % von 200 000 = 6 000 €. Dies führe zu folgenden Auswirkungen:

ESt	Jahr 06	Jahr 07	Jahr 08
Aktivierung	199 500 €		
AfA		6 000 €	6 000 €

Steuerberater Helmut Schönhuber bespricht mit dem zur Steuerberaterprüfung angemeldeten Steuerfachwirt Jens Fleischer diese Prüferfeststellung. Er ist der Ansicht, eine Änderung der betroffenen Einkommensteuerbescheide sei nicht mehr rechtmäßig, da die Festsetzungsverjährung schon eingetreten sei, die jegliche Änderung, zumindest jedoch eine steuererhöhende Änderung unzulässig mache, er möchte die Rechtslage von Jens Fleischer in einem Gutachten geprüft haben.

Aufgabe:

Erstellen Sie das Gutachten von Jens Fleischer, stellen Sie dar, wie die jeweiligen Einkommensteuerbescheide der Jahre 06—08 hinsichtlich des festgestellten Gewinns aus Gewerbebetrieb aufgrund der im Sachverhalt angesprochenen Erkenntnisse aus der Außenprüfung korrigiert werden müssen.

Eine Steuerberechnung ist nicht vorzunehmen, es genügt die Darstellung der Korrektur des festzustellenden Gewinns aus Gewerbebetrieb bzw. des zu versteuernden Einkommens. Setzen Sie sich dabei mit den in Tz. 1 der Betriebsprüferfeststellungen dargestellten Rechtsmeinung und der dazu geäußerten Ansicht des Steuerberaters auseinander.

Bearbeitungsanweisungen:

- Alle schriftlichen Verwaltungsakte waren mit zutreffender Rechtsbehelfsbelehrung versehen
- Die tatsächlichen Feststellungen des Außenprüfers Bartl sind als richtig zu unterstellen
- Kai Hundertmark ist hinsichtlich der Fehler in der Buchführung kein leichtfertiges oder vorsätzliches steuerschädliches Verhalten vorzuwerfen
- Gewerbesteuerliche Auswirkungen sind nicht darzustellen

(Anlage: Kalender 2011, 2012, 2013)

11

	Januar	Februar	März
Montag	3 10 17 24 31	7 14 21 28	7 14 21 28
Dienstag	4 11 18 25	1 8 15 22	1 8 15 22 29
Mittwoch	5 12 19 26	2 9 16 23	2 9 16 23 30
Donnerstag	**6** 13 20 27	3 10 17 24	3 10 17 24 31
Freitag	7 14 21 28	4 11 18 25	4 11 18 25
Samstag	**1** 8 15 22 29	5 12 19 26	5 12 19 26
Sonntag	**2 9 16 23 30**	**6 13 20 27**	**6 13 20 27**
Woche	52 1 2 3 4 5	5 6 7 8 9	9 10 11 12 13
Arbeitstage	20/21	20	23

	April	Mai	Juni
Montag	4 11 18 **25**	2 9 16 23 30	6 **13** 20 27
Dienstag	5 12 19 26	3 10 17 24 31	7 14 21 28
Mittwoch	6 13 20 27	4 11 18 25	1 8 15 22 29
Donnerstag	7 14 21 28	5 12 19 26	**2** 9 16 **23** 30
Freitag	1 8 15 **22** 29	6 13 20 27	3 10 17 24
Samstag	2 9 16 23 30	7 14 21 28	4 11 18 25
Sonntag	**3 10 17 24**	**1 8 15 22 29**	**5 12 19 26**
Woche	13 14 15 16 17	18 19 20 21 22	22 23 24 25 26
Arbeitstage	19	22	19/20

	Juli	August	September
Montag	4 11 18 25	1 8 **15** 22 29	5 12 19 26
Dienstag	5 12 19 26	2 9 16 23 30	6 13 20 27
Mittwoch	6 13 20 27	3 10 17 24 31	7 14 21 28
Donnerstag	7 14 21 28	4 11 18 25	1 8 15 22 29
Freitag	1 8 15 22 29	5 12 19 26	2 9 16 23 30
Samstag	2 9 16 23 30	6 13 20 27	3 10 17 24
Sonntag	**3 10 17 24 31**	**7 14 21 28**	**4 11 18 25**
Woche	26 27 28 29 30	31 32 33 34 35	35 36 37 38 39
Arbeitstage	21	22/23	22

	Oktober	November	Dezember
Montag	**3** 10 17 24 **31**	7 14 21 28	5 12 19 **26**
Dienstag	4 11 18 25	**1** 8 15 22 29	6 13 20 27
Mittwoch	5 12 19 26	2 9 **16** 23 30	7 14 21 28
Donnerstag	6 13 20 27	3 10 17 24	1 8 15 22 29
Freitag	7 14 21 28	4 11 18 25	2 9 16 23 30
Samstag	1 8 15 22 29	5 12 19 26	3 10 17 24 31
Sonntag	**2 9 16 23 30**	**6 13 20 27**	**4 11 18 25**
Woche	40 41 42 43 44	44 45 46 47 48	48 49 50 51 52
Arbeitstage	19/20	21/22	21

Bewegliche und nicht bundeseinheitliche* Feiertage: Heilige Drei Könige* 6. Januar, Karfreitag 22. April, Ostern 24. und 25. April, Christi Himmelfahrt 2. Juni, Pfingsten 12. und 13. Juni, Fronleichnam* 23. Juni, Friedensfest* 8. Aug., Mariä Himmelfahrt* 15. Aug., Reformationstag* 31. Oktober, Allerheiligen* 1. Nov., Buß- u. Bettag* 16. Nov.

12

	Januar	Februar	März
Montag	2 9 16 23 30	6 13 20 27	5 12 19 26
Dienstag	3 10 17 24 31	7 14 21 28	6 13 20 27
Mittwoch	4 11 18 25	1 8 15 22 29	7 14 21 28
Donnerstag	5 12 19 26	2 9 16 23	1 8 15 22 29
Freitag	**6** 13 20 27	3 10 17 24	2 9 16 23 30
Samstag	7 14 21 28	4 11 18 25	3 10 17 24 31
Sonntag	**1 8 15 22 29**	**5 12 19 26**	**4 11 18 25**
Woche	52 1 2 3 4 5	5 6 7 8 9	9 10 11 12 13
Arbeitstage	21/22	21	22

	April	Mai	Juni
Montag	2 **9** 16 23 30	7 14 21 **28**	4 11 18 25
Dienstag	3 10 17 24	**1** 8 15 22 29	5 12 19 26
Mittwoch	4 11 18 25	2 9 16 23 30	6 13 20 27
Donnerstag	5 12 19 26	3 10 **17** 24 31	**7** 14 21 28
Freitag	**6** 13 20 27	4 11 18 25	1 8 15 22 29
Samstag	7 14 21 28	5 12 19 26	2 9 16 23 30
Sonntag	**1 8 15 22 29**	**6 13 20 27**	**3 10 17 24**
Woche	14 15 16 17 18	18 19 20 21 22	22 23 24 25 26
Arbeitstage	19	20	20/21

	Juli	August	September
Montag	2 9 16 23 30	6 13 20 27	3 10 17 24
Dienstag	3 10 17 24 31	7 14 21 28	4 11 18 25
Mittwoch	4 11 18 25	1 8 **15** 22 29	5 12 19 26
Donnerstag	5 12 19 26	2 9 16 23 30	6 13 20 27
Freitag	6 13 20 27	3 10 17 24 31	7 14 21 28
Samstag	7 14 21 28	4 11 18 25	1 8 15 22 29
Sonntag	**1 8 15 22 29**	**5 12 19 26**	**2 9 16 23 30**
Woche	27 28 29 30 31	31 32 33 34 35	36 37 38 39
Arbeitstage	22	22/23	20

	Oktober	November	Dezember
Montag	1 8 15 22 29	5 12 19 26	3 10 17 24 31
Dienstag	2 9 16 23 30	6 13 20 27	4 11 18 **25**
Mittwoch	**3** 10 17 24 **31**	7 14 **21** 28	5 12 19 **26**
Donnerstag	4 11 18 25	**1** 8 15 22 29	6 13 20 27
Freitag	5 12 19 26	2 9 16 23 30	7 14 21 28
Samstag	6 13 20 27	3 10 17 24	1 8 15 22 29
Sonntag	**7 14 21 28**	**4 11 18 25**	**2 9 16 23 30**
Woche	40 41 42 43 44	44 45 46 47 48	49 50 51 52 1
Arbeitstage	21/22	21/22	19

Bewegliche und nicht bundeseinheitliche* Feiertage: Heilige Drei Könige* 6. Januar, Karfreitag 6. April, Ostern 8. und 9. April, Christi Himmelfahrt 17. Mai, Pfingsten 27. und 28. Mai, Fronleichnam* 7. Juni, Friedensfest* 8. Aug., Mariä Himmelfahrt* 15. Aug., Reformationstag* 31. Oktober, Allerheiligen* 1. Nov., Buß- u. Bettag* 21. Nov.

13

	Januar	**Februar**	**März**
Montag	7 14 21 28	4 11 18 25	4 11 18 25
Dienstag	**1** 8 15 22 29	5 12 19 26	5 12 19 26
Mittwoch	2 9 16 23 30	6 13 20 27	6 13 20 27
Donnerstag	3 10 17 24 31	7 14 21 28	7 14 21 28
Freitag	4 11 18 25	1 8 15 22	1 8 15 22 **29**
Samstag	5 12 19 26	2 9 16 23	2 9 16 23 30
Sonntag	**6 13 20 27**	**3 10 17 24**	**3 10 17 24 31**
Woche	1 2 3 4 5	5 6 7 8 9	9 10 11 12 13
Arbeitstage	22	20	20

	April	**Mai**	**Juni**
Montag	**1** 8 15 22 29	6 13 **20** 27	3 10 17 24
Dienstag	2 9 16 23 30	7 14 21 28	4 11 18 25
Mittwoch	3 10 17 24	**1** 8 15 22 29	5 12 19 26
Donnerstag	4 11 18 25	2 **9** 16 23 **30**	6 13 20 27
Freitag	5 12 19 26	3 10 17 24 31	7 14 21 28
Samstag	6 13 20 27	4 11 18 25	1 8 15 22 29
Sonntag	**7 14 21 28**	**5 12 19 26**	**2 9 16 23 30**
Woche	14 15 16 17 18	18 19 20 21 22	23 24 25 26
Arbeitstage	21	19/20	20

	Juli	**August**	**September**
Montag	1 8 15 22 29	5 12 19 26	2 9 16 23 30
Dienstag	2 9 16 23 30	6 13 20 27	3 10 17 24
Mittwoch	3 10 17 24 31	7 14 21 28	4 11 18 25
Donnerstag	4 11 18 25	1 8 **15** 22 29	5 12 19 26
Freitag	5 12 19 26	2 9 16 23 30	6 13 20 27
Samstag	6 13 20 27	3 10 17 24 31	7 14 21 28
Sonntag	**7 14 21 28**	**4 11 18 25**	**1 8 15 22 29**
Woche	27 28 29 30 31	31 32 33 34 35	36 37 38 39 40
Arbeitstage	23	21/22	21

	Oktober	**November**	**Dezember**
Montag	7 14 21 28	4 11 18 25	2 9 16 23 30
Dienstag	1 8 15 22 29	5 12 19 26	3 10 17 24 31
Mittwoch	2 9 16 23 30	6 13 **20** 27	4 11 18 **25**
Donnerstag	**3** 10 17 24 **31**	7 14 21 28	5 12 19 **26**
Freitag	4 11 18 25	**1** 8 15 22 29	6 13 20 27
Samstag	5 12 19 26	2 9 16 23 30	7 14 21 28
Sonntag	**6 13 20 27**	**3 10 17 24**	**1 8 15 22 29**
Woche	40 41 42 43 44	44 45 46 47 48	49 50 51 52 1
Arbeitstage	21/22	20/21	20

Bewegliche und nicht bundeseinheitliche* Feiertage: Heilige Drei Könige* 6. Januar, Karfreitag 29. März, Ostern 31. März und 1. April, Christi Himmelfahrt 9. Mai, Pfingsten 19. und 20. Mai, Fronleichnam* 30. Mai, Friedensfest* 8. Aug., Mariä Himmelfahrt* 15. Aug., Reformationstag* 31. Oktober, Allerheiligen* 1. Nov., Buß- u. Bettag* 20. Nov.

Teil II: Umsatzsteuer

ALLGEMEINE HINWEISE:

Erforderliche Belege und Aufzeichnungen sind vorhanden. Die formellen Voraussetzungen des § 25b UStG sind gegebenenfalls erfüllt. Voranmeldungszeitraum ist der Kalendermonat. Liefer- und Erwerbsschwellen gelten gegebenenfalls als überschritten.

Soweit aus dem Sachverhalt nichts Gegenteiliges hervorgeht

- enthalten Rechnungen die nach §§ 14, 14a UStG bzw. §§ 33, 34 UStDV erforderlichen Angaben,
- versteuern alle angesprochenen Unternehmer ihre Umsätze nach den allgemeinen Vorschriften des UStG und nach vereinbarten Entgelten. Anträge nach § 19 Abs. 2 UStG wurden nicht gestellt,
- verwenden die Unternehmer im innergemeinschaftlichen Waren- und Dienstleistungsverkehr die Umsatzsteuer-Identifikationsnummer ihres Heimatlandes,
- wurden gemischt genutzte Wirtschaftsgüter dem Unternehmensvermögen zugeordnet,
- entspricht die geplante Verwendung der tatsächlichen,
- liegen alle angegebenen Orte im Inland.

Die Kalenderjahre bis einschließlich 2017 sind bestandskräftig veranlagt. Die steuerliche Beurteilung war jeweils zutreffend.

Aufgabe:

Beurteilen Sie die angeführten Sachverhalte in ihrer umsatzsteuerlichen Auswirkung auf die Terra GmbH, Anton Aigner, Berta Bruch und Claudius Cosinus im Besteuerungszeitraum 2018. Hierbei ist insbesondere auf die Umsatzart, die Steuerpflicht, die Bemessungsgrundlage für steuerpflichtige Umsätze und auf den Vorsteuerabzug einzugehen. Die Umsatzsteuer für steuerpflichtige Umsätze ist zu berechnen.

Wo der Sachverhalt es erlaubt, ist auch anzugeben, in welchem Voranmeldungszeitraum die Steuer entsteht bzw. zu berichtigen ist und die Vorsteuer abgezogen werden kann.

Gehen Sie auch kurz auf die Unternehmereigenschaft und den Umfang des Unternehmens der Terra GmbH, Berta Bruch, Claudius Cosinus und Anton Aigner ein.

Begründen Sie bitte Ihre Entscheidungen unter Angabe der gesetzlichen Bestimmungen.

Die Ermittlung der Bemessungsgrundlage für die private Wohnungsnutzung wird erlassen.

Sachverhalt:

Die Terra GmbH mit Sitz in München, Dachauer Str. 120, ist auf dem Immobiliensektor tätig. Sie betätigt sich als Maklerin, bietet Hausverwaltungsdienste an und besitzt im Inland und in Österreich einige Wohn- und Geschäftshäuser, die sie vermietet. Gesellschafter der im Jahre 2010 gegründeten Terra GmbH sind Anton Aigner mit 60% und Berta Bruch und Claudius Cosinus mit jeweils 20% der Anteile.

1. Anton Aigner ist als Geschäftsführer für die GmbH tätig. Zwischen den Parteien ist ein Arbeitsvertrag abgeschlossen, der u. a. den Urlaubsanspruch, feste Arbeitszeiten, die Lohnfortzahlung im Krankheitsfall und die Weisungsgebundenheit regelt. Für seine Tätigkeit als Geschäftsführer erhält Anton ein monatliches Gehalt von 6.000 €. Darüber hinaus ist im Arbeitsvertrag vereinbart, dass Anton den Firmenwagen, den ihm die GmbH zur Verfügung stellt, auch für private Fahrten und für Fahrten von der Wohnung zur Arbeitsstätte nutzen darf. Weiterhin stellt ihm die GmbH laut Arbeitsvertrag eine Dienstwohnung in dem ihr gehörenden Objekt in Starnberg, Uferpromenade 5, zur Verfügung (siehe unten Tz. 2). Sämtliche Aufwendungen für den Firmenwagen und die Dienstwohnung werden von der GmbH getragen. Anton zahlt der GmbH weder etwas für die Nutzung des Firmenwagens noch für die Nutzung der Dienstwohnung, verpflichtete sich jedoch, ein ordnungsgemäßes Fahrtenbuch zu führen.

Die GmbH hatte den Firmenwagen, einen BMW 525, im Jahr 2017 von der BMW-Niederlassung München erworben. Nach Abzug eines Rabatts bezahlte die GmbH 45.000 € zuzüglich 8.550 € USt. Das Fahrzeug wurde am 1. August 2017 ausgeliefert und sofort in Gebrauch genommen. Die Rechnung vom selben Tage beglich die GmbH umgehend. Der Kauf wurde zu 100% von der Hausbank der GmbH finanziert. Der Pkw wird linear auf fünf Jahre abgeschrieben.

Im Jahre 2017 wurde der Pkw, wie von Anfang an geplant, zu 70% für Dienstfahrten und zu 30% von Anton für Privatfahrten und Fahrten von der Wohnung zur Arbeitsstätte genutzt. 10% der Gesamtfahrleistung stand im Zusammenhang mit steuerfrei vermieteten Objekten im Inland.

Im Jahr 2018 legte Anton mit dem Pkw insgesamt 40.000 km im In- und Ausland zurück. 8.000 km entfielen auf Fahrten Wohnung – Arbeitsstätte und 7.000 km auf sonstige Privatfahrten. Von den Dienstfahrten entfielen 6.000 km auf Fahrten im Zusammenhang mit steuerfrei vermieteten Objekten im Inland.

Neben der AfA fielen im Jahr 2018 folgende Aufwendungen für den BMW an. Die Kosten verteilen sich gleichmäßig auf das ganze Jahr:

Treibstoff	5 200 €	+	988 € USt
Wartung und Pflege	2 000 €	+	380 € USt
Steuer und Versicherung	1 500 €		
Darlehenszinsen	1 350 €		

2. Das Grundstück in Starnberg, Uferpromenade 5, hatte die GmbH im Jahr 2010 im unbebauten Zustand für 500.000 € erworben. Verkäufer war der Angestellte Stefan Steiner aus Köln, der das Grundstück von seinem verstorbenen Onkel geerbt hatte.

In den Jahren 2011 und 2012 ließ die GmbH auf dem Grundstück ein dreigeschossiges Gebäude errichten. Die Herstellungskosten beliefen sich auf insgesamt 800.000 € zuzüglich 152.000 € USt. Das Gebäude wurde im August 2012 fertig gestellt und ab 1. 9. 2012 wie folgt genutzt:

EG (400 qm):

Vermietet an die Rechtsanwaltskanzlei Emsig und Partner für monatlich 4000 €.

1. OG (400 qm):

Das 1. OG besteht aus zwei gleich großen Einheiten zu je 200 qm. Die eine Einheit ist an den Versicherungsmakler Mittler für monatlich 2000 € vermietet. Die andere ist an Steuerberater Rührig für ebenfalls 2000 € vermietet.

DG (200 qm):

Im DG befindet sich die Dienstwohnung von Anton Aigner (siehe oben Tz. 1).

Soweit möglich hatte die GmbH auf die Steuerbefreiung verzichtet und die Umsatzsteuer zusätzlich zu den oben genannten Beträgen in Rechnung gestellt.

Anfang 2018 entschloss sich Berta, ihre Anteile an der GmbH abzugeben. Mit den verbleibenden Gesellschaftern Anton und Claudius kam Berta überein, dass sie für ihre Anteile im Wert von 4 Mio. € von der GmbH das Grundstück in Starnberg, Uferpromenade 5, und eine Geldzahlung von 2,5 Mio. € erhalten sollte.

Im notariellen Vertrag vom 28. 2. 2018 wurde der Übergang von Besitz, Nutzen und Lasten zum 1. 3. 2018 vereinbart. Die Anteilsübertragung erfolgte gleichzeitig. Berta trat in die bestehenden Mietverträge ein. Das DG vermietete Berta ab 1. 3. 2018 für monatlich 2.000 € an die GmbH, die die Räume weiterhin ihrem Geschäftsführer Anton als Dienstwohnung zu den bisherigen Konditionen überließ.

Da sich Rührig in seinen wohlverdienten Ruhestand zurückziehen wollte, kündigte er mit Schreiben vom 14. 3. 2018 seine Räume im 1. OG fristgerecht zum 30. 6. 2018. Berta entschloss sich, die Räume künftig selbst als Wohnung zu nutzen. Im Juli wurden die Räume umfassend renoviert. Die beteiligten Handwerker stellten nach Abschluss ihrer Arbeiten Berta noch im Juli insgesamt 15000 € zuzüglich 2850 € USt in Rechnung. Pünktlich zum 1. 8. 2018 bezog sie ihre neue Wohnung.

3. Die GmbH ist stets bestrebt, ihre Immobilien in Schuss zu halten und bei Bedarf zu modernisieren. So fasste sie den Entschluss, in zwei Objekten, die zu Wohnzwecken vermietet waren, Parkett verlegen zu lassen. Ein Objekt liegt in Innsbruck (Österreich) und das andere in Starnberg.

Am 3. 4. 2018 kaufte die GmbH insgesamt 1.000 qm Parkett zum Preis von 20 € netto pro qm bei der Firma Boden aus Innsbruck (Österreich). Da Boden das Parkett nicht vorrätig hatte, bestellte sie es bei dem Hersteller Dubois aus Straßburg (Frankreich). Vereinbarungsgemäß holte die GmbH am 19. 4. 2018 das Parkett in Straßburg ab und brachte 600 qm zum Objekt nach Innsbruck und 400 qm nach Starnberg. Die Rechnung von Boden vom 25. 4. 2018 belief sich auf 1.000 qm Parkett zu 20 € pro qm insgesamt 20 000 €. Im Mai wurde das Parkett von der Firma Svoboda aus Pilsen (Tschechien) verlegt. Wie sich beim Verlegen herausstellte, war in Starnberg zu wenig, in Innsbruck aber zu viel Parkett angeliefert worden. Deshalb transportierte die GmbH am 13. 5. 2018 100 qm Parkett von Innsbruck nach Starnberg. Nach Fertigstellung und Abnahme seiner Arbeiten zum 21. 5. 2018 stellte Svoboda für die Arbeiten in Innsbruck und Starnberg am 22. 5. 2018 jeweils 3 000 € in Rechnung.

4. Claudius Cosinus war schon immer ein begeisterter Flieger. Nachdem er im April 2018 seinen Pilotenschein erworben hatte, erwarb er von dem Playboy und Partylöwen Paul Panter aus Kitzbühel (Österreich) im Mai 2018 eine gebrauchte Cessna. Panter hatte das Flugzeug mit der Starthöchstmasse von 1650 kg zwar schon vor einem Jahr erworben; es war aber lediglich 30 Betriebsstunden genutzt worden. Am 23. 5. 2018 überführte Panter die Cessna persönlich vom Flughafen Salzburg (Österreich) nach München, wo Claudius sie in Empfang nahm. Den Kaufpreis von 100 000 € beglich Claudius umgehend.

5. Da die Immobilienvermittlungen in der letzten Zeit etwas stagnierten, entschloss sich die GmbH zu einer Werbeaktion. An alle in Betracht kommenden Kunden im Raum Starnberg wurde im April 2018 ein Fragenkatalog versendet. Unter den bis zum 30. 6. 2018 eingegangenen Rücksendungen wurden folgende Preise verlost:

1. Preis:

Ein Elektro-City-Roller. Die GmbH hatte den Roller im Mai 2018 von der Firma Lachner aus Starnberg erworben. Die Übergabe erfolgte am 14. 5. 2018. Die Rechnung vom selben Tag lautete über 3.000 € zuzüglich 570 € USt. Die GmbH überwies den Betrag eine Woche später.

2. Preis:

Ein Rundflug über das bayerische Alpenvorland vom Königsee bis zum Bodensee für zwei Personen. Die Firma Flugcharter stellte der GmbH dafür am 19. 6. 2018 1 000 € zuzüglich 190 € USt in Rechnung, die die GmbH umgehend beglich.

3. bis 20. Preis:

Je ein Bildband über die Sehenswürdigkeiten rund um den Starnberger See. Die Bildbände zum Stückpreis von 30 € zuzüglich 2,10 € USt bestellte die GmbH bei der Buchhandlung Bauer aus Starnberg. Bauer stellte die Bildbände am 29. 5. 2018 der GmbH zu. Die beiliegende Rechnung überwies die GmbH eine Woche später.

Die Gewinner, die alle aus Starnberg und Umgebung stammten, wurden Anfang Juli 2018 von ihrem Gewinn verständigt. Sie holten die Preise noch im Juli 2018 bei der GmbH in München ab. Der Voralpenrundflug fand am 27. 7. 2018 statt.

Teil III: Erbschaft- und Schenkungsteuer

Sachverhalt:

Der sehr vermögende ehemalige Unternehmer Robert Rundlich verstarb am 9.9.2017 in einem Seniorenheim in München nach dem Verzehr von giftigem Hühnerfleisch. Robert hatte im März 2014 seine 20 Jahre jüngere Ehefrau Carola in Italien geheiratet. Carola hatte aus einer früheren Ehe noch die Tochter Clara. Hans, der einzige Sohn von Robert, geboren am 29.3.1984, lebt in Dubai.

Ein Erbvertrag, welchen Robert mit Hans 2015 abgeschlossen hatte, regelt die Erbfolge. In diesem wirksamen Vertrag wurde folgendes bestimmt: Carola erhält aus dem Nachlass einen echten Picasso; der Kaufpreis des im Gutachterbüro des Robert hängenden Picasso betrug im Jahr 2016 800 000 €; der Marktwert des Bildes hingegen betrug nach einem überraschenden Preisrutsch 2017 im September 2017 600 000 €. Hans ist im Erbvertrag als der Alleinerbe des Robert bezeichnet.

1. Das Grundstück in Berlin

Robert Rundlich hatte am 9.9.2012 aufgrund eines notariellen Kaufvertrages ein unbebautes Grundstück mit einer Fläche von 990 qm in Berlin erworben. Am 12.12.2012 wurde er in das Grundbuch eingetragen.

Robert hatte in erheblichem Umfang sein Geld in Staatsanleihen von Staaten investiert, bei welchen die Rückzahlung sich mittlerweile als unsicher darstellte. Der Kaufvertrag mit dem Verkäuferehepaar Tobias (geb. 11.11.1971) und Dorothee Knopp (geb. 28.2.1972) sah deshalb für die Bezahlung folgende Regelung vor:

Der Käufer hat bei der notariellen Beurkundung eine Einmalzahlung i. H. v. 500 000 € geleistet.

Solange beide Ehegatten leben, war zudem ab 1.3.2017 eine monatliche Rente von 800 € zu zahlen, nach dem Tod des Erstversterbenden reduziert sich die Rente auf 750 €. Die Rente war jeweils am Ersten des Monats fällig.

Das Ehepaar Knopp hatte Robert noch ein weiteres Zugeständnis abverhandelt: Wenn sich die Situation der Staatsanleihen substantiell auf „A" bessert — maßgebend sollte die Bonitätsnote einer bestimmten Ratingagentur sein — würde der bis dahin noch nicht gezahlte Restkaufpreis sofort fällig sein. Dabei vereinbarten die Parteien, dass die bis zur Fälligkeit des Restkaufpreises gezahlten Raten anzurechnen sind.

Am 3.9.2017 hob die Rating-Agentur die Bonitätsnote der in Frage stehenden Staatsanleihe auf „A" an. Robert hat den Restkaufpreis, der durch die Verbesserung der Bonitätsnote fällig wurde, bis zu seinem Tod an das Ehepaar Knopp nicht bezahlt.

Auf dem Grundstück hatte Robert ab Oktober 2012 ein Gebäude für 500 000 € errichten lassen. Jedes der beiden Stockwerke hatte eine Wohn/Nutz-Fläche von 112 qm. Das Haus war am 13.1.2013 im Großen und Ganzen bezugsfertig, lediglich die Holzvertäfelungen in einem Raum waren noch nicht vollständig angebracht.

Das Erdgeschoss des Hauses hatte er mit einem 20-Jahresvertrag mit Staffelmiete an eine deutsche „Bad-Bank" als Ladengeschäft mit Büroräumen vermietet. Die angemessene und ortsübliche monatliche Miete, welche jeweils am 15. des Monats fällig war, betrug ab 1. 2. 2013 2 500 € zzgl. 600 € Nebenkostenpauschale. Ab 1. 1. 2017 betrug die (angemessene) Miete 2 900 € zuzüglich 650 € Nebenkostenpauschale. Die Bank hatte seit 1. 9. 2016 die Miete einschließlich Nebenkosten auf ein Treuhandkonto bei einem Notar überwiesen, weil Robert diverse Baumängel der Mietsache nicht behoben hatte. Robert musste nach Auskunft eines Rechtsanwaltes, welchen er mit der Sache beauftragt hatte, davon ausgehen, dass er auf einer effektiven berechtigten Mietkürzung von 3 000 € für die Monate September 2016 bis August 2017 sitzen bleiben würde.

Robert hat das gleichgroße und gleichwertige Obergeschoss an die Stieftochter Clara, welche Betriebswirtschaft studiert, vermietet. Weil Clara nur ein Hochbegabtenstipendium erhält und sich die Wohnung zum Marktpreis (ab 1. 1. 2017: 13 €/qm zzgl. 200 € Nebenkosten für die ganze Wohnung) nicht leisten kann, hat Robert ihr die Wohnung für 1 000 € einschließlich 200 € Nebenkosten vermietet. Der Mietvertrag wurde am 1. 3. 2013 abgeschlossen. Clara musste in den Vorjahren regelmäßig etwa 400 € pro Jahr an Nebenkosten nachzahlen; Robert hat die Miete bis zum Todestag nicht erhöht. Nach dem Tod von Robert ist Carola bei ihrer Tochter Clara eingezogen und bewohnt dort ein Zimmer.

Die an das Haus angebaute Doppelgarage (42 qm) hat Robert im Oktober 2015 zum Appartement umbauen lassen; der Anbau ist kein selbständig nutzbarer Gebäudeteil. Das Appartement steht seitdem leer. Üblicherweise wird für ein derartiges Appartement ab 1. 1. 2017 14 €/qm (nebst 130 € Nebenkosten für das ganze Appartement) bezahlt.

Das Grundstück des Robert liegt in einem Gebiet mit der Geschossflächenzahl 0,4; auf Grund von besonderen alten Rechten kann das Grundstück des Robert mit einer GFZ von 0,5 bebaut werden. Der Bodenrichtwert für gleichartige Grundstücke im Richtwertgebiet – mit einer Geschossflächenzahl von 0,4 – wurde vom Gutachterausschuss der Stadt Berlin zum 1. 1. 2017 auf 600 €/qm bestimmt.

Hans hat ein Sachverständigengutachten über den Wert des Grundstücks in Berlin erstellen lassen. Danach beträgt der Grundstückswert zum Todeszeitpunkt 1 Mio. €, weil in unmittelbarer Nähe ein U-Bahnhof errichtet wurde - ein Umstand der sich günstig auf den Wert auswirkt.

2. Die Einzelfirma

Robert hatte eine vorsteuerabzugsberechtigte bilanzierende Einzelfirma als Gutachter für antiquarische Bilder in München. Das Wirtschaftsjahr entspricht dem Kalenderjahr.

Hans hat festgestellt, dass die Firma in den vorangegangenen Jahren folgende Gewinne i. S. d. § 4 Abs. 1 Satz 1 EStG erzielt hatte:

Gewinn 2014:	220 000 €
Gewinn 2015:	230 000 €
Gewinn 2016:	240 000 €.

Der angemessene monatliche Unternehmerlohn für Robert betrug in allen drei Jahren 7 000 €, Robert hat die entsprechenden Beträge entnommen. Hans unterstützte Robert bei der Gestaltung des Internetauftritts ohne dafür Geld zu verlangen. Für einen fremden Dritten hätte Robert für diese Tätigkeit pro Jahr 2 000 € aufwenden müssen.

Im Jahr 2014 hatte Robert eine historische Grafik aus dem Jahr 1492, welche er im Betrieb als Ausstellungsstück hängen hatte, für 30 000 € teurer verkaufen können als er sie 2010 angeschafft hatte.

Robert hatte im Oktober 2015 ein ausschließlich betrieblich genutztes Patent zur Altersbestimmung von Bildern im Wert von 119 000 € in seinen Betrieb eingelegt. Auf dieses Patent hatte er zutreffend im Jahr 2015 4 000 € und im Jahr 2016 24 000 € normale Abschreibungen vorgenommen. Der gemeine Wert des Patents am Todestag betrug 99 000 €.

Im Zusammenhang mit dem im Jahr 2016 erworbenen im Betriebsvermögen befindlichen Picasso – welchen Robert einfach nur schön fand – hat er im Jahr 2016 2 500 € für fremde Gutachterkosten bezahlt.

Im Jahr 2015 hatte Robert eine Teilwertabschreibung an einem betrieblichen Mikroskop i. H. v. 17 000 € vorgenommen. Im Jahr 2017 liefen die Geschäfte des Robert als Gutachter wegen der Wirtschaftskrise atypisch schlecht. Der Substanzwert des Betriebes beträgt 1 500 000 €.

3. Das weitere Vermögen

a) Im Oktober 2016 hatte Robert bei einem Hersteller aus Stuttgart ein Elektroauto bestellt. Der Kaufpreis betrug 61 000 €. Im Kaufvertrag war bestimmt, dass der Gefahrübergang des Fahrzeugs auf den Käufer zwei Tage nach der Aufforderung des Händlers an den Käufer, den Wagen abzuholen, erfolgen sollte. Bei der Bestellung musste er 21 000 € anzahlen. Am 5. 9. 2017 ging Robert die Mitteilung zu, dass das Fahrzeug abzuholen sei. Robert hatte sein Fahrzeug bis zu seinem Tod nicht abgeholt. Am 8. 9. 2017 wurde über das Vermögen des Autohändlers das Insolvenzverfahren eröffnet. Der Insolvenzverwalter verlangt die Restzahlung von 40 000 € in die Insolvenzmasse und erklärt zugleich, dass er das Fahrzeug nicht liefern könne, da es am 9. 9. 2017 durch Blitzschlag ausgebrannt sei. Am 1. 10. 2017 wurde nach dem Auftauchen neuer Verbindlichkeiten das Insolvenzverfahren mangels ausreichender Masse eingestellt.

b) Robert hatte zum Todeszeitpunkt ein Bankguthaben von 1 Mio. € in der Form eines Sparbuchs im Ausland bei der Zeppelin-Bank. Die Bundesrepublik Deutschland hat mit diesem ausländischen Staat ein Quellensteuerabkommen geschlossen, welches am 1. 10. 2017 rechtswirksam wurde. Nach diesem Abkommen ist die ausländische Zeppelin-Bank verpflichtet, mit Fälligkeit zum 1. 9. 2017 373 000 € an die Bundesrepublik Deutschland zu Lasten des Kontos des Robert zu überweisen. Die Zeppelin-Bank hatte während der Verhandlungen mit der Bundesrepublik Deutschland, welche vom 1. 5. 2017 bis 1. 10. 2017 dauerten, eine Verfügungssperre für alle Kunden eingerichtet. Das Sparbuch wurde mit 1,5 % jährlich verzinst; die Zinsen waren jeweils zum 31. 12. eines Jahres fällig.

Hans hat die Beerdigungskosten (9 900 €) für die Beerdigung von Robert übernommen, zudem rechnet er noch mit Pflichtteilansprüchen von Carola i. H. v. 200 000 €, nachdem sie bereits wenige Tage nach der Beerdigung des Robert das Geld verlangt hat.

Aufgabe:

Ermitteln Sie die zutreffende festzusetzende Erbschaftsteuer für Hans.

Gehen Sie dabei auf alle durch den Sachverhalt aufgeworfenen Rechtsfragen ein.

Steuerliche Wahlrechte sollten so ausgeübt werden, dass eine möglichst geringe erbschaftsteuerliche Belastung entsteht. Ggf. erforderliche Anträge gelten als gestellt.

Ein Antrag auf Optionsverschonung nach § 13a Abs. 10 ErbStG ist allerdings nicht gestellt.

Centbeträge sind zu Gunsten des Erben kaufmännisch auf volle Euro zu runden.

Bei ggf. erforderlichen Interpolationen ist eine monatsscharfe Berechnung ausreichend.

Gehen Sie davon aus, dass der nach BGB ermittelte Wert des Nachlasses 1 200 000 € beträgt.

Begründen Sie Ihre Entscheidungen unter Angabe der maßgebenden Vorschriften.

Anlage

Bewertungsgesetz; Bewertung einer lebenslänglichen Nutzung oder Leistung; Vervielfältiger für Bewertungsstichtage ab 1. Januar 2017

BMF v. 4. 11. 2016 (BStBl 2016 I S. 1166)

In der Anlage gebe ich gemäß, § 14 Abs. 1 Satz 4 BewG die Vervielfältiger zur Berechnung des Kapitalwerts lebenslänglicher Nutzungen oder Leistungen bekannt, die nach der am 20. 10. 2016 veröffentlichten Sterbetafel 2013/2015 des Statistischen Bundesamtes ermittelt wurden und für Bewertungsstichtage ab dem 1. Januar 2017 anzuwenden sind.

Anlage zu § 14 Abs. 1 BewG

Kapitalwert einer lebenslänglichen Nutzung oder Leistung im Jahresbetrag von einem Euro für Bewertungsstichtage ab 1. Januar 2017

Der Kapitalwert ist nach der am 20. 10. 2016 veröffentlichten Sterbetafel 2013/2015 des Statistischen Bundesamtes unter Berücksichtigung von Zwischenzinsen und Zinseszinsen mit 5,5 Prozent errechnet worden. Der Kapitalwert der Tabelle ist der Mittelwert zwischen dem Kapitalwert für jährlich vorschüssige und jährlich nachschüssige Zahlungsweise.

	Männer		Frauen	
Vollendetes Lebensalter	Durchschnittliche Lebenserwartung	Kapitalwert	Durchschnittliche Lebenserwartung	Kapitalwert
0	78,18	18,398	83,06	18,463
1	77,45	18,386	82,31	18,454
2	76,48	18,371	81,33	18,442
3	75,49	18,354	80,34	18,429
4	74,50	18,336	79,35	18,415
5	73,51	18,317	78,36	18,400
6	72,51	18,297	77,36	18,385
7	71,52	18,276	76,37	18,369
8	70,52	18,254	75,37	18,352

Vollendetes Lebensalter	Männer Durchschnittliche Lebenserwartung	Männer Kapitalwert	Frauen Durchschnittliche Lebenserwartung	Frauen Kapitalwert
9	69,53	18,230	74,38	18,334
10	68,54	18,206	73,38	18,314
11	67,54	18,180	72,38	18,294
12	66,55	18,152	71,39	18,273
13	65,55	18,123	70,40	18,251
14	64,56	18,093	69,40	18,227
15	63,57	18,061	68,41	18,202
16	62,58	18,027	67,42	18,176
17	61,59	17,991	66,43	18,149
18	60,61	17,954	65,44	18,120
19	59,63	17,915	64,45	18,089
20	58,66	17,874	63,46	18,057
21	57,68	17,830	62,48	18,023
22	56,71	17,785	61,49	17,987
23	55,73	17,737	60,50	17,950
24	54,76	17,686	59,51	17,910
25	53,79	17,633	58,52	17,868
26	52,81	17,577	57,53	17,823
27	51,84	17,518	56,54	17,777
28	50,87	17,456	55,56	17,728
29	49,89	17,390	54,57	17,676
30	48,92	17,321	53,59	17,622
31	47,95	17,248	52,60	17,564
32	46,98	17,172	51,62	17,504
33	46,02	17,092	50,63	17,440
34	45,05	17,007	49,65	17,373
35	44,09	16,919	48,67	17,302
36	43,12	16,825	47,69	17,228
37	42,16	16,727	46,72	17,151
38	41,20	16,624	45,74	17,068
39	40,24	16,515	44,76	16,981
40	39,29	16,402	43,79	16,890
41	38,33	16,282	42,82	16,795

Vollendetes Lebensalter	Männer Durchschnittliche Lebenserwartung	Männer Kapitalwert	Frauen Durchschnittliche Lebenserwartung	Frauen Kapitalwert
42	37,38	16,157	41,85	16,694
43	36,44	16,027	40,89	16,590
44	35,50	15,890	39,92	16,478
45	34,56	15,745	38,96	16,362
46	33,63	15,596	38,01	16,241
47	32,71	15,440	37,06	16,113
48	31,79	15,276	36,11	15,979
49	30,88	15,106	35,17	15,840
50	29,97	14,927	34,23	15,693
51	29,08	14,744	33,30	15,540
52	28,20	14,554	32,37	15,380
53	27,32	14,355	31,45	15,213
54	26,46	14,151	30,54	15,040
55	25,61	13,940	29,64	14,860
56	24,77	13,722	28,73	14,670
57	23,94	13,497	27,84	14,474
58	23,12	13,264	26,95	14,268
59	22,32	13,027	26,06	14,053
60	21,52	12,779	25,19	13,832
61	20,74	12,528	24,32	13,601
62	19,97	12,269	23,46	13,362
63	19,21	12,002	22,60	13,111
64	18,45	11,725	21,74	12,849
65	17,71	11,444	20,90	12,580
66	16,98	11,155	20,07	12,303
67	16,26	10,860	19,24	12,013
68	15,54	10,552	18,42	11,714
69	14,83	10,237	17,61	11,405
70	14,13	9,915	16,80	11,082
71	13,44	9,585	16,00	10,750
72	12,77	9,252	15,21	10,407
73	12,10	8,908	14,42	10,050
74	11,44	8,556	13,64	9,682

Vollendetes Lebensalter	Männer Durchschnittliche Lebenserwartung	Männer Kapitalwert	Frauen Durchschnittliche Lebenserwartung	Frauen Kapitalwert
75	10,79	8,198	12,87	9,303
76	10,16	7,838	12,12	8,918
77	9,55	7,478	11,38	8,524
78	8,94	7,106	10,66	8,125
79	8,37	6,748	9,97	7,727
80	7,81	6,384	9,30	7,327
81	7,28	6,030	8,66	6,931
82	6,77	5,680	8,04	6,535
83	6,30	5,349	7,46	6,152
84	5,86	5,031	6,90	5,770
85	5,44	4,721	6,38	5,406
86	5,05	4,426	5,88	5,046
87	4,68	4,141	5,42	4,706
88	4,32	3,858	4,99	4,380
89	3,99	3,593	4,59	4,070
90	3,68	3,341	4,22	3,778
91	3,39	3,101	3,89	3,512
92	3,15	2,899	3,58	3,259
93	2,93	2,712	3,31	3,034
94	2,75	2,558	3,10	2,857
95	2,56	2,393	2,88	2,670
96	2,40	2,253	2,68	2,497
97	2,22	2,094	2,45	2,297
98	2,03	1,924	2,25	2,120
99	1,91	1,816	2,09	1,978
100 und darüber	1,80	1,716	1,95	1,852

Steuerberaterprüfung 2013/2018

Lösung der Prüfungsaufgabe aus dem Verfahrensrecht und anderen Steuerrechtsgebieten

Teil I: Abgabenordnung und Finanzgerichtsordnung

Verfasser: Prof. Dr. Martin Stirnberg

Sachverhalt 1, Aufgabe 1 (Prüfung der Zulässigkeitsvoraussetzungen eines Einspruchs):

Nach § 358 Satz 1 AO hat die zur Entscheidung über den Einspruch berufene Finanzbehörde zu prüfen, ob der Einspruch **insbesondere** in der vorgeschriebenen Form und Frist eingelegt ist.

1. Statthaftigkeit des Einspruchs

a) Gemäß § 347 Abs. 1 Satz 1 Nr. 1 AO ist gegen Verwaltungsakte (VAe) in Abgabenangelegenheiten, auf die die Abgabenordnung Anwendung findet, als Rechtsbehelf der Einspruch statthaft.

Frau Dorn (nachfolgend: D) erklärt in ihrem Schreiben an das Finanzamt (FA) Dachau, sie sei mit dessen Einkommensteuerbescheid des Jahres 11 vom 18. 3. 13 und mit dem Gewinnfeststellungsbescheid des Jahres 11 des FA Fürstenfeldbruck vom 14. 2. 13 nicht einverstanden.

Die Erklärung „nicht einverstanden zu sein" ist als Einspruch, und zwar, weil gegen **zwei** finanzamtliche Maßnahmen gerichtet, als **zwei** Einsprüche auszulegen. Ein Einspruch verpflichtet nämlich nach § 367 Abs. 2 Satz 1 AO die Finanzbehörde zu einer erneuten Prüfung der Sache in vollem Umfang; damit werden die Rechte eines Steuerpflichtigen umfassender und wirkungsvoller gewahrt als durch einen bloßen Änderungsantrag (vgl. AEAO Nr. 2 Abs. 1 Satz 5 zu § 172; siehe auch AEAO Nr. 1 letzter Satz vor § 347).

aa) Dass es sich bei dem ESt-Bescheid und bei dem den Gewinn der D aus ihrer Physiotherapiepraxis – Einkünfte gemäß § 18 Abs. 1 Nr. 1 EStG (selbständige Berufstätigkeit der Krankengymnasten) – feststellenden Bescheid um VAe i. S. d. § 118 Satz 1 AO handelt, bedarf keiner näheren Begründung.

bb) Auch steht außer Zweifel, dass es sich bei diesen Bescheiden um Abgabenangelegenheiten i. S. d. § 347 Abs. 2 AO handelt, auf die die Abgabenordnung Anwendung findet. Eine mit der Steuerfestsetzung zusammenhängende Angelegenheit stellt die Ermittlung der Besteuerungsgrundlagen dar, entweder als nicht selbständig anfechtbarer Teil des Steuerbescheids oder, wie hier, mittels gesonderter Feststellung.

Nach § 1 Abs. 1 Satz 1 AO gilt die Abgabenordnung für alle Steuern, die durch Bundesrecht geregelt sind, soweit sie durch Landesfinanzbehörden verwaltet werden. Dies ist bei der Einkommensteuer der Fall (zur Gesetzgebung durch Bundesrecht siehe Art. 105 Abs. 2 u. Art. 106 Abs. 3 GG; zur Verwaltung der Steuer durch Landesfinanzbehörden siehe Art. 108 Abs. 2 Satz 1 GG).

b) Ein Ausschluss des Einspruchs gemäß § 348 AO ist weder bezüglich der Festsetzung der ESt noch bezüglich der gesonderten Feststellung der Besteuerungsgrundlage „Einkünfte aus freiberuflicher Tätigkeit" gegeben.

2. formgerechte Einspruchseinlegung

Mit dem am 3. 6. des Jahres 13 beim FA Dachau eingegangenen Schreiben der D ist dem Formerfordernis des § 357 Abs. 1 Satz 1 AO genügt („Einspruch ist schriftlich oder ....“).

Dass dieses Schreiben nicht unterschrieben war, steht der Zulässigkeit der Einsprüche nicht entgegen. Gemäß § 357 Abs. 1 Satz 2 AO genügt es, wenn aus dem Einspruch hervorgeht, wer ihn eingelegt hat. Dies ist hier schon durch die Absenderangabe zu Beginn des Schreibens „Dorothea Dorn, Schwantalerstr. 5, 82256 Fürstenfeldbruck“ der Fall.

Auch führt die fehlende Verwendung des Begriffs „Einspruch“ nicht zur Unzulässigkeit. Ebenso wie gemäß § 357 Abs. 1 Satz 3 AO die unrichtige Bezeichnung des Einspruchs, z. B. als Widerspruch, Beschwerde, nicht schadet, ist es unschädlich, dass die Eingabe nicht expressis verbis als Rechtsbehelf, wie auch immer benannt, bezeichnet worden ist. Es genügt, dass dem Schreiben zu entnehmen ist, dass die Verfasserin den VA nicht für rechtmäßig hält und eine neue vollumfängliche Sachüberprüfung erstrebt.

3. zutreffende Anbringungsbehörde

a) Nach § 357 Abs. 2 Satz 1 AO ist der Einspruch bei der Behörde anzubringen, deren VA angefochten wird. Den angefochtenen ESt-Bescheid 11 hat das FA Dachau erlassen. Bei diesem FA ist der Einspruch angebracht worden. Ob das FA Dachau am 18. 03. 13 – Bescheiddatum – für den Erlass des Bescheids 11 angesichts des von D Ende Februar 13 vollzogenen Umzugs nach Fürstenfeldbruck noch örtlich zuständig war, ist insoweit ohne Bedeutung. Entscheidend für die Beurteilung der zutreffenden Anbringungsbehörde ist, welche Behörde den angefochtenen VA tatsächlich erlassen hat.

b) Den angefochtenen Feststellungsbescheid 11 hat das FA Fürstenfeldbruck erlassen. Angebracht wurde der Einspruch gegen diesen Bescheid aber ebenfalls beim FA Dachau. Gemäß § 357 Abs. 2 Satz 2 AO kann ein Einspruch, der sich gegen die Feststellung von Besteuerungsgrundlagen richtet – hier: Feststellung der Besteuerungsgrundlage „Einkünfte aus selbständiger Arbeit“– aber **auch** bei der zur Erteilung des Steuerbescheids zuständigen Behörde, also bei dem den ESt-Bescheid erlassenden FA Dachau, angebracht werden.

4. fristgerechte Einlegung der Einsprüche

Gemäß §§ 355 Abs. 1 Satz 1, 356 Abs. 1 AO ist der Einspruch nach § 347 Abs. 1 Satz 1 AO innerhalb eines Monats nach Bekanntgabe des VA einzulegen (laut Bearbeitungshinweis beide Bescheide mit zutreffender Rechtsbehelfsbelehrung versehen).

Bedenken gegen die Wirksamkeit der Bekanntgabe der angefochtenen Bescheide bestehen nicht (bei nicht wirksamer Bekanntgabe beginnt die Einspruchsfrist nicht zu laufen).
Frau D ist als Steuerschuldnerin gemäß § 43 Satz 1 AO i. V. m. § 36 Abs. 4 Satz 1 EStG Adressatin des ESt-Bescheids 11 und des Gewinnfeststellungsbescheids dieses Jahres (zu vom Inhaltsadressaten abweichenden Bekanntgabeadressaten vgl. AEAO Nr. 1.4.2 zu § 122). Ihr sind die Bescheide auch zugegangen. Sie sind in ihren Machtbereich gelangt, so dass die Bekanntgabe wirksam ist.

a) Fristwahrung bezüglich des ESt-Bescheids 11

aa) Zeitpunkt der Bekanntgabe

Die Aufgabe zur Post dieses Steuerbescheides durch das FA Dachau erfolgte am 18. 3. 13 (laut SV das Bescheiddatum). Gemäß § 122 Abs. 2 Nr. 1 erster Halbs. AO gilt ein schriftlicher, durch die Post übermittelter VA bei einer Übermittlung im Inland am dritten Tag nach der Aufgabe zur Post als bekannt gegeben, außer wenn er nicht oder zu einem späteren Zeitpunkt zugegangen ist. Damit also der ESt-Bescheid des Jahres 11 am 21. 3. 13 als bekannt gegeben gilt, muss er bis zum Ende dieses Tages der D zugegangen sein, also derart in ihren Machtbereich gelangt sein, dass sie unter gewöhnlichen Umständen hiervon Kenntnis nehmen konnte und dies von ihr auch nach Treu und Glauben erwartet werden musste. Durch den am 19. 3. 13 erfolgten „Zustellversuch in Dachau, Badstraße 33“ ist es nicht zu einem Zugang des Bescheids gekommen, weil die D zu diesem Zeitpunkt bereits nach Fürstenfeldbruck umgezogen, mithin das Schreiben an diesem Tag nicht in ihren Machtbereich gelangt war. Bei einem der Post erteilten Nachsendeauftrag erfolgt der Zugang erst mit der Nachsendung, hier also am 28. 3. 13 durch Einwurf in den Briefkasten der Wohnung in Fürstenfeldbruck. Dass die D an diesen und den folgenden Tagen – weil bereits seit dem 12. 3. 13 im Krankenhaus liegend – das Schreiben nicht zur Kenntnis genommen hat, steht dem Zugang nicht entgegen. Maßgebend ist insoweit nicht die tatsächliche Kenntnisnahme (vgl. in diesem Zusammenhang auch AEAO Nr. 2.1 zu § 87a), sondern die Möglichkeit der Kenntnisnahme unter gewöhnlichen Umständen.

bb) Fristberechnung

Folglich begann die Monatsfrist gemäß § 355 Abs. 1 Satz 1 AO nach § 108 Abs. 1 AO i.V. m. § 187 Abs. 1 BGB am 29. 3. 13 um 0.00 Uhr zu laufen.

Sie endete gemäß § 108 Abs. 1 AO i.V. m. § 188 Abs. 2 BGB und § 108 Abs. 3 AO mit Ablauf des 29. 4. 13 = 24.00 Uhr; der 28. 4. des Jahres 13 war ein Sonntag.

Eingegangen beim FA Dachau ist der Einspruch aber erst am 3. 6. 13, damit nach Ablauf der Einspruchsfrist.

cc) Wiedereinsetzung in den vorigen Stand

Trotz Einlegung des Einspruchs erst nach Ablauf der einmonatigen Einspruchsfrist ist der Einspruch gegen den ESt-Bescheid 11 nicht gemäß § 358 Satz 2 AO als unzulässig zu verwerfen, wenn der Einspruchsführerin Wiedereinsetzung in den vorigen Stand zu gewähren ist.

(1) Voraussetzung ist gemäß § 110 Abs. 1 Satz 1 AO, dass die D ohne Verschulden verhindert war, die Einspruchsfrist einzuhalten. Schuldhaft handelt, wer vorsätzlich oder fahrlässig die gesetzliche Frist nicht einhält. Für den Begriff der Fahrlässigkeit ist nicht auf die „im Verkehr erforderliche Sorgfalt abzustellen, sondern auf die Umstände des Einzelfalles und die persönlichen Verhältnisse (subjektiver Fahrlässigkeitsmaßstab). Die Fristversäumnis ist nur entschuldigt, wenn der Beteiligte die für einen gewissenhaften und sachgemäßen Verfahrensbeteiligten gebotene und auch ihm unter Berücksichtigung seiner konkreten Kenntnisse, Möglichkeiten und Fähigkeiten zumutbare Sorgfalt nicht verletzt hat.

Krankheit kann eine Wiedereinsetzung in die Einspruchsfrist nur rechtfertigen, wenn sie so schwer und unvorhersehbar ist, dass der Einspruchsführer die notwendige Erklärung nicht selbst oder durch Bestellung eines für ihn handelnden Vertreters fristgerecht abgeben konnte (geplanter und deshalb nicht unvorhersehbarer Krankenhausaufenthalt verlangt, Maßnahmen zur Fristwahrung zu treffen).

Das akut, also plötzlich durchgebrochene Zwölffingerdarmgeschwür, das eine sofortige Operation notwendig machte und dazu führte, dass Frau D während des gesamten Zeitraums der Einspruchsfrist (29. 3. bis 29.4. des Jahres 13) im Krankenhaus lag, zwingt dazu, die Fristversäumung als **unverschuldet** anzusehen. Auch war es ihr nicht möglich, während des Krankenhausaufenthalts Maßnahmen zu ergreifen, damit durch eine andere Person für sie fristgerecht Einspruch eingelegt wird. Denn während der ganzen Zeit ihrer Erkrankung konnte sie – weil allein lebend – nicht wissen, ob und wenn ja, welche Post sich in ihrem Briefkasten befindet. Ihr kann auch nicht vorgeworfen werden, nicht von vornherein irgendjemand einen Schlüssel für ihren Briefkasten gegeben zu haben, damit diese(r) ihren Briefkasten öffnet und ihre Post daraufhin durchsieht, ob evtl. etwas zu veranlassen ist.. Eine derartige Pflicht kennt das Verfahrensrecht nicht und wäre auch mit der grundrechtlich geschützten Privatsphäre nicht zu vereinbaren.

(2) Wiedereinsetzung in den vorigen Stand ist bei unverschuldeter Fristversäumung nur zu gewähren, wenn innerhalb eines Monats nach Wegfall des Hindernisses

- die versäumte Einspruchseinlegung nachgeholt worden ist (vgl. § 110 Abs. 2 Satz 3 AO),
- der Wiedereinsetzungsgrund dargelegt wurde (§ 110 Abs. 2 Satz 2), soweit er nicht für die Behörde ohnehin offenkundig oder amtsbekannt ist. Entscheidend ist, dass innerhalb dieser Monatsfrist der nach Ansicht des Einspruchsführers die Wiedereinsetzung rechtfertigende Gesichtspunkt im Kern schlüssig vorgetragen wird, wobei es auch noch nach Fristablauf möglich ist, unvollständige Angaben zu erläutern und zu ergänzen
- der Antrag auf Wiedereinsetzung gestellt worden ist – dann **Anspruch** auf Wiedereinsetzung – (vgl. § 110 Abs. 1 Satz 1 u. Abs. 2 Satz 1); jedoch **kann** bei Vorliegen der vorstehenden Voraussetzungen gemäß § 110 Abs. 2 Satz 4 diese auch ohne entsprechenden Antrag gewährt werden.

Mit beim FA Dachau am 3. 6. 13 eingegangenen Schreiben hat Frau D die versäumte Rechtshandlung – Einlegung des Einspruchs – nachgeholt und den Wiedereinsetzungsgrund – nicht vorhersehbare, schwere Erkrankung – dargelegt.

Dies ist auch noch innerhalb der Wiedereinsetzungsfrist geschehen. Diese Frist beginnt nach Wegfall des Hindernisses, d. h. mit Ablauf des Tages, an dem der Umstand, der zur Versäumung der Einspruchsfrist geführt hat, beseitigt ist.

- Stellt man diesbezüglich auf den 2. 5. 13 ab, weil Frau D am Abend dieses Tages aus dem Krankenhaus nach Hause gekommen ist, so endete die Monatsfrist gemäß § 108 Abs. 1 AO i. V. m. §§ 187 Abs. 1, 188 Abs. 2 BGB und § 108 Abs. 3 AO mit Ablauf des 3. 6. 13 (der 2. 6. 13 war ein Sonntag).
- Geht man vom 3. 5. 13 als Tag des Hinderniswegfalls aus, denn bei sachgerechter Betrachtung der gesamten Umstände (mehrwöchiger Krankenhausaufenthalt, Rückkehr erst am

Abend) kann nicht erwartet werden, dass die D noch an diesem Abend „nicht Besseres zu tun hatte", als ihre Post der vergangenen Wochen zu sichten, so endete die Wiedereinsetzungsfrist ebenfalls mit Ablauf des 3. 6. 13, und zwar ohne auf § 108 Abs. 3 AO zurückgreifen zu müssen.

Da D mit ihrem Schreiben an das FA Dachau, auch ohne den Terminus zu verwenden, den Antrag auf Wiedereinsetzung in den vorigen Stand gestellt hat, weil erkennbar ist, dass ihrer Ansicht nach Gründe vorliegen, ihr Anliegen nicht als verspätet zu behandeln, darf der Einspruch nicht als unzulässig verworfen werden.

Zum selben Ergebnis gelangt man, wenn man meint den letzten Satz in ihrem Schreiben („..., wenn ich zu spät dran sein sollte, üben Sie bitte Nachsicht auf Grund meiner schweren Erkrankung"), nicht als Wiedereinsetzungsantrag auslegen zu können. Denn die Gewährung der Wiedereinsetzung ist vorliegend die einzig sachgerechte Ermessensentscheidung.

b) Fristwahrung bezüglich des Gewinnfeststellungsbescheids 11

Die Einspruchsfrist gegen diesen Bescheid des FA Fürstenfeldbruck vom 14. 2. 13 begann am 6. 5. 13 um 0.00 Uhr zu laufen – keine Bekanntgabe gemäß § 122 Abs. 2 Nr. 1 erster Halbs. AO mangels Zugang bei der D in dem Drei-Tages-Zeitraum. Erst mit Aushändigung des Schreibens am 5. 5. 13 durch die frühere Nachbarin in Dachau, in deren Briefkasten dieses schon vor längerer Zeit vom Postboten versehentlich eingelegt worden war, ist der für eine Bekanntgabe erforderliche Zugang erfolgt. Für eine wirksame Bekanntgabe ist nicht erforderlich, dass der Bescheid unmittelbar durch die Post in den Machtbereich des Empfängers gelangt; die Weiterleitung eines fehlgeleiteten VA durch einen „falschen Empfänger" ist unschädlich (vgl. § 8 VwZG für formstärkere Zustellungen; siehe auch AEAO Nr. 4.4.4. u. 4.5.1. zu § 122).

Die Einspruchsfrist gemäß §§ 355 Abs. 1 Satz 1, 356 Abs. 1 AO endete folglich nach § 108 Abs. 1 AO i. V. m. § 188 Abs. 2 BGB erst mit Ablauf des 5. 6. 13.

Der Einspruch ist rechtzeitig – am 3. 6. 13 – beim FA Dachau eingelegt worden.

5. Beschwer

Nach § 350 AO ist einspruchsbefugt nur, wer geltend macht, durch einen VA beschwert zu sein. Ob tatsächlich eine Rechtsverletzung vorliegt, ist eine Frage der Begründetheit.

a) Die D ist durch den angefochtenen ESt-Bescheid 11 beschwert, weil hierdurch ihr gegenüber eine Steuer i. H. v. 38 028 € (belastende Wirkung einer jeden Steuerfestsetzung über Null) festgesetzt worden ist. Dass D sich gegen die ESt-Festsetzung mit dem Argument zur Wehr setzt, der gesondert festgestellte Gewinn sei fehlerhaft, lässt die Beschwer nicht entfallen – § 351 Abs. 2 AO Problem der Begründetheit (vgl. AEAO Nr. 4 zu § 351). Mit dem Einspruch ist die Steuerfestsetzung insgesamt angegriffen, nicht nur die das konkrete Vorbringen betreffende Besteuerungsgrundlage – Steuer erwächst in Bestandskraft.

b) Auch der einen Gewinn feststellende, nach § 182 Abs. 1 Satz 1 AO Bindungswirkung für die Besteuerungsgrundlage „Einkünfte aus selbständiger Arbeit" der ESt-Festsetzung entfaltende Bescheid des FA Fürstenfeldbruck begründet eine Beschwer. § 351 Abs. 2 AO verlangt die Anfechtung eines Grundlagenbescheids, wenn eine hierin wirksam getroffenen Entscheidung angegriffen werden soll. Für die schlüssige Geltendmachung der Beschwer kommt es nicht auf die Auswirkungen im Folgebescheid an (vgl. AEAO Nr. 4 zu § 350); es genügt insoweit, dass D die Herabsetzung des festgestellten Gewinns begehrt – würde sich im Erfolgsfall sogar unzweifelhaft für sie bei der Folgesteuer positiv auswirken.

Ergebnis: Die **Einsprüche** gegen den **ESt-Bescheid 11** des **FA Dachau** und gegen den **Gewinnfeststellungsbescheid 11** des **FA Fürstenfeldbruck** sind **zulässig**.

Sachverhalt 1, Aufgabe 2 (Prüfung der Erfolgsaussichten der Einsprüche):

Das FA Fürstenfeldbruck hat über beide Einsprüche zu entscheiden,

- nach § 367 Abs. 1 Satz 1 AO über den Einspruch gegen den Gewinnfeststellungsbescheid, weil es diesen VA erlassen hat,
- nach § 367 Abs. 1 Satz 2 erster Halbs. AO über den Einspruch gegen den ESt-Bescheid, weil die Zuständigkeit nachträglich übergegangen ist.

  Gemäß § 26 Satz 1 AO tritt der Zuständigkeitswechsel ein, wenn eine der beiden Finanzbehörden von der Veränderung der die örtliche Zuständigkeit begründenden Umstände erfährt. Nach § 19 Abs. 1 Satz 1 AO richtet sich die Zuständigkeit für die Einkommensbesteuerung nach dem Wohnsitz.

  Mit dem Umzug von Dachau nach Fürstenfeldbruck im Februar des Jahres 13 ist der Zuständigkeitswechsel noch nicht eingetreten, so dass der Bescheid am 18. 3. 13 von der örtlich zuständigen Behörde erlassen worden ist. Aus dem beim FA Dachau eingegangenen Einspruch hat dieses von dem Umzug und damit von der Veränderung des Wohnsitzes Kenntnis erlangt. Seit dem 3. 6. 13 ist das FA Fürstenfeldbruck zuständig geworden.

  Der nach Erlass eines VA eintretende Zuständigkeitswechsel bewirkt auch eine Zuständigkeitsänderung im Einspruchsverfahren (vgl. hierzu AEAO Nr. 1 zu § 367).

1. Einspruch gegen den Gewinnfeststellungsbescheid 11

Frau D wird mit ihrem Einspruch Erfolg haben, wenn die Voraussetzungen für eine gesonderte Gewinnfeststellung gemäß §§ 179 Abs. 1, 180 Abs. 1 Satz 1 Nr. 2b AO nicht vorliegen.
Ist dies der Fall, kann das FA Fürstenfeldbruck den F-Bescheid nicht ändern und den Gewinn um 2 380 € niedriger feststellen, sondern muss den angefochtenen Bescheid vom 14. 2. 13 ersatzlos aufheben.

a) Gesondert festgestellt werden gemäß § 180 Abs. 1 Nr. 2b AO in anderen als den in Buchstabe a genannten Fällen (Beteiligung mehrerer Personen an den einkommensteuerpflichtigen Einkünften) die Einkünfte aus freiberuflicher Tätigkeit, wenn nach den Verhältnissen zum Schluss des Gewinnermittlungszeitraums das für die gesonderte Feststellung zuständige FA nicht auch für die Steuern vom Einkommen zuständig ist. Voraussetzung für die gesonderte Feststellung ist also das Auseinanderfallen von Wohnsitz und Tätigkeitsort zu diesem Zeitpunkt (vgl. hierzu AEAO Nr. 2.1. Abs. 2 zu § 180 – „Spätere Änderungen dieser Verhältnisse sind insoweit unbeachtlich“).

Zum Schluss des Gewinnermittlungszeitraums für 11 (= 31. 12.) war das FA Fürstenfeldbruck nach § 18 Abs. 1 Nr. 3 AO für die gesonderte Feststellung der Einkünfte aus freiberuflicher Tätigkeit örtlich zuständig, weil die D im Bezirk dieses FA ihre Tätigkeit als Krankengymnastin ausübt(e). Für die Steuern vom Einkommen war hingegen nach § 19 Abs. 1 Satz 1 AO das FA Dachau örtlich zuständig, denn D hatte zu diesem Zeitpunkt dort – noch – ihren Wohnsitz.

b) Gemäß § 180 Abs. 3 Satz 1 Nr. 2 AO (vgl. zweiter Satzteil – „dies gilt sinngemäß auch . . . .") gilt § 180 Abs. 1 Satz 1 Nr. 2b AO jedoch nicht, eine gesonderte Feststellung entfällt, wenn es sich um einen Fall von geringer Bedeutung handelt. Ein solcher Fall kann anzunehmen sein, wenn dasselbe FA für die Veranlagung zur Einkommensteuer zuständig geworden ist, z. B. bei Verlegung des Wohnsitzes nach Ablauf des Feststellungszeitraums in den Bezirk des Tätigkeitsfinanzamts (vgl. AEAO Nr. 4 Abs. 2 zu § 180; s. auch BFH v. 24. 3. 2011 IV R 13/09, BFH/NV 2011, 1826).

D hat im Jahr 13, also nach Ablauf des Feststellungszeitraums für das Jahr 11 ihren Wohnsitz in den Bezirk des Tätigkeits-FA Fürstenfeldbruck verlegt. Zwar ist dieses FA erst mit Eingang der Einsprüche beim FA Dachau am 3. 6. 13 gemäß § 26 Satz 1 AO für die ESt-Veranlagung zuständig geworden. Als der angegriffene Feststellungsbescheid am 14. 2. 13 erlassen wurde, war die gesonderte Feststellung der Einkünfte aus freiberuflicher Tätigkeit nach § 180 Abs. 1 Satz 1 Nr. 2b AO zu Recht erfolgt. Das FA Fürstenfeldbruck war noch nicht für die Veranlagung zur ESt zuständig geworden, § 180 Abs. 3 Satz 1 Nr. 2 AO seinerzeit nicht einschlägig.

Für die Beurteilung, ob der F-Bescheid mangels Vorliegens der Voraussetzungen für die gesonderte Feststellung rechtswidrig und deshalb aufzuheben ist, ist aber auf den Zeitpunkt der Entscheidung über den Einspruch abzustellen (Einspruchsverfahren gegen einen Steuerbescheid auch als „verlängertes Festsetzungsverfahren", gegen einen F-Bescheid als „verlängertes Feststellungsverfahren" bezeichnet).

Zum Zeitpunkt der Entscheidung über den Einspruch gegen den Gewinnfeststellungsbescheid ist auch die Zuständigkeit für die Entscheidung über den Einspruch gegen die ESt-Festsetzung auf das FA Fürstenfeldbruck übergegangen – kein Auseinanderfallen von Tätigkeits- und Wohnsitz-FA mehr, d. h. gesonderte Feststellung ausschließender Fall von geringer Bedeutung.

2. Einspruch gegen den ESt-Bescheid 11

Mit Wirksamwerden der den F-Bescheid aufhebenden Entscheidung entfällt die Bindungswirkung, die dieser Bescheid bisher für den Folgebescheid entfaltet hat.

Im Einspruchsverfahren gegen den ESt-Bescheid hat nunmehr gemäß § 367 Abs. 2 Satz 1 AO eine vollständige Überprüfung aller für die Steuerfestsetzung relevanten Besteuerungsgrundlagen, damit auch der Besteuerungsgrundlage „Einkünfte i. S. d. § 18 Abs. 1 Nr. 1 EStG" zu erfolgen. § 351 Abs. 2 AO steht dem nicht mehr entgegen. Nur solange ein Grundlagenbescheid (noch) wirksam ist, können hierin getroffene Entscheidungen nicht durch Anfechtung des Folgebescheids angegriffen werden (vgl. in diesem Zusammenhang auch AEAO Nr. 1.3. zu § 175, wonach die ersatzlose Aufhebung eines Grundlagenbescheids dem für den Erlass des Folgebescheids zuständigen FA die Möglichkeit eröffnet, den Sachverhalt, der bisher Gegenstand des Feststellungsverfahrens war, selbstständig zu beurteilen).

Als Ergebnis der vollumfänglichen neuen Prüfung ist der Gewinn aus freiberuflicher Tätigkeit auf 117 620 € und damit das zu versteuernde Einkommen um 2 380 € herabzusetzen mit einer daraus resultierenden niedrigeren ESt als im Bescheid vom 18. 3. 13 festgesetzt.

Zwar ist bei Einnahme-Überschussrechnung nach § 4 Abs. 3 EStG die Entgegennahme eines Schecks grds. als Zufluss anzusehen und damit gem. §§ 8 Abs. 1, 11 Abs. 1 Satz 1 EStG als Einnahme zu erfassen (vgl. H 11 – Stichwort: Scheck – EStR 2012 mit EStH 2016); der spätere Zeitpunkt der Einlösung ist nicht von Bedeutung. Dies gilt jedoch nur, wenn das Konto Deckung aufweist (vgl. hierzu BFH v. 30. 10. 1980 IV R 97/78, BStBl 1981 II 305; v. 20. 3. 2001 IX R 97/97, BStBl 2001 II 482).

Da der von einem Patienten am 28. 12. 11 zur Begleichung einer Rechnung der D übergebene Scheck nicht gedeckt war, stellte die Scheckhingabe keine Einnahme des Veranlagungszeitraums 11 dar (Betrag erst wegen Barzahlung im Februar des Jahres 12 bei Gewinnermittlung dieses Veranlagungszeitraums zu erfassen).

Weitere bei der Festsetzung der ESt des Jahres 11 unterlaufene Fehler sind dem Sachverhalt nicht zu entnehmen.

Ergebnis: Die Einwendung der D in ihrem an das FA Dachau gerichteten Schreiben wird **Erfolg** haben.

(1) Dem **Einspruch** gegen den **Gewinnfeststellungsbescheid** 11 vom 14. 2. 13 wird durch **Aufhebung** dieses **Bescheids** stattgegeben.

(2) Dem **Einspruch** gegen den **ESt-Bescheid 11** vom 18. 3. 13 wird durch **Änderung** der **Steuer** von 38 028 € auf X € (**Reduzierung** des **zvE.** um **2 380 €**) **stattgegeben**.

ERGÄNZENDER HINWEIS:

Die Richtigkeit dieses Ergebnisses zeigt auch folgende Sachverhaltsabwandlung: Hätte D im Jahr 13 ihren Wohnsitz nicht von Dachau nach Fürstenfeldbruck verlegt, käme § 180 Abs. 3 Nr. 2 AO nicht zur Anwendung. Das FA Fürstenfeldbruck müsste dann dem Einspruch gegen den Gewinnfeststellungsbescheid durch Herabsetzung des festgestellten Gewinns auf 117 620 € stattgeben (keine Aufhebung dieses Bescheids). Das FA Dachau müsste (1) den Einspruch gegen den ESt-Bescheid wegen § 351 Abs. 2 AO als unbegründet zurückweisen, aber (2) nach Erlass des geänderten Grundlagenbescheids durch das FA Fürstenfeldbruck den Folgebescheid nach § 175 Abs. 1 Satz 1 Nr. 1 AO ändern. Der Umzug von Dachau nach Fürstenfeldbruck kann wohl verfahrensrechtlich nicht dazu führen, dass die ESt-Belastung höher ausfällt, als dies ohne den Umzug der Fall wäre.

Sachverhalt 2 (Änderung der ESt-Bescheide der Jahre 06, 07 und 08):

Die ESt-Bescheide der Veranlagungszeiträume (VZ) 06, 07 und 08 sind nach der Schlussbesprechung Ende März des Jahres 13 zu korrigieren, wenn

- die ESt dieser Jahre materiell-rechtlich fehlerhaft festgesetzt worden ist, die wirksam bekannt gegeben Bescheide also rechtswidrig sind,
- eine Rechtsgrundlage für die Korrektur gegeben ist,
- noch keine Festsetzungsverjährung eingetreten ist, weil gemäß § 169 Abs. 1 Satz 1 u. Satz 2 AO die Aufhebung/Änderung/Berichtigung einer Steuerfestsetzung nach Ablauf der Festsetzungsfrist (FF) nicht mehr zulässig ist.

1. Korrektur des ESt-Bescheids 06

a) materiell-rechtliche Prüfung der Steuerfestsetzung

Die Kosten für den Abbruch des alten Bürogebäudes i. H. v. 200 000 € auf dem von dem eingetragenen Kaufmann Hundertmark (nachfolgend: H) erworbenen Grundstück durften nicht als Betriebsausgabe berücksichtigt werden.

Wird ein Gebäude in Abbruchabsicht erworben und ein neues Gebäude errichtet, gehören die Kosten des Abbruchs zu den Herstellungskosten (HK) des neuen Gebäudes (zur steuerlichen Behandlung der Kosten für den Abriss eines Gebäudes vgl. H 6.4 EStR - „Abbruchkosten" – EStR 2012 mit EStH 2016). In der Schlussbilanz 06 hätten die HK des neuen Lagergebäudes um 199 500 € höher angesetzt werden müssen (plus 200 000 € HK vermindert um 500 € Absetzung für Abnutzung). Gemäß § 7 Abs. 4 Satz 1 Nr. 1 EStG beträgt die jährliche AfA für das neu errichtete Hochregallagergebäude 3 %, also Erhöhung der Jahres-AfA um 6 000 €. Im Jahr der Herstellung des Lagergebäudes – Fertigstellung zum 15. 12. des Jahrs 06 – ist die AfA nach § 7 Abs. 1 Satz 4 EStG zeitanteilig vorzunehmen (Verminderung der Jahres-AfA um 5 500 € wegen 11 voller, dem Herstellungsmonat vorangehender Monate = 500 €).

Der materiell-rechtlich zutreffende Gewinn aus Gewerbebetrieb ist um 199 500 € höher als von H erklärt und seiner Gewinnermittlung folgend vom FA Ingolstadt im ESt-Bescheid 2006 als Besteuerungsgrundlage angesetzt.

b) Prüfung von Korrekturvorschrift(en) und Festsetzungsverjährung

aa) § 164 Abs. 2 Satz 1 AO

Eine Änderung der im Jahr 07 gemäß § 164 Abs. 1 Satz 1 AO unter Vorbehalt der Nachprüfung (VdN) festgesetzten ESt 06 nach § 164 Abs. 2 Satz 1 AO setzt voraus, dass der Vorbehalt jetzt – im Jahr 13 – noch wirksam ist.

Das FA Ingolstadt hat von seinem Recht gemäß § 164 Abs. 3 Satz 1 AO, jederzeit den VdN aufzuheben, keinen Gebrauch gemacht.

Der Vorbehalt könnte jedoch zwischenzeitlich kraft Gesetzes entfallen sein. Gemäß § 164 Abs. 4 Satz 1 AO ist dies der Fall, wenn die FF abläuft.

(1) Der H war nach § 149 Abs. 1 Satz 1 AO i.V. m. § 25 Abs. 3 EStG zur Abgabe einer ESt-Erklärung verpflichtet. Er ist dieser Verpflichtung für den VZ 06 im Jahr 07 auch nachgekommen (vgl. SV: „Die Erklärungen waren beim FA in dem Kalenderjahr eingegangen, das dem jeweiligen VZ folgte"). Folglich begann die FF nach § 170 Abs. 2 Satz 1 Nr. 1 erste Alt. AO mit Ablauf des 31. 12. 07.

Gemäß § 169 Abs. 2 Satz 1 Nr. 2 AO beträgt die FF vier Jahre. Sie endete deshalb „regulär" mit Ablauf des 2. 1. 12 mit der Folge des Entfallens des VdN zu diesem Zeitpunkt 31. 12. 11 = Samstag (vgl. hierzu AEAO Nr. 2 zu § 108).

(2) Im Hinblick auf die Außenprüfung (Ap) könnte aber die Ablaufhemmung nach § 171 Abs. 4 AO anwendbar sein mit der Folge, dass der VdN jetzt noch wirksam ist.

Zwar sind gemäß § 164 Abs. 4 Satz 2 AO bestimmte eine Ablaufhemmung beinhaltende Normen bei Ermittlung der sog. Vorbehaltswegfallfrist nicht anzuwenden. Der Ablaufhemmungstatbestand des § 171 Abs. 4 AO ist hier nicht erwähnt, so dass die auf Grund einer Ap sich ergebende Verlängerung der FF auch Auswirkung auf den Fortbestand des VdN hat.

Die Ap hat vorliegend aber **nicht** zu einer Hemmung der FF für die ESt des Jahres 06 über den 2. 1. 12 hinaus geführt. Gemäß § 171 Abs. 4 Satz 2 AO entfällt die Ablaufhemmung, wenn eine Ap unmittelbar nach ihrem Beginn für die Dauer von mehr als sechs Monaten aus von der Finanzbehörde zu vertretenden Gründen unterbrochen wird.

Der mit der Durchführung der Ap beauftragte StA Bartl (B) hatte mit der Prüfung am 7. 11. 11 – also vor Ablauf der vierjährigen FF und damit grds. die Ablaufhemmung auslösend – begonnen, diese aber nach 2,5 Stunden auf Weisung seines Sachgebietsleiters wieder unterbrochen. Die Wiederaufnahme erfolgte erst am 5. 11. 12, mithin nach einer Unterbrechung von fast einem Jahr und damit zu einem Zeitpunkt, zu dem die dann durchgeführten Prüfungshandlungen wegen bereits abgelaufener FF nicht mehr erneut die Ablaufhemmung auslösen konnten. Entscheidend für das rückwirkende Entfallen der zunächst im November 11 ausgelösten Ablaufhemmung wegen der mehr als sechs Monate dauernden Unterbrechung ist, dass diese unmittelbar nach dem Beginn der Ap erfolgt ist und dass die Finanzbehörde die Unterbrechung für die Dauer von mehr als sechs Monaten zu vertreten hat (zur Rückwirkung des Wegfalls der bereits eingetretenen Hemmung vgl. BFH v. 17. 3. 2010 IV R 54/07 BStBl 2011 II 7).

Ob die Unterbrechung „unmittelbar nach Beginn der Ap" geschah oder ob sie erst später erfolgte, ist nach den Verhältnissen im Einzelfall zu beurteilen, wobei neben dem zeitlichen Umfang der bereits durchgeführten Prüfungsmaßnahmen alle Umstände hinzuziehen sind, die Aufschluss über die Gewichtigkeit der Prüfungshandlungen vor der Unterbrechung geben. Eine Ap ist nur dann nicht mehr unmittelbar nach Beginn unterbrochen, wenn die Prüfungshandlungen von Umfang und Zeitaufwand gemessen an dem gesamten Prüfungsstoff erhebliches Gewicht erreicht oder erste verwertbare Ergebnisse gezeitigt haben (vgl. BFH v. 24. 4. 2003 VII R 3/02, BStBl 2003 II 739 – „relevante Unterbrechung anzunehmen nach Vornahme nur von bloßen Vorbereitungshandlungen wie allgemeinen Informationen über den Betrieb, das Rechnungswesen, die Buchführung"; s. hierzu auch BFH v. 8. 7. 2009 XI R 69/07, BStBl 2010 II 4). Das Merkmal der Unterbrechung „aus Gründen, die die Finanzbehörde zu vertreten hat", ist das Gegenstück zum Prüfungsaufschub auf Antrag des Stpfl. (vgl. BFH v. 17. 3. 2010 IV R 54/07, BStBl 2011 II 7). Es kommt darauf an, ob die Gründe in der Sphäre der Finanzverwaltung liegen – Beispiele: fehlende Prüfungskapazität, anderweitiger Einsatz oder Urlaub, Krankheit des Prüfers. Nicht zu vertreten hat die Behörde die in der Sphäre des Stpfl. liegenden Gründe – Beispiele: Krankheit bzw. Urlaub des Stpfl. oder seines Bevollmächtigten, Verhinderung infolge anderweitiger Belastung wie Saisongeschäft, Betriebsverlegung, also all der Umstände, aus denen auch der Beginn einer Ap auf Antrag des Stpfl. nach § 197 Abs. 2 AO auf einen anderen Zeitpunkt verlegt werden kann.

- B hat sich in den 2,5 Stunden seiner Anwesenheit im Betrieb des H nur ein Bild über die vorgelegten Unterlagen gemacht. Nennenswerte Prüfungshandlungen im Sinne von Ermittlung der für den gewerblichen Gewinn bedeutsamen Sachverhalte haben in dieser Zeit noch nicht stattgefunden. Die eigentliche Prüfung geschah erst ein Jahr später über einen Zeitraum von sieben Arbeitstagen. Dass B sich schon am 12. 9. des Jahres 11 in seinem Büro auf die Prüfung vorbereitet und deshalb die Veranlagungsakten gesichtet hatte, ist insoweit ohne Bedeutung. Dem Erlass der Prüfungsanordnung (PA) vorangehende Maßnahmen lösen nicht die Ablaufhemmung nach § 171 Abs. 4 Satz 1 AO aus, können also auch nicht im Rahmen des Satzes 2 bei der Frage, ob die Unterbrechung unmittelbar nach dem Prüfungsbeginn erfolgt ist, berücksichtigt werden.

Somit erfolgt die Unterbrechung unmittelbar nach Beginn der Ap.

- Die fast ein Jahr dauernde Unterbrechung ist auch von der Finanzbehörde zu vertreten.

  Zum einen hätte die Prüfung nicht bis zur Entscheidung über den Einspruch gegen die PA unterbrochen werden müssen. Nach § 361 Abs. 1 Satz 1 AO wird durch die Einlegung des Einspruchs die Vollziehung des angefochtenen VA nicht gehemmt. Der Einspruch gegen die PA kann auch nicht mit einem zur Ablaufhemmung führenden Antrag des Stpfl. auf Hinausschieben des Prüfungsbeginns gemäß § 171 Abs. 4 Satz 1 zweite Alt. AO gleichgesetzt werden. Dies ist nur der Fall, wenn die Vollziehung des angefochtenen VA ausgesetzt wurde (vgl. AEAO Nr. 3.4. zu § 171).

  Zum anderen ist nicht einzusehen, dass die Prüfung, wollte man sie schon unterbrechen, nicht sofort nach Erlass der Einspruchsentscheidung am 17. 4. 12, also noch vor Ablauf der Sechsmonatsfrist, wieder aufgenommen worden ist.

Demnach ist die durch die im November des Jahres 11 begonnene Ap ausgelöste Ablaufhemmung gemäß § 171 Abs. 4 Satz 1 AO im Hinblick auf Satz 2 dieser Vorschrift wieder rückwirkend entfallen. Mit Ablauf der FF zum Ende des 2. 1. 12 ist deshalb auch der Vorbehalt der Nachprüfung entfallen. Eine Änderung der ESt-Festsetzung 06 nach § 164 Abs. 2 Satz 1 AO scheidet im Jahr 13 aus.

bb) § 173 Abs. 1 Nr. 1 AO

Zu den Tatsachen i. S. dieser Vorschrift gehören auch innere Tatsachen, die nur anhand äußerer Tatsachen – Hilfstatsachen – festgestellt werden können (vgl. AEAO Nr. 1.1. S. 2 zu § 173). Um eine solche innere Tatsache handelt es bei der Feststellung des Prüfers, dass der H das alte Bürogebäude in der Absicht erworben hatte, es abzureißen und durch einen Neubau zu ersetzen.

Trotz des nachträglichen Bekanntwerdens dieser zu einer höheren Steuer – Kosten für Gebäudeabbruch als HK des neuen Gebäudes anstatt des bisher in voller Höhe angesetzten Aufwands – führenden Tatsache kommt eine Korrektur nach § 173 Abs. 1 Nr. 1 AO wegen Eintritts der Festsetzungsverjährung nicht mehr in Betracht. Denn die vierjährige FF ist bereits abgelaufen. § 169 Abs. 2 Satz 2 AO ist nicht anwendbar, weil dem H hinsichtlich der fehlerhaften Behandlung der Kosten für den Gebäudeabbruch kein leichtfertiges oder sogar vorsätzliches steuerschädliches Verhalten vorzuwerfen ist.

Ergebnis: keine Änderung des **ESt-Bescheids 06**

2. Korrektur des ESt-Bescheids 07

a) materiell-rechtliche Prüfung der Steuerfestsetzung

Eine Aktivierung der Abbruchkosten als HK des neu errichteten Hochregallagergebäudes in der Schlussbilanz zum 31. 12. 06 ist nicht möglich, der Steuerbescheid des Jahres 2006 kann nicht mehr geändert werden (vgl. hierzu H 4.4 – „Berichtigung einer Bilanz, die einer bestandskräftigen Veranlagung zu Grunde liegt" – EStR 2012 mit EStH 2016). Der Bilanzansatz für das neue Gebäude ist in der ersten Schlussbilanz richtig zu stellen, in der dies unter Beachtung der für den Eintritt der Bestandskraft und der Verjährung maßgebenden Vorschriften möglich ist, und zwar erfolgswirksam. Anzusetzen ist der Wert, mit dem das Wirtschaftsgut bei von vornherein zutreffender bilanzieller Behandlung – also bei Beachtung sämtlicher Gewinnermittlungsvorschriften – in dieser Bilanz erscheinen würde (vgl. H 4.4 – Stichwort: Richtigstellung eines unrichtigen Bilanzansatzes – EStR 2012 mit EStH 2016). Bei von Anfang an zutreffender bilanzieller Behandlung müsste das in 06 fertiggestellte Gebäude in der Schlussbilanz zum 31.12.07 gemäß §§ 6 Abs. 1 Nr. 1 Satz 1, 7 Abs. 4 Satz 1 Nr. 1 EStG mit einem Wert i. H. v. 193 500 € erscheinen (199 500 € abzüglich 6 000 € AfA). Die Aktivierung von HK i. H. v. 193 500 € in der Bilanz zum 31.12.07 und damit eine Erhöhung des Gewinns aus Gewerbebetrieb für den VZ 07 um diesen Betrag setzt voraus, dass der ESt-Bescheid 07 noch korrigiert werden kann.

b) Prüfung von Korrekturvorschrift und Festsetzungsverjährung

Eine Änderung des ebenfalls unter VdN ergangenen ESt-Bescheids 07 hat nach § 164 Abs. 2 Satz 1 AO zu erfolgen.

Denn der Vorbehalt ist im Jahr 13 noch wirksam; er ist weder vom FA Ingolstadt ausdrücklich aufgehoben worden noch ist er zwischenzeitlich gemäß § 164 Abs. 4 Satz 1 AO kraft Gesetzes entfallen.

aa) Die nach § 169 Abs. 2 Satz 1 Nr. 2 AO vier Jahre betragende FF endete mit Ablauf des Jahres 12 (wegen Abgabe der ESt-Erklärung 07 im Jahr 08 Beginn der FF gemäß § 170 Abs. 2 Satz 1 Nr. 1 AO mit Ablauf des Jahres 2008).

bb) Die am 7.11.11 begonnene und nach fast einjähriger Unterbrechung am 5.11. 12, also noch vor der Ende 12 ablaufenden vierjährigen FF, wieder aufgenommene Ap hat zur Ablaufhemmung gemäß § 171 Abs. 4 Satz 1 AO geführt. Diese lässt die FF für die ESt 07 bis zur Unanfechtbarkeit des auf Grund der Prüfung noch zu erlassenden Steuerbescheids laufen. Folge der Ablaufhemmung ist auch, dass der VdN nicht mit Ablauf der vierjährigen FF zum Ende des Jahres 12 entfallen ist.

Ohne Bedeutung ist insoweit, dass die Wiederaufnahme der Prüfung im November des Jahres 12 erfolgt ist, ohne dass vorher eine erneute Prüfungsanordnung erlassen wurde. Die PA vom 4.10.11, die dem Prüfungsbeginn im November 11 vorausgegangen ist, „verfällt" innerhalb der FF nicht durch bloßen Zeitablauf. Bedarf es schon bei längerer Unterbrechung einer zunächst nachhaltig begonnenen Ap keiner neuen PA, so ist kein Grund ersichtlich, warum eine neue PA erforderlich sein soll, wenn die Prüfung – wie hier geschehen – unmittelbar nach ihrem Beginn für mehr als sechs Monate unterbrochen, jedoch noch vor Ablauf der FF fortgesetzt wird (vgl. BFH v. 13.2.2003 IV R 31/01 BStBl 2003 II 552 – „Eine neue PA könnte, vorbehaltlich evtl. Erweiterungen oder Einschränkungen, die selbstverständlich ausdrücklich angeordnet werden müssten, keinen anderen Inhalt als die ursprünglich ergangene PA haben").

Ergebnis: **Änderung** des **ESt-Bescheids 07** auf Grund der Außenprüfung gemäß **§ 164 Abs. 2 Satz 1 AO (Erhöhung** der Besteuerungsgrundlage „Einkünfte aus Gewerbebetrieb" und damit des **zu versteuernden Einkommens** um **193 500 €)**

3. Korrektur des ESt-Bescheids 08

a) materiell-rechtliche Prüfung der Steuerfestsetzung

Als Folge der Aktivierung zusätzlicher HK i. H. v. 193 500 € für das Hochregallagergebäude in der Bilanz zum 31. 12. 07 muss das Wirtschaftsgut in der Bilanz zum 31. 12. 08 um die AfA für das Jahr 08 gemäß § 6 Abs. 1 Nr. 1 Satz 1 u. 7 Abs. 4 Satz 1 Nr. 1 EStG gemindert mit einem Betrag von 187 500 € angesetzt werden. Der Betriebsvermögensvergleich ergibt dann einen um 6 000 € niedrigeren gewerblichen Gewinn als im ESt-Bescheid 08 zugrunde gelegt.

b) Prüfung von Korrekturvorschrift und Festsetzungsverjährung

aa) Die Steuer für den VZ 08 ist endgültig festgesetzt, eine Bescheidkorrektur kann, weil § 129 AO hier ohne jeden Zweifel nicht einschlägig ist und § 164 Abs. 2 AO mangels VdN ausscheidet, nur nach §§ 172 ff. AO erfolgen.

Als Korrekturtatbestand greift § 175 Abs. 1 Satz 1 Nr. 2 AO ein. Die zur Grundlage einer Steuerfestsetzung gewordene Korrektur für das Wirtschaftsgut, das Teil des Betriebsvermögens am Schluss des Wirtschaftsjahres ist, stellt ein rückwirkendes Ereignis für die Steuerfestsetzung eines Folgejahres dar, bei der sich der Wertansatz gewinnerhöhend oder – wie hier der Ansatz der zusätzlichen HK – gewinnmindernd auswirkt. Das Betriebsvermögen am Schluss des vorangegangenen Wirtschaftsjahres ist gemäß § 4 Abs. 1 Satz 1 EStG materiell-rechtliches Tatbestandsmerkmal des Steueranspruchs für das Folgejahr und damit Teil des Sachverhalts, der auch dieser Steuerfestsetzung zugrunde liegt (vgl. BFH v. 30. 6. 2005 IV R 11/04, BStBl 2005 II 809 m. w. N.; s. auch AEAO Nr. 2.4. „Einkommensteuer - § 4 Abs. 2 Satz 1 EStG" zu § 175).

bb) Die FF steht einer Änderung des Steuerbescheids 08 im Jahr 13 nach Durchführung der Schlussbesprechung Ende März aus verschiedenen Erwägungen nicht entgegen.

Zum einen würde die FF schon ohne Berücksichtigung der Ablaufhemmung gemäß § 171 Abs. 4 Satz 1 AO erst mit Ablauf des Jahres 13 enden. Zum anderen ist aber noch die Anlaufhemmung nach § 175 Abs. 1 Satz 2 AO zu beachten. Im Fall der Änderung wegen rückwirkenden Ereignisses beginnt hiernach die FF mit Ablauf des Kalenderjahres, in dem das Ereignis eintritt. Wegen der Aktivierung der Abbruchkosten als zusätzliche HK des Hochregallagergebäudes in der Schlussbilanz des Jahres 07 als rückwirkendes Ereignis beginnt die FF für die Änderung nach § 175 Abs. 1 Satz 1 Nr. 2 AO wohl erst mit Ablauf des Jahres 13, unterstellt in diesem Jahr wird die auf der Korrektur des Wertansatzes für das Hochregallagergebäude beruhende Änderungsfestsetzung für den VZ 07 wirksam.

Ergebnis: **Änderung** des **ESt-Bescheids 08** auf Grund der Außenprüfung gemäß **§ 175 Abs. 1 Satz 1 Nr. 2 AO (Verminderung** der Besteuerungsgrundlage „Einkünfte aus Gewerbebetrieb" und damit des **zu versteuernden Einkommens** um **6 000 €)**

Teil II: Umsatzsteuer

Verfasser: Dipl.-Finanzwirt Ralf Walkenhorst, Ibbenbüren

I. Unternehmereigenschaft und Umfang des Unternehmens

Terra GmbH:

Die Terra GmbH ist Unternehmerin gem. § 2 Abs. 1 Satz 1 UStG, da sie eine gewerbliche Tätigkeit selbständig ausübt. Das Unternehmen umfasst gem. § 2 Abs. 1 Satz 2 UStG die gesamte gewerbliche oder berufliche Tätigkeit des Unternehmers. Zum Rahmen des Unternehmens der GmbH gehören danach die Maklertätigkeit, die Tätigkeit im Zusammenhang mit der Hausverwaltung und die Vermietungsleistungen.

Anton Aigner:

Anton Aigner ist kein Unternehmer i. S. des § 2 Abs. 1 Satz 1 UStG. Die Geschäftsführungstätigkeit wird nicht selbständig ausgeübt, da Anton insoweit auf Grundlage eines Arbeitsvertrags tätig wird, der die Weisungsgebundenheit dokumentiert. Damit liegt gem. § 2 Abs. 2 Nr. 1 UStG keine unternehmerische Tätigkeit vor.

Das bloße Halten und Erwerben von Beteiligungen führt ebenfalls nicht zu einer unternehmerischen Tätigkeit (Abschn. 2.3 Abs. 2 Satz 1 UStAE).

Berta Bruch:

Ab dem 1. 3. 2018 ist Berta als Unternehmerin i. S. des § 2 Abs. 1 Satz 1 UStG anzusehen. Die ab diesem Zeitpunkt ausgeführten Vermietungsleistungen stellen eine gewerbliche Tätigkeit gem. § 2 Abs. 1 Satz 3 UStG dar.

Das bloße Halten und Erwerben von Beteiligungen führt indessen nicht zu einer unternehmerischen Tätigkeit (Abschn. 2.3 Abs. 2 Satz 1 UStAE).

Claudius Cosinus:

Claudius ist kein Unternehmer gem. § 2 Abs. 1 Satz 1 UStG.

Das bloße Halten und Erwerben von Beteiligungen führt nicht zu einer unternehmerischen Tätigkeit (Abschn. 2.3 Abs. 2 Satz 1 UStAE).

II. Geschäftsvorfälle:

1. GmbH: Pkw-Überlassung an Anton Aigner

Die GmbH erbringt mit der Überlassung des Pkw zur privaten Nutzung eine sonstige Leistung gem. § 3 Abs. 9 Satz 2 UStG. Diese sonstige Leistung wird im Rahmen eines tauschähnlichen Umsatzes gem. § 3 Abs. 12 Satz 2 UStG ausgeführt; die Gegenleistung des Anton besteht in einem Teil seiner Arbeitsleistung. Die Pkw-Überlassung erfolgt als Vergütung für geleistete Dienste. Es handelt sich um einen Sachlohn, dem eine arbeitsvertragliche Regelung zugrunde liegt.

Der Ort der sonstigen Leistung richtet sich, da es sich um eine langfristige Vermietung eines Beförderungsmittels handelt, nach § 3a Abs. 3 Nr. 2 Satz 3 UStG. Der Ort ist am Wohnsitz des Leistungsempfängers, also in Starnberg, und damit im Inland.

Da die Leistung auch gegen Entgelt ausgeführt wird, ist sie steuerbar gem. § 1 Abs. 1 Nr. 1 Satz 1 UStG.

Mangels Steuerbefreiung i. S. des § 4 UStG handelt es sich um einen steuerpflichtigen Umsatz zum Steuersatz von 19% gem. § 12 Abs. 1 UStG.

Als Bemessungsgrundlage ist gem. § 10 Abs. 2 Satz 2 UStG der Wert der nicht durch den Barlohn abgegoltenen Arbeitsleistung anzusetzen. Dieser kann auf der Grundlage der Ausgaben geschätzt werden; die nicht mit Vorsteuer belasteten Ausgaben dürfen nicht abgezogen werden. Danach ergibt sich folgende Bemessungsgrundlage:

Anschaffungskosten i. H. von 45 000 €	
verteilt auf § 15a UStG-Zeitraum =	9 000 €
Treibstoff	5 200 €
Wartung und Pflege	2 000 €
Steuer und Versicherung	1 500 €
Darlehenszinsen	1 350 €
Summe	19 050 €

Unter Berücksichtigung einer Privatnutzung von 37,5% (15 000 km von 40 000 km) ergibt sich eine Bemessungsgrundlage für die Pkw-Überlassung von 7 143,75 € für das Jahr und demzufolge von 595,31 € pro Monat. Dies führt zu einer Umsatzsteuer für das Jahr von 1 357,31 € bzw. zu einer monatlichen Umsatzsteuer von 113,11 €.

Da es sich um monatliche Teilleistungen handelt, entsteht die Steuer bei der GmbH mit Ablauf des jeweiligen Monats gem. § 13 Abs. 1 Nr. 1 Buchst. a Sätze 1 bis 3 UStG.

Vorsteuerabzug für GmbH:

Der Pkw gehört zum Unternehmensvermögen der GmbH. Die Vorsteuern aus den laufenden Aufwendungen des Jahres 2018 sind gem. § 15 Abs. 1 Satz 1 Nr. 1 UStG abzugsfähig.

Da der Pkw aber auch für steuerfreie Umsätze verwendet wird (Vermietungen) ist insoweit die Vorsteuer gem. § 15 Abs. 2 Satz 1 Nr. 1 UStG nicht abziehbar. Die Vorsteuer ist gem. § 15 Abs. 4 UStG aufzuteilen. Von den 40 000 km, die im Jahre 2018 mit dem Pkw zurückgelegt wurden, entfielen 6 000 km auf steuerfreie Umsätze; dies entspricht einem Anteil von 15%. Demnach sind 1 162,80 € (1 368 € x 85%) als Vorsteuern abziehbar und zwar in den Voranmeldungszeiträumen, in denen die Leistungen ausgeführt wurden und die Rechnungen vorgelegen haben.

Vorsteuerberichtigung:

Im Jahr 2017 konnte die GmbH 90% der Vorsteuer aus der Anschaffung des Pkw abziehen; dies entsprach einem Wert von 7 695 €. Der Berichtigungszeitraum (§ 15a Abs. 1 Satz 1 UStG) für den Pkw beträgt 5 Jahre, beginnt am 1. 8. 2017 und endet am 31. 7. 2022. Im Jahr 2018 ist ein Vorsteuerabzug in Höhe von 85% möglich, d. h. die Verhältnisse für den Vorsteuerabzug haben sich um 5% geändert.

Das Berichtigungsvolumen für das Jahr 2018 beträgt 1 710 € (8.550 € : 5 Jahre). Damit ergibt sich ein Änderungsbetrag von 5% von 1 710 € = 85,50 €.

Eine Vorsteuerberichtigung gem. § 15a UStG ist für das Jahr 2018 nicht durchzuführen, da die Änderung nicht 10 % übersteigt und ein Betrag von 1 000 € nicht erreicht wird (§ 44 Abs. 2 UStDV).

2. GmbH: Vermietung Gebäude Uferpromenade 5 bis zum 28. 2. 2018:

In der Zeit vom 1. 1. 2018 bis zum 28. 2. 2018 führt die GmbH Vermietungsleistungen aus. Es handelt sich um sonstige Leistungen gem. § 3 Abs. 9 Satz 2 UStG, die im Rahmen von Teilleistungen (§ 13 Abs. 1 Nr. 1 Buchst. a Sätze 2 und 3 UStG) ausgeführt werden. Der Leistungsort bestimmt sich gem. § 3a Abs. 3 Nr. 1 Satz 2 Buchst. a UStG und ist dort, wo das Grundstück belegen ist; also in Starnberg, und damit im Inland. Da die Vermietungsleistungen auch gegen Entgelt ausgeführt werden, sind sie steuerbar gem. § 1 Abs. 1 Nr. 1 Satz 1 UStG.

Die Vermietungsumsätze sind grundsätzlich steuerfrei gem. § 4 Nr. 12 Satz 1 Buchst. a UStG.

Da die GmbH soweit wie möglich auf die Steuerbefreiung verzichtet hatte, sind die Voraussetzungen für eine Option gem. § 9 Abs. 1 und 2 UStG zu prüfen.

Hinsichtlich des an die Rechtsanwaltskanzlei vermieteten Erdgeschosses ist eine Option gem. § 9 Abs. 1 UStG möglich, da an einen anderen Unternehmer für dessen Unternehmen vermietet wurde. Da die Rechtsanwaltskanzlei auch ausschließlich vorsteuerabzugsberechtigende Umsätze ausführt, kommt ein Ausschluss der Option gem. § 9 Abs. 2 UStG nicht in Betracht. Unter Anwendung eines Steuersatzes von 19 % (§ 12 Abs. 1 UStG) auf die monatliche Bemessungsgrundlage (§ 10 Abs. 1 Sätze 1 und 2 UStG) von 4 000 € ergibt sich für die Monate Januar und Februar 2018 (§ 13 Abs. 1 Nr. 1 Buchst. a Sätze 1 bis 3 UStG) jeweils eine Umsatzsteuer in Höhe von 760 €.

Hinsichtlich der Vermietung der einen Hälfte des 1. Obergeschosses an den Versicherungsmakler ist eine Option nicht möglich. Es wird zwar gem. § 9 Abs. 1 UStG an einen anderen Unternehmer für dessen Unternehmen vermietet, aber der Mieter ist aufgrund seiner steuerfreien Versicherungsumsätze gem. § 4 Nr. 11 UStG nicht vorsteuerabzugsberechtigt, so dass die Option gem. § 9 Abs. 2 UStG ausgeschlossen ist. Die Bemessungsgrundlage für die steuerfreien Umsätze beläuft sich in den Monaten Januar und Februar 2018 auf jeweils 2 000 €. Als Teilleistungen (§ 13 Abs. 1 Nr. 1 Buchst. a Sätze 1 bis 3 UStG) sind die Umsätze in den jeweiligen Voranmeldungen zu berücksichtigen.

Hinsichtlich der Vermietung der anderen Hälfte des 1. Obergeschosses an den Steuerberater Rührig ist eine Option möglich. Die Vermietung erfolgt gem. § 9 Abs. 1 UStG an einen anderen Unternehmer für dessen Unternehmen. Ein Ausschluss der Option gem. § 9 Abs. 2 UStG kommt nicht zur Anwendung, da der Steuerberater ausschließlich vorsteuerabzugsberechtigende Umsätze ausführt. Unter Anwendung eines Steuersatzes von 19 % (§ 12 Abs. 1 UStG) und einer monatlichen Bemessungsgrundlage (§ 10 Abs. 1 Sätze 1 und 2 UStG) von jeweils 2 000 € ergibt sich eine Umsatzsteuer von jeweils 380 €. Diese entsteht gem. § 13 Abs. 1 Nr. 1 Buchst. a Sätze 1 bis 3 UStG mit Ablauf des jeweiligen Voranmeldungszeitraums, also mit Ablauf Januar und Februar 2018.

Hinsichtlich der Vermietung des Dachgeschosses an Anton Aigner ist eine Option nicht möglich, da nicht an einen anderen Unternehmer vermietet wird (§ 9 Abs. 1 UStG). Die Bemessungsgrundlage für die steuerfreie Vermietungsleistung besteht in einem Teil der Arbeitsleistung

(§ 10 Abs. 2 Satz 2 UStG), d. h. es liegt ein tauschähnlicher Umsatz gem. § 3 Abs. 12 Satz 2 UStG vor. Eine Ermittlung der Höhe der Bemessungsgrundlage ist nach Aufgabenstellung nicht durchzuführen. Es liegen auch insoweit monatliche Teilleistungen gem. § 13 Abs. 1 Nr. 1 Buchst. a Sätze 1 bis 3 UStG vor.

Ausscheiden der Gesellschafterin Bruch zum 1. 3. 2018:

Es handelt sich um einen tauschähnlichen Umsatz gem. § 3 Abs. 12 Satz 2 UStG. Für die Rückgabe der Gesellschaftsanteile erhält Berta das Grundstück Uferpromenade 5 und einen Barbetrag.

Für Berta liegt kein steuerbarer Umsatz vor, da sie insoweit keine Unternehmerin i. S. des § 2 Abs. 1 Satz 1 UStG ist. Das bloße Halten einer Beteiligung führt nicht zur Unternehmereigenschaft. Damit ist der Vorgang aus der Sicht Bertas nicht steuerbar gem. § 1 Abs. 1 Nr. 1 Satz 1 UStG.

Für die GmbH liegt hinsichtlich der Übertragung des Grundstücks Uferpromenade 5 an Berta eine nicht steuerbare Geschäftsveräußerung im Ganzen gem. § 1 Abs. 1a UStG vor. Das Mietobjekt stellt einen in der Gliederung des Unternehmens gesondert geführten Betrieb dar und dieser wird auf einen Erwerber (Berta) übertragen. Berta führt auch das Vermietungsunternehmen fort; sie tritt in die bestehenden Mietverträge ein. Die Tatsache, dass Berta erst mit der Übertragung und Fortführung des Vermietungsunternehmens zur Unternehmerin wird, ist unerheblich. Berta tritt gem. § 1 Abs. 1a Satz 3 UStG als Einzelrechtsnachfolgerin an die Stelle der GmbH und hat u. a. auch den Berichtigungszeitraum für das Grundstück fortzuführen; dieser wird nicht unterbrochen (§ 15a Abs. 10 UStG).

Vermietung bzw. Nutzung ab dem 1. 3. 2018:

Hinsichtlich der Vermietung des Erdgeschosses an die Rechtsanwaltskanzlei vom 1. 3. 2018 bis 31. 12. 2018, der Vermietung des einen Teils des 1. Obergeschosses an den Versicherungsmakler vom 1. 3. 2018 bis 31. 12. 2018 und der Vermietung des anderen Teils des 1. Obergeschosses an den Steuerberater vom 1. 3. 2018 bis 30. 6. 2018 ergeben sich keine Änderungen zur Vermietung durch die GmbH.

Die Vermietung des Dachgeschosses an die GmbH stellt eine sonstige Leistung gem. § 3 Abs. 9 Satz 2 UStG dar, die in monatlichen Teilleistungen (§ 13 Abs. 1 Nr. 1 Buchst. a Sätze 1 bis 3 UStG) ausgeführt wird. Der Leistungsort bestimmt sich nach § 3a Abs. 3 Nr. 1 Satz 2 Buchst. a UStG und ist in Starnberg und damit im Inland. Da die Vermietung auch gegen Entgelt ausgeführt wird, handelt es sich um steuerbare Umsätze gem. § 1 Abs. 1 Nr. 1 Satz 1 UStG.

Die Vermietung ist steuerfrei gem. § 4 Nr. 12 Satz 1 Buchst. a UStG. Eine Option ist – obwohl die Voraussetzungen des § 9 Abs. 1 UStG vorliegen – nicht möglich, da die GmbH ihrerseits das Dachgeschoss für eine steuerfreie Vermietung an Anton Aigner nutzt und damit der Mieter vorsteuerabzugsschädliche Umsätze ausführt. § 9 Abs. 2 UStG kommt zur Anwendung, so dass eine Option nicht möglich ist.

Die Bemessungsgrundlage beläuft sich auf 2 000 € monatlich (§ 10 Abs. 1 Sätze 1 und 2 UStG) und ist in den monatlichen Voranmeldungen (§ 13 Abs. 1 Nr. 1 Buchst. a Sätze 1 bis 3 UStG) zu berücksichtigen.

Hinsichtlich der Eigennutzung des einen Teils des 1. Obergeschosses ab Juli 2018 ist zu berücksichtigen, dass das Grundstück nach dem 1. 1. 2011 erworben wurde und § 15 Abs. 1b UStG zur Anwendung kommt (§ 27 Abs. 16 UStG). Damit kommt ein Vorsteuerabzug – obwohl eine vollständige Zuordnung zum Unternehmen erfolgt ist (nach den Hinweisen) – nur hinsichtlich der unternehmerischen Nutzung in Betracht. Die Vorsteuer aus den Handwerkerrechnungen kann damit gem. § 15 Abs. 1b UStG nicht berücksichtigt werden.

Die Privatnutzung stellt keine unentgeltliche Wertabgabe gem. § 3 Abs. 9a Nr. 1 2. Halbsatz UStG dar. Es handelt sich insoweit um einen nicht steuerbaren Vorgang.

Vorsteuerberichtigung:

Durch die Geschäftsveräußerung im Ganzen wurde der Berichtigungszeitraum des § 15a Abs. 1 Satz 2 UStG nicht unterbrochen. Berta hat den Berichtigungszeitraum gem. § 15a Abs. 10 UStG fortzuführen.

Durch die nicht steuerbare Eigennutzung, die zur Vorsteuerbeschränkung nach § 15 Abs. 1b UStG führt, haben sich im Jahr 2018 die Verhältnisse für den Vorsteuerabzug geändert. Der ursprüngliche Vorsteuerabzug betrug bei der GmbH 60 % (600 qm : 1.000 qm). Durch die Nutzungsänderung ergibt sich für das Jahr 2018 ein Vorsteuerabzug in Höhe von 50 % (6 Monate 60 % und 6 Monate 40 % = 600 % : 12 Monate) und damit eine Änderung der Verhältnisse von genau 10%.

Das Berichtigungsvolumen für das Jahr 2018 beträgt 1/10 von 152.000 € = 15.200 €.

Es errechnet sich ein Änderungsbetrag von 1 520 € (10 % von 15.200 €) und zwar zuungunsten von Berta. Ein Fall des § 44 Abs. 2 UStDV liegt nicht vor, da die Änderung nicht weniger als 10 %, sondern genau 10 % beträgt. Da der Änderungsbetrag weniger als 6 000 € beträgt, ist er in der Jahressteuererklärung für 2018 zu berücksichtigen (§ 44 Abs. 3 Satz 1 UStDV).

3. Parkett

Erwerb von Boden

Es liegt ein Reihengeschäft i. S. von § 3 Abs. 6 Satz 5 UStG vor, da mehrere Unternehmer (Dubois, Boden, GmbH) über ein und denselben Gegenstand (Parkett) Umsatzgeschäfte abschließen und diese dadurch erfüllt werden, dass eine unmittelbare Warenbewegung vom Ersten (Dubois) an den Letzten (GmbH) erfolgt.

Die Warenbewegung ist gem. § 3 Abs. 6 Satz 5 UStG der Lieferung von Boden an die GmbH zuzuordnen, da die GmbH das Parkett abholt. Ein innergemeinschaftliches Dreiecksgeschäft gem. § 25b Abs. 1 UStG liegt nicht vor, da nicht der erste Lieferer oder der erste Abnehmer transportiert (§ 25b Abs. 1 Satz 1 Nr. 4 UStG).

Die Lieferung von Boden an die GmbH wird als bewegte Lieferung am Beginn der Beförderung, also in Frankreich, ausgeführt. Die Lieferung ist in Frankreich steuerbar und als innergemeinschaftliche Lieferung steuerfrei.

Die GmbH hat einen steuerbaren Umsatz, einen innergemeinschaftlichen Erwerb im Inland gegen Entgelt (§ 1 Abs. 1 Nr. 5 UStG), bewirkt und zwar in Bezug auf das nach Starnberg angelieferte Parkett (400 qm). Die Voraussetzungen des § 1a Abs. 1 UStG liegen vor, da

- eine tatsächliche Warenbewegung zwischen zwei EU-Staaten (Frankreich, Deutschland) stattgefunden hat,
- der Erwerber (GmbH) ein Unternehmer ist, der für sein Unternehmen erworben hat,
- und der Lieferer Boden ein Unternehmer ist, der im Rahmen seines Unternehmens geliefert hat, und in Österreich kein Kleinunternehmer ist.

Der Erwerbsort ist gem. § 3d Satz 1 UStG am Ende des Transports, also in Starnberg. Da der Erwerb auch gegen Entgelt ausgeführt wird, handelt es sich um einen steuerbaren Umsatz gem. § 1 Abs. 1 Nr. 5 UStG.

Mangels Steuerbefreiung i. S. des § 4b UStG ist der Erwerb auch steuerpflichtig zum Steuersatz von 19 % gem. § 12 Abs. 1 UStG.

Ausgehend von der Bemessungsgrundlage von 8 000 € (400 qm x 20 €) ergibt sich eine Umsatzsteuer von 1 520 €.

Diese entsteht gem. § 13 Abs. 1 Nr. 6 UStG mit Ausstellung der Rechnung am 25. 4. 2018 und ist in die Voranmeldung April 2018 aufzunehmen.

Obwohl die Voraussetzungen des § 15 Abs. 1 Satz 1 Nr. 3 UStG vorliegen, kommt ein Vorsteuerabzug nicht in Betracht, da die Eingangsleistungen im Zusammenhang stehen mit steuerfreien Vermietungsleistungen gem. § 4 Nr. 12 Satz 1 Buchst. a UStG (§ 15 Abs. 2 Satz 1 Nr. 1 UStG).

Auch hinsichtlich des nach Innsbruck transportierten Parketts liegt ein innergemeinschaftlicher Erwerb vor (§ 1a Abs. 1 UStG). Der Erwerbsort liegt zum einen in Österreich, da der Transport in Österreich endet (§ 3d Satz 1 UStG) und zum anderen in Deutschland, da die GmbH mit deutscher Umsatzsteuer-Identifikationsnummer aufgetreten ist (§ 3d Satz 2 UStG). Da der Erwerb auch gegen Entgelt ausgeführt wird, ist der Umsatz auch in Deutschland steuerbar gem. § 1 Abs. 1 Nr. 5 UStG.

Mangels Steuerbefreiung gem. § 4b UStG ist der Erwerb auch steuerpflichtig zum Steuersatz von 19 % gem. § 12 Abs. 1 UStG.

Die Bemessungsgrundlage beträgt gem. § 10 Abs. 1 Sätze 1 und 2 UStG 12 000 € (600 qm x 20 €). Es entsteht eine Erwerbsteuer in Höhe von 2 280 € und zwar mit Ausstellung der Rechnung am 25. 4. 2018. Die Erwerbsteuer ist in der Voranmeldung für April 2018 anzumelden.

Die Steuer gem. § 3d Satz 2 UStG kann gem. § 15 Abs. 1 Satz 1 Nr. 3 UStG nicht als Vorsteuer abgezogen werden (Abschn. 15.10 Abs. 2 Satz 2 UStAE).

Verbringen von Innsbruck nach Starnberg:

Der Transport von 100 qm Parkett von Innsbruck nach Starnberg stellt einen innergemeinschaftlichen Erwerb im Inland gegen Entgelt und damit einen steuerbaren Umsatz gem. § 1 Abs. 1 Nr. 5 UStG dar.

Das Verbringen stellt im Abgangsmitgliedstaat Österreich eine Lieferung gegen Entgelt entsprechend § 3 Abs. 1a UStG dar. Im Ankunftsmitgliedstaat Deutschland wird ein innergemeinschaftlicher Erwerb gem. § 1a Abs. 2 UStG fingiert. Erwerbsort ist gem. § 3d Satz 1 UStG Starnberg und das Entgelt wird fingiert gem. § 1a Abs. 2 UStG.

Mangels Steuerbefreiung gem. § 4b UStG ist der Erwerb auch steuerpflichtig zum Steuersatz von 19 % gem. § 12 Abs. 1 UStG.

Ausgehend von der Bemessungsgrundlage von 2 000 € (100 qm x 20 €) gem. § 10 Abs. 4 Satz 1 Nr. 1 UStG ergibt sich eine Umsatzsteuer von 380 €. Diese Steuer entsteht gem. § 13 Abs. 1 Nr. 6 UStG mit Ablauf Juni 2018 und ist demzufolge in der Voranmeldung für Juni 2018 zu berücksichtigen.

Ein Vorsteuerabzug kommt nicht in Betracht, da die Steuer gem. § 15 Abs. 2 Satz 1 Nr. 1 UStG im Zusammenhang steht mit steuerfreien Vermietungsumsätzen gem. § 4 Nr. 12 Satz 1 Buchst. a UStG.

Einbau durch Svoboda:

Das tschechische Unternehmen erbringt eine sonstige Leistung, eine Werkleistung, gem. § 3 Abs. 9 Satz 1 UStG. Die sonstige Leistung wird gem. § 3a Abs. 3 Nr. 1 Satz 2 Buchst. c UStG teils in Österreich und teils in Deutschland ausgeführt.

Soweit die sonstige Leistung in Österreich ausgeführt wird, liegt im Inland kein steuerbarer Umsatz vor. Die steuerliche Behandlung richtet sich nach dem österreichischen Steuerrecht.

Soweit die sonstige Leistung in Deutschland ausgeführt wird, liegt ein steuerbarer Umsatz gem. § 1 Abs. 1 Nr. 1 Satz 1 UStG vor. Da eine Steuerbefreiung i. S. des § 4 UStG nicht in Betracht kommt, ist die sonstige Leistung auch steuerpflichtig zum Steuersatz von 19 %.

Ausgehend von der Bemessungsgrundlage von 3 000 € (§ 10 Abs. 1 Sätze 1 und 2 UStG) ergibt sich eine Umsatzsteuer von 570 €. Steuerschuldner ist die GmbH gem. § 13b Abs. 2 Nr. 1 UStG i. V. m. § 13b Abs. 5 Satz 1 UStG, denn es liegt eine sonstige Leistung vor, die von einem im Ausland ansässigen Unternehmer gem. § 13b Abs. 7 Satz 1 UStG an einen Unternehmer (§ 13b Abs. 5 Satz 1 UStG) ausgeführt wurde.

Die Steuer entsteht gem. § 13b Abs. 2 UStG mit Ausstellung der Rechnung, also am 22. 5. 2018, und ist in der Voranmeldung für Mai 2018 zu berücksichtigen.

Obwohl die Vorsteuer gem. § 15 Abs. 1 Satz 1 Nr. 4 UStG abzugsfähig ist, kommt ein Vorsteuerabzug nicht in Betracht, da die Vorsteuern im Zusammenhang stehen mit steuerfreien Vermietungsumsätzen (§ 15 Abs. 2 Satz 1 Nr. 1 UStG i. V. m. § 4 Nr. 12 Satz 1 Buchst. a UStG).

4. Erwerb Cessna durch Claudius:

Bei der Cessna handelt es sich um ein Fahrzeug i. S. des § 1b Abs. 2 Satz 1 Nr. 3 UStG; denn es liegt ein Luftfahrzeug vor, dessen Starthöchstmasse mehr als 1 550 kg beträgt. Das Luftfahrzeug ist auch neu i. S. des § 1b Abs. 3 Nr. 3 UStG, da es weniger als 40 Betriebsstunden genutzt worden ist.

Da es sich bei Claudius um einen Nichtunternehmer handelt und das Luftfahrzeug vom übrigen Gemeinschaftsgebiet in das Inland gelangt, handelt es sich um einen innergemeinschaftlichen Erwerb gem. § 1b Abs. 1 UStG i. V. m. § 1a Abs. 1 Nr. 1 UStG.

Der Erwerbsort ist München gem. § 3d Satz 1 UStG und der Erwerb wird auch gegen Entgelt ausgeführt. Demzufolge liegt ein steuerbarer Umsatz gem. § 1 Abs. 1 Nr. 5 UStG vor.

Dieser steuerbare Erwerb ist auch steuerpflichtig, da die Steuerbefreiung des § 4b UStG nicht zur Anwendung kommt.

Der Steuersatz beträgt 19 % gem. § 12 Abs. 1 UStG.

Ausgehend von der Bemessungsgrundlage von 100 000 € (§ 10 Abs. 1 Sätze 1 und 2 UStG) ergibt sich eine Umsatzsteuer in Höhe von 19 000 €. Diese entsteht gem. § 13 Abs. 1 Nr. 7 UStG am Tag des Erwerbs, also am 23. 5. 2018. Es ist eine Fahrzeugeinzelbesteuerung gem. §§ 16 Abs. 5a, 18 Abs. 5a UStG durchzuführen.

Ein Vorsteuerabzug steht Claudius nicht zu, da kein Erwerb für das Unternehmen ausgeführt wurde (§ 15 Abs. 1 Satz 1 Nr. 3 UStG).

5. Preisausschreiben:

Bei dem Preisausschreiben handelt es sich um eine Werbemaßnahme für das Unternehmen der GmbH. Nach ertragsteuerlichen Grundsätzen liegt keine nicht abzugsfähige Betriebsausgabe gem. § 4 Abs. 5 EStG vor, so dass der Vorsteuerausschluss nach § 15 Abs. 1a Satz 1 UStG nicht zur Anwendung kommt.

Hinsichtlich des Vorsteuerabzugs und der unentgeltlichen Abgabe ergeben sich folgende Konsequenzen:

1. Preis:

Für den Elektro-City-Roller kommt ein Vorsteuerabzug nicht in Betracht. Bereits beim Einkauf stand die Verwendungsabsicht fest. Da es sich um eine steuerbare unentgeltliche Wertabgabe gem. § 3 Abs. 1b Satz 1 Nr. 3 UStG handeln würde, ist der Vorsteuerabzug bei der Anschaffung zu versagen (§ 15 Abs. 1 Satz 1 Nr. 1 UStG; BMF-Schreiben vom 2. 1. 2012, BStBl 2012 I S. 60). Die unentgeltliche Wertabgabe ist nicht steuerbar, da es am Vorsteuerabzug fehlt (§ 3 Abs. 1b Satz 2 UStG).

2. Preis:

Ein Vorsteuerabzug ist in Höhe von 190 € in der Voranmeldung Juni 2018 möglich. Da es sich nicht um eine steuerbare unentgeltliche Wertabgabe handelt (§ 3 Abs. 9a UStG kommt für die unentgeltliche Abgabe sonstiger Leistungen aus unternehmerischen Gründen nicht zur Anwendung) ist die Vorsteuer mit der allgemeinen Geschäftstätigkeit in Verbindung zu setzen. Das Preisausschreiben steht ausschließlich mit der Sparte Immobilienvermittlung in Zusammenhang. Die Immobilienvermittlungen stellen steuerpflichtige Umsätze dar, so dass ein Vorsteuerabzug möglich ist. Die GmbH kann die 190 € in der Voranmeldung Juni 2018 als Vorsteuer abziehen. Es handelt sich um eine Anzahlung, für die die Rechnung bereits vorliegt und die Zahlung erfolgt ist (§ 15 Abs. 1 Satz 1 Nr. 1 Satz 3 UStG). Ausschlussgründe liegen nicht vor.

3. bis 20. Preis:

Da es sich um Geschenke von geringem Wert (unter 35 € netto) handelt, liegt eine unentgeltliche Wertabgabe gem. § 3 Abs. 1b Satz 1 Nr. 3 UStG nicht vor. Damit sind die Vorsteuern im Zusammenhang zu sehen mit der allgemeinen Geschäftstätigkeit und zwar hier in der Sparte Immobilienverwaltung. Da es sich um eine steuerpflichtige Tätigkeit handelt, ist der Vorsteuerabzug zu gewähren. Die Vorsteuer ist abzugsfähig gem. § 15 Abs. 1 Satz 1 Nr. 1 UStG und auch abziehbar, da Ausschlussgründe nicht gegeben sind. Die Vorsteuer ist in Höhe von 37,80 € in der Voranmeldung Mai 2018 abzuziehen.

Teil III: Erbschaftsteuer

Verfasser: Steuerberater Jörg Koltermann

I. Steuerpflicht

Da der Erblasser Robert Rundlich mit Wohnsitz in München Inländer war, ist Hans Rundlich als Alleinerbe unbeschränkt steuerpflichtig mit dem gesamten Vermögensanfall (§ 2 Abs. 1 Nr. 1 ErbStG, § 20 Abs. 1 Satz 1 ErbStG). Es liegt ein Erwerb von Todes wegen vor durch Erbanfall (§ 1 Abs. 1 Nr. 1, § 3 Abs. 1 Nr. 1 ErbStG).

Ehefrau Carola ist keine Erbin; ihr Erwerb des Picasso-Gemäldes erfolgt durch Vermächtnis (§ 3 Abs. 1 Nr. 1 ErbStG). Der Erbe hat insoweit eine Nachlassverbindlichkeit (§ 10 Abs. 5 Nr. 2 ErbStG).

Die ErbSt entsteht mit dem Tod des Erblassers (§ 9 Abs. 1 Nr. 1a ErbStG). Das ist auch der Bewertungsstichtag (§ 11 ErbStG), hier also der 9. 9. 2017.

II. Bewertung des Grundvermögens

A. Grundstück in Berlin

Nach § 12 Abs. 3 ErbStG ist Grundbesitz i. S. von § 19 BewG mit dem nach § 151 Abs. 1 Satz 1 BewG festgestellten Grundbesitzwert anzusetzen. Die Bewertung selbst erfolgt nach den §§ 157 ff. BewG. Bei dem Grundstück in München handelt es sich um Grundbesitz in Gestalt von Grundvermögen, so dass die §§ 176-198 BewG anzuwenden sind. Zunächst ist zu prüfen, welche Grundstücksart vorliegt. Hierbei wird davon ausgegangen, dass die Räumlichkeiten im Erdgeschoss gewerblich und die Räume in der 1. Etage zu Wohnzwecken genutzt werden. Das Gebäude einschließlich Anbau hat eine Gesamtnutzfläche von (224 qm + 42 qm) 266 qm, davon entfallen auf die gewerbliche Nutzung 112 qm = 42 %. Damit ist es weder ein Mietwohngrundstück noch ein Geschäftsgrundstück (§ 181 Abs. 3 und 6 BewG). Somit handelt es sich um ein gemischt genutztes Grundstück (§ 181 Abs. 7 BewG).

Gemischt genutzte Grundstücke, für die sich auf dem örtlichen Grundstücksmarkt eine übliche Miete ermitteln lässt, sind im **Ertragswertverfahren** zu bewerten (§ 182 Abs. 3 Nr. 2 BewG).

Im Ertragswertverfahren ist vom **Bodenwert,** der wie bei einem unbebauten Grundstück zu ermitteln ist (§ 179 BewG), und dem **Gebäudeertragswert** (§ 185 BewG) auszugehen. Sonstige wertbeeinflussende Umstände, insbesondere Belastungen privatrechtlicher und öffentlich-rechtlicher Art, sind im Rahmen dieser typisierenden Wertermittlung nicht zu berücksichtigen. Es ist mindestens der Bodenwert anzusetzen. Sonstige bauliche Anlagen, insbesondere Außenanlagen, sind bereits durch den Ertragswert abgegolten.

Überblick über das Verfahren

Schema:

	Rohertrag (Jahresmiete bzw. übliche Miete)
	./. Bewirtschaftungskosten
	= Reinertrag des Grundstücks
	./. Bodenwertverzinsung
Bodenrichtwert	= Gebäudereinertrag (> oder = 0 €)
X Grundstücksfläche	x Vervielfältiger
= Bodenwert	= Gebäudeertragswert
Bodenwert + Gebäudeertragswert = Ertragswert (Grundbesitzwert)	

Zur Ermittlung des Rohertrags (§ 186 BewG) ist für das an die Bank vermietete Erdgeschoss von der vereinbarten Miete auszugehen (§ 186 Abs. 1 BewG). Von Mietern entrichtete Umlagen, die zur Deckung der Betriebskosten gezahlt werden, sind nicht einzubeziehen (§ 186 Abs. 1 Satz 2 BewG). Im Übrigen ist von der Miete auszugehen, die nach den am Bewertungsstichtag geltenden vertraglichen Vereinbarungen für den Zeitraum von zwölf Monaten zu zahlen ist (Sollmiete). Eventuelle Mietrückstände sind unbeachtlich (§ 186 Abs. 1 Satz 1 BewG). Weicht die tatsächliche Miete um mehr als 20 % von der üblichen Miete ab, ist die übliche Miete anzusetzen (§ 186 Abs. 2 Nr. 2 BewG). Für die zu gewerblichen Zwecken vermieteten Räume beträgt die geschuldete angemessene und übliche Miete lt. Sachverhalt monatlich 2 900 €. Die übliche Miete für die in der 1. Etage befindliche und an Tochter Clara vermietete Wohnung beträgt (112 qm x 13 €/qm =) 1 456 € monatlich. Die Abweichung von der tatsächlichen Miete i. H. v. 1 000 € beträgt 456 € = 31,32 %. Es ist somit die übliche Miete anzusetzen: 1 456 €. Bei dem leer stehenden Apartment ist von der üblichen Miete auszugehen: 42 qm x 14 €/qm = 588 €.

Tatsächliche Miete Erdgeschoss 12 x 2 900 €	34 800 €
Übliche Miete 1. Etage 12 x 1 456	17 472 €
Übliche Miete Apartment 12 x 588 €	7 056 €
Rohertrag	59 328 €

Vom Rohertrag sind die Bewirtschaftungskosten (§ 187 BewG i. V. m. Anl. 23 BewG) und der Liegenschaftszins (hier mit 5,5 % vom Bodenwert gem. § 188 Abs. 2 Nr. 2 BewG) abzuziehen. Es verbleibt dann der Gebäudereinertrag; auf diesen ist ein von der Gebäuderestnutzungsdauer abhängiger Vervielfältiger anzuwenden (§ 185 Abs. 3 i. V. m. Anl. 21 BewG). Die Restnutzungsdauer wird grundsätzlich aus dem **Unterschiedsbetrag zwischen der typisierten wirtschaftlichen Gesamtnutzungsdauer und dem Alter des Gebäudes** am Bewertungsstichtag ermittelt. Bei gemischt genutzten Grundstücken ist von einer wirtschaftlichen Gesamtnutzungsdauer von 70 Jahres auszugehen (Anl. 22 BewG). Das Alter eines Gebäudes beginnt mit seiner Benutzbarkeit. Diese beginnt mit der Bezugsfertigkeit des Gebäudes. Das ist nach § 178 Abs. 1 BewG der Fall, wenn es den zukünftigen Bewohnern oder sonstigen Benutzern nach objektiven Merkmalen zugemutet werden kann, die Wohnungen oder Räume des gesamten Gebäudes zu benutzen (hier erstmals 2013). Die nicht abgeschlossenen Arbeiten an der Holzvertäfelung sind unbeachtlich. Die zu einem Apartment umgebaute Doppelgarage teilt das Schicksal des Hauptgebäudes (RB 185.4 Abs. 5 Satz 1 ErbStR). Renovierungsarbeiten, die mehr als zehn Jahre zurückliegen, liegen nicht vor, so dass von einer verlängerten Nutzungsdauer nicht auszugehen ist. (§ 185 Abs. 3 Satz 2 BewG, R B 185.3 Abs. 4 ErbStR).

Das Alter des Gebäudes kann durch Abzug des Jahres der Bezugsfertigkeit vom Jahr des Bewertungsstichtages ermittelt werden (R B 185.3 Abs. 1 Satz 2 ErbStR).

Besteuerungsjahr	2017
Baujahr	2013
Alter im Besteuerungsjahr	4 Jahre
Gesamtnutzungsdauer	70 Jahre
Restnutzungsdauer	= 66 Jahre

Wird zu dem Bodenrichtwert eine Geschossflächenzahl bzw. wertrelevante Geschossflächenzahl angegeben, ist bei Grundstücken, deren Geschossflächenzahl von der des Bodenrichtwertgrundstücks abweicht, der Bodenwert nach der Formel in R B 179.2 Abs. 2 ErbStR i.V. mit HB 179.2 ErbStH zu ermitteln. Hiernach beträgt der Umrechnungskoeffizient bei einer Geschossflächen von 0,4 = 0,66 und bei 0,5 = 0,72. Die Anwendung der Formel führt zu folgenden Bodenwert: 0,72/0,66 x 600 €/qm = 654,545 €

Bodenwert		
990 qm x 654,54 €	647 994,60 €	
Abgerundet auf volle € (RB 179.3 Abs. 2 Satz 3 ErbStR)		647 994 €
Gebäudeertragswert		
Rohertrag	59 328,00 €	
Bewirtschaftungskosten lt. Anl. 23 BewG: 21 %	./. 12 458,88 €	
Reinertrag des Grundstücks	46 869,12 €	
Bodenwertverzinsung lt. § 188 Abs. 2 Nr. 2 BewG:		
5,5 % von 647 994 €	./. 35 639,67€	
Gebäudereinertrag nach H B 184 ErbStH, mindestens	11 229,45 €	
Vervielfältiger lt. Anl. 21 BewG bei 5,5 % Liegenschaftszins und Restnutzungsdauer von 66 Jahren		
11 229,45 x 17,65 = Gebäudeertragswert		198 199 €
Grundbesitzwert nach §§ 184-188 BewG		846 193 €
Grundbesitzwert lt. Gutachten (§ 198 BewG)		1 000 000,00 €

Durch die standardisierte Bewertung kann es zu Über- oder Unterbewertungen kommen. Unterbewertungen infolge der Anwendung der Bewertungsregeln des BewG binden allerdings die Finanzverwaltung. Deshalb bestimmt § 198 BewG, dass bei (mutmaßlicher) Überbewertung durch das standardisierte Verfahren der Stpfl. berechtigt ist, einen niedrigeren gemeinen Wert nachzuweisen. Das ist hier nicht der Fall.

Im gesonderten Feststellungsverfahren werden folgende Feststellungen getroffen (§ 151 Abs. 1 und 2 BewG):

Wert: 846 193 €
Art: Bebautes Grundstück (Gemischt genutztes Grundstück)

Zurechnung: Hans Rundlich zu 1/1

Hinweis zur ErbSt:

Für vermietete Grundstücksteile, die zu Wohnzwecken vermietet werden, gilt ein verminderter Wertansatz. Dieser beträgt 90 % des Grundstückswerts (§ 13d Abs. 1 und 3 Nr. 1 ErbStG). Der verminderte Wertansatz gilt nicht für leer stehenden Wohnraum.

Grundstückswert insgesamt (= 100 %)		846 193 €
Davon zu Wohnzwecken vermietet (112/266)	356 291 €	
Davon 10 %	35 629 €	./. 35 629 €
Ansatz des Grundstücks bei der ErbSt (= 95,79 %)		810 564 €

III. Bewertung des Betriebsvermögens

Gem. § 12 Abs. 5 ErbStG erfolgt die Bewertung nach § 11 Abs. 2 BewG im Rahmen einer gesonderten Feststellung nach § 151 Abs. 1 Satz 1 Nr. 3 BewG.

Mit seiner Einzelfirma hat der Erblasser eine gewerbliche Tätigkeit ausgeübt. Gewerbliches Vermögen stellt Betriebsvermögen dar. Der Umfang des Betriebsvermögens wird von § 95 BewG bestimmt.

Die Bewertung hat mit dem gemeinen Wert zu erfolgen (§ 109 Abs. 1 BewG). Da lt. Sachverhalt eine Ableitung aus Verkäufen nicht möglich ist und Wertermittlungsgutachten nicht vorliegen, erfolgt die Bewertung nach § 109 Abs. 1 Satz 2 i. V. m. § 11 Abs. 2 Satz 2 und § 199 Abs. 2 BewG durch Anwendung des vereinfachten Ertragswertverfahrens nach §§ 200-203 BewG. Hierbei handelt es sich um eine Gesamtbewertung i. S. v. § 2 Satz 2 BewG. Dabei darf der Substanzwert (Mindestwert) nicht unterschritten werden (§ 11 Abs. 2 Satz 3 BewG). Zur Prüfung, ob das vereinfachte Ertragswertverfahren den Substanzwert nicht unterschreitet, ist somit zusätzlich eine Einzelbewertung aller betrieblichen Wirtschaftsgüter mit dem gemeinen Wert erforderlich. Lt. Sachverhalt beträgt der Substanz- bzw. Mindestwert 1 500 000 €.

Bei der Anwendung des vereinfachten Ertragswertverfahrens ist zunächst § 200 BewG zu beachten. Danach sind von der Gesamtbewertung bestimmte Wirtschaftsgüter ausgeschlossen, die separat bewertet und erfasst werden (§ 200 Abs. 2 bis 4 BewG). Dies trifft gem. § 200 Abs. 2 BewG auf das Picasso-Gemälde (600 000 €) und gem. § 200 Abs. 4 BewG auf das Patent (99 000 €) zu. Neben einem Unternehmerlohn, der abzuziehen ist, kann auch fiktiver Lohnaufwand für unentgeltlich tätige Familienangehörige berücksichtigt werden (§ 202 Abs. 1 Nr. 2 lit. d BewG.

Unter Berücksichtigung der gesetzlich gebotenen Hinzu- und Abrechnungen nach § 202 BewG ergeben sich Folgendes:

	2014	2015	2016
	€	€	€
Gewinne (Ausgangswert)	220 000	230 000	240 000
Fiktiver Lohnaufwand	./. 86 000	./. 86 000	./. 86 000
Teilwertabschreibung Mikroskop		17 000	
Gutachterkosten Picasso (§ 202 Abs. 1 Nr. 1 lit. f BewG)			2 500
AfA Patent (§ 202 Abs. 1 Nr. 1 lit. f BewG)		4 000	24 000
Ertrag aus nicht betriebsnotwendiger Grafik (§ 202 Abs. 1 S. 2 Nr. 2f BewG)	./. 30 000		
Betriebsergebnisse	104 000	165 000	180 500
Abschlag 30 % (§ 202 Abs. 3 BewG)	./. 31 200	./. 49 500	./. 54 150
Jahresertrag	72 800	115 500	126 350

Summe der Betriebsergebnisse (72 800 € + 115 500 € + 126 350 €)	314 650
Durchschnittsertrag (1/3)	104 883
Nachhaltig erzielbarer Jahresertrag	104 883

Der Kapitalisierungsfaktor beträgt nach § 203 BewG 13,75.

13,75 x 104 883 € =	1 442 141
Hinzurechnung Patent (§ 200 Abs. 4 BewG)	99 000
Hinzurechnung Picasso-Gemälde (§ 200 Abs. 2 BewG)	600 000
Ertragswert	2 141 141
Substanzwert lt. Sachverhalt (§ 11 Abs. 2 Satz 3 BewG)	1 500 000

Der Mindestwert ist nicht anzusetzen. Bei der ErbSt-Veranlagung ist von einem Wert des Betriebsvermögens der Einzelfirma von 2 141 141 € auszugehen.

Nachrichtlich: Ansatz bei der ErbSt

Es handelt sich vorstehend grundsätzlich um begünstigtes Betriebsvermögen i. S. von §§ 13a ff. ErbStG. Zu prüfen ist jedoch der Umfang des nicht für verschonungswürdig gehaltenen Verwaltungsvermögens (§ 13b Abs. 2 ErbStG). Dazu gehören nach § 13b Abs. 4 Nr. 3 Kunstgegenstände, hier also das Picasso-Gemälde im Wert von 600 000 €.

Das nicht für verschonungswürdig gehaltene Verwaltungsvermögen unterliegt mit seinem Wert abzüglich eines bestimmten Teils der betrieblichen Schulden (Nettoverwaltungsvermögen, § 13b Abs. 6 Satz 1 ErbStG) grundsätzlich der Besteuerung. Der Anteil an den Schulden entspricht dem Verhältnis des Werts des Verwaltungsvermögens zum Wert des betrieblichen Vermögens einschließlich der Schulden (§ 13b Abs. 6 Satz 2 ErbStG). Da dem Grunde nach jeder Betrieb auch Verwaltungsvermögen als Liquiditätsreserve benötigt, wird Verwaltungsvermögen bis zu einem Anteil von 10 % des Betriebsvermögens, das nicht Verwaltungsvermögen ist, wie begünstigtes Vermögen behandelt (unschädliches Verwaltungsvermögen, § 13b Abs. 7 ErbStG). Das wären hier 10 % von (1 442 141 € + 99 000 € = 1 541 141 €) 154 114 €. Dieser Betrag könnte als verschonungswürdiges Verwaltungsvermögen angesehen werden. Von der zehnprozentigen Verschonung des Verwaltungsvermögens ausgenommen ist jedoch Verwaltungsvermögen, das dem Betrieb weniger als zwei Jahre zuzurechnen ist (junges Verwaltungsvermögen, § 13b Abs. 7 Satz 2 ErbStG). Letzteres ist beim Picasso-Gemälde der Fall, weil es dem Betrieb weniger als zwei Jahre (Anschaffung 2016) zuzurechnen war.

Wegen weiterer Einzelheiten vgl. koordinierte Ländererlasse v. 22. 6. 2017 (BStBl 2017 I 902).

Wert des Betriebsvermögens		2 141 141 €
Junges Verwaltungsvermögen		./. 600 000 €
Verbleiben		1 541 141 €
Abschlag nach § 13a Abs. 1 ErbStG 85 v. H.		./. 1 309 970 €
Verbleiben		231 171 €
Freibetrag nach § 13a Abs. 2 ErbStG	150 000 €	
1/2 von (231 171 € ./. 150 000 € =)	./. 40 585 €	
Verbleibender Freibetrag	109 415 €	./. 109 415 €
Verbleibendes begünstigtes Betriebsvermögen		121 756 €
Nicht begünstigtes junges Verwaltungsvermögen (Picasso-Gemälde)		600 000 €
Ansatz des BV bei der ErbSt		721 756 €

IV. Bewertung des weiteren Vermögens und der Nachlassverbindlichkeiten

Für die Bewertung des übrigen Vermögens und der Schulden gelten gem. § 12 Abs. 1 ErbStG die §§ 1-16 des BewG.

1. Elektroauto

Bei schwebenden Geschäften sind sowohl der Lieferanspruch (Sachleistungsanspruch) wie die Geldschuld gesondert anzusetzen unabhängig davon, ob Gleichwertigkeit vorliegt oder nicht. Dabei entstehen Anspruch und Verpflichtung mit dem Zeitpunkt des Vertragsabschlusses (R 92 Abs. 1 ErbStR). Der Lieferanspruch auf das Elektroautor wäre mit dem gemeinen Wert (§ 9 BewG) des Autos zu bewerten. Da hier jedoch der Gegenstand am Stichtag untergegangen ist, erfolgt kein Ansatz.

Es liegt eine Nachlassverbindlichkeit nach § 10 Abs. 5 Nr. 1 ErbStG vor. Die Bewertung erfolgt mit dem Nennwert nach § 12 Abs. 1 BewG i. V. m. § 12 Abs. 1 ErbStG): 40 000 €.

2. Sparbuch bei der Zeppelin-Bank

Es handelt sich um eine Geldforderung, die mit dem Nennwert zu bewerten ist (§ 12 Abs. 1 BewG i.V.m. § 12 Abs. 1 ErbStG). Dabei sind die bis zum 9.9.2017 entstandenen Zinsen zu berücksichtigen. Bei einem jährlichen Zins von 15 000 € entfallen 249 Tage auf die Zeit vom 1.1.2017 bis 9.9.2017: 15 000/360 x 249 = 10 375 €.

Der durch die Quellensteuer-Vereinbarung geschuldete Betrag von 373 000 € mindert die Einlage.

Sparguthaben Ausgangsbetrag	1 000 000 €
Zinsen bis 9.9.2017	10 375 €
Quellensteuerabzug	./. 373 000 €
Ansatz bei der ErbSt	637 375 €

3. Mietforderung

Am 9.9.2017 bestanden folgende Mietforderungen:

15. Sept. 2016 – 15. Dez. 2016: 4 x 3 100 €	12 400 €
15. Jan. 2017 – 15. Aug 2017: 8 x 3 550 €	28 400 €
Nennwert	40 800 €
Mietkürzung	./. 3 000 €
Ansatz bei der ErbSt (gemeiner Wert)	37 800 €

Die anwaltlich als berechtigt eingestufte Mietkürzung in Höhe von 3 000 € begründet einen geringeren Wertansatz (§ 12 Abs. 1 Satz 1 2. Halbsatz BewG).

4. Pflichtteilsanspruch und Vermächtnis

Ein Abzug des Pflichtteilanspruchs als Nachlassverbindlichkeit käme in Betracht, da Carola praktisch enterbt ist. Stattdessen wird hier allerdings der höhere Wert des Vermächtnisses (Picasso-Gemälde) angesetzt (§ 10 Abs. 5 Nr. 2 ErbStG). Dessen Bewertung erfolgt mit dem gemeinen Wert (§ 12 Abs. 1 ErbStG i.V.m. § 9 Abs. 1 und 2 BewG, R B 9.1 Abs. 2 ErbStR): 600 000 €

5. Leibrentenverpflichtung

Es ist von einer Nachlassverbindlichkeit nach § 10 Abs. 5 Nr. 1 ErbStG auszugehen. Es handelt sich um eine Leibrente, weil die Dauer der Rentenzahlungen vom Tod der Berechtigten abhängt. Für die Bewertung gilt § 14 Abs. 1 BewG i.V.m. der Anlage zu § 14 Abs. 1 BewG (BStBl 2016 I 1166).

Alter Tobias Knopp am 9.9.2017: 45 Jahre. Vervielfältiger: 15,745

Alter Dorothee Knopp am 9.9.2017: 45 Jahre. Vervielfältiger: 16,362

Technisch wird so verfahren, dass unterstellt wird, dass monatlich 750 € bis zum Tod des zuletzt Versterbenden bezahlt werden (hier also an Dorothee) und dass die Mehrzahlung von 50 € auf die Lebenserwartung des Erstversterbenden entfällt.

Daraus folgt:

Rentenverpflichtung für Dorothee Knopp: 750 € x 12 x 16,362 =	147 258 €
Rentenverpflichtung: Tobias Knopp 50 € x 12 x 15,745 =	9 447 €
Kapitalwert und gleichzeitig Restverbindlichkeit	156 705 €

Nach dem Sachverhalt ist die Restschuld unter Anrechnung der geleisteten Zahlungen sofort fällig, wenn die Bonität des Staatsanleihenschuldners auf „A" angehoben wird. Das war hier am Bewertungsstichtag der Fall.

Kapitalwert der Leibrentenverpflichtung	156 705 €
Geleistete Zahlungen 7 x 800 €	./. 5 600 €
Verbleibende Restschuld	151 105 €
Davon abzugsfähig (§ 10 Abs. 6 ErbStG) 95,79 %	144 744 €

6. Beerdigungskosten

Für Erbfallkosten können pauschal 10 300 € abgezogen werden (§ 10 Abs. 5 Nr. 3 ErbStG).

V. Erbschaftsteuerveranlagung

Hans Rundlich ist als Alleinerbe Steuerschuldner (§ 20 Abs. 1 Satz 1 ErbStG). Der ErbSt-Bescheid richtet sich an ihn.

Ansätze im Einzelnen (nach Abzug der erbschaftsteuerlichen Begünstigungen):

Grundvermögen		
Grundstück in Berlin		810 564 €
Betriebsvermögen		
Einzelfirma		721 756 €
Übriges Vermögen		
Elektroauto		0,00 €
Sparbuch Zeppelin-Bank		637 375 €
Mietforderung		37 800 €
Vermögensanfall nach Steuerwerten		**2 207 495 €**
Nachlassverbindlichkeiten		
§ 10 Abs. 5 Nr. 1 ErbStG		
Schuld für Elektroauto	40 000 €	
Restschuld Haus	144 744 €	
§ 10 Abs. 5 Nr. 2 ErbStG		
Vermächtnis Picasso-Gemälde	600 000 €	
§ 10 Abs. 5 Nr. 3 ErbStG		
Pauschale	10 300 €	./. 795 044 €
Bereicherung		**1 412 451 €**

Erbe Hans fällt in Steuerklasse I (§ 15 Abs. 1 Nr. 1 ErbStG)

Persönlicher Freibetrag nach § 16 Abs. 1 Nr. 1 ErbStG		./. 400 000 €
Steuerpflichtiger Erwerb (§ 10 Abs. 1 Satz 1 ErbStG)		**1 012 451 €**
Abgerundet (§ 10 Abs. 1 Satz 6 ErbStG)		**1 012 400 €**
ErbSt-Satz (§ 19 Abs. 1 ErbStG – Stkl I) 19 %		**192 356 €**
Überprüfung Härteausgleich (§ 19 Abs. 3 ErbStG)		
15 % von 600 000 €	90 000 €	
1/2 von (1 012 400 € ./. 600 000 €)	206 200 €	
ErbSt bei Härteausgleich	296 200 €	
Da die Anwendung der Härteausgleichsregelung ungünstiger ist, verbleibt es bei einer ErbSt von		**192 356 €**

Steuerberaterprüfung 2013/2018

Prüfungsaufgabe aus dem Gebiet der Ertragsteuern

Bearbeitungszeit: 6 Stunden

Hilfsmittel: Laut Ladungsschreiben zugelassene Hilfsmittel, z. B.:
NWB-Handausgabe Deutsche Steuergesetze
Amtliche Steuerrichtlinien aus dem NWB-Verlag

Anlage: DBA Großbritannien und Nordirland

Teil I: Einkommensteuer und Gewerbesteuer

Sachverhalt 1

U (wohnhaft in Düsseldorf) ist selbständiger Malermeister. Seinen Gewinn ermittelt er zulässigerweise durch Bestandsvergleich nach § 4 Abs. 1, § 5 Abs. 1 EStG. Zu seinem Betriebsvermögen gehört u. a. eine Beteiligung an der A-GmbH. Zum 31. 12. 2016 hat er folgende (komprimierte) – um die Angaben der gemeinen Werte ergänzte – Bilanz aufgestellt:

Aktiva	Bilanz U zum 31. 12. 2016			Passiva
	Buchwert	(gem. Wert)	Kapital	160 000 €
Anteile A-GmbH	50 000 €	(110 000 €)	Verbindlichkeiten	200 000 €
sonst. Aktiva	310 000 €	(380 000 €)		
	360 000 €	(490 000 €)		360 000 €

Die ausgewiesenen Buchwerte entsprechen den steuerlichen Vorschriften.

Am 30. 3. 2017 überträgt U sein Einzelunternehmen mit allen Aktiva und Passiva auf die von ihm neu gegründete X-GmbH (Sitz und Geschäftsleitung Essen) gegen Gewährung von Anteilen an der Gesellschaft. U wird alleiniger Gesellschafter der X-GmbH. Die Einbringung erfolgt mit steuerlicher Rückwirkung zum 31. 12. 2016 zu Buchwerten. Das Stammkapital der X-GmbH soll 50 000 € betragen. Die X-GmbH stellt die folgende (komprimierte) steuerliche Schlussbilanz zum 31. 12. 2016 auf:

Aktiva	Steuerliche Schlussbilanz der X-GmbH zum 31. 12. 2016		Passiva
Anteile A-GmbH	50 000 €	Gez. Kapital	50 000 €
sonst. Aktiva	310 000 €	Kapitalrücklage	110 000 €
		Verbindlichkeiten	200 000 €
	360 000 €		360 000 €

Am 30. 5. 2018 veräußert U seine Anteile an der X-GmbH, die er bis dahin im Privatvermögen gehalten hat, für 110 000 € an einen fremden Dritten.

Aus Vereinfachungsgründen ist davon auszugehen, dass bei der Einbringung und der anschließenden Veräußerung der Anteile keine Veräußerungskosten angefallen sind.

Aufgabe:

Erläutern Sie die einkommensteuerlichen und gewerbesteuerlichen Folgen des Sachverhalts für den nach § 1 Abs. 1 EStG unbeschränkt steuerpflichtigen U.

Begründen Sie Ihre Ergebnisse unter Angabe der einschlägigen Rechtsgrundlagen.

HINWEISE:

Sofern verschiedene Lösungsmöglichkeiten bestehen, ist das günstigste steuerliche Ergebnis zu wählen. Erforderliche Anträge gelten als gestellt.

Sachverhalt 2

K (wohnhaft in Wuppertal) ist seit Jahren gewerblich tätig und vorsteuerabzugsberechtigt. Seinen Gewinn hat K zulässigerweise nach § 4 Abs. 3 EStG ermittelt. Für 2017 hat K einen Gewinn von 20 000 € ermittelt. Folgende Sachverhalte sind dabei unberücksichtigt geblieben:

Anmietung Lagerraum

K hat einen Lagerraum angemietet, der betrieblich genutzt wird. Der Mietzins beträgt monatlich 150 € und ist zum 30. eines jeden Monats fällig. Versehentlich hat K die Miete für November und Dezember 2017 insgesamt erst am 7. 1. 2018 überwiesen. Im Übrigen ist die Miete stets pünktlich überwiesen worden.

Kauf Lieferwagen

Am 1. 12. 2017 erwarb K einen Lieferwagen zum Kaufpreis von 71 400 € (60 000 € zuzüglich 11 400 € USt). Die Auslieferung erfolgte am 10. 12. 2017. Seitdem wurde das Auto von K ausschließlich betrieblich genutzt. Den Kaufpreis zahlte K allerdings erst am 5. 1. 2018. Die betriebsgewöhnliche Nutzungsdauer des Lieferwagens beträgt fünf Jahre.

Verkauf Maschine

Am 31. 12. 2017 hat K eine ausschließlich betrieblich genutzte Maschine zum Preis von 2 380 € (2 000 € zuzüglich 380 € USt) verkauft und mit Eigentumsvorbehalt übereignet. Den Kaufpreis erhielt er in bar erst am 19. 2. 2018. K hatte die Maschine am 1. 1. 2015 zum Preis von 2 000 € (zuzüglich 380 € USt) erworben und für die Wirtschaftsjahre 2015 bis 2017 eine jährliche Absetzung für Abnutzung in zutreffender Höhe von 500 € berücksichtigt.

Unfall

K ist Eigentümer eines PKW, den er nur zu Privatfahrten nutzt. Am 2. 12. 2017 musste K zu einem Kunden nach Bottrop. Da der Firmenwagen zu diesem Zeitpunkt von einem Mitarbeiter genutzt wurde, nahm K ausnahmsweise den privaten PKW. Bei der Fahrt übersah K grob fahrlässig einen anderen Wagen und verursachte dadurch einen Unfall. Hierdurch wurde der PKW stark beschädigt. Die von K am 13. 12. 2017 bezahlten Reparaturkosten beliefen sich auf 9 000 € (zuzüglich 1 710 € USt). Die darüber hinaus durch den Unfall bedingte Wertminderung (merkantiler Minderwert) wurde von einem Sachverständigen auf 1 000 € geschätzt. Nach der Reparatur wurde der PKW von K wieder ausschließlich zu Privatfahrten genutzt.

Diebstahl

Am 30.9.2017 wurde aus der Garage des K ein ausschließlich betrieblich genutzter Anhänger gestohlen. Den Anhänger hatte K am 1.1.2015 zu einem Kaufpreis von 5 000 € (zuzüglich 950 € USt) erworben und für die Wirtschaftsjahre 2015 und 2016 eine jährliche Absetzung für Abnutzung in zutreffender Höhe von 1 000 € berücksichtigt. Der Teilwert des Anhängers betrug zum Zeitpunkt des Diebstahls 4 500 €. Von der Versicherung erhielt K am 1.11.2017 einen Betrag von 4 000 €. Am 10.1.2018 kaufte K – wie von vornherein beabsichtigt – einen neuen Anhänger, da er diesen dringend betrieblich benötigt. AfA wurde von K in 2017 nicht gewinnmindernd berücksichtigt.

Im Übrigen hat K keine Einkünfte erzielt.

Aufgabe:

Ermitteln Sie die Einkünfte des nach § 1 Absatz 1 EStG unbeschränkt steuerpflichtigen K für den Veranlagungszeitraum 2017. Begründen Sie Ihre Ergebnisse unter Angabe der einschlägigen Rechtsgrundlagen.

HINWEISE:

Sofern verschiedene Lösungsmöglichkeiten bestehen, ist das für 2017 günstigste steuerliche Ergebnis zu wählen.

Erforderliche Anträge gelten als gestellt.

K berechnet die Umsatzsteuer zulässigerweise nach vereinnahmten Entgelten (§ 20 UStG).

Sachverhalt 3

A ist deutscher Staatsangehöriger. Seit 10 Jahren wohnt er mit seiner Familie in einem Einfamilienhaus in London (Großbritannien). Dort ist A als Rechtsanwalt tätig. Sein Gewinn aus der Rechtsanwaltstätigkeit beträgt für das Jahr 2017 umgerechnet 120 000 € (ermittelt nach den in Deutschland anzuwendenden Gewinnermittlungsregeln).

In London hat A außerdem noch ein Festgeldkonto, für das er im Jahr 2017 Zinsen i. H. v. umgerechnet 10 000 € erzielt hat.

In Düsseldorf gehört A seit 2013 eine komplett eingerichtete Eigentumswohnung, die er über Jahre hinweg regelmäßig dreimal jährlich zu bestimmten Zeiten über mehrere Wochen nutzt, wenn er seine Schwester in Deutschland besucht. A nutzt die Wohnung ausschließlich zu eigenen Wohnzwecken. Vermietet wurde die Wohnung bisher nicht.

Daneben war A Eigentümer einer Wohnung in München, die er im Jahre 2011 für 300 000 € erworben und ebenfalls ausschließlich zu eigenen Wohnzwecken (in 2017 an insgesamt fünf Tagen) genutzt hat. Am 30.6.2017 hat er die Wohnung zum Preis von 400 000 € veräußert. Veräußerungskosten sind i. H. v. 5 000 € angefallen.

Aufgabe:

Ermitteln Sie die in Deutschland steuerpflichtigen Einkünfte des A für den Veranlagungszeitraum 2017.

Begründen Sie Ihre Ergebnisse unter Angabe der einschlägigen Rechtsgrundlagen.

HINWEISE:

In Großbritannien ist A aufgrund seines Wohnsitzes unbeschränkt steuerpflichtig.

Das Doppelbesteuerungsabkommen zwischen der Bundesrepublik Deutschland und dem Vereinigten Königreich Großbritannien und Nordirland v. 30. 3. 2010 (DBA-Großbritannien) ist als Anlage beigefügt.

Das DBA ist auf den Sachverhalt zeitlich anwendbar.

Sachverhalt 4

Geschäftsgegenstand der am 1. 3. 2016 gegründeten Sonnen-GmbH & Co. KG (S-KG) mit Sitz in Bochum ist der Handel mit Gartenmöbeln im Internet. Der Gewinn der S-KG wird durch Bestandsvergleich nach § 4 Abs. 1, § 5 Abs. 1 EStG ermittelt; Wirtschaftsjahr ist das Kalenderjahr. Beschränkt haftende Gesellschafterin der S-KG ist seit ihrer Gründung Uschi Unruhig (U) mit einer Kommanditeinlage i. H. v. 20 000 €, die U noch im Jahr 2016 voll eingezahlt hat. Wohnsitz der U ist Gelsenkirchen. Alleinige Komplementärin der S-KG ist die Regen-GmbH (R-GmbH), an der weder U noch ihr nahestehende Personen beteiligt sind.

Bereits am 1. 3. 2016 hatte sich U für ein Darlehen i. H. v. 50 000 €, welches die P-Bank der S-KG am 1. 3. 2016 für ein Jahr gewährt hatte, nach §§ 765, 773 Abs. 1 Nr. 1 BGB selbstschuldnerisch verbürgt. Mit Hilfe des Darlehens hat die S-KG eine im Jahr 2016 durchgeführte Internet-Werbekampagne finanziert. Die Geschäfte der S-KG entwickelten sich seit der Gründung entgegen der seinerzeitigen Erwartung schlecht, so dass U schon am 31. 12. 2016 ernsthaft mit einer Inanspruchnahme aus der Bürgschaft für das Darlehen rechnen musste. Bei Fälligkeit am 1. 3. 2017 konnte die S-KG das Darlehen nicht zurückzahlen. U beglich daraufhin nach einer entsprechenden Aufforderung der P-Bank das Darlehen am 9. 3. 2017 aus ihrem Privatvermögen. Die bis zum 1. 3. 2017 angefallenen Zinsen für das Darlehen hat die S-KG selbst beglichen.

Aufgrund der für U inakzeptablen Geschäftsentwicklung veräußerte diese ihren Kommanditanteil am 31. 10. 2017 an Gustav Gierig (G) zum fremdüblichen Kaufpreis von 0 €. Die S-KG hat aufgrund der Übertragung des Kommanditanteils zum 31. 10. 2017 eine Zwischenbilanz erstellt. Das zutreffende Kapitalkonto der U bei der S-KG entwickelte sich in der Zeit vom 1. 3. 2016 bis zum 31. 10. 2017 wie folgt (Handelsbilanz = Steuerbilanz):

1. 3. 2016:	0 €
Einlage 2016:	20 000 €
Verlustanteil 2016	./. 50 000 €
31. 12. 2016:	./. 30 000 €
Verlustanteil bis 31. 10. 2017:	./. 40 000 €
31. 10. 2017:	./. 70 000 €

Zum 31. 12. 2016 ist für U ein nach § 15a EStG nicht ausgleichs-/abzugsfähiger Verlust i. H. v. 30 000 € festgestellt worden.

Der am 3. 12. 2017 gestellte Insolvenzantrag über das Vermögen der S-KG wurde am 20. 12. 2017 mangels Masse abgewiesen. Gleiches gilt für den ebenfalls am 3. 12. 2017 gestellten Insolvenzantrag über das Vermögen der R-GmbH.

U hat in der Zeit vom 1. 3. 2016 bis zum 31. 10. 2017 den Einkauf der Gartenmöbel für S-KG organisiert. Eine Gegenleistung hat U hierfür vereinbarungsgemäß nicht erhalten. Die Fahrten zu den Großhändlern hat U mit ihrem privaten PKW durchgeführt, den sie am 1. 12. 2013 zum Kaufpreis von 54 000 € erworben hatte (inländischer Listenpreis einschließlich Umsatzsteuer: 55 000 €). Den PKW hat U in der Zeit vom 1. 3. 2016 bis zum 31. 10. 2017 für ihre Geschäftsfahrten für die S-KG und für private Fahrten genutzt, wobei der private Nutzungsanteil unstreitig weniger als 30 % betragen hat. Ein Fahrtenbuch hat U allerdings nicht geführt. Fahrten zwischen ihrer Wohnung und der Betriebsstätte der S-KG hat U mit dem PKW nicht zurückgelegt. Sowohl vor dem 1. 3. 2016 als auch nach dem 31. 10. 2017 hat U den PKW ausschließlich für private Zwecke genutzt. Die betriebsgewöhnliche Nutzungsdauer des PKW betrug am 1. 12. 2013 sechs Jahre; nach den Verhältnissen am 1. 3. 2016 war von einer Restnutzungsdauer von vier Jahren auszugehen. Der PKW hatte am 1. 3. 2016 eine Teilwert/gemeinen Wert i. H.v. 21 000 € und am 31. 10. 2017 einen Teilwert/gemeinen Wert i. H.v. 11 000 €. In der Zeit vom 1. 1. 2017 bis zum 31. 10. 2017 sind laufende PKW-Kosten (ohne AfA und Zinsen) i. H.v. 4 000 € angefallen, die U von ihrem privaten Girokonto beglichen hat.

U hat den Erwerb des PKW am 1. 12. 2013 über ein unbefristetes und jederzeit kündbares Darlehen i. H.v. 54 000 € bei der Z-Bank finanziert. U hat das Darlehen bis zum 31. 12. 2017 nicht getilgt, so dass der Darlehensstand am 31. 12. 2017 unverändert 54 000 € betragen hat. Die in 2017 jeweils pünktlich zum Monatsersten von U an die Z-Bank gezahlten Zinsen betrugen monatlich 270 €.

Aufgabe:

Ermitteln Sie die bei der Einkommensteuerveranlagung der U aufgrund des vorgenannten Sachverhalts für das Jahr 2017 anzusetzenden Einkünfte. Auf allgemeine Fragen (persönliche Steuerpflicht, Veranlagungsform, Tarif etc.) ist nicht einzugehen. Begründen Sie Ihre Ergebnisse ausführlich unter Hinweis auf die einschlägigen Rechtsgrundlagen.

HINWEISE:

Sofern verschiedene Lösungsmöglichkeiten bestehen, ist das für 2017 günstigste steuerliche Ergebnis zu wählen.

Eine Gewerbesteuerrückstellung ist nicht zu bilden. Bilanzen sind nicht aufzustellen.

Auf Umsatzsteuer ist nicht einzugehen.

Erforderliche Anträge gelten als gestellt.

Auf Cent lautende Beträge sind abzurunden.

Auf § 4 Abs. 4a und § 4h EStG ist nicht einzugehen.

Sachverhalt 5

Paul Panne (P) ist Inhaber eines als Einzelunternehmen geführten Abschleppdienstes mit Sitz in Leipzig. Der Gewinn des Abschleppdienstes wird durch Bestandsvergleich nach § 4 Absatz 1, § 5 Abs. 1 EStG ermittelt; Wirtschaftsjahr ist das Kalenderjahr. Aus der auf den 31. 12. 2017 aufgestellten Bilanz (Handelsbilanz = Steuerbilanz) ergibt sich für das Jahr 2017 ein Gewinn i. H.v. 240 000 €.

Zum Betriebsvermögen des Abschleppdienstes gehört seit dem Jahr 2014 die 55 %-ige Beteiligung des P an der PKW-Handels-GmbH (P-GmbH). Sitz der P-GmbH ist Jena. Im Jahr 2017 hat die P-GmbH eine Gewinnausschüttung vorgenommen. P hat die auf ihn entfallende Bruttogewinnausschüttung i. H.v. 10 000 € als Betriebseinnahme erfasst. P hat den Erwerb der Beteiligung an der P-GmbH über ein Darlehen bei der T-Bank finanziert, für das er in 2017 Zinsen i. H. v. 8 000 € als Betriebsausgabe in der Gewinn-Verlustrechnung berücksichtigt hat.

Aufgabe:

Ermitteln Sie den Gewerbesteuermessbetrag für den Abschleppdienst des P für den Erhebungszeitraum 2017. Begründen Sie Ihre Ergebnisse ausführlich unter Hinweis auf die einschlägigen Rechtsgrundlagen.

HINWEISE:

Sofern verschiedene Lösungsmöglichkeiten bestehen, ist das für 2017 günstigste steuerliche Ergebnis zu wählen.

Erforderliche Anträge gelten als gestellt.

Auf Cent lautende Beträge sind abzurunden.

Eine Gewerbesteuerrückstellung ist nicht zu bilden. Auf § 4 Abs. 4a und § 4h EStG ist nicht einzugehen.

Teil II – Körperschaftsteuer

Sachverhalt

Bei der Invest-Deutschland Ltda (ID) handelt es sich um eine Gesellschaft brasilianischen Rechts, die nach ihrer gesellschaftsrechtlichen Ausgestaltung mit einer GmbH deutschen Rechts vergleichbar ist. Geschäftsleitung und Sitz der ID befinden sich in Rio de Janeiro (Brasilien), von wo aus sämtliche Geschäfte der Gesellschaft erledigt werden. Der Geschäftszweck der ID ist auf die Tätigung verschiedener Investitionen in Deutschland ausgerichtet. Die ID möchte ihre in Deutschland erzielten Einkünfte – soweit dies möglich ist – für Zwecke der deutschen Besteuerung durch Bestandsvergleich nach § 4 Abs. 1, § 5 Abs. 1 EStG ermitteln.

Einzelsachverhalte:

a) Beteiligung Jungfrau GmbH

Die ID ist seit dem 14. 4. 2007 mit einem Anteil von 30 % an der Jungfrau GmbH (J-GmbH) mit Sitz in Bonn beteiligt. Die Anschaffungskosten des Anteils der ID betrugen aufgrund der seinerzeitigen schlechten Geschäftslage der J-GmbH nur 100 000 € einschließlich der Anschaffungsnebenkosten. Das Wirtschaftsjahr der J-GmbH entspricht dem Kalenderjahr. Bereits am 20. 3. 2016 hatte die Gesellschafterversammlung der J-GmbH eine Herabsetzung des voll eingezahlten Stammkapitals von 2 Mio. € auf 1 Mio. € mit anschließender Nennkapitalrückzahlung i. H. v. ebenfalls 1 Mio. € beschlossen. Die Eintragung der Herabsetzung des Nennkapitals im Handelsregister erfolgte am 10. 9. 2017.

Der Sonderausweis i. S. d. § 28 KStG für die J-GmbH wurde am 31. 12. 2016 mit 400 000 € gesondert festgestellt; der Bestand des steuerlichen Einlagekontos i. S. d. § 27 KStG beträgt am 31. 12. 2016 0 €.

Die Nennkapitalrückzahlung an die Anteilseigner der J-GmbH erfolgte am 20. 9. 2017. Kapitalertragsteuer und Solidaritätszuschlag hat die J-GmbH insoweit zutreffend einbehalten. Der sich hiernach ergebende anteilige Auszahlungsbetrag der ID wurde noch am 20. 9. 2017 dem Konto der ID bei der P-Bank gutgeschrieben.

b) Grundstück Dreigestirnallee, Köln

Mit notariellem Kaufvertrag vom 2. 4. 2017 hat die ID das mit einem Bürogebäude bebaute Grundstück Dreigestirnallee in Köln erworben (Bauantragstellung: 20. 10. 1993). Der Übergang von Nutzen und Lasten erfolgte am 1. 5. 2017. Der Kaufpreis einschließlich der Nebenkosten betrug 3,5 Mio. €, wovon 1 Mio. € auf den Grund und Boden entfallen. Das Gebäude ist seit dem 1. 5. 2017 unter Verzicht auf die Umsatzsteuerbefreiung nach § 4 Nr. 12 Satz 1 Buchst. a UStG für monatlich 20 000 € zzgl. 3 800 € Umsatzsteuer zahlbar jeweils zum Monatsersten an die Kölner Karnevalsgesellschaft „Orange Funken" vermietet. Die Miete für den Dezember 2017 wurde aufgrund eines vorübergehenden Liquiditätsengpasses bei der Karnevalsgesellschaft erst am 21. 1. 2018 auf das bei der P-Bank geführte Konto der ID überwiesen. Die laufenden Grundstückskosten i. H. v. 4 000 € zzgl. 760 € Umsatzsteuer monatlich hat die ID ab dem 1. 5. 2017 jeweils am ersten des Monats von ihrem Konto bei der P-Bank beglichen.

Das für die Besteuerung der ID zuständige Finanzamt hat wegen der Vermietungstätigkeit mit Bescheid vom 1. 10. 2017 für 2017 eine Körperschaftsteuer-Vorauszahlung i. H. v. 10 000 € gegen die ID festgesetzt, die die ID am 10. 12. 2017 entrichtet hat. Aufgrund eines Büroversehens der Steuerberaterin der ID wurden in 2017 keine Umsatzsteuervoranmeldungen für die ID eingereicht und demnach auch keine Umsatzsteuer an das Finanzamt abgeführt.

c) Beteiligung Bauer GmbH

Die ID ist seit dem 13. 7. 2014 mit einem Anteil von 15 % an der Bauer GmbH (B-GmbH) mit Sitz in Aachen beteiligt, deren Geschäftsgegenstand die Herstellung und der Vertrieb von Fenstern ist. Weiterer Gesellschafter mit einem Anteil von 85 % ist Paul Prinz (P). P ist zugleich zum Geschäftsführer der B-GmbH bestellt. Am 28. 12. 2016 hat die Gesellschafterversammlung der B-GmbH eine Gewinnausschüttung i. H. v. 100 000 € beschlossen. Die Auszahlung an die ID erfolgte unter Einbehaltung von Kapitalertragsteuer und Solidaritätszuschlag am 20. 1. 2017:

Bruttodividende:	15 000,00 €
abzgl. Kapitalertragsteuer:	./. 3 750,00 €
abzgl. Solidaritätszuschlag:	./. 206,25 €
Auszahlung:	11 043,75 €

Am 11. 11. 2017 wurden mehrere Fenster des Gebäudes Dreigestirnallee durch Vandalismus zerstört. Die B-GmbH erklärte sich daraufhin bereit, die zerstörten Fenster unentgeltlich zu ersetzen. Die Lieferung der Fenster erfolgte am 20. 11. 2017. Die Selbstkosten der B-GmbH betrugen 8 000 € zzgl. 1 520 € Umsatzsteuer. Der übliche Verkaufspreis lag am 20. 11. 2017 bei 10 000 zzgl. 1 900 € Umsatzsteuer. Nach einem Gespräch mit der Steuerberaterin der ID reichte P noch im Dezember 2017 eine Kapitalertragsteueranmeldung für die B-GmbH bei dem für die Besteuerung der B-GmbH zuständigen Finanzamt ein. Die hiernach fällige Kapitalertragsteuer i. H. v. 2 975 € sowie den Solidaritätszuschlag i. H. v. 163,62 € beglich die ID nach einer entsprechenden Bitte des P unmittelbar am 21. 12. 2017.

Aufgaben:

1. Führen Sie die Feststellungen nach §§ 27, 28 KStG für die J-GmbH auf den 31. 12. 2017 durch. Gehen Sie hierbei davon aus, dass die J-GmbH unbeschränkt körperschaftsteuerpflichtig i. S. v. § 1 Abs. 1 KStG ist.
2. Ermitteln Sie die von der ID im Veranlagungszeitraum 2017 erzielten körperschaftsteuerpflichtigen Einkünfte. Gehen Sie auch auf die Erhebungsform der Körperschaftsteuer ein. Geben Sie etwaige Erstattungsansprüche der ID an.
3. Nehmen Sie zu den gewerbesteuerlichen Auswirkungen für die ID Stellung.

Begründen Sie Ihre Ergebnisse jeweils ausführlich unter Hinweis auf die einschlägigen Rechtsgrundlagen.

HINWEISE:

Sofern verschiedene Lösungsmöglichkeiten bestehen, ist das für 2017 günstigste steuerliche Ergebnis zu wählen.

Auf Grund- und Grunderwerbsteuer ist nicht einzugehen. Erforderliche Anträge gelten als gestellt.

Erforderliche Bescheinigungen und Rechnungen mit gesondertem Steuerausweis liegen vor.

Bilanzen sind nicht aufzustellen.

Eine Gewerbe- bzw. Körperschaftsteuerrückstellung ist nicht zu bilden. Auf Cent lautende Beträge sind abzurunden.

Mit Brasilien besteht kein Doppelbesteuerungsabkommen. Auf § 50a EStG und § 50d Abs. 3 EStG ist nicht einzugehen.

Anlage: Steuerberaterprüfung 2013/2018

Die Bundesrepublik Deutschland

und

das Vereinigte Königreich Großbritannien und Nordirland –

von dem Wunsche geleitet, ein neues Abkommen zur Vermeidung der Doppelbesteuerung und zur Verhinderung der Steuerverkürzung auf dem Gebiet der Steuern vom Einkommen und vom Vermögen zu schließen –

haben Folgendes vereinbart:

Art. 1
Unter das Abkommen fallende Personen

Dieses Abkommen gilt für Personen, die in einem Vertragsstaat oder in beiden Vertragsstaaten ansässig sind.

Art. 2
Unter das Abkommen fallende Steuern

(1) Dieses Abkommen gilt, ohne Rücksicht auf die Art der Erhebung, für Steuern vom Einkommen und vom Vermögen, die für Rechnung eines Vertragsstaats, eines seiner Länder oder einer der Gebietskörperschaften eines Landes oder Vertragsstaats erhoben werden.

(2) Als Steuern vom Einkommen und vom Vermögen gelten alle Steuern, die vom Gesamteinkommen, vom Gesamtvermögen oder von Teilen des Einkommens oder des Vermögens erhoben werden, einschließlich der Steuern vom Gewinn aus der Veräußerung beweglichen oder unbeweglichen Vermögens, der Lohnsummensteuern sowie der Steuern vom Vermögenszuwachs.

(3) Zu den zurzeit bestehenden Steuern, für die dieses Abkommen gilt, gehören insbesondere

a) in der Bundesrepublik Deutschland:

   aa) die Einkommensteuer,

   bb) die Körperschaftsteuer,

   cc) die Gewerbesteuer und

   dd) die Vermögensteuer

   einschließlich der hierauf erhobenen Zuschläge (im Folgenden als „deutsche Steuer" bezeichnet);

b) im Vereinigten Königreich:

   aa) die Einkommensteuer („income tax"),

   bb) die Körperschaftsteuer („corporation tax") und

   cc) die Steuer vom Veräußerungsgewinn („capital gains tax")

   (im Folgenden als „Steuer des Vereinigten Königreichs" bezeichnet).

(4) [1]Dieses Abkommen gilt auch für alle Steuern gleicher oder im Wesentlichen ähnlicher Art, die nach der Unterzeichnung des Abkommens neben den bestehenden Steuern oder an deren Stelle erhoben werden. [2]Die zuständigen Behörden der Vertragsstaaten teilen einander die in ihren Steuergesetzen eingetretenen wesentlichen Änderungen mit.

Art. 3
Allgemeine Begriffsbestimmungen

(1) Im Sinne dieses Abkommens, wenn der Zusammenhang nichts anders erfordert,

a) bedeuten die Ausdrücke "ein Vertragsstaat" und "der andere Vertragsstaat" je nach dem Zusammenhang die Bundesrepublik Deutschland oder das Vereinigte Königreich;

b) bedeutet der Ausdruck "Deutschland" die Bundesrepublik Deutschland und, wenn im geografischen Sinne verwendet, das Hoheitsgebiet der Bundesrepublik Deutschland sowie das an das Küstenmeer angrenzende Gebiet des Meeresbodens, des Meeresuntergrunds und der darüber befindlichen Wassersäule, soweit die Bundesrepublik Deutschland dort in Übereinstimmung mit dem Völkerrecht und ihren innerstaatlichen Rechtsvorschriften souveräne Rechte und Hoheitsbefugnisse zum Zwecke der Erforschung, Ausbeutung, Erhaltung und Bewirtschaftung der lebenden und nicht lebenden natürlichen Ressourcen ausübt;

c) bedeutet der Ausdruck "Vereinigtes Königreich" Großbritannien und Nordirland, einschließlich des sich außerhalb des Küstenmeeres des Vereinigten Königreichs erstreckenden Gebiets, das nach seinem Recht betreffend den Festlandsockel sowie nach dem Völkerrecht als ein Gebiet ausgewiesen ist, in dem die Rechte des Vereinigten Königreichs hinsichtlich des Meeresbodens und des Meeresuntergrunds sowie ihrer natürlichen Ressourcen ausgeübt werden dürfen;

d) umfasst der Ausdruck "Person" natürliche Personen, Gesellschaften und alle anderen Personenvereinigungen;

e) bedeutet der Ausdruck "Gesellschaft" juristische Personen oder Rechtsträger, die für die Besteuerung wie juristische Personen behandelt werden;

f) bezieht sich der Ausdruck "Unternehmen" auf die Ausübung einer Geschäftstätigkeit;

g) schließt der Ausdruck "Geschäftstätigkeit" die Ausübung einer freiberuflichen oder sonstigen selbständigen Tätigkeit ein;

h) bedeuten die Ausdrücke "Unternehmen eines Vertragsstaats" und "Unternehmen des anderen Vertragsstaats", je nachdem, ein Unternehmen, das von einer in einem Vertragsstaat ansässigen Person betrieben wird, oder ein Unternehmen, das von einer im anderen Vertragsstaat ansässigen Person betrieben wird;

i) bedeutet der Ausdruck "internationaler Verkehr" jede Beförderung mit einem Seeschiff oder einem Luftfahrzeug, das von einem Unternehmen eines Vertragsstaats betrieben wird, es sei denn, das Seeschiff oder Luftfahrzeug wird ausschließlich zwischen Orten im anderen Vertragsstaat betrieben;

j) bedeutet der Ausdruck "Staatsangehöriger"

   aa) in Bezug auf Deutschland alle Deutschen im Sinne des Grundgesetzes für die Bundesrepublik Deutschland und alle juristischen Personen, Personengesellschaften und andere

Personenvereinigungen, die nach dem in Deutschland geltenden Recht errichtet worden sind;

bb) in Bezug auf das Vereinigte Königreich alle Bürger des Vereinigten Königreichs oder alle britischen Untertanen, die nicht die Staatsbürgerschaft eines anderen Landes oder Gebiets des Commonwealth besitzen, sofern sie das Aufenthaltsrecht im Vereinigten Königreich besitzen; sowie alle juristischen Personen, Personengesellschaften, Personenvereinigungen und anderen Rechtsträger, die nach dem im Vereinigten Königreich geltenden Recht errichtet worden sind;

k) bedeutet der Ausdruck "zuständige Behörde"

aa) in Deutschland das Bundesministerium der Finanzen oder die Behörde, an die es seine Befugnisse delegiert hat;

bb) im Vereinigten Königreich die "Commissioners for Her Majesty's Revenue and Customs" oder ihre bevollmächtigten Vertreter.

(2) Bei der Anwendung des Abkommens durch einen Vertragsstaat hat, wenn der Zusammenhang nichts anderes erfordert, jeder im Abkommen nicht definierte Ausdruck die Bedeutung, die ihm im Anwendungszeitraum nach dem Recht dieses Vertragsstaates über die Steuern zukommt, für die das Abkommen gilt, wobei die Bedeutung nach dem in diesem Staat anzuwendenden Steuerrecht den Vorrang vor einer Bedeutung hat, die der Ausdruck nach anderem Recht dieses Staates hat.

Art. 4
Ansässige Person

(1) [1]Im Sinne dieses Abkommens bedeutet der Ausdruck "eine in einem Vertragsstaat ansässige Person" eine Person, die nach dem Recht dieses Staates dort aufgrund ihres Wohnsitzes, ihres ständigen Aufenthalts, des Ortes ihrer Geschäftsleitung, des Ortes ihrer Gründung oder eines anderen ähnlichen Merkmals steuerpflichtig ist, und umfasst auch diesen Staat und seine Gebietskörperschaften. [2]Der Ausdruck umfasst jedoch nicht eine Person, die in diesem Vertragsstaat nur steuerpflichtig ist, wenn sie Einkünfte oder Veräußerungsgewinne aus Quellen in diesem Vertragsstaat oder mit in diesem Vertragsstaat gelegenem Vermögen erzielt.

(2) Ist nach Absatz 1 eine natürliche Person in beiden Vertragsstaaten ansässig, so gilt Folgendes:

a) Die Person gilt als nur in dem Vertragsstaat ansässig, in dem sie über eine ständige Wohnstätte verfügt; verfügt sie in beiden Vertragsstaaten über eine ständige Wohnstätte, so gilt sie als nur in dem Vertragsstaat ansässig, zu dem sie die engeren persönlichen und wirtschaftlichen Beziehungen hat (Mittelpunkt der Lebensinteressen);

b) kann nicht bestimmt werden, in welchem Vertragsstaat die Person den Mittelpunkt ihrer Lebensinteressen hat, oder verfügt sie in keinem der Vertragsstaaten über eine ständige Wohnstätte, so gilt sie als nur in dem Vertragsstaat ansässig, in dem sie ihren gewöhnlichen Aufenthalt hat;

c) hat die Person ihren gewöhnlichen Aufenthalt in beiden Vertragsstaaten oder in keinem der Vertragsstaaten, so gilt sie als nur in dem Vertragsstaat ansässig, dessen Staatsangehöriger sie ist;

d) ist die Person Staatsangehöriger beider Vertragsstaaten oder keines der Vertragsstaaten, so regeln die zuständigen Behörden der Vertragsstaaten die Frage in gegenseitigem Einvernehmen.

(3) Ist nach Absatz 1 eine andere als eine natürliche Person in beiden Vertragsstaaten ansässig, so gilt sie als nur in dem Staat ansässig, in dem sich der Ort ihrer tatsächlichen Geschäftsleitung befindet.

(4) Befindet sich der Ort der tatsächlichen Geschäftsleitung eines Unternehmens der Seeschifffahrt an Bord eines Schiffes, so gilt er als in dem Vertragsstaat gelegen, in dem der Heimathafen des Schiffes liegt.

Art. 5
Betriebsstätte

(1) Im Sinne dieses Abkommens bedeutet der Ausdruck „Betriebsstätte" eine feste Geschäftseinrichtung, durch die die Geschäftstätigkeit eines Unternehmens ganz oder teilweise ausgeübt wird.

(2) Der Ausdruck „Betriebsstätte" umfasst insbesondere:

a) einen Ort der Leitung,

b) eine Zweigniederlassung,

c) eine Geschäftsstelle,

d) eine Fabrikationsstätte,

e) eine Werkstätte und

f) ein Bergwerk, ein Öl- oder Gasvorkommen, einen Steinbruch oder eine andere Stätte der Ausbeutung natürlicher Ressourcen.

(3) Eine Bauausführung oder Montage ist nur dann eine Betriebsstätte, wenn ihre Dauer zwölf Monate überschreitet.

(4) Ungeachtet der vorstehenden Bestimmungen dieses Artikels gelten nicht als Betriebsstätten:

a) Einrichtungen, die ausschließlich zur Lagerung, Ausstellung oder Auslieferung von Gütern oder Waren des Unternehmens benutzt werden;

b) Bestände von Gütern oder Waren des Unternehmens, die ausschließlich zur Lagerung, Ausstellung oder Auslieferung unterhalten werden;

c) Bestände von Gütern oder Waren des Unternehmens, die ausschließlich zu dem Zweck unterhalten werden, durch ein anderes Unternehmen bearbeitet oder verarbeitet zu werden;

d) eine feste Geschäftseinrichtung, die ausschließlich zu dem Zweck unterhalten wird, für das Unternehmen Güter oder Waren einzukaufen oder Informationen zu beschaffen;

e) eine feste Geschäftseinrichtung, die ausschließlich zu dem Zweck unterhalten wird, für das Unternehmen andere Tätigkeiten auszuüben, die vorbereitender Art sind oder Hilfstätigkeiten darstellen;

f) eine feste Geschäftseinrichtung, die ausschließlich zu dem Zweck unterhalten wird, mehrere der unter den Buchstaben a bis e genannten Tätigkeiten auszuüben, vorausgesetzt, dass die sich daraus ergebende Gesamttätigkeit der festen Geschäftseinrichtung vorbereitender Art ist oder eine Hilfstätigkeit darstellt.

(5) Ist eine Person (mit Ausnahme eines unabhängigen Vertreters im Sinne des Absatzes 6) für ein Unternehmen tätig und besitzt sie in einem Vertragsstaat die Vollmacht, im Namen des Unternehmens Verträge abzuschließen, und übt sie die Vollmacht dort gewöhnlich aus, so wird das Unternehmen ungeachtet der Absätze 1 und 2 so behandelt, als habe es in diesem Staat für alle von der Person für das Unternehmen ausgeübten Tätigkeiten eine Betriebsstätte, es sei denn, diese Tätigkeiten beschränken sich auf die im Absatz 4 genannten Tätigkeiten, die, würden sie durch eine feste Geschäftseinrichtung ausgeübt, diese Einrichtung nach dem genannten Absatz nicht zu einer Betriebsstätte machten.

(6) Ein Unternehmen wird nicht schon deshalb so behandelt, als habe es eine Betriebsstätte in einem Vertragsstaat, weil es dort seine Geschäftstätigkeit durch einen Makler, Kommissionär oder einen anderen unabhängigen Vertreter ausübt, sofern diese Personen im Rahmen ihrer gewöhnlichen Geschäftstätigkeit handeln.

(7) Allein dadurch, dass eine in einem Vertragsstaat ansässige Gesellschaft eine Gesellschaft beherrscht oder von einer Gesellschaft beherrscht wird, die im anderen Vertragsstaat ansässig ist oder dort (entweder durch eine Betriebsstätte oder auf andere Weise) ihre Tätigkeit ausübt, wird keine der beiden Gesellschaften zur Betriebsstätte der anderen.

Art. 6
Einkünfte aus unbeweglichem Vermögen

(1) Einkünfte, die eine in einem Vertragsstaat ansässige Person aus unbeweglichem Vermögen (einschließlich der Einkünfte aus land- und forstwirtschaftlichen Betrieben) bezieht, das im anderen Vertragsstaat liegt, können im anderen Staat besteuert werden.

(2) [1]Der Ausdruck „unbewegliches Vermögen“ hat die Bedeutung, die ihm nach dem Recht des Vertragsstaats zukommt, in dem das Vermögen liegt. [2]Der Ausdruck umfasst in jedem Fall das Zubehör zum unbeweglichen Vermögen, das lebende und tote Inventar land- und forstwirtschaftlicher Betriebe, die Rechte, für die die Vorschriften des Privatrechts über Grundstücke gelten, Nutzungsrechte an unbeweglichem Vermögen sowie Rechte auf veränderliche oder feste Vergütungen für die Ausbeutung oder das Recht auf Ausbeutung von Mineralvorkommen, Quellen und anderen natürlichen Ressourcen; Schiffe und Luftfahrzeuge gelten nicht als unbewegliches Vermögen.

(3) Absatz 1 gilt für Einkünfte aus der unmittelbaren Nutzung, der Vermietung oder Verpachtung sowie jeder anderen Art der Nutzung unbeweglichen Vermögens.

(4) Die Absätze 1 und 3 gelten auch für Einkünfte aus unbeweglichem Vermögen eines Unternehmens.

Art. 7
Unternehmensgewinne

(1) [1]Die Gewinne eines Unternehmens eines Vertragsstaats können nur in diesem Staat besteuert werden, es sei denn, das Unternehmen übt seine Geschäftstätigkeit im anderen Vertragsstaat durch eine dort gelegene Betriebsstätte aus. [2]Übt das Unternehmen seine Geschäftstätigkeit auf diese Weise aus, so können seine Gewinne im anderen Staat besteuert werden, jedoch nur insoweit, als sie dieser Betriebsstätte zugerechnet werden können.

(2) Übt ein Unternehmen eines Vertragsstaats seine Geschäftstätigkeit im anderen Vertragsstaat durch eine dort gelegene Betriebsstätte aus, so werden vorbehaltlich des Absatzes 3 in jedem Vertragsstaat dieser Betriebsstätte die Gewinne zugerechnet, die sie hätte erzielen können, wenn sie eine gleiche oder ähnliche Tätigkeit unter gleichen oder ähnlichen Bedingungen als selbständiges Unternehmen ausgeübt hätte und im Verkehr mit dem Unternehmen, dessen Betriebsstätte sie ist, völlig unabhängig gewesen wäre.

(3) Bei der Ermittlung der Gewinne einer Betriebsstätte werden die für diese Betriebsstätte entstandenen Aufwendungen, einschließlich der Geschäftsführungs- und allgemeinen Verwaltungskosten, zum Abzug zugelassen, gleichgültig, ob sie in dem Vertragsstaat, in dem die Betriebsstätte liegt, oder anderswo entstanden sind.

(4) Soweit es in einem Vertragsstaat üblich ist, die einer Betriebsstätte zuzurechnenden Gewinne durch Aufteilung der Gesamtgewinne des Unternehmens auf seine einzelnen Teile zu ermitteln, schließt Absatz 2 nicht aus, dass dieser Vertragsstaat die zu besteuernden Gewinne nach der üblichen Aufteilung ermittelt; die Gewinnaufteilung muss jedoch derart sein, dass das Ergebnis mit den Grundsätzen dieses Artikels übereinstimmt.

(5) Aufgrund des bloßen Einkaufs von Gütern oder Waren für das Unternehmen wird einer Betriebsstätte kein Gewinn zugerechnet.

(6) Bei der Anwendung der vorstehenden Absätze sind die der Betriebsstätte zuzurechnenden Gewinne jedes Jahr auf dieselbe Art zu ermitteln, es sei denn, es bestehen ausreichende Gründe dafür, anders zu verfahren.

(7) Gehören zu den Gewinnen Einkünfte oder Veräußerungsgewinne, die in anderen Artikeln dieses Abkommens behandelt werden, so werden die Bestimmungen jener Artikel durch die Bestimmungen dieses Artikels nicht berührt.

Art. 8
Seeschifffahrt und Luftfahrt

(1) Gewinne eines Unternehmens eines Vertragsstaats aus dem Betrieb von Seeschiffen oder Luftfahrzeugen im internationalen Verkehr können nur in diesem Staat besteuert werden.

(2) Für Zwecke dieses Artikels umfassen Gewinne aus dem Betrieb von Seeschiffen oder Luftfahrzeugen im internationalen Verkehr auch

a) Gewinne aus der Vermietung von leeren Seeschiffen oder Luftfahrzeugen und

b) Gewinne aus der Nutzung, Wartung oder Vermietung von Containern (einschließlich Trailern und zugehöriger Ausstattung für den Transport von Containern), die für den Transport von Gütern oder Waren eingesetzt werden, wenn diese Vermietung beziehungsweise diese Nutzung, Wartung oder Vermietung zum Betrieb von Seeschiffen oder Luftfahrzeugen im internationalen Verkehr gehören.

(3) Absatz 1 gilt auch für Gewinne aus der Beteiligung an einem Pool, einer Betriebsgemeinschaft oder einer internationalen Betriebsstelle, jedoch nur für den Anteil an den so erzielten Gewinnen, die dem Beteiligten entsprechend seiner Beteiligung an der gemeinsamen Aktivität zugerechnet werden können.

Art. 9
Verbundene Unternehmen

(1) Wenn

a) ein Unternehmen eines Vertragsstaats unmittelbar oder mittelbar an der Geschäftsleitung, der Kontrolle oder dem Kapital eines Unternehmens des anderen Vertragsstaats beteiligt ist oder

b) ein Unternehmen eines Vertragsstaats unmittelbar oder mittelbar an der Geschäftsleitung, der Kontrolle oder dem Kapital eines Unternehmens des anderen Vertragsstaats beteiligt ist oder

und in diesen Fällen die beiden Unternehmen in ihren kaufmännischen oder finanziellen Beziehungen an vereinbarte oder auferlegte Bedingungen gebunden sind, die von denen abweichen, die unabhängige Unternehmen miteinander vereinbaren würden, dürfen die Gewinne, die eines der Unternehmen ohne diese Bedingungen erzielt hätte, wegen dieser Bedingungen aber nicht erzielt hat, den Gewinnen dieses Unternehmens zugerechnet und entsprechend besteuert werden.

(2) [1]Werden in einem Vertragsstaat den Gewinnen eines Unternehmens dieses Staates Gewinne zugerechnet – und entsprechend besteuert –, mit denen ein Unternehmen des anderen Vertragsstaats in diesem Staat besteuert worden ist, und handelt es sich bei den zugerechneten Gewinnen um solche, die das Unternehmen des erstgenannten Staates erzielt hätte, wenn die zwischen den beiden Unternehmen vereinbarten Bedingungen die gleichen gewesen wären, die unabhängige Unternehmen miteinander vereinbaren würden, so nimmt der andere Staat eine entsprechende Änderung der dort von diesen Gewinnen erhobenen Steuer vor. [2]Bei dieser Änderung sind die übrigen Bestimmungen dieses Abkommens zu berücksichtigen; erforderlichenfalls konsultieren die zuständigen Behörden der Vertragsstaaten einander.

Art. 10
Dividenden[1]

(1) Dividenden, die eine in einem Vertragsstaat ansässige Gesellschaft an eine im anderen Vertragsstaat ansässige Person zahlt, können im anderen Staat besteuert werden.

(2) [1]Diese Dividenden können jedoch auch in dem Vertragsstaat, in dem die die Dividenden zahlende Gesellschaft ansässig ist, nach dem Recht dieses Staates besteuert werden; die Steuer

1 Vgl. hierzu Protokoll zum DBA vom 30. 3. 2010, Nrn. 1, 2 zu Artikel 10.

darf aber, wenn der Nutzungsberechtigte der Dividenden im anderen Vertragsstaat ansässig ist, nicht übersteigen:

a) 5 vom Hundert des Bruttobetrags der Dividenden, wenn der Nutzungsberechtigte eine Gesellschaft (jedoch keine Personengesellschaft) ist, die unmittelbar über mindestens 10 vom Hundert des Kapitals der die Dividenden zahlenden Gesellschaft verfügt,

b) 10 vom Hundert des Bruttobetrags der Dividenden, wenn der Nutzungsberechtigte eine Altersvorsorgeeinrichtung ist,

c) 15 vom Hundert des Bruttobetrags der Dividenden in allen anderen Fällen.

[2]Dieser Absatz berührt nicht die Besteuerung der Gesellschaft in Bezug auf die Gewinne, aus denen die Dividenden gezahlt werden.

(3) Der in diesem Artikel verwendete Ausdruck „Dividenden" bedeutet Einkünfte aus Aktien, Genussrechten oder Genussscheinen, Kuxen, Gründeranteilen oder sonstige Einkünfte, die nach dem Recht des Staates, in dem die ausschüttende Gesellschaft ansässig ist, den Einkünften aus Aktien steuerlich gleichgestellt sind, sowie Einkünfte aus Ausschüttungen auf Anteilscheine an einem deutschen Investmentvermögen.

(4) [1]Die Absätze 1 und 2 sind nicht anzuwenden, wenn der in einem Vertragsstaat ansässige Nutzungsberechtigte im anderen Vertragsstaat, in dem die die Dividenden zahlende Gesellschaft ansässig ist, eine Geschäftstätigkeit durch eine dort gelegene Betriebsstätte ausübt und die Beteiligung, für die die Dividenden gezahlt werden, tatsächlich zu dieser Betriebsstätte gehört. [2]In diesem Fall ist Artikel 7 anzuwenden.

(5) Erzielt eine in einem Vertragsstaat ansässige Gesellschaft Gewinne oder Einkünfte aus dem anderen Vertragsstaat, so darf dieser andere Staat weder die von der Gesellschaft gezahlten Dividenden besteuern, es sei denn, dass diese Dividenden an eine im anderen Staat ansässige Person gezahlt werden oder dass die Beteiligung, für die die Dividenden gezahlt werden, tatsächlich zu einer im anderen Staat gelegenen Betriebsstätte gehört, noch Gewinne der Gesellschaft einer Steuer für nicht ausgeschüttete Gewinne unterwerfen, selbst wenn die gezahlten Dividenden oder die nicht ausgeschütteten Gewinne ganz oder teilweise aus im anderen Staat erzielten Gewinnen oder Einkünften bestehen.

(6) Entlastungen nach diesem Artikel werden nicht gewährt, wenn der Hauptzweck oder einer der Hauptzwecke einer der Personen, die an der Begründung oder Übertragung der Aktien oder anderen Rechte, für die die Dividende gezahlt wird, beteiligt waren, darin bestand, diesen Artikel mithilfe dieser Begründung oder Übertragung in Anspruch zu nehmen.

Art. 11
Zinsen[1]

(1) Zinsen, die aus einem Vertragsstaat stammen und deren Nutzungsberechtigter eine im anderen Vertragsstaat ansässige Person ist, können nur im anderen Staat besteuert werden.

(2) [1]Der in diesem Artikel verwendete Ausdruck „Zinsen" bedeutet Einkünfte aus Forderungen jeder Art, auch wenn die Forderungen durch Pfandrechte an Grundstücken gesichert oder mit

1 Vgl. hierzu Protokoll zum DBA vom 30. 3. 2010, Nrn. 2, 3 zu den Artikeln 10 und 11.

einer Beteiligung am Gewinn des Schuldners ausgestattet sind, und insbesondere Einkünfte aus öffentlichen Anleihen und aus Obligationen einschließlich der damit verbundenen Aufgelder und der Gewinne aus Losanleihen. [2]Der Ausdruck Zinsen umfasst nicht die Einkünfte, die nach Artikel 10 als Dividenden behandelt werden. [3]Zuschläge für verspätete Zahlung gelten nicht als Zinsen im Sinne dieses Artikels.

(3) [1]Absatz 1 ist nicht anzuwenden, wenn der in einem Vertragsstaat ansässige Nutzungsberechtigte im anderen Vertragsstaat, aus dem die Zinsen stammen, eine Geschäftstätigkeit durch eine dort gelegene Betriebsstätte ausübt und die Forderung, für die die Zinsen gezahlt werden, tatsächlich zu dieser Betriebsstätte gehört. [2]In diesem Fall ist Artikel 7 anzuwenden.

(4) [1]Bestehen zwischen dem Schuldner und dem Nutzungsberechtigten oder zwischen jedem von ihnen und einem Dritten besondere Beziehungen und übersteigen deshalb die gezahlten Zinsen ungeachtet der Gründe den Betrag, den Schuldner und Nutzungsberechtigter ohne diese Beziehungen vereinbart hätten, so wird dieser Artikel nur auf den letzteren Betrag angewendet. [2]In diesem Fall kann der übersteigende Betrag nach dem Recht eines jeden Vertragsstaats und unter Berücksichtigung der anderen Bestimmungen dieses Abkommens besteuert werden.

(5) Entlastungen nach diesem Artikel werden nicht gewährt, wenn der Hauptzweck oder einer der Hauptzwecke einer der Personen, die an der Begründung oder Übertragung der Forderung, für die die Zinsen gezahlt werden, beteiligt waren, darin bestand, diesen Artikel mithilfe dieser Begründung oder Übertragung in Anspruch zu nehmen.

Art. 12
Lizenzgebühren

(1) Lizenzgebühren, die aus einem Vertragsstaat stammen und deren Nutzungsberechtigter eine im anderen Vertragsstaat ansässige Person ist, können nur im anderen Staat besteuert werden.

(2) Der in diesem Artikel verwendete Ausdruck "Lizenzgebühren" bedeutet Vergütungen jeder Art, die für die Benutzung oder für das Recht auf Benutzung von Urheberrechten an literarischen, künstlerischen oder wissenschaftlichen Werken, einschließlich kinematografischer Filme, von Patenten, Marken, Mustern oder Modellen, Plänen, geheimen Formeln oder Verfahren oder für die Mitteilung gewerblicher, kaufmännischer oder wissenschaftlicher Erfahrungen gezahlt werden.

(3) [1]Absatz 1 ist nicht anzuwenden, wenn der in einem Vertragsstaat ansässige Nutzungsberechtigte im anderen Vertragsstaat, aus dem die Lizenzgebühren stammen, eine Geschäftstätigkeit durch eine dort gelegene Betriebsstätte ausübt und die Rechte oder Vermögenswerte, für die die Lizenzgebühren gezahlt werden, tatsächlich zu dieser Betriebsstätte gehören. [2]In diesem Fall ist Artikel 7 dieses Abkommens anzuwenden.

(4) [1]Bestehen zwischen dem Schuldner und dem Nutzungsberechtigten oder zwischen jedem von ihnen und einem Dritten besondere Beziehungen und übersteigen deshalb die Lizenzgebühren ungeachtet der Gründe den Betrag, den Schuldner und Nutzungsberechtigter ohne diese Beziehungen vereinbart hätten, so wird dieser Artikel nur auf den letzteren Betrag angewendet. [2]In diesem Fall kann der übersteigende Betrag nach dem Recht eines jeden Vertragsstaats und unter Berücksichtigung der anderen Bestimmungen dieses Abkommens besteuert werden.

(5) Entlastungen nach diesem Artikel werden nicht gewährt, wenn der Hauptzweck oder einer der Hauptzwecke einer der Personen, die an der Begründung oder Übertragung der Rechte, für die die Lizenzgebühren gezahlt werden, beteiligt waren, darin bestand, diesen Artikel mithilfe dieser Begründung oder Übertragung in Anspruch zu nehmen.

Art. 13
Gewinne aus der Veräußerung von Vermögen

(1) Gewinne, die eine in einem Vertragsstaat ansässige Person aus der Veräußerung unbeweglichen Vermögens im Sinne des Artikels 6 erzielt, das im anderen Vertragsstaat liegt, können im anderen Staat besteuert werden.

(2) Gewinne, die eine in einem Vertragsstaat ansässige Person aus der Veräußerung von Aktien außer solchen, mit denen ein wesentlicher und regelmäßiger Handel an einer Börse stattfindet, oder vergleichbaren Anteilen an einer Gesellschaft oder einer anderen Personenvereinigung bezieht, deren Aktivvermögen zu mehr als 50 vom Hundert unmittelbar oder mittelbar aus unbeweglichem Vermögen besteht, das im anderen Vertragsstaat liegt, können im anderen Staat besteuert werden.

(3) Gewinne aus der Veräußerung beweglichen Vermögens, das Betriebsvermögen einer Betriebsstätte ist, die ein Unternehmen eines Vertragsstaats im anderen Vertragsstaat hat, einschließlich derartiger Gewinne, die bei der Veräußerung einer solchen Betriebsstätte (allein oder mit dem übrigen Unternehmen) erzielt werden, können im anderen Staat besteuert werden.

(4) Gewinne, die eine in einem Vertragsstaat ansässige Person aus der Veräußerung von Seeschiffen oder Luftfahrzeugen erzielt, die von einem Unternehmen dieses Staates im internationalen Verkehr betrieben werden, oder von beweglichem Vermögen, das dem Betrieb dieser Schiffe oder Luftfahrzeuge dient, können nur in diesem Staat besteuert werden.

(5) Gewinne aus der Veräußerung von in den Absätzen 1, 2 und 3 nicht genanntem Vermögen können nur in dem Vertragsstaat besteuert werden, in dem der Veräußerer ansässig ist.

Art. 14
Einkünfte aus unselbständiger Arbeit

(1) [1]Vorbehaltlich der Artikel 15, 17, 18 und 19 können Gehälter, Löhne und ähnliche Vergütungen, die eine in einem Vertragsstaat ansässige Person aus unselbständiger Arbeit bezieht, nur in diesem Staat besteuert werden, es sei denn, die Arbeit wird im anderen Vertragsstaat ausgeübt. [2]Wird die Arbeit dort ausgeübt, so können die dafür bezogenen Vergütungen im anderen Staat besteuert werden.

(2) Ungeachtet des Absatzes 1 können Vergütungen, die eine in einem Vertragsstaat ansässige Person für eine im anderen Vertragsstaat ausgeübte unselbständige Arbeit bezieht, nur im erstgenannten Staat besteuert werden, wenn

a) der Empfänger sich im anderen Staat insgesamt nicht länger als 183 Tage innerhalb eines Zeitraums von 12 Monaten, der während des betreffenden Steuerjahres beginnt oder endet, aufhält und

b) die Vergütungen von einem Arbeitgeber oder für einen Arbeitgeber gezahlt werden, der nicht im anderen Staat ansässig ist, und

c) die Vergütungen nicht von einer Betriebsstätte getragen werden, die der Arbeitgeber im anderen Staat hat.

(3) Ungeachtet der vorstehenden Bestimmungen dieses Artikels können Vergütungen, die eine in einem Vertragsstaat ansässige Person für eine an Bord eines im internationalen Verkehr betriebenen Seeschiffs oder Luftfahrzeugs ausgeübte unselbständige Arbeit bezieht, nur in diesem Staat besteuert werden.

Art. 15
Aufsichtsrats- oder Verwaltungsratsvergütungen

Aufsichtsrats- oder Verwaltungsratsvergütungen und ähnliche Zahlungen, die eine in einem Vertragsstaat ansässige Person in ihrer Eigenschaft als Mitglied des Aufsichts- oder Verwaltungsrats einer Gesellschaft bezieht, die im anderen Vertragsstaat ansässig ist, können im anderen Staat besteuert werden.

Art. 16
Künstler und Sportler

(1) Ungeachtet der Artikel 7 und 14 können Einkünfte, die eine in einem Vertragsstaat ansässige Person als Künstler, wie Bühnen-, Film-, Rundfunk- und Fernsehkünstler sowie Musiker, oder als Sportler aus ihrer im anderen Vertragsstaat persönlich ausgeübten Tätigkeit bezieht, im anderen Staat besteuert werden.

(2) Fließen Einkünfte aus einer von einem Künstler oder Sportler in dieser Eigenschaft persönlich ausgeübten Tätigkeit nicht dem Künstler oder Sportler selbst, sondern einer anderen Person zu, so können diese Einkünfte ungeachtet der Artikel 7 und 14 in dem Vertragsstaat besteuert werden, in dem der Künstler oder Sportler seine Tätigkeit ausübt.

(3) [1]Die Absätze 1 und 2 gelten nicht für Einkünfte aus der von Künstlern oder Sportlern in einem Vertragsstaat ausgeübten Tätigkeit, wenn der Aufenthalt in diesem Staat ganz oder überwiegend aus öffentlichen Mitteln des anderen Vertragsstaats, einem seiner Länder oder einer Gebietskörperschaft eines Landes oder eines Vertragsstaats oder von einer im anderen Staat als gemeinnützig anerkannten Einrichtung finanziert wird. [2]In diesem Fall können die Einkünfte nur in dem Vertragsstaat besteuert werden, in dem die Person ansässig ist.

Art. 17
Ruhegehälter, Renten und ähnliche Vergütungen

(1) Vorbehaltlich des Artikels 18 Absatz 2 können Ruhegehälter, ähnliche Vergütungen oder Renten, die aus einem Vertragsstaat stammen und an eine im anderen Vertragsstaat ansässige Person gezahlt werden, nur in diesem anderen Staat besteuert werden.

(2) Vergütungen, die aufgrund der Sozialversicherungsgesetzgebung eines Vertragsstaats gezahlt werden, können abweichend von Absatz 1 nur in diesem Staat besteuert werden.

(3) [1]Die aus einem Vertragsstaat stammenden Ruhegehälter, ähnlichen Vergütungen oder Renten, die ganz oder teilweise auf Beiträgen beruhen, die in diesem Staat länger als 15 Jahre

a) nicht zu den steuerpflichtigen Einkünften aus unselbständiger Arbeit gehörten oder

b) steuerlich abziehbar waren oder

c) in anderer Weise einer Steuervergünstigung unterlagen,

können abweichend von Absatz 1 nur in diesem Staat besteuert werden. [2]Dieser Absatz ist nicht anzuwenden, wenn dieser Staat die Ruhegehälter, ähnlichen Vergütungen oder Renten tatsächlich nicht besteuert, wenn die Steuervergünstigung aus irgendeinem Grund zurückgefordert wurde oder wenn die 15-Jahre-Bedingung in beiden Vertragsstaaten erfüllt ist.

(4) Wiederkehrende und einmalige Vergütungen, die ein Vertragsstaat oder eine seiner Gebietskörperschaften an eine im anderen Vertragsstaat ansässige Person als Entschädigung für politische Verfolgung oder für Unrecht oder Schäden aufgrund von Kriegshandlungen (einschließlich Wiedergutmachungsleistungen) oder des Wehr- oder Zivildienstes oder eines Verbrechens, einer Impfung oder ähnlicher Vorkommnisse zahlt, können abweichend von Absatz 1 nur im erstgenannten Staat besteuert werden.

(5) Der Ausdruck „Renten" bedeutet bestimmte Beträge, die regelmäßig zu festgesetzten Zeitpunkten auf Lebenszeit oder während eines bestimmten oder bestimmbaren Zeitabschnitts aufgrund einer Verpflichtung zahlbar sind, die diese Zahlungen als Gegenleistung für eine in Geld oder Geldeswert bewirkte angemessene Leistung vorsieht.

Art. 18
Öffentlicher Dienst

(1) [1]Gehälter, Löhne und ähnliche Vergütungen, die von einem Vertragsstaat, einem seiner Länder oder einer Gebietskörperschaft eines Landes oder eines Vertragsstaats oder einer anderen juristischen Person des öffentlichen Rechts dieses Staates an eine natürliche Person für die diesem Staat, einem seiner Länder, einer ihrer Gebietskörperschaften oder einer anderen juristischen Person des öffentlichen Rechts geleisteten Dienste gezahlt werden, können nur in diesem Staat besteuert werden. [2]Diese Gehälter, Löhne und ähnlichen Vergütungen können jedoch nur im anderen Vertragsstaat besteuert werden, wenn die Dienste in diesem Staat geleistet werden und die natürliche Person in diesem Staat ansässig ist und

a) ein Staatsangehöriger dieses Staates ist oder

b) nicht ausschließlich deshalb in diesem Staat ansässig geworden ist, um die Dienste zu leisten.

(2) [1]Ruhegehälter und ähnliche Vergütungen, die von einem Vertragsstaat, einem seiner Länder oder einer Gebietskörperschaft eines Landes oder eines Vertragsstaats oder einer anderen juristischen Person des öffentlichen Rechts dieses Staates oder aus von diesem Staat, einem seiner Länder, einer ihrer Gebietskörperschaften oder einer anderen juristischen Person des öffentlichen Rechts errichtetem Sondervermögen an eine natürliche Person für die diesem Staat, einem seiner Länder, einer ihrer Gebietskörperschaften oder einer anderen juristischen Person des öffentlichen Rechts geleisteten Dienste gezahlt werden, können abweichend von Absatz 1 nur in diesem Staat besteuert werden. [2]Diese Ruhegehälter und ähnlichen Vergütungen können jedoch nur im anderen Vertragsstaat besteuert werden, wenn die natürliche Person in diesem Staat ansässig und ein Staatsangehöriger dieses Staates ist.

(3) Auf Gehälter, Löhne, Ruhegehälter und ähnliche Vergütungen für Dienstleistungen, die im Zusammenhang mit einer Geschäftstätigkeit eines Vertragsstaats, eines seiner Länder, einer ih-

rer Gebietskörperschaften oder einer anderen juristischen Person des öffentlichen Rechts dieses Staates erbracht werden, sind die Artikel 14, 15, 16 und 17 anzuwenden.

(4) Die Absätze 1 und 2 sind auch für Löhne, Gehälter, Ruhegehälter und ähnliche Vergütungen anzuwenden, die an natürliche Personen für Dienste gezahlt werden, die dem Goethe-Institut, dem Deutschen Akademischen Austauschdienst (DAAD) und anderen ähnlichen von den zuständigen Behörden der Vertragsstaaten im gegenseitigen Einvernehmen bestimmten Einrichtungen geleistet werden.

Art. 19
Gastprofessoren, Lehrer und Studenten

(1) Eine natürliche Person, die sich höchstens zwei Jahre lang zur Ausübung einer Lehr- oder Forschungstätigkeit oder im Rahmen eines amtlichen Kulturaustausches an einer Universität, Hochschule, Schule, einem Museum oder einer anderen Kulturoder Bildungseinrichtung in einem Vertragsstaat aufhält und die im anderen Vertragsstaat ansässig ist oder dort unmittelbar vor der Einreise in den erstgenannten Staat ansässig war, ist im erstgenannten Staat mit ihren für diese Tätigkeit bezogenen Vergütungen von der Steuer befreit, vorausgesetzt, dass diese Vergütungen von außerhalb dieses Staates bezogen werden.

(2) Zahlungen, die ein Student, Praktikant oder Lehrling, der sich in einem Vertragsstaat ausschließlich zum Studium oder zur Ausbildung aufhält und der im anderen Vertragsstaat ansässig ist oder dort unmittelbar vor der Einreise in den erstgenannten Staat ansässig war, für seinen Unterhalt, sein Studium oder seine Ausbildung erhält, dürfen im erstgenannten Staat nicht besteuert werden, sofern diese Zahlungen aus Quellen außerhalb dieses Staates stammen.

Art. 20
Tätigkeiten vor der Küste

(1) Dieser Artikel findet unbeschadet anderer Bestimmungen dieses Abkommens Anwendung.

(2) Bei einem Unternehmen eines Vertragsstaats, das im anderen Vertragsstaat im Zusammenhang mit der Erforschung oder Ausbeutung des Meeresbodens, des Meeresuntergrunds und ihrer natürlichen Ressourcen Tätigkeiten vor der Küste in Gebieten ausübt, die nach dem Völkerrecht der Hoheitsbefugnis des anderen Vertragsstaats unterliegen, wird vorbehaltlich der Absätze 3 und 5 bezüglich dieser Tätigkeiten davon ausgegangen, dass es im anderen Vertragsstaat eine Geschäftstätigkeit durch eine dort gelegene Betriebsstätte ausübt; dies gilt nicht für die Anwendung des Artikels 14 Absatz 2.

(3) Absatz 2 ist nicht anzuwenden, wenn die darin genannten Tätigkeiten in den in diesem Absatz bezeichneten Gebieten für die Dauer eines Zeitraums ausgeübt werden, der

a) bei Tätigkeiten in Zusammenhang mit der Erforschung insgesamt 90 Tage innerhalb eines Zeitraums von zwölf Monaten, der während des betreffenden Steuerjahres beginnt oder endet, und

b) bei Tätigkeiten in Zusammenhang mit der Ausbeutung insgesamt 30 Tage innerhalb eines Zeitraums von zwölf Monaten, der während des betreffenden Steuerjahres beginnt oder endet,

nicht übersteigt.

(4) [1]Ist jedoch ein Unternehmen, das Tätigkeiten nach Absatz 2 in den bezeichneten Gebieten ausübt, mit einem anderen Unternehmen verbunden, das dort Tätigkeiten im Wesentlichen ähnlicher Art ausübt, so wird im Sinne des Absatzes 3 davon ausgegangen, dass das erstgenannte Unternehmen alle diese Tätigkeiten des letztgenannten Unternehmens ausübt, es sei denn, diese Tätigkeiten werden zur gleichen Zeit wie seine eigenen Tätigkeiten ausgeübt. [2]Ein Unternehmen gilt als mit einem anderen Unternehmen verbunden, wenn das eine unmittelbar oder mittelbar der Kontrolle des anderen unterliegt beziehungsweise beide unmittelbar oder mittelbar der Kontrolle eines Dritten oder mehrerer Dritter unterliegen.

(5) Gewinne, die eine in einem Vertragsstaat ansässige Person aus der Beförderung von Hilfs- und Betriebsstoffen oder Mitarbeitern an einen Ort bezieht, an dem Tätigkeiten in Zusammenhang mit der Erforschung oder Ausbeutung des Meeresbodens, des Meeresuntergrunds und ihrer natürlichen Ressourcen in Gebieten ausgeübt werden, die der Hoheitsbefugnis eines Vertragsstaats unterliegen, oder aus dem Betrieb von Schleppern oder ähnlichen Seefahrzeugen in Zusammenhang mit diesen Tätigkeiten, können nur in dem Vertragsstaat besteuert werden, in dem die Person ansässig ist.

Art. 21
Andere Einkünfte

(1) Einkünfte, deren Nutzungsberechtigter eine in einem Vertragsstaat ansässige Person ist und die in den vorstehenden Artikeln nicht behandelt wurden, können ohne Rücksicht auf ihre Herkunft nur in diesem Staat besteuert werden.

(2) Ungeachtet des Absatzes 1 finden die folgenden Bestimmungen Anwendung auf Einkünfte, die aus einem Treuhandvermögen oder einer Nachlassverwaltung gezahlt werden: Werden diese Einkünfte von im Vereinigten Königreich ansässigen Treuhändern oder persönlichen Vertretern an einen in Deutschland ansässigen Begünstigten aus Einkünften dieser Treuhänder oder persönlichen Vertreter gezahlt, die bei Ansässigkeit dieser Treuhänder oder persönlichen Vertreter in Deutschland unter andere Artikel dieses Abkommens fallen würden, wird der Begünstigte so behandelt, als habe er einen Teil der Einkünfte der Treuhänder oder persönlichen Vertreter bezogen, dessen Höhe den von ihm bezogenen Einkünften entspricht, und von den Treuhändern oder persönlichen Vertretern auf diesen Betrag entrichtete Steuern gelten als vom Begünstigten entrichtet.

(3) [1]Absatz 1 ist auf andere Einkünfte als solche aus unbeweglichem Vermögen im Sinne des Artikels 6 Absatz 2 nicht anzuwenden, wenn der in einem Vertragsstaat ansässige Empfänger im anderen Vertragsstaat eine Geschäftstätigkeit durch eine dort gelegene Betriebsstätte ausübt und die Rechte oder Vermögenswerte, für die die Einkünfte gezahlt werden, tatsächlich zu dieser Betriebsstätte gehören. [2]In diesem Fall ist Artikel 7 anzuwenden.

(4) [1]Bestehen zwischen der in Absatz 1 bezeichneten Person und einer anderen Person oder zwischen jedem von ihnen und einem Dritten besondere Beziehungen und übersteigen deshalb die in Absatz 1 bezeichneten Einkünfte den Betrag (sofern zutreffend), den diese Personen ohne diese Beziehungen vereinbart hätten, so wird dieser Artikel nur auf den letztgenannten Betrag angewendet. [2]In diesem Fall kann der übersteigende Betrag nach dem Recht eines jeden Vertragsstaats und unter Berücksichtigung der anderen anwendbaren Bestimmungen dieses Abkommens besteuert werden.

(5) Entlastungen nach diesem Artikel werden nicht gewährt, wenn der Hauptzweck oder einer der Hauptzwecke einer der Personen, die an der Begründung oder Übertragung der Rechte, für die die Einkünfte gezahlt werden, beteiligt waren, darin bestand, diesen Artikel mithilfe dieser Begründung oder Übertragung in Anspruch zu nehmen.

Art. 22
Vermögen

(1) Unbewegliches Vermögen im Sinne des Artikels 6, das einer in einem Vertragsstaat ansässigen Person gehört und im anderen Vertragsstaat liegt, kann im anderen Staat besteuert werden.

(2) Bewegliches Vermögen, das Betriebsvermögen einer Betriebsstätte ist, die ein Unternehmen eines Vertragsstaates im anderen Vertragsstaat hat, kann im anderen Staat besteuert werden.

(3) Seeschiffe oder Luftfahrzeuge, die im internationalen Verkehr betrieben werden, und bewegliches Vermögen, das dem Betrieb dieser Schiffe oder Luftfahrzeuge dient, können nur in dem Vertragsstaat besteuert werden, in dem nach Artikel 8 die Gewinne besteuert werden können.

(4) Alle anderen Vermögensteile einer in einem Vertragsstaat ansässigen Person können nur in diesem Staat besteuert werden.

Art. 23
Vermeidung der Doppelbesteuerung

(1) Bei einer in Deutschland ansässigen Person wird die Steuer wie folgt festgesetzt:

a) [1]Von der Bemessungsgrundlage der deutschen Steuer werden die Einkünfte aus dem Vereinigten Königreich sowie die im Vereinigten Königreich gelegenen Vermögenswerte ausgenommen, die nach diesem Abkommen im Vereinigten Königreich tatsächlich besteuert werden und nicht unter Buchstabe b fallen.

   [2]Für Einkünfte aus Dividenden gelten die vorstehenden Bestimmungen nur dann, wenn diese Dividenden an eine in Deutschland ansässige Gesellschaft (jedoch nicht an eine Personengesellschaft) von einer im Vereinigten Königreich ansässigen Gesellschaft gezahlt werden, deren Kapital zu mindestens 10 vom Hundert unmittelbar der deutschen Gesellschaft gehört, und bei der Ermittlung der Gewinne der ausschüttenden Gesellschaft nicht abgezogen worden sind. [3]Für die Zwecke der Steuern vom Vermögen werden von der Bemessungsgrundlage der deutschen Steuer ebenfalls Beteiligungen ausgenommen, deren Ausschüttungen, falls solche gezahlt würden, nach den vorhergehenden Sätzen von der Steuerbemessungsgrundlage auszunehmen wären.

b) Auf die deutsche Steuer vom Einkommen für die folgenden Einkünfte wird unter Beachtung der Vorschriften des deutschen Steuerrechts über die Anrechnung ausländischer Steuern die Steuer des Vereinigten Königreichs angerechnet, die nach dem Recht des Vereinigten Königreichs und in Übereinstimmung mit diesem Abkommen für diese Einkünfte gezahlt worden ist:

   aa) Dividenden, die nicht unter Buchstabe a fallen;

bb) Einkünfte, die nach Artikel 13 Absatz 2 (Veräußerungsgewinne) im Vereinigten Königreich besteuert werden können;

cc) Aufsichtsrats- und Verwaltungsratsvergütungen;

dd) Einkünfte, die nach Artikel 16 (Künstler und Sportler) im Vereinigten Königreich besteuert werden können.

c) Statt der Bestimmungen des Buchstabens a sind die Bestimmungen des Buchstabens b anzuwenden auf Einkünfte im Sinne der Artikel 7 und 10 und die diesen Einkünften zugrunde liegenden Vermögenswerte, wenn die in Deutschland ansässige Person nicht nachweist, dass die Betriebsstätte in dem Wirtschaftsjahr, in dem sie den Gewinn erzielt hat, oder die im Vereinigten Königreich ansässige Gesellschaft in dem Wirtschaftsjahr, für das sie die Ausschüttung vorgenommen hat, ihre Bruttoerträge ausschließlich oder fast ausschließlich aus unter § 8 Absatz 1 des deutschen Außensteuergesetzes fallenden Tätigkeiten bezogen hat; Gleiches gilt für unbewegliches Vermögen, das einer Betriebsstätte dient, und die daraus erzielten Einkünfte (Artikel 6 Absatz 4) sowie für die Gewinne aus der Veräußerung dieses unbeweglichen Vermögens (Artikel 13 Absatz 1) und des beweglichen Vermögens, das Betriebsvermögen der Betriebsstätte darstellt (Artikel 13 Absatz 3).

d) Deutschland behält aber das Recht, die nach den Bestimmungen dieses Abkommens von der deutschen Steuer ausgenommenen Einkünfte und Vermögenswerte bei der Festsetzung seines Steuersatzes zu berücksichtigen.

e) Ungeachtet der Bestimmungen des Buchstabens a wird die Doppelbesteuerung durch Steueranrechnung nach Buchstabe b vermieden, wenn

aa) in den Vertragsstaaten Einkünfte oder Vermögen unterschiedlichen Abkommensbestimmungen zugeordnet oder verschiedenen Personen zugerechnet werden (außer nach Artikel 9) und dieser Konflikt sich nicht durch ein Verfahren nach Artikel 26 Absatz 3 regeln lässt und wenn aufgrund dieser unterschiedlichen Zuordnung oder Zurechnung die betreffenden Einkünfte oder Vermögenswerte unbesteuert blieben oder niedriger als ohne diesen Konflikt besteuert würden; oder

bb) Deutschland nach gehöriger Konsultation mit der zuständigen Behörde des Vereinigten Königreichs auf diplomatischem Weg dem Vereinigten Königreich andere Einkünfte notifiziert, bei denen Deutschland die Anrechnungsmethode nach Buchstabe b anzuwenden beabsichtigt. [2] Die Doppelbesteuerung wird für die notifizierten Einkünfte durch Steueranrechnung vom ersten Tag des Kalenderjahres vermieden, das auf das Kalenderjahr folgt, in dem die Notifikation übermittelt wurde.

(2) Im Rahmen der Rechtsvorschriften des Vereinigten Königreichs über die Anrechnung der in einem Gebiet außerhalb des Vereinigten Königreichs zu zahlenden Steuer auf die Steuer des Vereinigten Königreichs (jedoch unbeschadet der hierin enthaltenen allgemeinen Grundsätze) wird folgende Steueranrechnung gewährt:

a) Die nach dem Recht Deutschlands und in Übereinstimmung mit diesem Abkommen von Gewinnen, Einkünften oder steuerpflichtigen Veräußerungsgewinnen aus Quellen innerhalb Deutschlands unmittelbar oder im Abzugswege zu zahlende deutsche Steuer (bei Dividenden aber nicht die Steuer von den Gewinnen, aus denen die Dividenden gezahlt werden) wird auf die Steuern des Vereinigten Königreichs angerechnet, die anhand der Gewinne, Einkünfte oder steuerpflichtigen Veräußerungsgewinne berechnet werden, die der Berechnung der deutschen Steuer dienen;

b) Bei Dividenden, die von einer in Deutschland ansässigen Gesellschaft an eine im Vereinigten Königreich ansässige Gesellschaft gezahlt werden, welcher unmittelbar oder mittelbar mindestens 10 vom Hundert der stimmberechtigten Anteile der die Dividenden auszahlenden Gesellschaft gehören, wird in die Anrechnung (neben den nach Buchstabe a anrechnungsfähigen deutschen Steuern) auch die deutsche Steuer einbezogen, die die Gesellschaft von den Gewinnen zu entrichten hat, aus denen die Dividenden gezahlt werden.

(3) Für Zwecke des Absatzes 2 gelten Gewinne, Einkünfte und Veräußerungsgewinne einer im Vereinigten Königreich ansässigen Person, die nach diesem Abkommen in Deutschland besteuert werden können, als aus deutschen Quellen stammend.

Art. 24
Einschränkung der Abkommensvergünstigung

Gilt nach diesem Abkommen für Einkünfte oder Gewinne in einem Vertragsstaat eine Steuervergünstigung und ist nach dem im anderen Vertragsstaat geltenden Recht eine Person hinsichtlich dieser Einkünfte oder Gewinne mit dem Betrag dieser Einkünfte oder Gewinne steuerpflichtig, der in den anderen Staat überwiesen oder dort bezogen wird, nicht aber unter Zugrundelegung des Gesamtbetrags dieser Einkünfte oder Gewinne, so ist die nach diesem Abkommen im erstgenannten Staat zu gewährende Steuervergünstigung nur auf den Teil der Einkünfte oder Gewinne anzuwenden, der in dem anderen Staat besteuert wird.

Art. 25
Gleichbehandlung

(1) Staatsangehörige eines Vertragsstaats dürfen im anderen Vertragsstaat keiner Besteuerung oder damit zusammenhängenden Verpflichtung unterworfen werden, die anders oder belastender ist als die Besteuerung und die damit zusammenhängenden Verpflichtungen, denen Staatsangehörige des anderen Staates unter gleichen Verhältnissen insbesondere hinsichtlich der Ansässigkeit unterworfen sind oder unterworfen werden können.

(2) Staatenlose, die in einem Vertragsstaat ansässig sind, dürfen in keinem Vertragsstaat einer Besteuerung oder damit zusammenhängenden Verpflichtung unterworfen werden, die anders oder belastender ist als die Besteuerung und die damit zusammenhängenden Verpflichtungen, denen Staatsangehörige des betreffenden Staates unter gleichen Verhältnissen unterworfen sind oder unterworfen werden können.

(3) Die Besteuerung einer Betriebsstätte, die ein Unternehmen eines Vertragsstaats im anderen Vertragsstaat hat, darf im anderen Staat nicht ungünstiger sein als die Besteuerung von Unternehmen des anderen Staates, die die gleiche Tätigkeit ausüben.

(4) [1]Sofern nicht Artikel 9 Absatz 1, Artikel 11 Absatz 4 oder 5, Artikel 12 Absatz 4 oder 5 oder Artikel 21 Absatz 4 oder 5 anzuwenden ist, sind Zinsen, Lizenzgebühren und andere Entgelte, die ein Unternehmen eines Vertragsstaats an eine im anderen Vertragsstaat ansässige Person zahlt, bei der Ermittlung der steuerpflichtigen Gewinne dieses Unternehmens unter den gleichen Bedingungen wie Zahlungen an eine im erstgenannten Staat ansässige Person zum Abzug

zuzulassen. [2]Desgleichen sind Schulden, die ein Unternehmen eines Vertragsstaats gegenüber einer im anderen Vertragsstaat ansässigen Person hat, bei der Ermittlung des steuerpflichtigen Vermögens dieses Unternehmens unter den gleichen Bedingungen wie Schulden gegenüber einer im erstgenannten Staat ansässigen Person zum Abzug zuzulassen.

(5) Unternehmen eines Vertragsstaats, deren Kapital ganz oder teilweise unmittelbar oder mittelbar einer im anderen Vertragsstaat ansässigen Person oder mehreren solchen Personen gehört oder ihrer Kontrolle unterliegt, dürfen im erstgenannten Staat keiner Besteuerung oder damit zusammenhängenden Verpflichtung unterworfen werden, die anders oder belastender ist als die Besteuerung und die damit zusammenhängenden Verpflichtungen, denen andere ähnliche Unternehmen des erstgenannten Staates unterworfen sind oder unterworfen werden können.

(6) Dieser Artikel ist nicht so auszulegen, als verpflichte er einen der beiden Vertragsstaaten, nicht in diesem Staat ansässigen natürlichen Personen Steuerfreibeträge, -vergünstigungen und -ermäßigungen zu gewähren, die er ansässigen natürlichen Personen oder seinen Staatsangehörigen gewährt.

(7) Dieser Artikel gilt für die Steuern, die Gegenstand dieses Abkommens sind.

Art. 26
Verständigungsverfahren

(1) [1]Ist eine Person der Auffassung, dass Maßnahmen eines Vertragsstaats oder beider Vertragsstaaten für sie zu einer Besteuerung führen oder führen werden, die diesem Abkommen nicht entspricht, so kann sie unbeschadet der nach dem innerstaatlichen Recht dieser Staaten vorgesehenen Rechtsmittel ihren Fall der zuständigen Behörde des Vertragsstaats, in dem sie ansässig ist, oder, sofern ihr Fall von Artikel 25 Absatz 1 erfasst wird, der zuständigen Behörde des Vertragsstaats unterbreiten, dessen Staatsangehöriger sie ist. [2]Der Fall ist innerhalb von drei Jahren ab der ersten Mitteilung der Maßnahme zu unterbreiten, die zu einer dem Abkommen nicht entsprechenden Besteuerung führt, oder, bei späterer Unterbreitung, innerhalb von sechs Jahren nach Ablauf des Steuerjahrs oder Veranlagungszeitraums, für den die Steuern erhoben oder vorgesehen werden.

(2) [1]Hält die zuständige Behörde die Einwendung für begründet und ist sie selbst nicht in der Lage, eine befriedigende Lösung herbeizuführen, so wird sie sich bemühen, den Fall durch Verständigung mit der zuständigen Behörde des anderen Vertragsstaats so zu regeln, dass eine dem Abkommen nicht entsprechende Besteuerung vermieden wird. [2]Die Verständigungsregelung ist ungeachtet der Fristen des innerstaatlichen Rechts der Vertragsstaaten durchzuführen, unter Ausnahme der Fristen, die für die Durchführung einer solchen Verständigungsregelung gelten.

(3) [1]Die zuständigen Behörden der Vertragsstaaten werden sich bemühen, Schwierigkeiten oder Zweifel, die bei der Auslegung oder Anwendung des Abkommens entstehen, in gegenseitigem Einvernehmen zu beseitigen. [2]Sie können auch gemeinsam darüber beraten, wie eine Doppelbesteuerung in Fällen vermieden werden kann, die im Abkommen nicht behandelt sind.

(4) Die zuständigen Behörden der Vertragsstaaten können zur Herbeiführung einer Einigung im Sinne der vorstehenden Absätze unmittelbar miteinander verkehren.

(5) [1]Wenn

a) eine Person der zuständigen Behörde eines Vertragsstaats nach Absatz 1 einen Fall vorgelegt hat, weil die Maßnahmen eines oder beider Vertragsstaaten für sie zu einer dem Abkommen nicht entsprechenden Besteuerung geführt haben, und

b) die zuständigen Behörden sich innerhalb von zwei Jahren ab Vorlage des Falls bei der zuständigen Behörde des anderen Vertragsstaats erfolglos um eine Einigung zur Regelung des Falls nach Absatz 2 bemüht haben,

werden noch offene Fragen des Falls auf Antrag der Person einem Schiedsverfahren unterworfen. [2]Die noch offenen Fragen werden jedoch nicht dem Schiedsverfahren unterworfen, wenn ein Gericht oder ein Verwaltungsgericht eines Vertragsstaats bereits in diesen Fragen entschieden hat. [3]Diese Entscheidung ist für beide Vertragsstaaten verbindlich und ungeachtet der Verjährungsfristen des innerstaatlichen Rechts dieser Staaten umzusetzen, es sei denn, eine unmittelbar von dem Fall betroffene Person erkennt die Einigung über die Durchführung der Entscheidung des Schiedsgerichts nicht an. [4]Die zuständigen Behörden der Vertragsstaaten regeln in gegenseitigem Einvernehmen, wie dieser Absatz durchzuführen ist.

Art. 27
Informationsaustausch[1]

(1) [1]Die zuständigen Behörden der Vertragsstaaten tauschen die Informationen aus, die zur Durchführung dieses Abkommens oder zur Verwaltung oder Durchsetzung des innerstaatlichen Rechts betreffend Steuern jeder Art und Bezeichnung, die für Rechnung der Vertragsstaaten oder ihrer Gebietskörperschaften erhoben werden, voraussichtlich erheblich sind, insbesondere zur Verhinderung von Steuerhinterziehung und zur besseren Handhabung gesetzlicher Vorschriften gegen Steuergestaltung, soweit die diesem Recht entsprechende Besteuerung nicht dem Abkommen widerspricht. [2]Der Informationsaustausch ist durch Artikel 1 und 2 nicht eingeschränkt.

(2) [1]Alle Informationen, die ein Vertragsstaat nach Absatz 1 erhalten hat, sind ebenso geheim zu halten wie die aufgrund des innerstaatlichen Rechts dieses Staates beschafften Informationen und dürfen nur den Personen oder Behörden (einschließlich der Gerichte und Verwaltungsbehörden) zugänglich gemacht werden, die mit der Veranlagung oder Erhebung, der Vollstreckung oder Strafverfolgung, der Entscheidung über Rechtsmittel hinsichtlich der in Absatz 1 genannten Steuern oder mit der Aufsicht darüber befasst sind. [2]Diese Personen oder Behörden dürfen die Informationen nur für diese Zwecke verwenden. [3]Sie dürfen die Auskünfte in einem öffentlichen Gerichtsverfahren oder für eine Gerichtsentscheidung offenlegen. [4]Ungeachtet der vorstehenden Bestimmungen können die Informationen für andere Zwecke verwendet werden, wenn sie nach dem Recht beider Staaten für diese anderen Zwecke verwendet werden können und die zuständige Behörde des übermittelnden Staates dieser Verwendung zugestimmt hat.

(3) Absätze 1 und 2 sind nicht so auszulegen, als verpflichteten sie einen Vertragsstaat,

a) Verwaltungsmaßnahmen durchzuführen, die von den Gesetzen und der Verwaltungspraxis dieses oder des anderen Vertragsstaats abweichen;

1 Vgl. hierzu Protokoll zum DBA vom 30. 3. 2010, Nr. 4 zu Artikel 27.

b) Informationen zu erteilen, die nach den Gesetzen oder im üblichen Verwaltungsverfahren dieses oder des anderen Vertragsstaats nicht beschafft werden können;

c) Informationen zu erteilen, die ein Handels-, Industrie-, Gewerbe- oder Berufsgeheimnis oder ein Geschäftsverfahren preisgeben würden oder deren Erteilung der öffentlichen Ordnung widerspräche.

(4) [1]Ersucht ein Vertragsstaat gemäß diesem Artikel um Informationen, so nutzt der andere Vertragsstaat die ihm zur Verfügung stehenden Möglichkeiten zur Beschaffung der erbetenen Informationen, selbst wenn er diese Informationen für seine eigenen steuerlichen Zwecke nicht benötigt. [2]Die in Satz 1 enthaltene Verpflichtung unterliegt den Beschränkungen nach Absatz 3, aber diese Beschränkungen sind in keinem Fall so auszulegen, als könne ein Vertragsstaat die Erteilung von Informationen nur deshalb ablehnen, weil er kein innerstaatliches Interesse an diesen Informationen hat.

(5) Absatz 3 ist in keinem Fall so auszulegen, als könne ein Vertragsstaat die Erteilung von Informationen nur deshalb ablehnen, weil sich die Informationen bei einer Bank, einem sonstigen Finanzinstitut, einem Bevollmächtigten, Vertreter oder Treuhänder befinden oder weil sie sich auf das Eigentum an einer Person beziehen.

Art. 28
Amtshilfe bei der Erhebung von Steuern

(1) [1]Die Vertragsstaaten leisten sich gegenseitige Amtshilfe bei der Erhebung von Steueransprüchen. [2]Diese Amtshilfe ist durch Artikel 1 und 2 nicht eingeschränkt. [3]Die zuständigen Behörden der Vertragsstaaten können in gegenseitigem Einvernehmen regeln, wie dieser Artikel durchzuführen ist.

(2) Der in diesem Artikel verwendete Ausdruck "Steueranspruch" bedeutet einen Betrag, der aufgrund von Steuern jeder Art und Bezeichnung, die für Rechnung der Vertragsstaaten, eines Landes oder einer Gebietskörperschaft eines Landes oder eines Vertragsstaats erhoben werden, geschuldet wird, soweit die Besteuerung diesem Abkommen oder anderen Übereinkünften, denen die Vertragsstaaten als Vertragsparteien angehören, nicht widerspricht, sowie mit diesem Betrag zusammenhängende Zinsen, Geldbußen und Kosten der Erhebung oder Sicherung.

(3) [1]Ist der steuerliche Anspruch eines Vertragsstaats nach dem Recht dieses Staates vollstreckbar und wird er von einer Person geschuldet, die zu diesem Zeitpunkt nach dem Recht dieses Staates die Erhebung nicht verhindern kann, wird dieser steuerliche Anspruch auf Ersuchen der zuständigen Behörde dieses Staates von der zuständigen Behörde des anderen Vertragsstaats für die Zwecke der Erhebung anerkannt. [2]Der Steueranspruch wird vom anderen Staat nach dessen Rechtsvorschriften über die Vollstreckung und Erhebung seiner eigenen Steuern erhoben, als handele es sich bei dem Steueranspruch um einen Steueranspruch des anderen Staates.

(4) [1]Handelt es sich bei dem Steueranspruch eines Vertragsstaats um einen Anspruch, bei dem dieser Staat nach seinem Recht Maßnahmen zur Sicherung der Erhebung einleiten kann, wird dieser Steueranspruch auf Ersuchen der zuständigen Behörde dieses Staates zum Zwecke der Einleitung von Sicherungsmaßnahmen von der zuständigen Behörde des anderen Vertragsstaats anerkannt. [2]Der andere Staat leitet nach seinen Rechtsvorschriften Sicherungsmaßnahmen in Bezug auf diesen Steueranspruch ein, als wäre der Steueranspruch ein Steueranspruch

dieses anderen Staates, selbst wenn der Steueranspruch im Zeitpunkt der Einleitung dieser Maßnahmen im erstgenannten Staat nicht vollstreckbar ist oder von einer Person geschuldet wird, die berechtigt ist, die Erhebung zu verhindern.

(5) [1]Ungeachtet der Absätze 3 und 4 unterliegt ein von einem Vertragsstaat für Zwecke der Absätze 3 oder 4 anerkannter Steueranspruch als solcher in diesem Staat nicht den Verjährungsfristen oder den Vorschriften über die vorrangige Behandlung eines Steueranspruchs nach dem Recht dieses Staates. [2]Ferner hat ein Steueranspruch, der von einem Vertragsstaat für Zwecke der Absätze 3 oder 4 anerkannt wurde, in diesem Staat nicht den Vorrang, den dieser Steueranspruch nach dem Recht des anderen Vertragsstaats hat.

(6) Verfahren im Zusammenhang mit dem Bestehen, der Gültigkeit oder der Höhe des Steueranspruchs eines Vertragsstaats können nicht bei den Gerichten oder Verwaltungsbehörden des anderen Vertragsstaats eingeleitet werden.

(7) Verliert der betreffende Steueranspruch, nachdem das Ersuchen eines Vertragsstaats nach den Absätzen 3 oder 4 gestellt wurde und bevor der andere Vertragsstaat den betreffenden Steueranspruch erhoben und an den erstgenannten Staat ausgezahlt hat,

a) im Falle eines Ersuchens nach Absatz 3 seine Eigenschaft als Steueranspruch des erstgenannten Staates, der nach dem Recht dieses Staates vollstreckbar ist und von einer Person geschuldet wird, die zu diesem Zeitpunkt nach dem Recht dieses Staates die Erhebung nicht verhindern kann, oder

b) im Falle eines Ersuchens nach Absatz 4 seine Eigenschaft als Steueranspruch des erstgenannten Staates, für den dieser Staat nach seinem Recht Maßnahmen zur Sicherung der Erhebung einleiten kann,

teilt die zuständige Behörde des erstgenannten Staates dies der zuständigen Behörde des anderen Staates unverzüglich mit und nach Wahl des anderen Staates setzt der erstgenannte Staat das Ersuchen entweder aus oder nimmt es zurück.

(8) Dieser Artikel ist nicht so auszulegen, als verpflichte er einen Vertragsstaat,

a) Verwaltungsmaßnahmen durchzuführen, die von den Gesetzen und der Verwaltungspraxis dieses oder des anderen Vertragsstaats abweichen;

b) Maßnahmen durchzuführen, die der öffentlichen Ordnung widersprächen;

c) Amtshilfe zu leisten, wenn der andere Vertragsstaat nicht alle angemessenen Maßnahmen zur Erhebung oder Sicherung, die nach seinen Gesetzen oder seiner Verwaltungspraxis möglich sind, ausgeschöpft hat,

d) Amtshilfe in Fällen zu leisten, in denen der Verwaltungsaufwand für diesen Staat in einem eindeutigen Missverhältnis zu dem Nutzen steht, den der andere Vertragsstaat dadurch erlangt,

e) Amtshilfe zu leisten, wenn die Steuern, für die die Amtshilfe erbeten wird, nach Auffassung dieses Staates entgegen allgemein anerkannten Besteuerungsgrundsätzen erhoben werden.

Art. 29
Verfahrensregeln für die Quellenbesteuerung

(1) [1]Werden in einem Vertragsstaat die Steuern von Dividenden, Zinsen, Lizenzgebühren oder sonstigen von einer im anderen Vertragsstaat ansässigen Person bezogenen Einkünften im Abzugsweg erhoben, so wird das Recht des erstgenannten Staates zur Vornahme des Steuerabzugs zu dem nach seinem innerstaatlichen Recht vorgesehenen Satz durch dieses Abkommen nicht berührt. [2]Die im Abzugsweg erhobene Steuer ist auf Antrag des Steuerpflichtigen zu erstatten, wenn und soweit sie durch dieses Abkommen ermäßigt oder aufgehoben wird.

(2) Die Anträge auf Erstattung müssen vor dem Ende des vierten auf das Steuerjahr der Festsetzung der Abzugsteuer auf die Dividenden, Zinsen, Lizenzgebühren oder anderen Einkünfte folgenden Jahres eingereicht werden.

(3) Ungeachtet des Absatzes 1 kann jeder Vertragsstaat Verfahren dafür schaffen, dass Zahlungen von Einkünften, die nach diesem Abkommen im Quellenstaat keiner oder nur einer ermäßigten Steuer unterliegen, ohne oder nur mit dem Steuerabzug erfolgen können, der im jeweiligen Artikel vorgesehen ist.

(4) Der Vertragsstaat, aus dem die Einkünfte stammen, kann eine amtliche Bescheinigung des anderen Vertragsstaats verlangen, dass der Steuerpflichtige nach Artikel 4 im anderen Vertragsstaat ansässig ist.

(5) Die zuständigen Behörden können in gegenseitigem Einvernehmen die Durchführung dieses Artikels regeln und gegebenenfalls andere Verfahren zur Durchführung der im Abkommen vorgesehenen Steuerermäßigungen oder -befreiungen festlegen.

Art. 30
Mitglieder diplomatischer Missionen und konsularischer Vertretungen

Dieses Abkommen berührt nicht die steuerlichen Vorrechte, die den Mitgliedern diplomatischer Missionen und konsularischer Vertretungen nach den allgemeinen Regeln des Völkerrechts oder aufgrund besonderer Übereinkünfte zustehen.

Art. 31
Protokoll

Das angefügte Protokoll ist Bestandteil dieses Abkommens.

Art. 32
Inkrafttreten

(1) Dieses Abkommen bedarf der Ratifikation; die Ratifikationsurkunden werden so bald wie möglich in Berlin ausgetauscht.

(2) Dieses Abkommen tritt am Tag des Austausches der Ratifikationsurkunden in Kraft[1] und ist anzuwenden

a) in Deutschland

---

1 In Kraft getreten am 30. 12. 2010 durch Bekanntmachung vom 12. 4. 2011 (BGBl 2011 II S. 536).

aa) bei den im Abzugsweg erhobenen Steuern auf die Beträge, die am oder nach dem 1. Januar des Kalenderjahrs gezahlt werden, das dem Jahr folgt, in dem das Abkommen in Kraft tritt;

bb) bei den übrigen Steuern auf die Steuern, die für Zeiträume ab dem 1. Januar des Kalenderjahrs erhoben werden, das dem Jahr folgt, in dem das Abkommen in Kraft tritt;

b) im Vereinigten Königreich

aa) bei der Einkommensteuer und der Steuer vom Veräußerungsgewinn für alle Veranlagungsjahre, die am oder nach dem 6. April des Kalenderjahrs beginnen, das dem Jahr folgt, in dem das Abkommen in Kraft tritt;

bb) bei der Körperschaftsteuer für alle Wirtschaftsjahre, die am oder nach dem 1. April des Kalenderjahrs beginnen, das dem Jahr folgt, in dem das Abkommen in Kraft tritt;

cc) bei den im Abzugsweg erhobenen Steuern auf Einkünfte, die am oder nach dem 1. Januar des Kalenderjahrs bezogen werden, das dem Jahr folgt, in dem das Abkommen in Kraft tritt.

(3) Das am 26. November 1964 in Bonn unterzeichnete Abkommen zwischen der Bundesrepublik Deutschland und dem Vereinigten Königreich Großbritannien und Nordirland in der Fassung des am 23. März 1970 in London unterzeichneten Protokolls (im Folgenden als das „Abkommen von 1964" bezeichnet) tritt mit Inkrafttreten dieses Abkommens außer Kraft; es ist ab diesem Zeitpunkt nicht mehr auf Steuern anzuwenden, auf die dieses Abkommen nach den Bestimmungen des Absatzes 2 anwendbar ist.

(4) Ungeachtet der Absätze 2 und 3 hat eine natürliche Person, der bei Inkrafttreten dieses Abkommens Vergünstigungen nach Artikel XIII des Abkommens von 1964 zustehen, weiterhin Anspruch auf diese Vergünstigungen, als wäre das Abkommen von 1964 in Kraft geblieben.

(5) Ungeachtet der Absätze 2 und 3 sowie des Artikels 17 kann eine natürliche Person, die unmittelbar vor dem Inkrafttreten dieses Abkommens Zahlungen nach Artikel X des Abkommens von 1964 erhielt, bezüglich dieser Zahlungen weiterhin Artikel X anstelle von Artikel 17 anwenden.

Art. 33
Kündigung

[1]Dieses Abkommen bleibt in Kraft, solange es nicht von einem der Vertragsstaaten gekündigt wird. [2]Jeder der Vertragsstaaten kann dieses Abkommen unter Einhaltung einer Frist von sechs Monaten zum Ende eines Kalenderjahrs nach Ablauf von fünf Jahren, vom Tag des Inkrafttretens an gerechnet, auf diplomatischem Wege kündigen. [3]In diesem Fall findet das Abkommen nicht mehr Anwendung

a) in Deutschland

aa) bei den im Abzugsweg erhobenen Steuern auf die Beträge, die am oder nach dem 1. Januar des Kalenderjahres gezahlt werden, das dem Kündigungsjahr folgt;

bb) bei den übrigen Steuern auf die Steuern, die für Zeiträume ab dem 1. Januar des Kalenderjahrs erhoben werden, das dem Kündigungsjahr folgt;

b) im Vereinigten Königreich

aa) bei der Einkommensteuer und der Steuer vom Veräußerungsgewinn für alle Veranlagungsjahre, die am oder nach dem 6. April des Kalenderjahrs beginnen, das dem Kündigungsjahr folgt;

bb) bei der Körperschaftsteuer für alle Wirtschaftsjahre, die am oder nach dem 1. April des Kalenderjahres beginnen, das dem Kündigungsjahr folgt;

cc) bei den im Abzugsweg erhobenen Steuern auf Einkünfte, die am oder nach dem 1. Januar des Kalenderjahres bezogen wurden, das dem Kündigungsjahr folgt.

[4]Maßgebend für die Wahrung der Frist ist der Tag des Eingangs der Kündigung beim anderen Vertragsstaat.

Geschehen zu London am 30. März 2010 in zwei Urschriften, jede in deutscher und englischer Sprache, wobei jeder Wortlaut gleichermaßen verbindlich ist.

Steuerberaterprüfung 2013/2018

Lösungshinweise zur Prüfungsaufgabe aus dem Gebiet der Ertragsteuern

Verfasser: Ltd. Regierungsdirektor i. R. Franz-Josef Bader

Teil I: Einkommensteuer und Gewerbesteuer

Sachverhalt 1

I. Umwandlung der Einzelfirma in die X-GmbH

1. Errichtung der X-GmbH durch U

Die Errichtung der X-GmbH durch U war nach § 1 GmbHG möglich. Auf die Gründung der X-GmbH sind die Gründungsvorschriften nach dem GmbHG anzuwenden. Der Gesellschaftsvertrag bedarf notarieller Form und ist von U als Alleingesellschafter zu unterzeichnen (§ 2 Abs. 1 GmbHG). Der wesentliche Inhalt des Gesellschaftsvertrags ergibt sich aus § 3 GmbHG. Es musste ein Sachgründungsbericht (§ 5 Abs. 4 GmbHG) erstellt werden. Die Neugründung der GmbH war zur Eintragung in das Handelsregister anzumelden (§ 7 GmbHG). Welche Unterlagen der Anmeldung beizufügen sind, ergibt sich aus § 8 GmbHG. Das Einzelunternehmen des U kann jedoch **nicht** nach den Vorschriften des UmwG im Wege der Gesamtrechtsnachfolge durch Spaltung (§§ 123-173 UmwG) in Form der Ausgliederung (§ 123 Abs. 3 UmwG) zur Neugründung (§§ 158 ff. UmwG) in die X-GmbH umgewandelt werden, da das Einzelunternehmen offensichtlich nicht in das Handelsregister eingetragen war (§ 152 Satz 1 UmwG). Die Übertragung des Vermögens auf die X-GmbH erfolgt daher im Wege der **Einzelrechtsnachfolge** zu dem im Einbringungsvertrag vorgesehenen Zeitpunkt des Übergangs von Nutzen und Lasten.

2. Anwendung des UmwStG

Für die Einbringung von Betriebsvermögen durch Einzelrechtsnachfolge in eine Kapitalgesellschaft gilt der Sechste bis Achte Teil des UmwStG (§§ 20 bis 25 UmwStG), der die steuerlichen Folgen der Einbringung für die Körperschaft-, Einkommen- und Gewerbesteuer regelt (§ 1 Abs. 3 Nr. 4 UmwStG).

Die sachlichen und persönlichen Voraussetzungen für die Anwendung des § 20 Abs. 1 UmwStG sind erfüllt. Es handelt sich um die Einbringung von Betriebsvermögen durch Einzelrechtsnachfolge in eine Kapitalgesellschaft (§ 1 Abs. 3 Nr. 4 UmwStG). Die unbeschränkt körperschaftsteuerpflichtige X-GmbH kann übernehmender Rechtsträger i. S. v. §§ 20, 21 UmwStG sein (§ 1 Abs. 4 Nr. 1 UmwStG). U kann als eine natürliche Person mit Wohnsitz im Inland übertragender Rechtsträger sein; das Recht der Bundesrepublik Deutschland ist hinsichtlich der Besteuerung des Gewinns aus der Veräußerung der erhaltenen Anteile nicht ausgeschlossen oder beschränkt (§ 1 Abs. 4 Nr. 2 Buchstabe a Doppelbuchstabe bb UmwStG).

Auf die Einbringung des Einzelunternehmens in die X-GmbH ist § 20 UmwStG anzuwenden. U hat sein Einzelunternehmen in die X-GmbH gegen Gewährung **neuer** GmbH-Anteile eingebracht. Es handelt es sich um die Einbringung eines ganzen Betriebs, da alle wesentlichen Betriebsgrundlagen des Einzelunternehmens von U auf die X-GmbH übertragen werden und U für die Sacheinlage neue Anteile im Nennwert von 50 000 € an der aufnehmenden X-GmbH erhalten hat (§ 20 Abs. 1 UmwStG). Dies gilt auch für die auf die X-GmbH übertragenen Anteile an der A-GmbH, die bisher zum Betriebsvermögen des Einzelunternehmens gehört haben. Insoweit geht die Regelung des § 20 UmwStG der des § 21 UmwStG vor (BMF vom 11. 11. 2011 IV C 2 - S 1978-b/08/10001 Randnr. 2101, BStBl 2011 I S. 1314). Die Gegenleistung der übernehmenden X-GmbH für das eingebrachte Vermögen besteht in der Gewährung der im Wege der Sachgründung entstandenen **neuen** Gesellschaftsanteile.

3. Zeitpunkt der Einbringung (§ 20 Abs. 5, 6 UmwStG)

Als Bewertungszeitpunkt ist der Einbringungszeitpunkt maßgebend. Dies gilt sowohl für die Bewertung des übertragenen Betriebsvermögens als auch für die erlangte Beteiligung an der X-GmbH. Die Einbringung i. S. v. § 20 UmwStG erfolgt steuerlich grundsätzlich zu dem Zeitpunkt, zu dem das wirtschaftliche Eigentum an dem eingebrachten Vermögen auf die übernehmende Gesellschaft übergeht (steuerlicher Übertragungsstichtag bzw. Einbringungszeitpunkt). Die Übertragung des wirtschaftlichen Eigentums erfolgt in den Fällen der Einzelrechtsnachfolge regelmäßig zu dem im Einbringungsvertrag vorgesehenen Zeitpunkt des Übergangs von Nutzen und Lasten (BMF vom 11. 11. 2011 IV C 2 - S 1978-b/08/10001 Randnr. E 20.13, BStBl 2011 I S. 1314).

Abweichend hiervon darf **auf Antrag** der steuerliche Übertragungsstichtag (Einbringungszeitpunkt) gem. § 20 Abs. 5 und Abs. 6 UmwStG der übernehmenden Gesellschaft um bis zu acht Monate **zurückbezogen** werden. Aus der Bilanz oder der Steuererklärung muss sich eindeutig ergeben, welchen Einbringungszeitpunkt die übernehmende Gesellschaft wählt. Die X-GmbH hat ihrer Übertragungsbilanz den Stichtag der steuerlichen Schlussbilanz des übertragenden Einzelunternehmens vom 31. 12. 2016 zu Grunde gelegt. Hieraus ist auf einen entsprechenden **Antrag** zu schließen. Steuerlicher **Übertragungsstichtag** ist somit der **31. 12. 2016**. Der gewählte Übertragungsstichtag liegt innerhalb von 8 Monaten vor dem Tag des Abschlusses des Einbringungsvertrages (30. 3. 2017) und dem Übergang des eingebrachten Betriebsvermögen auf die übernehmende X-GmbH (§ 20 Abs. 6 Satz 3 UmwStG).

Vom Zeitpunkt der steuerlichen Wirksamkeit der Einbringung zum 31. 12. 2016 an geht die Besteuerung des eingebrachten Betriebs von dem einbringenden U auf die übernehmende X-GmbH über. Das Einkommen des U und der X-GmbH sind so zu ermitteln, als ob das eingebrachte Betriebsvermögen mit Ablauf des steuerlichen Übertragungsstichtag 31. 12. 2016 auf die X-GmbH übergegangen wäre (§ 20 Abs. 5 Satz 1 UmwStG). Ab 1. 1. 2017 sind daher ertragsteuerlich die Geschäfte des eingebrachten Unternehmens der X-GmbH zuzurechnen.

4. Wertansatz in der Übernahmebilanz der X-GmbH

Die übernehmende X- GmbH hat grundsätzlich die auf sie übergehenden aktiven und passiven Wirtschaftsgüter mit Wirkung zum steuerlichen Übertragungsstichtag in ihrer steuerlichen Übernahmebilanz mit dem **gemeinen Wert** anzusetzen (§ 20 Abs. 2 Satz 1 UmwStG).

Auf Antrag kann die X- GmbH zur Vermeidung der Aufdeckung stiller Reserven das auf sie übertragene Betriebsvermögen des Einzelunternehmens in ihrer steuerlichen Übernahmebilanz mit den **Buchwerten** der Schlussbilanz des Einzelunternehmens zum 31. 12. 2016 ansetzen (§ 20

Abs. 2 Satz 2 UmwStG). Buchwert des Betriebsvermögens ist der Wert, mit dem das eingebrachte Betriebsvermögen nach den steuerrechtlichen Vorschriften über die Gewinnermittlung in der für das übertragende Unternehmen zum steuerlichen Übertragungsstichtag (31. 12. 2016) aufzustellenden **Schlussbilanz** anzusetzen ist (§ 1 Abs. 5 Nr. 4 UmwStG). Einen entsprechenden **Antrag** auf Buchwertansatz hat die übernehmende X-GmbH mit der Abgabe ihrer steuerlichen Übernahmebilanz vom 31. 12. 2016 **gestellt** (§ 20 Abs. 2 Satz 3 UmwStG). Die X-GmbH hat das übertragene Betriebsvermögen des Einzelunternehmens in ihrer steuerlichen Übernahmebilanz zum 31. 12. 2016 zutreffend mit dem Buchwert von 160 000 € (Aktiva 360 000 € ./. Passiva 200 000 €) und damit mit einem unter dem gemeinen Wert liegenden Wert angesetzt. Das Bewertungswahlrecht besteht für das eingebrachte Betriebsvermögen als Sachgesamtheit (§ 20 Abs. 2 UmwStG). Der Wertansatz für das eingebrachte Betriebsvermögen durch die übernehmende Kapitalgesellschaft entscheidet über die steuerlichen Rechtsfolgen der Sacheinlage für den Einbringenden zum Zeitpunkt der Vermögensübertragung (§ 20 Abs. 4 bis 8 UmwStG). Die tatsächliche Ausübung des Bewertungswahlrechts (§ 20 Abs. 2 Satz 2 UmwStG) hat **bindende Wirkung** für die Besteuerung des einbringenden U. Es braucht daher nicht weiter geprüft zu werden, ob ggf. der Ansatz des eingebrachten Betriebsvermögens zum gemeinen Wert für U nicht zu einem günstigeren Ergebnis geführt hätte.

Der Buchwertansatz wird vorliegend nicht durch § 20 Abs. 2 Satz 2 II. Halbsatz UmwStG ausgeschlossen. Auch § 20 Abs. 2 Satz 4 UmwStG schließt den Ansatz mit einem unter dem gemeinen Wert liegenden Wert nicht aus, da U neben den Gesellschaftsanteilen keine anderen Wirtschaftsgüter erhalten hat. Der den Nennwert der erlangten Anteile übersteigende Betrag von 110 000 € hat die X-GmbH zulässigerweise der Kapitalrücklage (§ 272 Abs. 2 Nr. 1 HGB) zugeführt. Der Buchwertansatz wird nicht durch § 20 Abs. 3 Satz 2 UmwStG ausgeschlossen. Das Recht der Bundesrepublik Deutschland ist hinsichtlich der Besteuerung des Gewinns aus der Veräußerung des eingebrachten Betriebsvermögens bei der übernehmenden X-GmbH nicht ausgeschlossen.

Für die Besteuerung der übernehmenden X-GmbH gelten § 4 Abs. 2 Satz 3 UmwStG und § 12 Abs. 3 I. Halbsatz UmwStG entsprechend, da die X-GmbH das eingebrachte Betriebsvermögen mit einem unter dem gemeinen Wert liegenden Wert angesetzt hat (§ 23 Abs. 1 UmwStG). Die übernehmende X-GmbH tritt in die steuerliche Rechtsstellung des übertragenden U ein (§ 12 Abs. 3 I. Halbsatz UmwStG). Ist die Dauer der Zugehörigkeit eines Wirtschaftsguts zum Betriebsvermögen für die Besteuerung bedeutsam, so ist der Zeitraum seiner Zugehörigkeit zum Betriebsvermögen des übertragenden U der übernehmenden X-GmbH anzurechnen (§ 4 Abs. 2 Satz 3 UmwStG).

5. Veräußerungsgewinn – Anschaffungskosten GmbH-Anteile

Auf die Einbringung des Einzelunternehmens in die X-GmbH ist § 20 UmwStG anzuwenden. Es handelt sich um die Einbringung eines **Betriebs**, da alle wesentlichen Betriebsgrundlagen des Einzelunternehmens auf die X-GmbH übertragen werden und U für die Sacheinlage **neue Anteile** an der aufnehmenden X-GmbH erhalten hat (§ 20 Abs. 1 UmwStG). Die Einbringung des Einzelunternehmens des U – einschließlich der Anteile an der A-GmbH – im Wege der Sacheinlage zur Neugründung der X-GmbH gegen Gewährung von neuen Gesellschaftsanteilen im Nennwert von 50 000 € stellt aus ertragsteuerlicher Sicht auf der Ebene des übertragenden U Veräußerungs- und Anschaffungsvorgänge dar, bei denen die übernehmende X-GmbH als Gegenleistung für das eingebrachte Betriebsvermögen die neuen Gesellschaftsanteile gewährt (BMF vom 11.11.2011 IV C 2 - S 1978-b/08/10001 Randnr. 00.02, BStBl 2011 I S. 1314).

Die Rechtsfolgen für die Besteuerung der übernehmenden Gesellschaft und des Einbringenden bestimmen sich nach den vorrangigen Vorschriften der §§ 20 ff. UmwStG und ausschließlich nach dem sich aus § 20 Abs. 2 UmwStG ergebenden Wertansatz bei der übernehmenden Gesellschaft (BMF vom 11.11.2011 IV C 2 - S 1978-b/08/10001 Randnr. E 20.23, BStBl 2011 I S. 1314).

Die Sacheinlage stellt für U eine **Betriebsveräußerung im Ganzen** (§ 16 Abs. 1 Nr. 1, Abs. 2 EStG) gegen Gewährung von Gesellschaftsrechten dar. Veräußerungsgewinn ist der Betrag, um den der Veräußerungspreis nach Abzug der Veräußerungskosten den Wert des Betriebsvermögens (Buchwert) übersteigt (§ 16 Abs. 2 EStG). Der Einbringungsgewinn (Veräußerungsgewinn) ist von U im Jahr der steuerlichen Übertragung zu versteuern. Da die X-GmbH nach § 20 Abs. 8 UmwStG als Übertragungsstichtag den Stichtag der Schlussbilanz des Einzelunternehmens vom 31.12.2016 gewählt hat, ist der Einbringungsgewinn rückwirkend mit Ablauf des steuerlichen Übertragungsstichtags am **31.12.2016** entstanden und zu versteuern.

Der Wert, mit dem die übernehmende X-GmbH das eingebrachte Betriebsvermögen in ihrer Übernahmebilanz vom 31.12.2016 angesetzt hat, gilt für den einbringenden U als **Veräußerungspreis** für das übertragene Betriebsvermögen und als **Anschaffungskosten** der erworbenen Anteile an der X-GmbH (§ 20 Abs. 3 Satz 1 UmwStG). Da die X-GmbH die Buchwerte angesetzt hat, kommt es für U zu keinem Veräußerungsgewinn. Der Veräußerungspreis für die Sacheinlage des Einzelunternehmens und die Anschaffungskosten der durch die Sacheinlage erlangten neuen Anteile an der X-GmbH betragen für U jeweils 160 000 € (Buchwert Betriebsvermögen zum 31.12.2016).

Die Sacheinlage führt bei U zu keinem Veräußerungsgewinn, da der Veräußerungspreis nach § 20 Abs. 3 Satz 1 UmwStG dem Buchwert des eingebrachten Betriebsvermögens entspricht.

Der Veräußerungsgewinn nach § 20 Abs. 3 und Abs. 4 UmwStG ermittelt sich für U wie folgt:

Wertansatz X-GmbH lt. Übernahmebilanz 31.12.2016	160 000 €
Buchwert Betriebsvermögen (= Kapitalkonto lt. Schlussbilanz Einzelunternehmen 31.12.2016)	160 000 €
Veräußerungsgewinn § 20 Abs. 5 UmwStG, § 16 Abs. 2 EStG	**0 €**
Die Anschaffungskosten der von U erlangten Anteile an der X-GmbH im Nennwert von 50 000 € betragen nach § 20 Abs. 3 Satz 1 UmwStG	**160 000 €**

6. Gewerbesteuer

Das Einzelunternehmen des U unterlag bis zum 31.12.2016 als Gewerbebetrieb i. S. d. § 2 Abs. 1 GewStG der Gewerbesteuer. Mit dem Übergang des Betriebs im Ganzen im Wege der Sacheinlage auf die X-GmbH gilt das bisherige Unternehmer als durch U eingestellt und gleichzeitig als durch die X-GmbH neu gegründet. Der Zeitpunkt des Übergangs (Unternehmerwechsel) wird als Zeitpunkt der Einstellung und als Zeitpunkt der Neugründung angesehen. In diesem Zeitpunkt **erlischt** die sachliche Steuerpflicht des übergegangenen Betriebs und die übernehmende X-GmbH **tritt** in die sachliche Steuerpflicht **neu** ein (R 2.7 Abs. 1 GewStR).

Die Vorschriften der §§ 20 bis 25 UmwStG gelten bei der Einbringung eines Unternehmens durch eine natürliche Person in eine Kapitalgesellschaft **auch** für die Gewerbesteuer (BMF vom 11. 11. 2011 IV C 2 - S 1978-b/08/10001, BStBl 2011 I S. 1314). Die Sacheinlage zu Buchwerten führt zu **keinem** der Gewerbesteuer unterliegenden Gewerbeertrag i. S. d. § 7 GewStG.

II. Veräußerung von GmbH-Anteilen

1. Einbringungsgewinns

U hat nach dem Einbringungszeitpunkt vom 31. 12. 2016 am 30. 5. 2018 seine durch die Sacheinlage nach § 20 UmwStG unter dem gemeinen Wert erworbenen Anteile an der X-GmbH, die er bis dahin im Privatvermögen gehalten hat, für insgesamt 110 000 € an einen fremden Dritten veräußert. Die Veräußerung des durch die Sacheinlage nach § 20 UmwStG erlangten Anteils an der X-GmbH erfolgt innerhalb von sieben Jahren nach dem Einbringungszeitpunkt und löst zwingend **rückwirkend** auf den steuerlichen Einbringungszeitpunkt (Übertragungsstichtags 31. 12. 2016) im **Veranlagungszeitraum 2016** einen von U nachträglich zu versteuern Gewinn im Sinne von **§ 16 EStG** aus (**Einbringungsgewinn I**) aus (§ 22 Abs. 1 Satz 1 UmwStG). Vorliegend umfasst das eingebrachte Betriebsvermögen auch die Anteile an einer Kapitalgesellschaft (A-GmbH) mit einem Buchwert von 50 000 €. Diese Anteile scheiden bei der Ermittlung des Veräußerungsgewinns nach § 16 EStG aus, da insoweit auf die mit eingebrachten GmbH-Anteile § 22 Abs. 2 Satz 5 UmwStG anzuwenden ist (§ 22 Abs. 1 Satz 5 UmwStG). Eine Besteuerung dieser Anteile nach § 22 Abs. 2 UmwStG scheidet aus, da die Anteile **nicht** durch die **übernehmende** X-GmbH veräußert werden (§ 22 Abs. 2 Satz 1 UmwStG).

Einbringungsgewinn I ist der Betrag nach Abzug der Kosten für den Vermögensübergang, um den der gemeine Wert des eingebrachten Betriebsvermögens im Einbringungszeitpunkt den Wert, mit dem die übernehmende X-GmbH das eingebrachte Betriebsvermögen angesetzt hat, übersteigt (§ 22 Abs. 1 Satz 3 UmwStG). Der Einbringungsgewinn I ist als Gewinn des Einbringenden i. S. v. § 16 EStG in 2016 zu versteuern. § 16 Abs. 4 und § 34 EStG sind **nicht** anzuwenden (§ 22 Abs. 1 Satz 1 UmwStG).

Für Zwecke der Berechnung des Einbringungsgewinns I ist der **gemeine Wert** des eingebrachten Betriebsvermögens (ohne miteingebrachte Anteile an A-GmbH) auf den Einbringungszeitpunkt zu ermitteln. Der Einbringungsgewinn I ist für jedes seit dem Einbringungszeitpunkt **abgelaufene Zeitjahr um 1/7 zu mindern** (§ 22 Abs. 1 Satz 3 UmwStG). Vorliegend ist seit dem 31. 12. 2016 bis 30. 5. 2018 ein volles Zeitjahr abgelaufen (Jahre 31. 12. 2016 bis 31. 12. 2017), sodass eine Minderung um 1/7 vorzunehmen ist.

Der Einbringungsgewinn I ergibt sich aus der Differenz zwischen dem gemeinen Wert des eingebrachten Betriebsvermögens zum Zeitpunkt der Einbringung, soweit dieser nicht auf die miteingebrachten Anteile an der X-GmbH entfällt (380 000 €), und dem Buchwert des übertragenen Betriebsvermögens bei der X-GmbH (310 000 €) und beträgt somit 70 000 €.

Der Einbringungsgewinn I ermittelt sich für U wie folgt:

Gemeiner Wert des eingebrachten Betriebsvermögens	490 000 €
miteingebrachte Beteiligung A-GmbH	./. 110 000 €
gemeiner Wert Betriebsvermögens (ohne Beteiligung A-GmbH)	380 000 €
Buchwert Betriebsvermögens (ohne Beteiligung A-GmbH)	./. 310 000 €
Einbringungsgewinn I vor Siebtelregelung	70 000 €
$^1/_7$ Abschmelzungsbetrag pro abgelaufenes Zeitjahr seit Einbringung	./. 10 000 €
zu versteuernder Einbringungsgewinn I	**60 000 €**

Der Einbringungsgewinn I i. H. v. **60 000 €** gilt als nachträglich zu versteuernder **Veräußerungsgewinn** des einbringenden U i. S. d. **§ 16 EStG** und unterliegt bei U unabhängig von der späteren Wertentwicklung der Beteiligung an der X-GmbH **rückwirkend** im Veranlagungszeitraum **2016** der Einkommensteuer. § 16 Abs. 4 und § 34 EStG sind auf den Veräußerungsgewinn **nicht** anzuwenden (§ 22 Abs. 1 Satz 1 UmwStG).

Die schädliche Anteilsveräußerung stellt nach § 22 Abs. 1 Satz 2 UmwStG in Bezug auf die Steuerfestsetzung beim Einbringenden im Einbringungsjahr ein **rückwirkendes Ereignis** i. S. d. § 175 Abs. 1 Satz 1 Nummer 2 AO dar (§ 22 Abs. 1 Satz 2 UmwStG).

2. Gewerbesteuer

Die Veräußerung des erlangten Anteils an der X-GmbH löst rückwirkend im Veranlagungszeitraum des steuerlichen Übertragungsstichtags 31. 12. 2016 einen vom Einbringenden nachträglich zu versteuern Gewinn im Sinne von **§ 16 EStG** aus (Einbringungsgewinn I) aus (§ 22 Abs. 1 Satz 1 UmwStG),

Dieser **Einbringungsgewinn unterliegt** bei U **nicht der Gewerbesteuer**, da der Gewinn aus der Veräußerung nicht zum Gewerbeertrag gehört, soweit er auf eine natürliche Person entfällt (§ 7 Abs. 1 Satz 2 Nr. 1 GewStG).

Die gesetzliche Fiktion des § 16 Abs. 2 Satz 3 EStG, nach der Gewinne, die i. R. einer Betriebsveräußerung als laufender Gewinn zu behandeln sind , und die sich auch auf die Gewerbesteuer erstreckt (BFH vom 15. 6. 2004 VIII R 7/01, BStBl 2004 II S. 754), ist nicht anzuwenden, da U als Veräußerer und die X-GmbH als Erwerberin nicht dieselben Personen sind.

3. Nachträgliche Anschaffungskosten

Der steuerpflichtige Einbringungsgewinn I i. H. v. 60 000 € gilt als **nachträgliche Anschaffungskosten** der erhaltenen Anteile an der X-GmbH im Einbringungszeitpunkt (§ 22 Abs. 1 Satz 4 UmwStG). Die Anschaffungskosten der Anteile an der X-GmbH erhöhen sich von 160 000 € (Buchwerteinbringung) um die nachträglichen Anschaffungskosten aus dem zu versteuernden Einbringungsgewinn I von 60 000 € auf 220 000 €.

4. Erhöhungsbetrag

Nach § 23 Abs. 2 UmwStG kann die übernehmende X-GmbH auf Antrag eine Buchwertaufstockung um den Einbringungsgewinn I von 60 000 € im Wirtschaftsjahr der Veräußerung der Anteile vornehmen (§ 22 Abs. 1 Satz 1 und Satz 6 Nr. 1 bis 6 UmwStG), soweit U durch eine Bescheinigung des zuständigen Finanzamts nachweist, dass er die auf den Einbringungsgewinn entfallende Steuer entrichtet hat, und das eingebrachte Betriebsvermögen noch zum Betriebsvermögen der übernehmenden X-GmbH gehört (§ 23 Abs. 2 UmwStG). Der Ansatz des Erhöhungsbetrags bleibt ohne Auswirkung auf den Gewinn der X-GmbH (§ 23 Abs. 2 UmwStG).

5. Veräußerungsgewinn/Veräußerungsverlust nach § 17 EStG

Die bisherigen Anschaffungskosten der Anteile an der X-GmbH i. H. v. 160 000 € erhöhen sich um den Einbringungsgewinn I von 60 000 € auf **220 000 €** (§ 22 Abs. 1 Satz 4 UmwStG). U erzielt am 30. 5. 2018 durch die Veräußerung der sperrfristbehafteten Anteile an der X-GmbH **zusätzliche Einkünfte nach § 17 EStG**, die nach den allgemeinen Regeln des § 17 EStG zu ermitteln sind und nach § 3 Nr. 40 Buchstabe c und § 3c Abs. 2 EStG nach dem Teileinkünfteverfahren zu besteuern sind. Der Veräußerungsgewinn ermittelt sich nach § 17 Abs. 2 EStG wie folgt:

Veräußerungspreis	110 000 €	
40 % nicht steuerpflichtig – § 3 Nr. 40 Buchstabe c EStG	./. 44 000 €	
60 % steuerpflichtig – § 3 Nr. 40 Buchstabe c EStG		66 000 €
Anschaffungskosten (mit Beteiligung A-GmbH)	160 000 €	
nachträgliche Anschaffungskosten – Einbringungsgewinn I	+ 60 000 €	
Anschaffungskosten insgesamt	220 000 €	
40 % nicht abzugsfähig – § 3c Abs. 2 EStG	./. 88 000 €	
60 % abzugsfähige Anschaffungskosten – § 3c Abs. 2 EStG		./. 132 000 €
Veräußerungsverlust – § 17 EStG		**66 000 €**

Das **Verlustausgleichsverbot** (§ 17 Abs. 2 Satz 6 Buchstabe b Satz 1 EStG) findet **keine Anwendung**, da die veräußerten Anteile an der X-GmbH innerhalb der letzten fünf Jahre durch U erworben wurden und ihr Erwerb zur Begründung einer Beteiligung im Sinne von § 17 Abs. 1 Satz 1 EStG geführt hat (§ 17 Abs. 2 Satz 6 Buchstabe b Satz 2 EStG).

Die Einkünfte unterliegen nicht dem gesonderter Steuertarif für Einkünfte aus Kapitalvermögen nach § 32d Abs. 1 EStG, da die Einkünfte aus § 17 EStG als Einkünfte aus Gewerbebetrieb unter § 20 Abs. 8 EStG fallen (§ 32d Abs. 1 Satz 1 EStG).

6. Gewerbesteuer

Gewinne und Verluste aus der Veräußerung von im Privatvermögen gehaltenen Beteiligungen i. S. d. § 17 EStG unterliegen **nicht der Gewerbesteuer** (R 7.1 Abs. 3 Nr. 2 GewStR).

Sachverhalt 2

K erzielt aus seiner gewerblichen Tätigkeit Einkünfte aus Gewerbebetrieb (§ 15 Abs. 1 Nr. 1 EStG). Er ermittelt seinen Gewinn zulässigerweise nach § 4 Abs. 3 EStG als Überschuss der Betriebseinnahmen über die Betriebsausgaben, da er weder nach Handelsrecht noch nach Steuerrecht verpflichtet ist, Bücher zu führen und regelmäßig Abschlüsse zu machen (R 4.5 Abs. 1 EStR). Bei der Gewinnermittlung nach § 4 Abs. 3 EStG sind die Betriebseinnahmen und die Betriebsausgaben nach den Grundsätzen des § 11 EStG zu erfassen (R 4.5 Abs. 2 EStR).

Der von K mit 20 000 € ermittelte Gewinn ist wie folgt zu berichtigen:

1. Anmietung Lagerraum

Die Miete für den betrieblich genutzten Lagerraum stellt Betriebsausgaben dar. Die Aufwendungen sind durch den Betrieb veranlasst (§ 4 Abs. 4 EStG). Betriebsausgaben sind bei der Gewinnermittlung nach § 4 Abs. 3 EStG für das Kalenderjahr abzusetzen, in dem sie geleistet worden sind (§ 11 Abs. 2 Satz 1 EStG).

Für die Erfassung der Ausgaben stellt § 11 Abs. 2 Satz 1 EStG auf den Abfluss der Ausgaben ab. Bei Überweisungen von einem Bankkonto mit der nötigen Deckung werden die Ausgaben im Zeitpunkt des Eingangs des Überweisungsauftrags bei der Überweisungsbank geleistet (H 11 EStH: Vereinnahmung und Verausgabung – Überweisung). Die Miete für November und Dezember 2016 wurde somit von K insgesamt erst **am 7. 1. 2017 geleistet**.

Ausgaben fließen erst mit dem Verlust der wirtschaftlichen Verfügungsmacht über ein in Geld oder Geldeswert bestehendes Wirtschaftsgut ab (H 11 EStH: Allgemeines Vereinnahmung und Verausgabung). Bei Banküberweisungen fließen Ausgaben im Zeitpunkt des Eingangs des Überweisungsauftrags bei der Überweisungsbank ab, wenn das Konto die nötige Deckung aufweist oder ein entsprechender Kreditrahmen vorhanden ist; andernfalls ist der Zeitpunkt der Lastschrift maßgebend (BFH vom 6. 3. 1997 IV R 47/95, BStBl II S. 509).

In Ausnahmefällen sieht § 11 Abs. 1 Satz 2 EStG i. V. m. Abs. 2 Satz 2 EStG eine Abweichung vom sog. Abflussprinzip vor, um sicherzustellen, dass Ausgaben periodengerecht in dem für die Besteuerung relevanten Zeitabschnitt erfasst werden, zu dem sie wirtschaftlich gehören. Hiernach gelten **regelmäßig wiederkehrende Ausgaben**, die **kurze Zeit** vor oder kurze Zeit nach Beendigung des Kalenderjahres abgeflossen sind, als in dem Kalenderjahr geleistet, zu dem sie wirtschaftlich gehören. Kurze Zeit ist bei regelmäßig wiederkehrenden Ausgaben in der Regel ein Zeitraum bis zu zehn Tagen; **innerhalb** dieses Zeitraums müssen die Zahlungen **fällig und geleistet** worden sein (H 11 EStH: Allgemeines – Kurze Zeit). Für die wirtschaftliche Zuordnung der wiederkehrenden Ausgaben kommt es nicht darauf an, ob sie noch in dem Kalenderjahr fällig geworden sind, für das sie geleistet worden sind (BFH vom 23. 9. 1999 IV R 1/99, BStBl 2000 II S. 121).

K hat die Lagermiete für November und Dezember 2017 mit der Banküberweisung am **7. 1. 2018** geleistet. Die Ausgabe wurde mit der Erteilung des Überweisungsauftrags an die Bank am 7. 1. 2018, und damit **innerhalb von 10 Tagen** nach Ablauf des Jahres 2017 der wirtschaftlichen Zugehörigkeit geleistet. Nur für die Lagermiete für Dezember 2017 findet § 11 Abs. 2 Satz 2 EStG Anwendung, da sie innerhalb eines Zeitraums von zehn Tagen, gerechnet vom Ende des Kalenderjahres, **fällig war und geleistet** wurde. Dies trifft für die Miete November 2017 **nicht** zu, da diese nicht kurze Zeit vor dem Ende des Kalenderjahres der wirtschaftlichen Zugehörigkeit fällig war. Bei der Gewinnermittlung 2017 zu berücksichtigende Betriebsausgabe:

Gewinnänderung – Miete Dezember 2017	./. 150 €

2. Kauf Lieferwagen

Der am 1. 12. 2017 von K für sein Unternehmen erworbene Lieferwagen gehört seit dem Erwerb zum Betriebsvermögen, da er dazu bestimmt ist, eigenbetrieblichen Zwecken zu dienen (R 4.2 EStR). Die Vorschriften über die Absetzung für Abnutzung (AfA) sind auch bei der Gewinnermittlung nach § 4 Abs. 3 EStG zu befolgen (§ 4 Abs. 3 Satz 3 EStG). Als Betriebsausgabe ist die AfA zu berücksichtigen, da der Lieferwagen zum **abnutzbaren Anlagevermögen** gehört. Die AfA ist vorzunehmen, sobald ein Wirtschaftsgut angeschafft ist (R 7.4 Satz 1 EStR); das ist regelmäßig Zeitpunkt seiner Lieferung (R 7.4 Satz 2 EStR). Auf die Zahlung des Kaufpreises kommt es nicht an.

Die AfA bemisst sich nach den Anschaffungskosten und der betriebsgewöhnlichen Nutzungsdauer des Lieferwagens (§ 7 Abs. 1 Satz 1 EStG). Für das Jahr 2017 ist die AfA nur zeitanteilig mit 1/12 der Jahres-AfA als Betriebsausgaben zu berücksichtigen, da K den Lieferwagen erst am 1. 12. 2017 angeschafft hat, (§ 7 Abs. 1 Satz 4 EStG).

Die degressive AfA nach § 7 Abs. 2 EStG kommt **nicht** in Betracht. Die Anschaffung des Lieferwagens am 1. 12. 2017 erfolgte zwar nach dem 31. 12. 2008 jedoch nicht vor dem 1. 1. 2011.

AfA-Bemessungsgrundlage sind die Anschaffungskosten i. H. v. 60 000 €. Die nach § 15 UStG abziehbare **Vorsteuer** gehört **nicht** zu den Anschaffungskosten (§ 9b Abs. 1 EStG). K ist nach den Sachverhaltsangaben zum Vorsteuerabzug nach § 15 UStG berechtigt.

Gewinnänderung – AfA – 1/12 von 20 % von 60 000 € **./. 1 000 €**

Die verausgabte **Umsatzsteuer** i. H. v. 11 400 € (gezahlte Vorsteuer) gehört im Zeitpunkt ihrer Verausgabung am 5. 1. 2018 zu den Betriebsausgaben, da sie nicht den Anschaffungskosten des Lieferwagens zuzurechnen ist (H 9b EStH: Gewinnermittlung nach § 4 Abs. 3 EStG). Die in Rechnung gestellte Vorsteuer für den Lieferwagen ist erst mit der Bezahlung des Kaufpreises am 5. 1. 2018 abgeflossen und erst zu diesem Zeitpunkt bei der Gewinnermittlung für 2018 als Betriebsausgaben zu berücksichtigen (§ 11 Abs. 1 Satz 1 i. V. m. Abs. 2 EStG). § 11 Abs. 2 Satz 2 EStG findet **keine** Anwendung, da es sich bei der K in Rechnung gestellten Vorsteuer **nicht** um regelmäßig wiederkehrende Ausgaben handelt.

3. Verkauf Maschine

Zu den Betriebseinnahmen gehören auch die Einnahmen aus der Veräußerung von abnutzbaren Anlagegütern sowie die vereinnahmten Umsatzsteuerbeträge (R 4.5 Abs. 3 Satz 1 EStR). Die vereinnahmte Umsatzsteuer (für den Umsatz geschuldete Umsatzsteuer) gehört im Zeitpunkt ihrer Vereinnahmung zu den Betriebseinnahmen (H 9b EStH: Auswirkungen der Umsatzsteuer auf die Einkommensteuer). Im Rahmen der Gewinnermittlung nach § 4 Abs. 3 EStG ist der Erlös aus dem Verkauf eines Wirtschaftsgutes nicht bereits im Jahr der Veräußerung, sondern erst im Jahr des Zuflusses des Veräußerungserlöses als Betriebseinnahme anzusetzen (H 4.5 (2) EStH: Zufluss von Betriebseinnahmen - Veräußerungserlös).

Der Veräußerungspreis für die verkaufte Maschine stellt eine **Betriebseinnahme** dar. Den Kaufpreis für die Maschine hat der Erwerber erst am 19. 2. 2018 mit der Barzahlung entrichtet. Da die Betriebseinnahmen K erst am **19. 2. 2018 zugeflossen** sind, sind sie in **2017 noch nicht** zu erfassen.

K hat für die am 1. 1. 2015 zum Preis von 2 000 € (zuzüglich 380 € USt) erworbene Maschine die AfA für die Wirtschaftsjahre 2015 bis 2017 in zutreffender Höhe mit 500 € p. a. berücksichtigt, da die Maschine zum Anlagevermögen gehört, das der Abnutzung unterliegt (R 4.5 Abs. 3 Satz 2 EStR). Die beim Erwerb der Maschine gezahlte und nach § 15 UStG abziehbare **Vorsteuerbetrag** gehört **nicht** zu den Anschaffungskosten (§ 9b Abs. 1 EStG).

Zum 31. 12. 2017 ergibt sich somit

Anschaffungskosten 1. 1. 2015	2 000 €
AfA – 1. 1. 2015 – 31. 12. 2017 – 3 x 500 €	./. 1 500 €
Restwert 31. 12. 2017	500 €

K hat am 31. 12. 2017 die zu seinem Betriebsvermögen gehörende Maschine unter Eigentumsvorbehalt verkauft. Es wird davon ausgegangen, dass die Übergabe der Maschine an den Käufer am 31. 12. 2017 erfolgt ist.

Zum Vermögen des Kaufmanns zählen **nicht** die ihm zwar zivilrechtlich gehörenden Vermögensgegenstände, die aber nach der Ausgestaltung der Rechtsbeziehungen zu einem anderen nach den tatsächlichen Verhältnissen wirtschaftlich nicht mehr Bestandteil seines Vermögens sind (BFH vom 3. 8. 1988 I R 157/84, BStBl II 1989 S. 21). Diese vermögensmäßige Zurechnung entspricht der Regelung in § 39 Abs. 2 Nr. 1 Satz 1 AO, nach der Wirtschaftsgüter demjenigen zuzurechnen sind, der, ohne rechtlicher Eigentümer zu sein, die tatsächliche Herrschaft über diese in der Weise ausübt, dass er den Eigentümer im Regelfall für die gewöhnliche Nutzungsdauer von der Einwirkung auf das Wirtschaftsgut wirtschaftlich ausschließen kann. Ein wirtschaftlicher Ausschluss des zivilrechtlichen Eigentümers wird angenommen, wenn der Herausgabeanspruch des Eigentümers keine wirtschaftliche Bedeutung mehr hat (BFH vom 26. 1. 1970 IV R 144/66, BStBl II 1970 S. 264).

Hiernach gehört ein verkauftes Wirtschaftsgut wirtschaftlich nicht mehr zum Vermögen des Verkäufers, sobald der Käufer die Verfügungsmacht darüber erlangt hat. Durch die Erlangung des Besitzes wird die Maschine wirtschaftlich dem Vermögen des Erwerbers zugeordnet, auch wenn der rechtliche Eigentumserwerb noch aussteht; durch den Besitz in Verbindung mit der vertraglichen Berechtigung zur Benutzung oder Weiterveräußerung der Sachen ist der Erwerber instand gesetzt, darüber unter Ausschluss des rechtlichen Eigentümers zu verfügen und sie ungestört zu nutzen. Der Herausgabeanspruch des Eigentümers hat keine wirtschaftliche Bedeutung mehr (BFH vom 26. 1. 1970 IV R 144/66, BStBl II 1970 S. 264). Der Verkäufer kann die Sache vor dem Rücktritt nicht zurückfordern (§ 986 Abs. 1, §§ 433, 455, 346 BGB). Die verkaufte Maschine ist somit ungeachtet des Eigentumsvorbehalt am 31. 12. 2017 **aus dem Vermögen des K ausgeschieden** und ihm nicht mehr zuzurechnen.

Bei der Gewinnermittlung nach § 4 Abs. 3 EStG hängt das Entstehen von Betriebseinnahmen und -ausgaben nicht vom Zeitpunkt der Begründung schuldrechtlicher Forderungen und Verbindlichkeiten ab. Veräußert ein Steuerpflichtiger, der seinen Gewinn nach § 4 Abs. 3 EStG durch Einnahme-Überschussrechnung ermittelt, ein Wirtschaftsgut des abnutzbaren Anlagevermögens, so sind die Anschaffungs- oder Herstellungskosten, soweit sie noch nicht im Wege der AfA gewinnmindernd berücksichtigt worden sind, grundsätzlich im Wirtschaftsjahr der Veräußerung als Betriebsausgaben abzusetzen (H 4.5 (3) EStH: Veräußerung abnutzbarer Wirtschaftsgüter). Als Zeitpunkt der Veräußerung ist nicht der Abschluss des schuldrechtlichen Kaufvertrages, sondern der Übergang des rechtlichen oder wirtschaftlichen Eigentums anzusehen.

Das tatsächliche Ausscheiden eines Wirtschaftsgutes aus dem Betriebsvermögen rechtfertigt die Absetzung des Restwertes als Betriebsausgabe.

Der **Restwert** der Maschine ist bei der Gewinnermittlung des K für das Wirtschaftsjahr **2017** als **Betriebsausgabe** zu berücksichtigen.

Gewinnänderung – Restwert Maschine	**./. 500 €**

4. Unfall

K hat mit seinem zum Privatvermögen gehörenden Pkw am 2. 12. 2017 auf einer **betrieblich** veranlassten Fahrt grob fahrlässig einen Unfall verursacht. Zu prüfen ist, ob die durch den Unfall verursachten Reparaturkosten von 9 000 € zuzüglich 1 710 € USt und die durch den Unfall bedingte Wertminderung (merkantiler Minderwert) des Fahrzeugs von 1 000 € als Betriebsausgaben zu berücksichtigen sind. Es wird davon ausgegangen, dass K die entstandenen Reparaturkosten nicht von einer Versicherung erstattet wurden.

a) Reparaturkosten

Gehört ein Wirtschaftsgut zum Privatvermögen des Steuerpflichtigen, sind die Aufwendungen einschließlich AfA, die durch die **betriebliche Nutzung** des Wirtschaftsgutes entstehen, **Betriebsausgaben** (§ 4 Abs. 4 EStG). Für das Steuerrecht ist eigenständig zu prüfen, ob ein Aufwand betrieblich veranlasst ist. **Unfallkosten teilen das rechtliche Schicksal der Fahrtkosten**. Ist eine Fahrt mit einem zum Privatvermögen gehörenden Fahrzeug durch den Betrieb veranlasst, sind auch Unfallkosten in der Regel nach § 4 Abs. 4 EStG als Betriebsausgaben anzuerkennen (BFH vom 18. 12. 1981 VI R 201/78, BStBl 1982 II S. 261). Bezogen auf die Unfallkosten bedeutet dies, dass die Fahrt selbst, auf der der Unfall geschehen ist, durch den Betrieb veranlasst sein muss (BFH vom 28. 11.1 977 GrS 2-3/77, BStBl 1978 II S. 105; BStBl 1978 II S. 105).

Fraglich ist, ob das grob fahrlässige Verhalten des K, das zu dem Unfall geführt hat, den Abzug der Reparaturkosten als Betriebsausgaben ausschließt. Einen betrieblichen Zusammenhang sieht die Rechtsprechung als nicht mehr gegeben an, wenn der Unfall auf **eine private, der Lebensführung** des Steuerpflichtigen zuzurechnende Veranlassung zurückzuführen ist (BFH vom 18. 12. 1981 VI R 201/78, BStBl 1982 II S. 261). Die Entscheidung darüber, ob Unfallkosten als Betriebsausgaben abgezogen werden können oder der privaten Lebensführung zuzurechnen sind, ist jedoch nicht durch die Heranziehung strafrechtlicher oder zivilrechtlicher Bedingungstheorien zu beantworten. Eine auf das Verschulden, die Strafbarkeit oder das moralische Verhalten des Steuerpflichtigen abzielende Wertung ist für die Einordnung der Unfallkosten ungeeignet; strafwürdiges oder verbotenes Verhalten ist nicht ohne weiteres der privaten Sphäre zuzurechnen (BFH vom 28. 11. 1977 GrS 2-3/77, BStBl 1978 II S. 105).

Kosten eines Verkehrsunfalls, den ein Steuerpflichtiger bei einer betrieblichen Fahrt mit einem Kfz erleidet, sind **nicht** deshalb von der Berücksichtigung als Betriebsausgaben **ausgeschlossen**, weil der Unfall darauf beruht, dass der Steuerpflichtige **bewusst gegen Verkehrsvorschriften** verstoßen hat und der Unfall hierauf beruht (BFH vom 28. 11. 1977 GrS 2-3/77, BStBl II 1978 105). Auch ein grob fahrlässiger oder vorsätzlicher Verstoß gegen Verkehrsvorschriften ist für die Abziehbarkeit der dadurch entstandenen Aufwendungen als Betriebsausgaben unschädlich.

Unfallkosten sind jedoch dann **nicht** als Betriebsausgaben zu beurteilen, wenn der Unfall in nicht nur unbedeutendem Maße auf einer **privaten, der Lebensführung** des Steuerpflichtigen zuzurechnenden Veranlassung beruht. Sind private Gründe für den Eintritt des Unfalls maßgebend, wird der Zusammenhang mit dem Beruf aufgehoben; der Abzug der Unfallkosten verbietet sich dann nach § 12 Nr. 1 EStG. Aufwendungen zur Beseitigung von Schäden aufgrund eines Kfz-Unfalls, der sich auf einer betrieblich veranlassten Fahrt ereignet hat, sind dann nicht als Betriebsausgaben abziehbar, wenn private Gründe das maßgeblich auslösende Moment für den Unfall gewesen sind (BFH vom 28. 11. 1977 GrS 2-3/77, BStBl 1978 II S. 105). Die berufliche Veranlassung einer betrieblichen Fahrt wird unterbrochen oder aufgehoben, wenn private Umstände zur betrieblichen Veranlassung der Fahrt hinzutreten und den betrieblichen Zusammenhang lösen oder überlagern (BFH vom 28. 11. 1977 GrS 2-3/77, BStBl 1978 II S. 105). So sieht die Rechtsprechung z. B. einen Unfall und die daraus entstandenen Aufwendungen jedenfalls dann als durch die private Lebensführung veranlasst an, wenn auf einer an sich beruflich veranlassten Fahrt der Steuerpflichtige sich durch das Fahrverhalten eines anderen Verkehrsteilnehmer belästigt fühlt und aus Rache diesen anfährt, oder wenn ein Unfall durch Alkoholeinfluss herbeigeführt wird. Sind solche Umstände das auslösende Momente für den Unfall, ist der Unfall jedenfalls teilweise privat mitveranlasst.

Der Zusammenhang des Unfalls und den dadurch entstandenen Reparaturkosten mit der betrieblichen Tätigkeit des K ist zu bejahen. Private Umstände, die den Unfall mitveranlasst haben könnten, lässt der Sachverhalt nicht erkennen. Allein der Umstand, dass K den Unfall grob fahrlässig verursacht hat, reicht nicht aus, den betrieblichen Zusammenhang der Reparaturaufwendungen zu verneinen.

Gewinnänderung – Reparaturkosten	**./. 9 000 €**

b) Vorsteuer

Die Zuordnungsbeschränkung des § 15 Abs. 1 Satz 2 UStG erstreckt sich nicht auf die Leistungen, die der Unternehmer im Zusammenhang mit dem Betrieb des Fahrzeugs bezieht. Bei Privatfahrzeugen von Unternehmern können solche Vorsteuerbeträge in voller Höhe abgezogen werden, die unmittelbar und ausschließlich auf die unternehmerische Verwendung des Fahrzeugs entfallen. Der Unternehmer kann unter den übrigen Voraussetzungen des § 15 UStG Vorsteuerbeträge aus Reparaturaufwendungen in Folge eines Unfalls während einer unternehmerisch veranlassten Fahrt in voller Höhe abziehen (BMF vom 27. 8. 2004 IV B 7 - S 7300 - 70/04, BStBl 2004 I S. 864).

Die in der Reparaturrechnung mit 1 710 € ausgewiesene und am 13. 12. 2017 verausgabte Vorsteuer gehört bei der Gewinnermittlung nach § 4 Abs. 3 im Zeitpunkt ihrer Verausgabung zu den Betriebsausgaben, da die Reparaturkosten – wie festgestellt – betrieblich veranlasst sind (H 9b EStH: Auswirkungen der Umsatzsteuer auf die Einkommensteuer).

Gewinnänderung	**./. 1 710 €**

Im Zeitpunkt der Erstattung der Vorsteuer ist diese als Betriebseinnahme zu erfassen.

c) merkantile Wertminderung

Der sog. merkantile Minderwert führt nicht zu **Absetzungen für außergewöhnliche technische oder wirtschaftliche Abnutzung** (AfaA). § 7 Abs. 1 Satz 7 EStG setzt für die Zulässigkeit der AfaA eine Substanzeinbuße an einem Wirtschaftsgut oder eine Einschränkung seiner Nutzungsmöglichkeit voraus. Ein ordnungsgemäß repariertes Kfz kann wie bisher genutzt werden. Voraussetzung für eine AfaA ist das Vorliegen einer außergewöhnlichen Verminderung der wirtschaftlichen Nutzbarkeit oder Verwendungsmöglichkeit. Der merkantile Minderwert setzt eine technisch fehlerfrei durchgeführte Reparatur des Wirtschaftsgutes voraus, die während der Zeit seiner Nutzung weder eine Substanzeinbuße hinterlässt noch eine Minderung der Nutzungsmöglichkeiten bewirkt. Damit scheidet eine AfaA aus, da diese eine Einschränkung der Nutzungsmöglichkeit voraussetzt. Dies kann hinsichtlich des merkantilen Minderwerts nicht angenommen werden. Eine AfaA kommt ggf. erst dann in Betracht, wenn sich später eine effektive und dauerhafte Nutzungseinschränkung ergeben sollte (BFH vom 28. 10. 1980 VIII R 34/76, BStBl 1981 II S. 161).

Der merkantile Minderwert kann auch nicht unter dem Gesichtspunkt des **niedrigeren Teilwerts** zu Betriebsausgaben führen. § 6 Abs. 1 Nr. 1 Satz 2 EStG setzt für die Bewertung eines Wirtschaftsgute mit dem niedrigeren Teilwert zwingend eine Gewinnermittlung durch Bestandsvergleich voraus (BFH vom 12. 6. 1978 GrS 1/77, BStBl II 1978 S. 620). Demgegenüber spielen bei der Gewinnermittlung nach § 4 Abs. 3 EStG bloße Wertveränderungen des der Einkunftserzielung dienenden Wirtschaftsguts grundsätzlich keine Rolle (BFH vom 21. 12. 1982 VIII R 215/78, BStBl 1983 II S. 410, 411).

Der Betriebsausgabenabzug in Höhe des merkantilen Minderwerts ist auch nicht nach § 4 Abs. 4 EStG gerechtfertigt. Im Steuerrecht gilt der Grundsatz, dass nichtrealisierte Verluste nicht steuermindernd berücksichtigt werden dürfen. § 11 Abs. 2 EStG, der auch für die Gewinnermittlung nach § 4 Abs. 3 EStG maßgebend ist, setzt für eine Berücksichtigung von Betriebsausgaben den **Abfluss** von Geld oder geldwerten Gütern voraus. Die in dem merkantilen Minderwert eines Kfz liegende Vermögensminderung ist aber so lange **nicht abgeflossen**, wie der Steuerpflichtige das Kfz weiterhin behält und weiter nutzt. Es mangelt damit im Falle der weiteren Nutzung des Kfz nach der Durchführung der Reparatur an dem endgültigen Abfluss eines geldwerten Gutes. (BFH vom 31. 1. 1992 VI R 57/88, BStBl 1992 II S. 401).

Der sog. merkantile Minderwert des reparierten und anschließend weiterhin genutzten Pkw kann nicht als Betriebsausgaben berücksichtigt werden (BFH vom 31. 1. 1992 VI R 57/88, BStBl 1992 II S. 401).

5. Diebstahl Anhänger

Für den am 30. 9. 2017 durch Diebstahl aus dem Betriebsvermögen ausgeschiedenen Anhänger ist die AfA nach § 7 Abs. 1 EStG bis zum Zeitpunkt seines Ausscheidens noch zeitanteilig mit 9/12 der Jahres-AfA als Betriebsausgaben (§ 4 Abs. 4 EStG) zu berücksichtigen (R 7.4 Abs. 8 EStR).

Gewinnänderung – AfA 1. 1. 2017 – 30. 9. 2017 – 9/12 von 1 000 € **./. 750 €**

Scheidet ein Wirtschaftsgut des abnutzbaren Anlagevermögens aus betrieblichen Gründen aus dem Betriebsvermögen aus, sind bei der Gewinnermittlung nach § 4 Abs. 3 EStG die Anschaffungs- oder Herstellungskosten, soweit sie noch nicht im Wege der AfA gewinnmindernd berücksichtigt worden sind, grundsätzlich im Wirtschaftsjahr des Ausscheidens aus dem Betriebsvermögen als Betriebsausgaben abzusetzen (H 4.5 EStH: Veräußerung abnutzbarer Wirtschaftsgüter). Zum 30. 9. 2017 ermittelt sich der Restwert wie folgt:

Anschaffungskosten 1. 1. 2015	5 000 €
AfA 2015 und 2016	./. 2 000 €
31. 12. 2016	3 000 €
AfA 1. 1. 2017 – 30. 9. 2017 – 9/12 von 1 000 €	./. 750 €
Restwert 30. 9. 2017	**2 250 €**

Die von der Versicherung am 1. 11. 2017 gezahlte Entschädigung von 4 000 € wäre grundsätzlich bei Zufluss am 1. 11. 2017 als Betriebseinnahme zu erfassen. Somit hätte das Ausscheiden des Anhängers zur Folge, dass stille Reserven i. H. v. 1 750 € (Entschädigung 4 000 € ./. Restwert 2 250 €) in 2017 gewinnerhöhend aufzulösen wären.

Die Gewinnverwirklichung durch die Aufdeckung stiller Reserven kann vermieden werden, wenn ein Wirtschaftsgut des Anlage- oder Umlaufvermögens infolge höherer Gewalt aus dem Betriebsvermögen ausscheidet und ein funktionsgleiches Wirtschaftsgut (Ersatzwirtschaftsgut) bis zum Schluss des ersten Wirtschaftsjahres, das auf das Wirtschaftsjahr des Eintritts des Schadensfalles folgt, angeschafft oder hergestellt oder bestellt worden ist (R 6.6 Abs. 5 Satz 5 EStR). Voraussetzung für die Übertragung stiller Reserven bei Ersatzbeschaffung ist, dass das Wirtschaftsgut infolge **höherer Gewalt** (z. B. durch Diebstahl) gegen Entschädigung aus dem Betriebsvermögen ausscheidet (R 6.6 Abs. 5 Satz 5 EStR). Die aufgedeckten stillen Reserven können dann auf die Anschaffungs- oder Herstellungskosten des ersatzbeschafften Wirtschaftsgutes übertragen werden.

Der Anhänger gehörte zum abnutzbaren Anlagermögen und ist durch **höhere Gewalt** (Diebstahl) aus dem Betriebsvermögen **ausgeschieden**. Eine **Ersatzbeschaffung** war zum Ende des Jahres 2017 **ernstlich geplant**. Die Voraussetzungen für die Anwendung des R 6.6 EStR sind erfüllt.

Soweit die Entschädigungsleistung von 4 000 € den im Zeitpunkt des Ausscheidens des Anhängers am 30. 9. 2017 noch nicht abgesetzten Teil der Anschaffungskosten von 2 250 € übersteigt, kann der darüber hinausgehende Betrag von 1 750 € im Wirtschaftsjahr der Ersatzbeschaffung 2018 von den Anschaffungskosten des Ersatzwirtschaftsgutes voll abgesetzt werden (R 6.6 Abs. 5 Satz 2 EStR).

Bei der Gewinnermittlung für 2017 sind somit weder die Entschädigungsleistung der Versicherung in Höhe von 4 000 € als Betriebseinnahmen noch der Restwert des Anhängers am 30. 9. 2017 i. H. v. 2 250 € als Betriebsausgaben zu berücksichtigen.

6. Gewinnermittlung 2017

Erklärter Gewinn		20 000 €
1. Anmietung Lagerraum – 11 x 150 €	./.	1 650 €
2. Kauf Lieferwagen	./.	1 000 €
3. Verkauf Maschine	./.	500 €
4. Unfall		
► Reparaturkosten	./.	9 000 €
► Vorsteuer	./.	1 710 €
► merkantile Wertminderung		-
5. Diebstahl Anhänger-AfA 1. 1. 2017 – 30. 9. 2017 – 9/12 von 1 000 €	./.	750 €
berichtigter Gewinn 2017		**5 390 €**

Sachverhalt 3

I. Steuerpflicht

1. Persönliche Steuerpflicht

A ist als natürliche Person nach § 1 Abs. 1 EStG **unbeschränkt** einkommensteuerpflichtig, da er im **Inland** einen **Wohnsitz** hat. Einen Wohnsitz hat jemand dort, wo er eine Wohnung unter Umständen innehat, die darauf schließen lassen, dass er die Wohnung beibehalten und benutzen wird (§ 8 AO). A hat in Düsseldorf seit Jahren eine komplett eingerichtete Eigentumswohnung inne, da er über die Wohnung tatsächlich verfügen und sie als Bleibe nicht nur vorübergehend benutzen kann. Es genügt, dass er die Wohnung über Jahre hinweg jährlich regelmäßig mehrmals zu bestimmten Zeiten über einige Wochen zu eigenen Wohnzwecken nutzt (AEAO zu § 8 – Wohnsitz Tz. 4). Die Umstände lassen darauf schließen, dass er die Wohnung auch beibehalten und in Zukunft weiter benutzen wird. Auf die Anzahl der Tage des Aufenthalts und den Zeitraum der tatsächlichen Nutzung der Wohnung in Düsseldorf in 2017 kommt es nicht an. **Unerheblich** ist, ob er mit seiner Wohnung in München einen weiteren Wohnsitz begründet hat oder ob er in GB einen weiteren Wohnsitz hat.

Als unbeschränkt steuerpflichtige natürliche Person unterliegt A mit seinen **inländischen und ausländischen Einkünften der inländischen Besteuerung** (§ 2 Abs. 1 EStG), soweit das Doppelbesteuerung mit dem Vereinigte Königreich Großbritannien und Nordirland (DBA-GB) der Bundesrepublik (BRD) das Besteuerungsrecht nicht entzieht (§ 2 Abs. 1 Satz 1 EStG).

2. Anwendungsbereich des DBA-GB

Das DBA-GB gilt für die von der BRD erhobene Einkommensteuer (Artikel 2 Abs. 1 – Abs. 3 DBA-GB). Das DBA-GB ist anzuwenden, da A in beiden Vertragsstaaten ansässig ist (Artikel 1 DBA-GB). Zu prüfen ist, in welchem der beiden Vertragsstaaten A i. S. d. DBA-GB ansässig ist. Ansässig i. S. d. DBA-GB ist eine Person in einem Vertragsstaat, die nach dem Recht dieses Staates dort aufgrund ihres Wohnsitzes steuerpflichtig ist (Artikel 4 Abs. 1 DBA-GB). A ist hiernach **in beiden Vertragsstaaten ansässig,** da er in beiden Vertragsstaaten über eine ständige Wohnstätte verfügt und dort jeweils aufgrund seines Wohnsitzes steuerpflichtig ist. In diesem Falle gilt jedoch nur der Staat als **Ansässigkeitsstaat** i. S. d. DBA-GB, in dem der Stpfl. über eine ständige Wohnstätte verfügt **und** den Mittelpunkt seiner Lebensinteressen hat. A hat den Mittelpunkt seiner Lebensinteressen in GB, da er zu GB die engeren persönlichen und wirtschaftlichen Beziehungen hat (Artikel 4 Abs. 2 Buchstabe a DBA-GB). Er ist als in **London (GB) ansässig** zu betrachten, da er seit 10 Jahren mit seiner Familie in einem Einfamilienhaus in London wohnt und auch dort als Rechtsanwalt tätig ist. Großbritannien ist als Ansässigkeitsstaat i. S. d. DBA-GB zu betrachten. Dahingestellt bleiben kann, ob die Wohnung in Düsseldorf als eine ständige Wohnstätte i. S. d. DBA-GB zu beurteilen ist.

II. Einkünfte

1. Einkünfte aus selbständiger Arbeit (§ 18 Abs. 1 Nr. 1 EStG)

Als Rechtsanwalt erzielt A in Großbritannien Einkünfte aus **selbständiger Arbeit (§ 18 Abs. 1 Nr. 1 EStG)**. Nach Artikel 7 Abs. 1 Satz 1 DBA-GB können Gewinne eines Unternehmens nur in dem Staat besteuert werden, in dem die Geschäftstätigkeit ausgeübt wird. Der Ausdruck „Unternehmen" bezieht sich allgemein auf die Ausübung einer Geschäftstätigkeit (Artikel 3 Abs. 1 Buchstabe f DBA-GB). Artikel 7 Abs. 1 Satz 1 DBA-GB ist auch auf die Einkünfte aus selbständiger Arbeit anzuwenden, da nur auf die Geschäftstätigkeit abgestellt wird. A übt seine Geschäftstätigkeit als Rechtsanwalt in London aus. In der BRD verfügt A über keine feste Geschäftseinrichtung, durch die die Geschäftstätigkeit seines Unternehmens ganz oder teilweise ausgeübt wird (Artikel 5 Abs. 1 DBA-GB). GB ist Ansässigkeitsstaat i. S. d. DBA-GB. Das **Besteuerungsrecht** für die Einkünfte aus der Rechtsanwaltstätigkeit steht **GB** zu. In der BRD übt A seine Geschäftstätigkeit **nicht** durch eine dort gelegene Betriebsstätte aus. In der BRD unterliegen die Einkünfte nicht der Besteuerung, da die selbständige Tätigkeit weder im Inland ausgeübt wird noch eine Verwertung im Inland erfolgt (Art. 7 Abs. 1 Satz 1 DBA-GB).

2. Einkünfte aus Kapitalvermögen

Die Zinsen i. H. v. umgerechnet 10 000 €, die A im Jahr 2017 für sein Festgeldkonto in London erzielt hat, gehören zu seinen Einkünften aus Kapitalvermögen (§ 20 Abs. 1 Nr. 7 EStG). **Das Besteuerungsrecht** für diese Einkünfte steht ohne Rücksicht auf ihre Herkunft **nur GB** zu (Artikel 21 Abs. 1 DBA-GB). Artikel 11 Abs. 1 DBA-GB findet keine Anwendung, da die BRD nicht Ansässigkeitsstaat i. S. d. DBA ist.

3. Eigentumswohnungen

Aus den Eigentumswohnungen in Düsseldorf und in München erzielt A **keine Einkünfte** aus Vermietung und Verpachtung (§ 21 Abs. 1 EStG), da die Wohnungen nicht zur Erzielung von Einnahmen vermietet werden.

4. Veräußerung Eigentumswohnung in München

Aus der Veräußerung der Eigentumswohnung in München erzielt A **keinen** nach § 23 Abs. 1 Nr. 1 Satz 1 EStG steuerpflichtigen Gewinn aus privaten Veräußerungsgeschäften. Der Veräußerungsgewinn wird nach § 23 Abs. 1 Nr. 1 Satz 3 EStG von der **Besteuerung ausgenommen**, da die Wohnung im Jahr der Veräußerung 2017 und in den beiden vorangegangenen Jahren von A tatsächlich nur zu **eigenen** Wohnzwecken genutzt wurde. Eine Nutzung einer Wohnung durch den

Stpfl. zu eigenen Wohnzwecken liegt auch dann vor, wenn sie vom Stpfl. nur zeitweise bewohnt wird, in der übrigen Zeit ihm jedoch als Wohnung zur Verfügung steht (BMF vom 5. 10. 2000 IV C 3 - S 2256 - 263/00 Randnr. 22, BStBl 2000 I S. 1383).

III. Ergebnis

A hat im Jahr 2017 **keine** der inländischen Besteuerung unterliegenden Einkünfte bezogen.

Sachverhalt 4

1. Laufende Einkünfte aus Gewerbebetrieb – § 15 Abs. 1 Nr. 2 EStG

Der von der S-KG betriebene Handel im Internet mit Gartenmöbeln stellt einen Gewerbebetrieb dar, da die S-KG ein Handelsgewerbe betreibt (§1, § 2 , § 161 Abs. 2 i.V. m.§ 105 HGB, § 15 Abs. 2 EStG). U ist Kommanditistin der am 1. 3. 2016 errichteten Sonnen-GmbH & Co. KG (S-KG). Als Kommanditistin der S-KG erzielt sie in 2017 aus ihrer Beteiligung bis zu ihrem Ausscheiden am 31. 10. 2017 aus der Gesellschaft Einkünfte aus Gewerbebetrieb in Höhe des ihr zuzurechnenden Verlustanteils von 40 000 €, da sie als **Mitunternehmerin** anzusehen ist (§ 15 Abs. 1 Nr. 2 EStG). Die Zurechnung ihres Anteils am Verlust 2017 ist nicht deshalb zu versagen, weil die Verlustzurechnung 2017 zu einer Erhöhung des am 1. 1. 2017 vorhandenen negativen Kapitalkontos geführt hat (BFH vom 10. 11. 1980 GrS 1/79, BStBl 1981 II S. 164). Unerheblich ist, dass U ihren Kommanditanteil am 31. 10. 2017 an Gustav Gierig (G) veräußert hat. Veräußert ein Kommanditist seinen Kommanditanteil entgeltlich während eines Wirtschaftsjahres, so ist ihm sein vertraglicher Anteil an dem Verlust, den die KG vom Beginn des Wirtschaftsjahres bis zum Zeitpunkt der Veräußerung erlitten hat, grundsätzlich auch insoweit noch zuzurechnen, als sich dadurch sein negatives Kapitalkonto erhöht, sofern der Erwerber das negative Kapitalkonto übernimmt (BFH vom 26. 5. 1981 IV R 47/78, BStBl 1981 II S. 795).

Als Kommanditistin haftet U den Gläubigern der S-KG gegenüber nur bis zur Höhe ihrer voll eingezahlten Kommanditeinlage von 20 000 € (§ 171 Abs. 1, § 172 Abs. 1 HGB). Eine weitergehende Haftung der U für Verbindlichkeiten der S-KG ist grundsätzlich ausgeschlossen, da davon auszugehen ist, dass die Einlage der U auch i. H. v. 20 000 € in das Handelsregister des für die S-KG zuständigen Gerichts eingetragen wurde (§ 171 Abs. 1 HGB). Für die ihre eingetragene Hafteinlage übersteigenden Verbindlichkeiten der S-KG kann U als Kommanditistin (grundsätzlich) weder von den Gläubigern der S-KG noch von den Mitgesellschaftern der S-KG in Anspruch genommen werden. Unerheblich ist, dass U die Auszahlung eines eventuellen Gewinnanteils nicht fordern kann, solange ihr Kapitalanteil durch Verluste unter ihre im Handelsregister eingetragene Einlage herabgemindert ist und sie insoweit verpflichtet ist, den Negativsaldo ihres Kapitalkontos mit künftigen Gewinnanteilen auszugleichen (§ 169 Abs. 1 HGB).

Der U als Kommanditistin zuzurechnende Anteil am Verlust 2017 der S-KG unterliegt der **Verlustausgleichsbeschränkung** nach § 15a EStG. Der Verlust darf grundsätzlich weder mit anderen Einkünften aus Gewerbebetrieb noch mit Einkünften aus anderen Einkunftsarten ausgeglichen werden, da sich ihr bereits bestehendes negatives Kapitalkonto vom 31. 12. 2016 i. H. v. 30 000 € durch die Verlustzurechnung von 40 000 € zum 31. 10. 2017 auf insgesamt 70 000 € erhöht (§ 15a Abs. 1 Satz 1 EStG). Der nicht ausgleichsfähige Verlust mindert grundsätzlich als **verrechenbarer Verlust** die Gewinne, die die Kommanditistin U in späteren Wirtschaftsjahren aus ihrer Beteiligung an der S-KG zuzurechnen sind (§ 15a Abs. 4 Satz 1 EStG).

Bei der Ermittlung des Kapitalkontos i. S. d. § 15a Abs. 1 EStG ist das – positive und negative – Sonderbetriebsvermögen des Kommanditisten außer Betracht zu lassen. Verluste, die der Kommanditist im Bereich seines **Sonderbetriebsvermögens** erleidet, sind grundsätzlich **unbeschränkt ausgleichs- und abzugsfähig**. (R 15a Abs. 2 EStR). Eine Saldierung von Gewinnen und Verlusten aus dem Gesellschaftsvermögen mit Gewinnen und Verlusten aus dem Sonderbetriebsvermögen ist unzulässig (H 15a EStH: Saldierung von Ergebnissen aus dem Gesellschaftsvermögen mit Ergebnissen aus dem Sonderbetriebsvermögen).

Vorliegend ist zu berücksichtigen, dass U ihren Mitunternehmeranteil an der S-KG am 31. 10. 2017 veräußert hat. Der laufende Verlust 2017 ist mit dem durch die Veräußerung ihres gesamten Mitunternehmeranteils erzielten **Veräußerungsgewinn** im Zeitpunkt der Veräußerung **ausgleichs- oder abzugsfähig** (§ 15a Abs. 2 Satz 2 EStG).

Ausgleichsfähiger Verlust 2017	**40 000 €**

2. Überlassung von Wirtschaftsgütern (§ 15 Abs. 1 Nr. 2 EStG)

Das Betriebsvermögen einer Personengesellschaft umfasst sowohl die Wirtschaftsgüter, die zum Gesamthandsvermögen der Mitunternehmer gehören, als auch das Sonderbetriebsvermögen einzelner Gesellschafter. Die **Buchführungspflicht** der Personenhandelsgesellschaft gilt nach § 141 AO für ihr gesamtes Betriebsvermögen **einschließlich** etwaigen **Sonderbetriebsvermögens** der Gesellschafter (H 5.1 EStH: Buchführungspflicht einer Personenhandelsgesellschaft). Für einen Kommanditisten ist zu diesem Zweck eine Sonderbilanz aufzustellen, für die die allgemeinen bilanzrechtlichen Vorschriften des Einkommensteuerrechts gelten. In den Gewinn oder Verlust, den ein Kommanditist aus seiner Beteiligung bezieht, gehen nicht nur sein Anteil am Gesellschaftsgewinn, sondern auch Sonderbetriebseinnahmen und Sonderbetriebsausgaben ein, die ihm im Zusammenhang mit seiner Beteiligung entstehen (§ 15 Abs. 1 Nr. 2 EStG).

a) Betriebliche Verwendung des privaten Pkw für Zwecke der S-KG

Der im Alleineigentum der U stehende Pkw gehört seit dem 1. 3. 2016 bis zur Veräußerung ihres Kommanditanteils am 31. 10. 2017 zu ihrem **notwendigen Sonderbetriebsvermögen**, da er unmittelbar und überwiegend dem Betrieb der S-KG dient (R 4. 2 Abs. 2 Satz 2 EStR). Von notwendigen Sonderbetriebsvermögen ist auszugehen, da der Pkw zu **mehr als 50 %** für betriebliche Zwecke der S-KG genutzt wird (R 4.2 Abs. 1 Satz 4 EStR).

Die vom 1. 3. 2016 bis zum 31. 10. 2017 entstandenen Kraftfahrzeugkosten stellen für U **Sonderbetriebsausgaben** dar, da ihr diese Aufwendungen im Zusammenhang mit ihrer Tätigkeit im Dienste der S-KG entstanden sind (§ 4 Abs. 4 EStG). Unerheblich ist, dass U keine Tätigkeitsvergütung erhalten hat.

aa) laufende PKW-Kosten

Die laufenden PKW-Kosten 1. 1. 2017 bis zum 31. 10. 2017 sind als Sonderbetriebsausgaben zu berücksichtigen.

Betriebsausgaben – laufende PKW-Kosten	**4 000 €**

bb) Darlehen Z-Bank

Die ertragsteuerrechtliche Zuordnung der Darlehensschuld gegenüber der Z-Bank sowie die hierauf entfallende Zinsbelastung ist nach der Verwendung der Darlehensvaluta zu bestimmen. Entscheidend ist, ob mit den erhaltenen Kreditmitteln private oder der Einkunftserzielung dienende Aufwendungen finanziert werden. Ein Ausweis des Darlehens als negatives Wirtschaftsgut im Sonderbetriebsvermögen ist geboten, da die Darlehensvaluta zur Finanzierung aktiven Sonderbetriebsvermögens verwendet wurde. Für den Betriebsausgabenabzug der Schuldzinsen als Sonderbetriebsausgaben ist vorliegend von Bedeutung, dass U mit den Mitteln des von ihr aufgenommenen Kredits eine für die betrieblichen Zwecke der Mitunternehmerschaft verwendete **Einlage finanziert** hat (BFH vom 28. 10. 1999 VIII R 42/98, BStBl 2000 II S. 390).

Das Darlehen bestand im Zeitpunkt der Einlage des Pkw in das Betriebsvermögen am 1. 3. 2016 und darüber hinaus bis zum 31. 12. 2017 in der ursprünglichen Höhe von 54 000 €, da eine Darlehenstilgung nicht erfolgt ist. Mit dem Darlehen von 54 000 € hat U die Anschaffungskosten des am 1. 12. 2013 zum Kaufpreis von 54 000 € erworben Pkw finanziert. Die **Darlehensverbindlichkeit** kann nur i. H. v. **21 000 €** (21/54 von 54 000 €) dem Betriebsvermögen zugeordnet werden, da der Pkw im Zeitpunkt der Einlage in das Betriebsvermögen am 1. 3. 2016 nur einen Teilwert von 21 000 € hatte. Soweit das am 1. 3. 2016 bestehende Darlehen den Betrag von 21 000 € übersteigt, steht das Darlehen mit dem bis zum 29. 2. 2016 in der **Privatsphäre eingetretenen Vermögensverlust** in wirtschaftlichem Zusammenhang, der nicht einkommensmindernd zu berücksichtigen ist.

Aufwendungen sind nach § 4 Abs. 4 EStG Betriebsausgaben, wenn sie durch den Betrieb veranlasst sind. Das Vorliegen eines solchen Zurechnungszusammenhangs ist für Schuldzinsen ausschließlich danach zu beurteilen, ob sie für eine Darlehensverbindlichkeit geleistet werden, die – gemessen an ihrem tatsächlichen Verwendungszweck – ganz oder teilweise der Finanzierung betrieblich veranlasster Aufwendungen dient (BFH vom 4. 7. 1990 GrS 2-3/88, BStBl 1990 II S. 817; BFH vom 8. 12. 1997 GrS 1-2/95, BStBl 1998 II S. 193). Dies hat zur Folge, dass im Umfang der betrieblichen Verwendung der Einlage der Zinsaufwand der U als Sonderbetriebsausgaben anzusetzen ist. Die von U bis zu ihrem Ausscheiden aus der S.KG am 31. 10. 2017 in 2017 geleisteten **Zinsen** von monatlich 270 € für das zur Finanzierung der Anschaffungskosten des PKW am 1. 12. 2013 aufgenommene Darlehen i. H. v. 54 000 € stellen **Sonderbetriebsausgaben** dar, soweit sie betrieblich veranlasst sind (§ 4 Abs. 4 EStG). Die in 2017 geleisteten Zinsen in Höhe von 2 700 € (10 x 270 €) sind nur im Verhältnis der Darlehensvaluta zum Teilwert des Pkw am 1. 3. 2017 (21/54) betrieblich veranlasster Aufwand

Betriebsausgaben – Darlehenszinsen – 21/54 von 2 700 €	**1 050 €**

cc) AfA Pkw

Der Pkw war am 1. 3. 2016 als abnutzbares Wirtschaftsgut des Anlagevermögens mit dem Teilwert von 21 000 € in das Sonderbetriebsvermögen einzulegen (§ 6 Abs. 1 Nr. 5 Satz 1 Buchstabe a und Satz 2 EStG), da die fortgeführten Anschaffungskosten mit 33 750 € (Anschaffungskosten 54 0000 € ./. AfA 1/6 von 54 000 € = 9 000 € x 27/12) den **Teilwert** übersteigen. Die als Sonderbetriebsausgabe für den Pkw zu berücksichtigende AfA beträgt nach § 7 Abs. 1 EStG für 2017 **4 375 €** (10/12 von $^1/_4$ von 21 000 €). Der in einer Sonderbilanz zum 31. 10. 2016 auszuweisende Buchwert des Pkw ermittelt sich wie folgt:

Teilwert 1. 3. 2016		21 000 €
AfA 2015 – 10/12 von 25 % von 21 000 €	./.	4 375 €
Buchwert 31. 12. 2016		16 625 €
AfA 2016 – 10/12 von 25 % von 21 000 €	./.	4 375 €
Buchwert 31. 10. 2017		12 250 €
Betriebsausgaben – AfA 2017		**4 375 €**

dd) private Nutzung Pkw

Die **private Mitbenutzung** des Pkw in der Zeit vom 1. 1. bis 31. 10. 2017 ist einkommensteuerrechtlich als **Entnahme** zu erfassen (§ 6 Abs. 1 Nr. 4 EStG). Der private Nutzungsanteil des seit dem 1. 3. 2016 zum Betriebsvermögen der U gehörenden Pkw's ist nach § 6 Abs. 1 Nr. 4 Satz 2 EStG zu bewerten. Das Fahrzeug wird zu mehr als 50 % betrieblich genutzt. Die private Nutzung ist für jeden Kalendermonat mit 1 % des inländischen Listenpreises anzusetzen (§ 6 Abs. 1 Nr. 4 Satz 2 EStG). Für den pauschalen Nutzungswert ist der inländische Listenpreis des Kraftfahrzeugs im Zeitpunkt seiner Erstzulassung zuzüglich der Kosten für Sonderausstattung einschließlich der Umsatzsteuer maßgebend (BMF vom 18. 11. 2009 IV C 6 - S 2177/07/10004 Tz. 10, BStBl 2009 I S. 1326). Die private Nutzung kann nicht mit den auf die Privatfahrten entfallenden Aufwendungen angesetzt werden, da U kein Fahrtenbuch geführt hat. Als Entnahmen sind für die private Pkw-Nutzung nach § 6 Abs. 1 Nr. 4 Satz 2 EStG gewinnerhöhend anzusetzen:

private Nutzung Pkw – 1 % von Listenpreis 55 000 € = 550 € x 10 Monate	**+ 5 500 €**

Der pauschale Nutzungswert nach § 6 Abs. 1 Nr. 4 Satz 2 EStG übersteigt nicht die für das genutzte Kraftfahrzeug insgesamt tatsächlich entstandenen Aufwendungen (BMF vom 18. 11. 2009 IV C 6 - S 2177/07/10004 Randnr. 18, BStBl 2009 I S. 1326).

ee) Zusammenstellung:

private Nutzung Pkw	+ 5 500 €
laufende PKW-Kosten	./. 4 000 €
Darlehenszinsen – 21/54 von 2 700 €	./. 1 050 €
AfA 2016	./. 4 375 €
Verlust Sonderbereich	**./. 3 925 €**

Der Verlust der Kommanditistin U im Sonderbereich ist in vollem Umfang unbeschränkt ausgleichs- und Abs.abzugsfähig; die Verlustausgleichsbeschränkung des § 15a Abs. 1 Satz 1 EStG bezieht sich nur auf den Gesamthandsbereich (BMF vom 30. 5. 1997 IV B 2 - S 2241 a - 51/93 II, BStBl 1997 I S. 627).

3. Selbstschuldnerisch Bürgschaft gegenüber P-Bank

a) Drohende Inanspruchnahme aus Bürgschaft am 31.12.2016

Der Gesellschafter einer KG muss grundsätzlich in einer Sonderbilanz auch Rückstellungen für drohende Verluste bilden, wenn ihm im Zusammenhang mit seiner Beteiligung eine Haftungsinanspruchnahme droht (§ 249 Abs. 1 Satz 1 HGB).

Nach dem Sachverhalt hat U die Bürgschaft ausschließlich in ihrer Eigenschaft als Kommanditistin übernommen und damit einen entscheidenden Beitrag zur Finanzierung der KG geleistet. Sie hat zur Förderung des Gesellschaftszwecks durch die Übernahme der Bürgschaft die Kreditfähigkeit der KG wirtschaftlich in gleicher Weise gestärkt, wie wenn sie über ihre bisherige vertragliche Hafteinlage hinaus eine weitere Hafteinlage ohne Erhöhung ihrer Pflichteinlage übernommen hätte.

Einkommensteuerrechtlich sind Bürgschaftsleistungen eines Gesellschafters im Interesse der Gesellschaft, unabhängig von ihrer zivilrechtlichen Beurteilung, als **Kapitaleinlagen** zu werten. Im Hinblick auf § 15 Nr. 2 EStG ist davon auszugehen, dass es zwischen einer Personengesellschaft und ihren Gesellschaftern in der Regel steuerrechtlich keine Forderungen und Verbindlichkeiten, sondern nur eine Kapitalbeteiligung und damit Einlagen und Entnahmen gibt. Die Übernahme und Erfüllung einer Bürgschaft für eine Schuld der Gesellschaft wirkt sich auch dann nur als Veränderung des steuerrechtlichen Kapitalkontos aus, wenn dem Gesellschafter ein selbständiger noch nicht erfüllter Ersatzanspruch gegen die Gesellschaft zusteht. Damit ist im Regelfall eine Leistung eines Gesellschafters im Interesse der Gesellschaft, die zivilrechtlich zu einer Forderung des Gesellschafters gegen die Gesellschaft führt, steuerrechtlich als Einlage zu werten (BFH-Urteil vom 14.6.1960 I 37/60, BStBl III S. 1961). Übernimmt ein Kommanditist eine Bürgschaft für Schulden der KG, so sind die in Erfüllung der Bürgschaft geleisteten Zahlungen während des Bestehens der KG einkommensteuerrechtlich **nicht** Sonderbetriebsausgaben des Kommanditisten, wenn er die Bürgschaft nur im Hinblick auf die Zugehörigkeit zur KG übernommen hat (BFH vom 4.7.1974 IV R 166/70, BStBl 1974 II S. 677).

Während des Bestehens des Gesellschaftsverhältnisses kann die drohende Inanspruchnahme nicht gewinnmindernd berücksichtigt werden (BFH 12.7.1990 IV R 37/89; BStBl 1991 II S. 64). Wegen der drohenden Haftungsinanspruchnahme aus der Bürgschaft war in der Sonderbilanz der U zum 31.12.2016 somit **keine gewinnmindernde Rückstellung** zu bilden, weil hierdurch – bezogen auf die Gesamtbilanz der Mitunternehmerschaft – eine unzulässige Rückstellung für eine künftige Einlage passiviert würde. Unerheblich ist, dass U zum Bilanzstichtag u.U. schon mit einer Inanspruchnahme aus der Bürgschaft rechnen musste.

b) Haftungsinanspruchnahme am 1.3.2017

Erfüllt der Kommanditist eine Verbindlichkeit der KG, so steht ihm gegen die Gesellschaft ein Ausgleichsanspruch zu (§§ 110 Abs. 1, 161 Abs. 2 HGB). Die Gesellschaft ist ihm gegenüber zum Ersatz verpflichtet. Entsprechendes gilt, wenn der Kommanditist auf Grund einer Bürgschaft für Verbindlichkeiten der KG in Anspruch genommen wird und er den Gläubiger der Forderung gegen die KG als Bürge befriedigt. Die Forderung des Gläubigers gegen die KG als Hauptschuldnerin geht in diesem Fall auf den Bürgen über (§ 774 Abs. 1 BGB). Die Verbindlichkeit der KG als Hauptschuldnerin bleibt weiterhin bestehen. Sie hat nach der Bürgschaftsinanspruchnahme die Verbindlichkeit als Verbindlichkeit gegenüber dem Kommanditisten in ihrer Gesamthandsbilanz auszuweisen. Für den Kommanditisten gehört der Ausgleichsanspruch zwar nicht zu dem in der Gesellschaftsbilanz auszuweisenden Eigenkapital, wohl aber zu seinem in einer Sonderbilanzen auszuweisenden notwendigen Sonderbetriebsvermögen. In der aus Gesellschaftsbilanz und Sonderbilanz zu bildendenden Gesamtbilanz der Mitunternehmerschaft stellt die auf den Kommanditisten übergegangene Forderung damit Eigenkapital dar (BFH vom 24. 3. 1999 I R 114/97, BStBl 2000 II S. 399).

Nach erfolgter Inanspruchnahme am 9. 3. 2017 kann U auf den entstandenen Ersatzanspruch (§§ 675, 670 BGB bzw. §§ 110, 161 HGB) gegen die Gesellschaft, der wie der Anspruch aus einem Gesellschafterdarlehen in der aus der Gesellschafts- und den Sonderbilanz der Gesellschafter zu bildenden Gesamtbilanz zu Eigenkapital wird, keine Teilwertabschreibung vornehmen.

Steuerrechtlich wirkt sich ein etwaiges Wertloswerden der Forderung des Kommanditisten gegen die KG nicht schon während des Bestehens der Gesellschaft, sondern erst mit der Beendigung der Gesellschaft aus. Ein während des Bestehens der Gesellschaft nicht erfüllter Anspruch auf Aufwendungsersatz steht steuerrechtlich grundsätzlich dem Anspruch des Gesellschafters auf das Auseinandersetzungsguthaben bei Liquidation der Gesellschaft gleich. Daraus folgt, dass das Wertloswerden dieses Anspruchs auf Aufwendungsersatz ebenso wenig als Sonderbetriebsausgabe des Gesellschafters wirken kann wie etwa das Wertloswerden des Auseinandersetzungsanspruchs des Gesellschafters vor Auflösung der Gesellschaft. Aus der Gleichbehandlung eines Verlustes im Sonderbetriebsvermögen mit dem Verlust einer Einlage in das Gesellschaftsvermögen folgt, dass maßgeblich für die Verlustrealisierung der Zeitpunkt ist, zu dem die Gesellschaft ihren Gewerbebetrieb im Ganzen aufgibt oder veräußert. Der Verlust im Sonderbetriebsvermögen – wird ebenso wie der Verlust der Einlage in das Gesellschaftsvermögen – grundsätzlich erst im Zeitpunkt der Beendigung der Mitunternehmerstellung, also beim Ausscheiden des Gesellschafters oder bei Beendigung der Gesellschaft realisiert (BFH vom 26. 9. 1996 IV R 105/94, BStBl 1997 II S. 277). Auch wenn feststeht, dass ein solcher Ersatzanspruch wertlos ist, weil er weder von der KG noch vom persönlich haftenden Gesellschafter beglichen werden kann, folgt aus der Behandlung als Eigenkapital, dass eine Wertberichtigung während des Bestehens der Gesellschaft nicht in Betracht kommt.

Das Wertloswerden der Ersatzforderung wirkt sich erst im Zeitpunkt der Beendigung der Mitunternehmerstellung gewinnmindernd aus, also beim Ausscheiden des Gesellschafters oder bei Beendigung der Gesellschaft (H 15.8 EStH: Mitunternehmerschaft – Ausgleichsanspruch eines Kommanditisten). In eine bei Beendigung der Gesellschaft vorzunehmende Auseinandersetzung (§§ 730 ff. BGB, 145 ff. HGB) gehen auch Forderungen der **Gesellschafter** gegen die Gesellschaft ein. Erst die Realisierbarkeit oder Nichtrealisierbarkeit von Ausgleichsansprüchen gegen die Gesellschaft oder die Mitgesellschafter entscheidet darüber, ob dem Gesellschafter aus seiner Forderung endgültig ein Verlust entstanden ist. In steuerrechtlicher Sicht ist dem Gesellschafter eine frühere Geltendmachung seiner Aufwendungen verwehrt.

Nach erfolgter Inanspruchnahme am 9. 3. 2017 kommt für U auf den entstandenen Ersatzanspruch (§§ 675, 670 BGB bzw. der §§ 110, 161 HGB) gegen die Gesellschaft, der wie der Anspruch aus einem Gesellschafterdarlehen in der aus der Gesellschafts- und den Sonderbilanzen der Gesellschafter zu bildenden Gesamtbilanz zu Eigenkapital wird, wegen der bereits am 9. 3. 2017 u. U. absehbaren Wertlosigkeit des Ersatzanspruchs bis zur Veräußerung ihres Gesellschaftsanteils und ihrem damit verbundenen Ausscheiden aus der KG eine Teilwertabschreibung nicht in Betracht. Es ergeben sich auch nach erfolgter Haftungsinanspruchnahme keine Sonderbetriebsausgaben.

4. Veräußerung Kommanditanteil zum 31. 10. 2017

U hat am 31. 10. 2017 mit der Veräußerung ihres Kommanditanteils ihre gewerbliche Betätigung im Rahmen der Mitunternehmerschaft beendet. Der Veräußerungs- oder Aufgabegewinn schließt grundsätzlich das Ergebnis der gewerblichen Betätigung des Gesellschafters ab.

U hat am 31. 10. 2017 ihren ganzen Kommanditanteil an der S-KG an den Nichtgesellschafter Gustav Gierig (G) zum fremdüblichen Kaufpreis veräußert. Es handelt sich um die Veräußerung des gesamten Anteils der U an der S-KG (§ 16 Abs. 1 Nr. 2 EStG). Zum Veräußerungsgewinn i. S. d. § 16 Abs. 1 Nr. 2 EStG gehört der Gewinn aus der Veräußerung des Kommanditanteils (Gesamthandsbereich) an den Erwerber G und auch der sich durch die Beendigung der Mitunternehmerschaft im Sonderbereich ergebende Gewinn bzw. Verlust. Veräußerungsgewinn oder -verlust ist der Veräußerungspreis zuzüglich des gemeinen Werts der in das Privatvermögen überführten Wirtschaftsgüter abzüglich der Veräußerungskosten und dem Buchwert der Beteiligung einschließlich Sonderbetriebsvermögen (H 16 (4) EStH: Ermittlung des Veräußerungsgewinns).

Unschädlich für die Annahme einer Veräußerung des Mitunternehmeranteils nach § 16 Abs. 1 Nr. 2 EStG ist, dass U ihren zum Sonderbetriebsvermögen gehörenden Pkw nicht an G mit veräußert, sondern in ihr Privatvermögen überführt hat. Der Pkw gehört weder funktional noch auf Grund vorhandener stiller Reserven zu den wesentlichen Betriebsgrundlagen ihres Mitunternehmeranteils (H 16 (8) EStH: Begriff der wesentlichen Betriebsgrundlage).

a) Gesamthandsbereich

Veräußerungsgewinn i. S. des § 16 Abs. 1 Satz 1 Nr. 2 EStG ist der Betrag, um den der Veräußerungspreis nach Abzug der Veräußerungskosten den Wert des Anteils am Betriebsvermögen (§ 16 Abs. 2 EStG) übersteigt. Der Wert des Anteils ist für den Zeitpunkt der Veräußerung nach § 4 Abs. 1, § 5 EStG zu ermitteln (§ 16 Abs. 2 EStG). Durch den Fortfall des durch einkommensteuerrechtliche Verlustzurechnungen entstandenen negativen Kapitalkontos der U ergibt sich in Höhe des negativen Kapitalkontos ein steuerpflichtiger Gewinn der Kommanditistin (BFH vom 10. 11. 1980 GrS 1/79, BStBl 1981 II 164).

Der Veräußerungsgewinn ist mit dem Verlust 2017 im Gesamthandsbereich i. H. v. 40 000 € zu verrechnen. Der hiernach verbleibende Veräußerungsgewinn ist mit dem zum 31. 12. 2016 festgestellten verrechenbaren Verlust von 30 000 € zu verrechnen (§ 15a Abs. 2 Satz 2 EStG).

Hiernach ist der Gewinn wie folgt zu ermitteln:

Veräußerungspreis		0 €
Kapitalkonto 31. 12. 2016	./. 30 000 €	
Verlustanteil 2017	./. 40 000 €	
Kapitalkonto 31. 12. 2017		./. (-) 70 000 €
Veräußerungsgewinn (Nachversteuerungsgewinn)		**70 000 €**
Verlust 2017		./. (-) 40 000 €
Festgestellter verrechenbarer Verlust 31. 12. 2016		./. (-) 30 000 €
Veräußerungsgewinn Gesamthandsbereich		**0 €**

b) Sonderbereich

aa) Ausgleichsansprüche aus Bürgschaftsübernahme

Bei der Ermittlung des Veräußerungsgewinns oder -verlustes sind Aufwendungen des Gesellschafters, die mit der Veräußerung des Mitunternehmeranteils verbunden sind, gewinnmindernd zu berücksichtigen (BFH vom 12. 7. 1990 IV R 37/89; BStBl 1991 II S. 64; BFH vom 19. 1. 1993 VIII R 128/84, BStBl 1993 II S. 594). Aus der Gleichbehandlung eines Verlustes im Sonderbetriebsvermögen mit dem Verlust einer Einlage in das Gesellschaftsvermögen folgt, dass maßgeblich für die Verlustrealisierung der Zeitpunkt ist, zu dem der Gesellschafter aus der Gesellschaft ausscheidet oder die Gesellschaft beendet wird (H 15.8 EStH Mitunternehmerschaft – Ausgleichsanspruch eines Kommanditisten).

Die Forderung der U gegen die S-KG aus der Begleichung ihrer Darlehensschuld aufgrund der Bürgschaftsübernahme wirkt sich wie eine zusätzlich geleistete Einlage aus und geht in die bei Beendigung der Gesellschaft vorzunehmende Auseinandersetzung ein (§§ 730 ff. BGB, 145 ff. HGB). Erst die Realisierbarkeit oder Nichtrealisierbarkeit von Ausgleichsansprüchen gegen die Gesellschaft oder die Mitgesellschafter entscheidet darüber, ob dem Gesellschafter aus seiner Forderung endgültig ein Verlust entstanden ist. Die Forderung der U gegenüber der S-KG bleibt auch nach ihrem Ausscheiden solange bestehen, bis endgültig ihre Nichtrealisierbarkeit feststeht. Ein Verlust wird erst dann realisiert, wenn der Anspruch gegen die S-KG endgültig wertlos wird. In steuerrechtlicher Sicht ist dem Gesellschafter eine frühere Geltendmachung verwehrt. Bei der Ermittlung des Veräußerungsgewinns ist die Forderung wie ein Veräußerungserlös mit dem gemeinen Wert zu bewerten (BFH vom 12. 12. 1996 IV R 77/93, BStBl 1998 II S. 180).

Der Sachverhalt enthält keine konkreten Angaben über die Werthaltigkeit der Ausgleichsforderung zum Zeitpunkt des Ausscheidens der U aus der S-KG am 31. 10. 2017, auch wenn zu diesem Zeitpunkt mit der Möglichkeit eines Insolvenzantrags zu rechnen war.

Spätestens zu dem Zeitpunkt, zu dem der gestellte Insolvenzantrag über das Vermögen der S-KG und der R-GmbH am 20. 12. 2017 mangels Masse abgewiesen wurde, zeigt sich die fehlende Realisierbarkeit und die Wertlosigkeit der Ausgleichsforderung der U gegen die S-KG bzw. die Mitgesellschafterin, da sowohl die S-KG als auch die Mitgesellschafterin R-GmbH zu diesem Zeitpunkt im Hinblick auf die Ersatzforderung zahlungsunfähig sind. Es kann dahingestellt bleiben, ob die Ausgleichsforderung der U bereits im Zeitpunkt ihres Ausscheidens aus der S-KG am 31. 10. 2017 wertlos war. Der Ausfall der Ersatzforderung spätestens zum 20. 12. 2017 stellt ein Ereignis mit steuerlicher Rückwirkung auf den Zeitpunkt der Veräußerung dar (BFH vom 19. 7. 1993 GrS 2/92, BStBl II S. 897). Der Veräußerungsgewinn wird mit steuerlicher Wirkung für die Vergangenheit im Zeitpunkt der Beendigung der Gesellschafterstellung gemindert (BFH vom 14. 12. 1994 X R 128/92, BStBl 1995 II S. 465).

Die Ausgleichsforderung gegenüber der S-KG ist bei der Ermittlung des Veräußerungsgewinns der U mit **0 €** zu bewerten, da mit einer Realisierbarkeit des Anspruchs im Hinblick auf die Vermögenslosigkeit der S-KG und der R-GmbH nicht mehr zu rechnen ist.

bb) Überführung Pkw in das Privatvermögen

Mit der Veräußerung ihres Kommanditanteils am 31. 10. 2017 scheidet auch der Pkw aus dem Sonderbetriebsvermögen der U aus und wird zum gemeinen Wert im Zeitpunkt der Veräußerung des Kommanditanteils in das Privatvermögen überführt (§ 16 Abs. 3 Satz 7 EStG).

Teilwert/gemeiner Wert 31. 10. 2017	11 000 €
Buchwert 31. 10. 2017	12 250 €
Verlust Pkw	./. **1 250 €**

cc) Darlehen Z-Bank – nachträgliche Betriebsausgaben

Mit der Überführung des Pkw in das Privatvermögen im Rahmen der Veräußerung des Mitunternehmeranteils an der S-KG wird auch die im Zusammenhang mit dem Erwerb des Pkw's stehende betriebliche Darlehensschuld gegenüber der Z-Bank in das Privatvermögen überführt. Am 31. 10. 2017 besteht die betriebliche Darlehensschuld noch unverändert mit 21 000 € (s. o.).

Nach ständiger Rechtsprechung sind im Falle der Veräußerung eines Mitunternehmeranteils (§ 16 Abs. 1 Nr. 2 EStG) Schuldzinsen für betrieblich begründete Verbindlichkeiten insoweit nachträgliche Betriebsausgaben (§ 4 Abs. 4, § 24 Nr. 2 EStG), als die zugrundeliegenden Verbindlichkeiten nicht durch den Veräußerungserlös oder durch eine mögliche Verwertung von Aktivvermögen beglichen werden können; nicht tilgbare Betriebsschulden bleiben solange noch betrieblich veranlasst, bis ein etwaiges Verwertungshindernis entfallen ist (BFH vom 21. 11. 1989 IX R 10/84, BStBl 1990 II S. 213).

U hätte durch Verwertung (Veräußerung) ihres Pkw das Darlehen mit 11 000 € tilgen können. Der Verwertung des Pkw zur Tilgung der Darlehensschuld standen insoweit keine Verwertungshindernisse entgegen. Das Darlehen war jederzeit kündbar. Die Darlehenstilgung wurde nur im Hinblick auf die weitere private Verwendung des Pkw unterlassen. Soweit das betrieblich veranlasste Darlehen von 21 000 € den gemeinen Wert des Pkw von 11 000 € übersteigt, ist das Darlehen weiterhin als negatives Sonderbetriebsvermögen zu behandeln. Die auf diesen Teil des Darlehens ab dem 1. 11. 2017 entfallenden Schuldzinsen sind nachträgliche Sonderbetriebsausgaben (§ 4 Abs. 4, § 24 Nr. 2 EStG). Unerheblich ist, dass die nachträglichen Einkünfte nicht mehr durch Betriebsvermögensvergleich, sondern in sinngemäßer Anwendung des § 4 Abs. 3 EStG unter Berücksichtigung des Zu- und Abflussprinzips gem. § 11 EStG zu ermitteln sind (BFH vom 23. 2. 2016 IV R 31/09 (NV), BFH/NV 2016 S. 1448), da U die Darlehenszinsen für die Zeit vom 1. 11. bis 31. 12. 2017 pünktlich zum Monatsersten gezahlt hat.

Zinsen – 1. 11. – 31. 12. 2017 – 2 x 270 €	540 €	
Nachträgliche Betriebsausgaben – 10/54 von	540 €	./. **100 €**

c) Veräußerungsverlust insgesamt

Sonderbereich:		
► Ausfall Forderung aus Bürgschaftsinanspruchnahme		./. 50 000 €
► Pkw		
– Gemeiner Wert – 31.10.2017	11 000 €	
– Buchwert – 31.10.2017	./. 12 250 €	
– Verlust Pkw		./. 1 250 €
Verlust Sonderbereich		./. 51 250 €
Veräußerungsgewinn/-verlust Gesamthandsbereich		0 €
Verlust 2017 insgesamt		**./. 51 250 €**

Der Verlust im Sonderbereich unterliegt nicht der Haftungsbeschränkung des Kommanditisten nach § 171 Abs. 1 HGB und ist unbeschränkt ausgleichs- und abzugsfähig (R 15a Abs. 2 EStR).

Nachträgliche Betriebsausgaben – § 4 Abs. 4, § 24 Nr. 2 EStG ./. **100 €**

Sachverhalt 5

1. Steuergegenstand

Der Gewerbesteuer unterliegt jeder stehende Gewerbebetrieb, soweit er im Inland betrieben wird (§ 2 Abs. 1 GewStG). Gewerbebetrieb ist ein gewerbliches Unternehmen i. S. d. EStG (§ 2 Abs. 1 Satz 1 GewStG). Das Einzelunternehmen ist ein Gewerbebetrieb i. S. d. § 15 Abs. 1 Nr. 1, Abs. 2 EStG. P übt eine gewerbliche Tätigkeit aus. Das Unternehmen des P wird in Leipzig und damit im Inland betrieben wird. Steuerschuldner der Gewerbesteuer ist P, da das Unternehmen auf seine Rechnung betrieben wird (§ 5 Abs. 1 GewStG).

2. Besteuerungsgrundlagen

Besteuerungsgrundlage für die Gewerbesteuer ist der **Gewerbeertrag** (§ 6 GewStG). Gewerbeertrag ist der für das Unternehmen nach den Vorschriften des EStG ermittelte Gewinn, vermehrt um die Hinzurechnungen nach § 8 GewStG und vermindert um die Kürzungen nach § 9 GewStG (§ 7 Satz 1 GewStG). Ausgangsbasis für die Ermittlung des Gewerbeertrags ist der von P für das Wirtschaftsjahr 2017 zutreffend durch Bestandsvergleich nach § 4 Abs. 1, § 5 Abs. 1 EStG ermittelte Gewinn seines Unternehmens i. H. v. 240 000 €.

3. Gewinnausschüttung

Die Bruttogewinnausschüttung der P-GmbH gehört nach § 20 Abs. 1 Nr. 1 EStG zu den Einkünften aus Kapitalvermögen, die nach § 20 Abs. 8 EStG dem Gewinn aus Gewerbebetrieb (§ 15 EStG) zuzurechnen ist, da die Beteiligung zum Betriebsvermögen des Abschleppdienstes gehört. P hat zutreffend die Dividende i. H. v. 10 000 € als Betriebseinnahme erfasst. Die Dividende unterliegt nach § 43 Abs. 1 Nr. 1 EStG dem **Steuerabzug** vom Kapitalertrag in Höhe von 25 % der vollen Kapitalerträge ohne jeden Abzug (§ 43a Abs. 1 Nr. 1 EStG). Die einbehaltene Kapitalertragsteuer und der Solidarzuschlag sind nach § 12 Nr. 3 EStG als Personensteuer bei der Ermittlung des Einkommens nicht abzugsfähig. Die **Abgeltungswirkung** des Steuerabzugs nach § 43 Abs. 5

Satz 1 EStG tritt **nicht** ein, da die Kapitalerträge wegen der Zugehörigkeit der Beteiligung zum Betriebsvermögen zu den Einkünften aus Gewerbebetrieb gehören (§ 43 Abs. 5 Satz 2 EStG). Aus dem gleichen Grund findet der gesonderte Steuertarif für Einkünfte aus Kapitalvermögen nach § 32d EStG keine Anwendung (§ 32d Abs. 1 EStG).

Nach § 7 Satz 4 GewStG sind die Vorschriften des § 3 Nr. 40 EStG und § 3c Abs. 2 EStG bei der Ermittlung des Gewerbeertrags anzuwenden. Nach § 3 Nr. 40 Satz 1 Buchstabe d EStG bleiben 40 % der Bezüge i. S. d. § 20 Abs. 1 Nr. 1 Satz 1 EStG steuerfrei, da die Bezüge nach § 20 Abs. 8 EStG zu den Einkünften aus Gewerbebetrieb gehören (§ 3 Nr. 40 Satz 2 EStG).

Dividende	10 000 €
40 % steuerfrei § 3 Nr. 40 Satz 1 Buchstabe d EStG	./. 4 000 €
60 % steuerpflichtige Einnahme	6 000 €
Gewinnminderung	**./. 4 000 €**

Die Zinsen i. H. v. 8 000 €, die P in 2017 für das zur Finanzierung der Anschaffungskosten der Beteiligung an der P-GmbH aufgenommene Darlehen gezahlt hat, wurden zutreffend als Betriebsausgabe in der Gewinn-Verlustrechnung berücksichtigt, da die Aufwendungen im Zusammenhang mit einem betrieblichen Wirtschaftsgut stehen. Bei der Ermittlung der Einkünfte dürfen die Zinsen nur zu 60 % abgezogen werden, da sie mit Einnahmen i. S. d. § 3 Nr. 40 EStG in wirtschaftlichem Zusammenhang stehen (§ 3c Abs. 2 EStG).

Zinsen	8 000 €
40 % nicht abzugsfähig – § 3c Abs. 2 EStG	./. 3 200 €
60 % abzugsfähige Betriebsausgaben	4 800 €
Gewinnerhöhung	**+ 3 200 €**

Der einkommensteuerliche Gewinn 2017 ermittelt sich wie folgt:

Gewinn 2017 lt. Steuerbilanz 31. 12. 2017	240 000 €
Gewinnminderung – steuerfreie Dividende	./. 4 000 €
Gewinnerhöhung – nicht abzugsfähige Betriebsausgaben	+ 3 200 €
Gewinn aus Gewerbebetrieb	**239 200 €**

4. Ermittlung des Gewerbesteuermessbetrags

a) Hinzurechnungen nach § 8 GewStG kommen nicht in Betracht.

b) Kürzung (§ 9 Nr. 2a GewStG)

Nach § 9 Nr. 2a GewStG ist der Gewinn um die Gewinnausschüttungen aus Anteilen an einer nicht steuerbefreiten inländischen Kapitalgesellschaft zu kürzen. Im Gewinn des Einzelunternehmens ist der Gewinn aus den Anteilen an der nicht steuerbefreiten P-GmbH (Gewinnausschüttung) i. H. v. 6 000 € enthalten. P hält seit dem Jahr 2014 eine Beteiligung von 55 % und ist damit zu mindestens 15 % an der P-GmbH beteiligt. Die Beteiligung hat auch zu Beginn des Erhebungszeitraums 2017 zum Betriebsvermögen des Einzelunternehmens gehört.

Die im unmittelbaren Zusammenhang mit Gewinnanteilen stehenden Darlehenszinsen mindern den Kürzungsbetrag nach § 9 Nr. 2a Satz 3 GewStG. § 8 Nr. 1 GewStG findet insoweit keine Anwendung (§ 9 Nr. 2a Satz 3 II. HS GewStG).

Ermittlung des Gewerbesteuer-Messbetrags:

Gewinn aus Gewerbebetrieb		239 200 €
Kürzung – § 9 Nr. 2a GewStG		
60 % steuerpflichtige Dividende	6 000 €	
60 % abzugsfähige Zinsen	./. 4 800 €	
Kürzung		./. 1 200 €
Gewerbeertrag		**238 000 €**
Freibetrag – § 11 Abs. 1 Satz 3 Nr. 1 GewStG		./. 24 500 €
Maßgebender Gewerbeertrag		**213 500 €**
Gewerbesteuermessbetrag – § 11 Abs. 2 GewStG – 3,5 % von	213 500 €	**7 472 €**

Teil II – Körperschaftsteuer

I. Feststellungen nach §§ 27, 28 KStG für die J-GmbH auf den 31. 12. 2017

Es ist davon auszugehen, dass die Herabsetzung des Stammkapitals der J-GmbH von 2 Mio. € auf 1 Mio. € unter Nennkapitalrückzahlung von 1 Mio. auf Grund des Beschlusses der Gesellschafterversammlung J-GmbH vom 20. 3. 2016 unter Beachtung der Bestimmungen des **§ 58 GmbHG** erfolgt ist. Die Anmeldung des Herabsetzungsbeschlusses zur Eintragung in das HR ist offensichtlich im Rahmen der in § 58 Abs. 1 Nr. 3 GmbHG gesetzten Frist erfolgt, da der Kapitalherabsetzungsbeschluss erst am 10. 9. 2017 im Handelsregister eingetragen wurde. Nach der Rückzahlung der Einlagen von 1 Mio. auf Grund des Kapitalherbsetzungsbeschlusses unterschreitet der verbleibende Nennbetrag der Geschäftsanteile mit 1 Mio. nicht den in § 5 Abs. 1 GmbHG bezeichneten Betrag von 25 000 €. Die Auswirkungen der Kapitalherabsetzung auf die gesonderten Feststellungen des steuerlichen Einlagekontos (§ 27 Abs. 1 KStG) und des Sonderausweis (§ 28 KStG) sind erst zum **31. 12. 2017** zu treffen, da die Nennkapitalherabsetzung erst mit der **Eintragung** in das Handelsregister am 10. 9. 2017 handelsrechtlich **wirksam** wird und die Nennkapitalrückzahlung erst im Jahr 2017 erfolgt ist.

Das **steuerliche Einlagekonto** (§ 27 Abs. 1 KStG) der J-GmbH wurde zum 31. 12. 2016 mit 0 € gesondert festgestellt. Hieraus ergibt sich, dass die Anteilseigner der J-GmbH bis zu diesem Zeitpunkt keine weiteren Einlagen geleistet haben.

1. Auswirkungen der Kapitalherabsetzung bei der J-GmbH

Die Rückzahlung von Nennkapital an die Anteilseigner führt grundsätzlich **nicht** zu steuerpflichtigen Beteiligungserträgen, **sofern** es sich **nicht** um die Auskehrung von in Nennkapital **umgewandelte Gewinnrücklagen** handelt. Hat die Kapitalgesellschaft Gewinnrücklagen in Nennkapital umgewandelt, sind diese Beträge nach § 28 Abs. 1 Satz 3 KStG getrennt auszuweisen und gesondert festzustellen (Sonderausweis).

Der für die J-GmbH zum 31. 12. 2016 mit 400 000 € gesondert festgestellte **Sonderausweis** ist somit die Summe der Beträge, die dem Nennkapital der J-GmbH durch **Umwandlung von Rücklagen** zugeführt worden ist, soweit es sich nicht um Einlagen der Anteilseigner handelt.

Die Herabsetzung des Nennkapitals **verringert** zunächst den zum 31. 12. 2016 festgestellten Bestand des **Sonderausweises** von 400 000 € auf 0 €.

Der den Sonderausweis übersteigende Betrag von 600 000 € (Kapitalherabsetzung 1 000 000 € ./. Sonderausweis 400 000 €) ist dem **steuerlichen Einlagekontos** zum Schluss des Wirtschaftsjahrs 31. 12. 2017, in dem die Kapitalherabsetzung wirksam wird (Eintragung im Handelsregister) **gutzuschreiben** und erhöht sich dadurch von 0 € auf **600 000 €**. Dies gilt auch dann, wenn der Kapitalherabsetzungsbetrag anschließend an die Anteilseigner ausgekehrt wird.

	Vorspalte	Einlagekonto	Sonderausweis
Anfangsbestand		0 €	400 000 €
Betrag der Kapitalherabsetzung	1 000 000 €		
- Verringerung Sonderausweises	./. 400 000 €		./. 400 000 €
Zugang Einlagekonto	./. 600 000 €	+ 600 000 €	
Zwischensumme	0 €		
Bestand vor Kapitalrückzahlung		**600 000 €**	**0 €**

Nach § 28 Abs. 2 Satz 2 KStG **verringert** der im Beschluss über die Kapitalherabsetzung vorgesehene Auskehrungsbetrag im Wirtschaftsjahr der Rückzahlung 2017 das **steuerliche Einlagekonto**, soweit hierfür nicht der gesondert festgestellte Sonderausweis als verwendet gilt. Das steuerliche Einlagekonto der J-GmbH verringert sich somit im Wirtschaftsjahr 2017 von 600 000 € auf 0 €. Die Rückzahlung des Nennkapitals gilt, soweit der Sonderausweis zu mindern ist, als Gewinnausschüttung, die bei den Anteilseignern zu Bezügen i. S. d. § 20 Abs. 1 Nr. 2 EStG führen (§ 28 Abs. 2 Satz 2 KStG).

Zum 31. 12. 2017 entwickeln sich das steuerliche Einlagekonto (§ 27 KStG) und der Sonderausweis (§ 28 KStG) wie folgt:

	Vorspalte	Einlagekonto	Sonderausweis
Bestand vor Kapitalrückzahlung		600 000 €	0 €
Rückzahlung von Nennkapital	1 000 000 €		
- Verringerung Sonderausweises	./. 400 000 €		
Zwischensumme	600 000 €		
Abgang Einlagekonto	./. 600 000 €	./. 600 000 €	
Schlussbestände 31. 12. 2017		**0 €**	**0 €**

Zum 31. 12. 2017 sind das steuerliche Einlagekonto (§ 27 KStG) und der Sonderausweis (§ 28 KStG) mit jeweils **0 €** gesondert festzustellen.

II. Ermittlung der steuerpflichtigen Einkünfte der ID im VZ 2017

1. Körperschaftsteuerpflicht der ID

Die steuerliche Einordnung der Invest-Deutschland Ltda (ID) richtet sich nach **inländischem Recht**. Die ID unterliegt nach den Vorschriften des KStG der Körperschaftsteuer, da sie nach dem Sachverhalt eine mit einer GmbH deutschen Rechts vergleichbare Kapitalgesellschaft ist.

Die auf die Tätigung von Investitionen in Deutschland ausgerichtete Geschäftstätigkeit der ID ist als **gewerbliche Tätigkeit** i. S. d. § 15 EStG zu beurteilen. Sie betätigt sich nachhaltig mit Gewinnerzielungsabsicht am allgemeinen wirtschaftlichen Verkehr. Durch ihr Engagement im Inland begründet sie weder eine inländische Betriebsstätte (§ 12 AO) noch hat sie im Inland einen ständigen Vertreter (§ 13 AO) für ihr Unternehmen bestellt. Sie ist daher nach § 2 Abs. 1 Nr. 1 KStG **beschränkt körperschaftsteuerpflichtig**. Sie unterliegt nur mit ihren **inländischen Einkünften i. S. d. § 8 Abs. 1 Satz 1 KStG i. V. m. § 49 EStG** der beschränkten Körperschaftsteuerpflicht. Was inländische Einkünfte sind, beurteilt sich nach § 8 Abs. 1 KStG i. V. m. § 49 EStG. Der nach **§ 8 Abs. 2 KStG** geltende Grundsatz, dass sämtliche Einkünfte einer Kapitalgesellschaft als Einkünfte aus Gewerbebetrieb zu behandeln sind, scheidet im Hinblick auf die beschränkte Steuerpflicht der ID aus.

2. Einkunftsermittlung

Als beschränkt körperschaftsteuerpflichtiges Unternehmen kann die ID beschränkt steuerpflichtige **inländische Einkünfte aus Gewerbebetrieb** i. S. d. § 49 Abs. 1 EStG erzielen (§ 49 Abs. 1 Nr. 2 Buchstabe b bis g EStG). Unter den in § 49 Abs. 1 Nr. 2 Buchstabe b bis g EStG genannten Voraussetzungen werden die von einem ausländischen Unternehmen erzielten Einkünfte auch ohne Vorliegen einer inländischen Betriebsstätte oder eines ständigen inländischen Vertreters als **Einkünfte aus Gewerbebetrieb qualifiziert**.

Die Ermittlung der gewerblichen Einkünfte in den Fällen, in denen im Inland keine Betriebsstätte unterhalten wird und auch kein ständiger Vertreter bestellt ist (§ 49 Abs. 1 Nr. 2 Buchstabe b bis g EStG), ist in §§ 49, 50 EStG nicht besonders gesetzlich geregelt.

Eine inländische GmbH ist nach Handels- und Steuerrecht verpflichtet, Bücher nach den Vorschriften des HGB zu führen und regelmäßig Abschlüsse zu machen (§ 5 Abs. 1 Satz 1 EStG). Die Buchführungspflicht nach Handels- und Steuerrecht umfasst stets das gesamte Unternehmen einschließlich der ausländischen Betriebsstätten (BMF 24. 12. 1999 IV B 4 - S 1300 - 111/99, BStBl 1999 I S. 1076). Es gelten die allgemeinen Buchführungs- und Aufzeichnungspflichten nach dem HGB und der AO. Die Buchführungspflicht ist grundsätzlich ohne Rücksicht auf eine Steuerfreistellung der ausländischen Betriebsstätteneinkünfte und etwaige Buchführungs- und Aufzeichnungspflichten im Betriebsstättenstaat im Inland zu erfüllen.

Besteht für Betriebstätten nach dem Recht des Betriebsstättenstaates eine Verpflichtung, Bücher und Aufzeichnungen zu führen, und wird diese Verpflichtung erfüllt, müssen die Ergebnisse der dortigen Buchführung in die Buchführung des inländischen Unternehmens übernommen werden, soweit sie für die Besteuerung von Bedeutung sind (§ 146 Abs. 2 - 4 AO).

Die ID ist eine mit einer GmbH deutschen Rechts vergleichbare Kapitalgesellschaft. Es ist davon auszugehen, dass für sie auch in Brasilien eine entsprechend dem für deutsche GmbH's geltenden Recht vergleichbare Verpflichtung besteht, Bücher zu führen und regelmäßig Abschlüsse zu machen (§ 5 Abs. 1 Satz 1 EStG).

Ob die ID Einkünfte i. S. d. § 49 Abs. 1 Nr. 2 Buchstabe b bis g EStG als Gewerbetreibender i. S. d. § 5 Abs. 1 EStG bezieht, ist nach dem Gesamtbild der Verhältnisse zu beurteilen. Im Ausland gegebene Besteuerungsmerkmale bleiben **nur** dann außer Betracht, soweit bei ihrer Berücksichtigung inländische Einkünfte im Sinne des § 49 Abs. 1 EStG nicht angenommen werden könnten. Nach dem Gesamtbild der Verhältnisse ist die **ID als Gewerbetreibende** i. S. d. § 5 Abs. 1 EStG zu beurteilen und kann damit auch ihre inländischen Einkünfte aus Gewerbebetrieb i. S. d. § 49 Abs. 1 Nr. 2 Buchstabe b bis g EStG durch Betriebsvermögensvergleich ermitteln.

Die Körperschaftsteuer der ID für ihre beschränkt steuerpflichtigen Einkünfte misst sich nach ihrem zu versteuernden Einkommen für das Kalenderjahr 2017 (§ 7 Abs. 1 KStG), das nach den Vorschriften des EStG und des KStG zu ermitteln ist (§ 8 Abs. 1 Satz 1 KStG).

Der **Freibetrag nach § 24 KStG** ist **nicht** zu berücksichtigen, da die Leistungen der ID bei den Empfängern zu den Einnahmen i. S. d. § 20 Abs. 1 Nr. 1 EStG gehören.

3. Beteiligung an der J-GmbH

a) Einkünfte aus Kapitalvermögen i. S. d. § 20 Abs. 1 Nr. 2 EStG

Bezüge auf Grund einer Kapitalherabsetzung einer unbeschränkt steuerpflichtigen Kapitalgesellschaft gelten nach § 28 Abs. 2 Satz 2 KStG als **Gewinnausschüttung** (§ 8 Abs. 1 Satz 1 KStG i.V. m. § 20 Abs. 1 Nr. 2 EStG), soweit der **Sonderausweis** nach § 28 KStG zu **mindern** ist. Die Auskehrung des Herabsetzungsbetrags i. H. v. 120 000 € (30 % von 400 000 €) führt bei der Anteilseignerin ID zu Einkünften aus Kapitalvermögen i. S. d. § 20 Abs. 1 Nr. 2 EStG, da insoweit die Rückzahlung des Nennkapitals den Sonderausweis J-GmbH gemindert hat. Für die ID liegen **inländische Einkünfte nach** § 8 Abs. 1 Satz 1 KStG i.V. m. **§ 49 Abs. 1 Nr. 5 Buchstabe a EStG** vor, da die J-GmbH als Schuldnerin der Kapitalerträge ihre Geschäftsleitung und ihren Sitz im Inland hat. Unerheblich ist, dass die Aneile an der J-GmbH bei der ID zu ihrem ausländischen Betriebsvermögen gehören (§ 8 Abs. 1 Satz 1 KStG i.V. m. § 49 Abs. 2 EStG).

Steuerabzug vom Kapitalertrag

Die **Gewinnausschüttung** unterliegt als Kapitalertrag i. S. d. § 8 Abs. 1 Satz 1 KStG i.V. m. § 20 Abs. 1 Nr. 2 EStG dem **Steuerabzug vom Kapitalertrag** (§ 43 Abs. 1 Satz 1 Nr. 1 Satz 1 EStG). Die Kapitalertragsteuer beträgt nach § 43a Abs. 1 Satz 1 Nr. 1 Satz 1 EStG 25 % der Kapitalerträge. Die J-GmbH hat nach dem Sachverhalt zutreffend als Schuldnerin der Kapitalerträge mit Sitz im Inland den Steuerabzug (Kapitalertragsteuer 25 % von 400 000 € = 100 000 €) und Solidaritätszuschlag (5,5 % von 100 000 € = 5 500 €) vorgenommen; hiervon entfallen auf die ID 30 000 € (30 % von 100 000 €) Kapitalertragsteuer und 1 650 € (30 % von 5 500 €) Solidarzuschlag. Der Steuerabzug ist **auch** dann vorzunehmen, wenn die Kapitalerträge beim Gläubiger zu den Einkünften aus Gewerbebetrieb gehören (§ 43 Abs. 4 EStG). Der Kapitalertragsteuerabzug wird durch § 8b Abs. 1 KStG nicht ausgeschlossen (§ 8 Abs. 1 Satz 1 KStG i.V. m. § 43 Abs. 1 Satz 3 EStG).

Die auf Erträge i. S. d. § 8b Abs. 1 KStG einbehaltene Kapitalertragsteuer kann grundsätzlich im Rahmen der Körperschaftsteuerveranlagung auf die Körperschaftsteuer angerechnet werden (§ 8 Abs. 1 KStG i. V. m. § 36 Abs. 2 Satz 2 Nr. 2 EStG).

Anspruch auf Kapitalertragsteuererstattung

Nach § 44a Abs. 9 EStG hat die ID einen **Anspruch auf Erstattung** von 2/5 der einbehaltenen und abgeführten Kapitalertragsteuer, da sie als Gläubigerin der Kapitalerträge im Sinne des § 43 Abs. 1 EStG eine **beschränkt steuerpflichtige Körperschaft** i. S. d. § 2 Nummer 1 KStG ist. Die Minderung der Kapitalertragsteuer führt gleichzeitig zu einer **Minderung des Solidarzuschlags**, da sich die für diesen maßgebende Bemessungsgrundlage vermindert (§ 3 Abs. 1 Nr. 5 SolzG).

Minderung – 2/5 von 30 000 € Kapitalertragsteuer	12 000,00 €
Minderung – 2/5 von 1 650 € € Solidarzuschlag	660,00 €

Abgeltende Wirkung des Steuerabzugs

Bei beschränkt Steuerpflichtigen ohne inländisches Betriebsvermögen ist die **Körperschaftsteuer** für Einkünfte, die dem Steuerabzug unterliegen durch den **Steuerabzug abgegolten** (§ 32 Abs. 1 Nr. 2 KStG). Die Freistellung nach § 8b Abs. 1 und 2 KStG bleibt für die ID ohne steuerliche Auswirkung, da die ID als Bezieherin der Einkünfte beschränkt steuerpflichtig ist und die Einkünfte nicht in einem inländischen gewerblichen Betrieb angefallen sind.

b) Veräußerungsgewinn i. S. d. § 17 Abs. 1 EStG

Die ID ist mit ihrer Beteiligung von 30 % an der J-GmbH **wesentlich Beteiligte** i. S. d. § 8 Abs. 1 KStG i. V. m. § 17 Abs. 1 Satz 1 EStG. Die Herabsetzung des Nennkapitals mit Kapitalrückzahlung gilt als Veräußerung i. S. d. § 17 Abs. 1 EStG und führt bei der ID zu gewerblichen Einkünften (§ 8 Abs. 1 Satz 1 KStG i. V. m. § 17 Abs. 4 Satz 1 EStG), soweit die Bezüge nicht auf Grund der Minderung des Sonderausweis (§ 28 KStG) zu den Einnahmen aus Kapitalvermögen i. S. d. § 20 Abs. 1 Nr. 2 EStG gehören (§ 17 Abs. 4 EStG). Der Gewinn nach § 17 Abs. 4 EStG wird im Jahr **2017** mit der Eintragung des Kapitalherabsetzungsbeschlusses in das Handelsregister **realisiert**, da er mit der Eintragung in das Handelsregister zivilrechtliche Wirksamkeit erlangt.

Der **Veräußerungsgewinn** gehört unter den Voraussetzungen des § 17 EStG zu den **inländischen Einkünften** aus Gewerbebetrieb, da es sich um Anteile an einer unbeschränkt körperschaftsteuerpflichtig Kapitalgesellschaft mit Sitz im Inland handelt (§ 8 Abs. 1 KStG i. V. m. § 49 Abs. 1 Nr. 2 Buchstabe e Doppelbuchstabe aa EStG). Unerheblich ist, dass die Anteile von der ID in ihrem ausländischen Betriebsvermögen gehalten werden (§ 49 Abs. 2 EStG).

Der an die Anteilseigner ausgekehrte Kapitalherabsetzungsbetrag gilt als Veräußerungspreis für die Anteile, soweit er nicht auf einen Sonderausweis nach § 28 Abs. 1 Satz 3 KStG entfällt. Als Veräußerungspreis ist nach § 8 Abs. 1 Satz 1 i. V. m. § 17 Abs. 4 Satz 2 EStG der gemeine Wert des zurückgezahlten Vermögens anzusetzen, soweit es nicht auf die Minderung des Sonderausweises (§ 28 Abs. 2 Satz 2 KStG) entfällt.

Veräußerungspreis – 30 % von 600 000 €	180 000 €

Veräußerungsgewinn i. S. d. § 8b Abs. 2 Satz 2 KStG ist der Betrag, um den das an die Stelle des Veräußerungspreises nach § 17 Abs. 4 ESG im Rahmen der Herabsetzung des Nennkapitals tretende zurückgezahlte Vermögen nach Abzug der Veräußerungskosten die Anschaffungskosten (Buchwert) der Anteile im Zeitpunkt der Veräußerung übersteigt (§ 8b Abs. 2 Satz 3 KStG).

Soweit der Herabsetzungsbetrag nach § 20 Abs. 1 Nummer 2 EStG als Einkünfte aus Kapitalvermögen zu behandeln ist, tritt eine Minderung der Anschaffungskosten der Anteile an der Kapitalgesellschaft **nicht** ein (BMF 9. 10. 2012 IV C 1 - S 2252/10/10013 Randnr. 92, BStBl 2012 I S. 953).

Bei der Ermittlung des Einkommens der Kapitalgesellschaft bleiben Gewinne aus der Herabsetzung des Nennkapitals außer Ansatz (§ 8b Abs. 2 Satz 3 KStG). Durch § 8b Abs. 2 KStG erfolgt die sachliche Steuerfreistellung von Gewinnen aus einer von einer Kapitalgesellschaft vorgenommenen Kapitalherabsetzung. § 8b Abs. 2 KStG gilt persönlich für **alle** Körperschaften und damit auch für die beschränkt steuerpflichtige ID; unerheblich ist, dass die ID kein inländisches Betriebsvermögen hat (BMF 28. 4. 2003 IV A 2 - S 2750 a - 7/03 Randnr. 13, BStBl 2003 I S. 292). Die Leistungen der J-GmbH gehören bei der ID zu Einnahmen i. S. d. § 20 Abs. 1 Nr. 1, 2 EStG.

Von dem Veräußerungsgewinn gelten 5 % als Ausgaben, die nicht als Betriebsausgaben abgezogen werden dürfen, dabei ist § 3c Abs. 1 EStG nicht anzuwenden (§ 8b Abs. 3 KStG).

Der Veräußerungsgewinn ermittelt sich nach § 8b Abs. 2 KStG wie folgt:

Kapitalrückzahlung – 30 % von	1 000 000 €	300 000 €
Sonderausweis – § 20 Abs. 1 Nr. 2 EStG – 30 % von	400 000 €	./. 120 000 €
Veräußerungspreis – § 8b Abs. 2 KStG		180 000 €
Anschaffungskosten J-GmbH-Anteil		./. 100 000 €
Steuerfreier Veräußerungsgewinn – § 8b Abs. 2 KStG		**80 000 €**
Nicht abziehbare Betriebsausgaben – § 8b Abs. 3 KStG		
5 % von 80 000 €		+ 4 000 €
Einkünfte der ID i. S. d. § 8 Abs. 1 Satz 1 KStG i. V. m. § 49 Abs. 1 Nr. 2 Buchstabe e Doppelbuchstabe aa EStG		**4 000 €**

Freibetrag nach § 17 Abs. 3 EStG

Der Freibetrag nach § 17 Abs. 3 EStG ist **nicht zu berücksichtigen.** § 17 Abs. 3 EStG findet grundsätzlich auch in den Fällen des § 17 Abs. 4 EStG Anwendung. Die Herabsetzung des Nennkapitals einer Kapitalgesellschaft ist jedoch **keine** anteilige **Veräußerung** von Anteilen an der Kapitalgesellschaft i. S. d. § 20 Abs. 2 EStG (BMF 9. 10. 2012 IV C 1 - S 2252/10/10013 Randnr. 92, BStBl 2012 I S. 953). Die Höhe des Freibetrags richtet sich nach § 17 Abs. 3 EStG nach dem Verhältnis des **veräußerten Anteils zum Nennkapital** der Kapitalgesellschaft. Der Freibetrag setzt damit eine prozentuale **Minderung der Beteiligung** voraus. Die Voraussetzung für die Gewährung des Freibetrags liegt nicht vor, da die ID auch nach der Kapitalherabsetzung weiterhin am Nennkapital der J-GmbH mit 30 % beteiligt ist.

Auch spricht gegen die Berücksichtigung des Freibetrags nach § 17 Abs. 3 EStG, dass der Veräußerungsgewinn nach § 8b KStG steuerfreigestellt wird und dass es sich bei der Hinzurechnung nach § 8b Abs. 3 KStG nicht um den Veräußerungsgewinn sondern um nicht abziehbare Betriebsausgaben handelt.

c) Steuerabzug vom Kapitalertrag

Nach § 43 Abs. 1 Nr. 1 EStG unterliegen Kapitalerträge i. S. d § 20 Abs. 1 Nummer 1 und Nr. 2 EStG der Kapitalertragsteuer. Entsprechendes gilt für Kapitalerträge i. S. d. § 20 Abs. 2 Satz 1 Nr. 1 EStG (§ 43 Abs. 1 Nr. 9 EStG). Zu den Einkünften aus Kapitalvermögen i. S. d. § 20 Abs. 2 Satz 1 Nr. 1 EStG gehören jedoch nur **Gewinne aus der Veräußerung** von Anteilen an einer Körperschaft i. S. d. § 20 Abs. 1 Nr. 1 EStG. Die Kapitalherabsetzung ist **keine** Veräußerung von Anteilen an einer Körperschaft i. S. d. § 20 Abs. 1 Nr. 1 EStG, damit wird vorliegend der im Rahmen der Kapitalherabsetzung zurückgezahlte Teil des Nennkapitals, soweit es sich nicht Bezüge i. S. d. § 20 Abs. 1 Nr. 2 EStG handelt, auch **nicht** nach § 43 Abs. 1 Nr. 9 EStG der **Kapitalertragsteuer unterworfen** (BMF vom 18. 1. 2016 IV C 1 - S 2252/08/10004 Randnr. 92, BStBl 2016 I S. 85).

d) Körperschaftsteuerfestsetzung

Die sich für die Einkünfte in Höhe von 4 000 € ergebende Körperschaftsteuer ist durch das Finanzamt durch Steuerbescheid festzusetzen, da wegen der fehlenden Kapitalertragsteuerpflicht § 32 Abs. 1 Nr. 2 KStG keine Anwendung findet.

4. Grundstück Dreigestirnallee, Köln

Seit dem 1. 5. 2017 erzielt die ID durch Vermietung des in Köln belegenen Bürogebäudes Dreigestirnallee (unbeweglichem Vermögen) **inländische Einkünfte aus Gewerbebetrieb** (§ 8 Abs. 1 Satz 1 KStG i. V. m. § 49 Abs. 1 Nr. 2 Buchstabe f Satz 1 Doppelbuchstabe aa EStG). § 49 Abs. 1 Nr. 6 EStG ist nicht anzuwenden, obwohl durch die langfristige Vermietung die Grenze zur Vermögensverwaltung nicht überschritten wird und damit keine gewerbliche Tätigkeit i. S. d. § 8 Abs. 1 Satz 1 KStG i. V. m. § 15 EStG vorliegt. Nach § 49 Abs. 1 Nr. 2 Buchstabe f Satz 2 EStG gelten die Einkünfte als Einkünfte aus Gewerbebetrieb, da sie aus der Vermietungstätigkeit einer Körperschaft i. S. d. § 2 Nr. 1 KStG erzielt werden, die mit einer Kapitalgesellschaft i. S. d. § 1 Abs. 1 Nr. 1 KStG vergleichbar ist.

Die Einkünfte aus dem Grundstück sind durch Betriebsvermögensvergleich (§ 4 Abs. 1, § 5 EStG) zu ermitteln. Auf den Zufluss der Betriebseinnahmen und den Abfluss der Betriebsausgaben (§ 8 Abs. 1 Satz 1 KStG i. V. m. § 11 EStG) kommt es nicht an.

a) Betriebseinnahmen

Betriebseinnahmen sind die ab 1. 5. 2017 vereinbarte Miete von monatlich 20 000 €.

Soweit die Miete für den Dezember 2017 von der Mieterin in 2017 nicht an die ID überwiesen wurde, ist zum 31. 12. 2014 eine entsprechende **Forderung von 23 800 € zu aktivieren**, die in Höhe des Nettobetrags von 20 000 € betrieblichen Ertrag darstellt. Es ist davon auszugehen, dass der Eingang der Mietforderung trotz des vorübergehenden Liquiditätsengpasses der Mieterin am 31. 12. 2017 nicht gefährdet war.

Betriebseinnahmen – 8 x 20 000 €	**160 000 €**

b) laufende Grundstückskosten

Die laufenden Grundstückskosten von monatlich 4 000 € stellen Betriebsausgaben dar (§ 4 Abs. 4 EStG).

Betriebsausgaben – laufende Grundstückskosten – 8 x 4 000 €	./. **32 000 €**

c) Umsatzsteuer

Die der Mieterin in Rechnung gestellte Umsatzsteuer i. H. v. monatlich 3 800 € gehört **nicht** zu den Betriebseinnahmen der ID und stellt **keinen** Ertrag dar. Die der ID in Rechnung gestellten Vorsteuern i. H. v. monatlich 760 € sind nach § 15 UStG abzugsfähig und mindern nicht den Gewinn.

Zum 31. 12. 2017 ist die noch nicht an das Finanzamt abgeführte Umsatzsteuer in Höhe von 30 400 € (8 x 3 800 €), vermindert um die nach § 15 UStG abziehbare Vorsteuer von 6 080 € (8 x 760 €), als Verbindlichkeit mit **24 320 €** zu passivieren.

HINWEIS:

Nach dem Sachverhalt hat die ID auf die Umsatzsteuerbefreiung nach § 4 Nr. 12 Satz 1 Buchstabe a UStG verzichtet und nach § 9 UStG für die Besteuerung ihrer Umsätze optiert. Es wird davon ausgegangen, dass die ID somit hinsichtlich der Grundstücksvermietung der Regelbesteuerung unterliegt.

d) AfA Gebäude Dreigestirnallee in Köln

Die AfA für das Gebäude ist als Betriebsausgabe zu berücksichtigen (§ 7 Abs. 4 EStG). Das Gebäude gehört infolge der Fiktion der Gewerblichkeit der Vermietungstätigkeit nach § 49 Abs. 1 Nr. 2 Buchstabe f Satz 2 EStG zum **abnutzbaren Anlagevermögen** der ID. Die AfA bemisst sich nach den Anschaffungskosten des Gebäudes von 2 500 000 €. Umsatzsteuer wurde der ID beim Erwerb des Grundstücks nicht gesondert in Rechnung gestellt.

Die **AfA ist mit 3 % p. a.** der Gebäudeanschaffungskosten vorzunehmen. Das Gebäude gehört zum Betriebsvermögen der ID, dient nicht Wohnzwecken und der Bauantrag für das Gebäude wurde nach dem 31. 3. 1985 gestellt (§ 7 Abs. 4 Satz 1 Nr. 1 EStG). Die AfA ist für 2017 nur zeitanteilig mit 8/12 der Jahres-AfA vorzunehmen (§ 7 Abs. 1 Satz 4 EStG).

AfA – 8/12 von 3 % von 2 500 000 €	./. **50 000 €**

e) Reparatur Fenster

Das der Körperschaftsteuer unterliegende Einkommen wird gemäß § 8 Abs. 1 KStG nach den Vorschriften des EStG und den ergänzenden Bestimmungen des KStG ermittelt. Nach § 4 Abs. 4 EStG sind Betriebsausgaben alle Aufwendungen, die durch den Betrieb veranlasst sind. Die von der B-GmbH der ID im Rahmen einer **verdeckten Gewinnausschüttung** (s. unter 5. b) übereigneten Fenster führen bei der ID i. H. v. **11 900 €** zu einer bei der Ermittlung der Einkünfte nach § 49 Abs. 1 Nr. 2 Buchstabe f Satz 1 Doppelbuchstabe aa EStG des Grundstücks Dreigestirnallee zu berücksichtigenden **Betriebsausgabe** (Erhaltungsaufwand). Die Aufwendungen gehören nicht nach § 6 Abs. 1 Nr. 1a EStG zu den Herstellungskosten, da die Aufwendungen 15 % der Gebäudeanschaffungskosten nicht übersteigen.

Besteht die Zuwendung einer Kapitalgesellschaft an ihren Gesellschafter in der Übertragung von materiellen Wirtschaftsgütern in dessen Betriebsvermögen, die noch vor dem Bilanzstichtag verbraucht werden, so steht dem Ertrag aus der verdeckten Gewinnausschüttung ein gleich hoher Aufwand gegenüber. Unerheblich ist, dass der ID insoweit keine unmittelbaren Aufwendungen entstanden sind. Infolge der Beurteilung der Zuwendung der Fenster als verdeckten Gewinnausschüttung wird fingiert, dass die ID eine gleich hohe Zahlung an die B-GmbH geleistet hat.

Gewinnminderung – Reparaturaufwand Grundstücks Dreigestirnallee	./. **11 900 €**

Ein **Vorsteuerabzug** nach § 15 UStG **entfällt** für die ID. Die verdeckte Gewinnausschüttung löst bei der B-GmbH zwar Umsatzsteuer aus, da sie nach § 3 Abs. 1b UStG einer Lieferung gegen Entgelt gleichgestellt wird, jedoch ist insoweit die Ausstellung einer Rechnung mit gesondertem Steuerausweis i. S. d. § 14 UStG nicht möglich (A 3.2 Abs. 2 Satz 5 und Satz 6 UStAE).

f) Körperschaftsteuer-Vorauszahlung

Die von der ID gezahlte Körperschaftsteuer-Vorauszahlung ist nach § 10 Nr. 2 KStG nicht abziehbar.

g) Zusammenstellung

Betriebseinnahmen – 8 x 20 000 €	160 000 €
Betriebsausgaben – laufende Grundstückskosten – 8 x 4 000 €	./. 32 000 €
AfA – 8/12 von 3 % von 2 500 000 €	./. 50 000 €
Gewinnminderung – Grundstück Dreigestirnallee	./. 11 900 €
Gewinn Grundstück Dreigestirnallee	**66 100 €**

Die sich für diese Einkünfte ergebende **Körperschaftsteuer** ist durch **Steuerbescheid festzusetzen.** § 32 Abs. 1 Nr. 2 KStG findet keine Anwendung, da die Einkünfte nicht dem Steuerabzug unterliegen.

5. Beteiligung Bauer GmbH

Die ID erzielt aus ihrer Beteiligung an der B-GmbH **Einkünfte aus Kapitalvermögen** (§ 8 Abs. 1 Satz 1 KStG i. V. m. § 20 Abs. 1 Nr. 1 EStG). Die Einkünfte sind als Überschuss der Einnahmen über die Werbungskosten zu ermitteln (§ 8 Abs. 1 Satz 1 KStG i. V. m. § 2 Abs. 1 Nr. 2 EStG). **Inländische Einkünfte** liegen nach § 8 Abs. 1 Satz 1 KStG i. V .m. § 49 Abs. 1 Nr. 5 Buchstabe a EStG vor, da die B-GmbH als Schuldnerin der Kapitalerträge ihren Sitz im Inland hat. Unerheblich ist, dass die Anteile an der B-GmbH bei der ID zu ihrem ausländischen Betriebsvermögen gehören (§ 49 Abs. 2 EStG).

a) offene Gewinnausschüttung

Die offene Gewinnausschüttung der B-GmbH gehört bei der ID zu ihren **inländischen Einkünften** (§ 8 Abs. 1 Satz 1 KStG i. V. m. § 49 Abs. 1 Nr. 5 Buchstabe a EStG). Die am 28. 12. 2016 von der Gesellschafterversammlung der B-GmbH beschlossene Gewinnausschüttung i. H. v. 100 000 € ist bei der ID entsprechend ihrer Beteiligung von 15 % mit 15 000 € als Einnahme in

2017 zu erfassen, da sie erst in diesem Jahr **zugeflossen** ist (§ 8 Abs. 1 Satz 1 KStG i.V.m. § 11 Abs. 1 Satz 1 EStG).

Einnahme aus Kapitalvermögen – § 20 Abs. 1 Nr. 1 Satz 1 EStG **15 000 €**

b) verdeckte Gewinnausschüttung

Zu den inländischen Einkünften aus Kapitalvermögen i. S. d. § 49 Abs. 1 Nr. 5 Buchstabe a EStG gehören auch verdeckte Gewinnausschüttungen (§ 20 Abs. 1 Nr. 1 Satz 2 EStG), die ein im Ausland ansässiger Gesellschafter von einer inländischen GmbH bezieht (BFH vom 21. 12. 1972 I R 70/70, BStBl 1973 II S. 449).

Die unentgeltliche Lieferung der Fenster am 20. 11. 2017 stellt die **Zuwendung eines Vermögensvorteils** durch die B-GmbH an ihre Gesellschafterin ID dar, die als verdeckte Gewinnausschüttung zu beurteilen ist (H 36 KStH: V. Einzelfälle – Waren). Eine verdeckte Gewinnausschüttung (§ 8 Abs. 3 Satz 2 KStG) liegt vor, weil bei der B-GmbH durch die unentgeltliche Lieferung der Fenster eine durch das Gesellschaftsverhältnis veranlasste Vermögensminderung eingetreten ist, die sich auf die Höhe des Unterschiedsbetrags i. S. d. § 4 Abs. 1 Satz 1 EStG auswirkt. Eine Veranlassung durch das Gesellschaftsverhältnis liegt vor, weil die B-GmbH ihrer Gesellschafterin ID außerhalb der gesellschaftsrechtlichen Gewinnverteilung einen durch das **Gesellschaftsverhältnis veranlassten** Vermögensvorteil zugewendet hat, den sie bei Anwendung der Sorgfalt eines ordentlichen und gewissenhaften Geschäftsleiters einem Nichtgesellschafter unter sonst gleichen Umständen nicht gewährt haben würde (R 36 Abs. 1 Satz 1 KStR). Die B-GmbH hätte bei Anwendung der Sorgfalt eines ordentlichen und gewissenhaften Geschäftsleiters einem Nichtgesellschafter unter sonst gleichen Umständen den Vorteil nicht unentgeltlich zugewendet (R 36 Abs. 1 Satz 1 KStR).

Für die Bemessung des Werts der verdeckten Gewinnausschüttung ist bei Hingabe von Wirtschaftsgütern von deren **gemeinem Wert** auszugehen (H 37 KStH: Hingabe von Wirtschaftsgütern), das ist vorliegend der übliche Verkaufspreis (einschließlich Umsatzsteuer) der B-GmbH am 20. 11. 2017 von 11 900 €.

Einnahme aus Kapitalvermögen – § 20 Abs. 1 Satz 2 EStG **11 900 €**

c) Steuerabzug vom Kapitalertrag

Die **offene und verdeckte Gewinnausschüttung** unterliegt nach § 43 Abs. 1 Nr. 1 EStG dem **Steuerabzug vom Kapitalertrag**. Die B-GmbH hat den Steuerabzug nach § 43a Abs. 1 Nr. 1 EStG nach dem Sachverhalt in zutreffender Höhe vorgenommen.

Kapitalertragsteuer

► Offene Gewinnausschüttung – 25 % von 15 000 €	3 750 €
► Verdeckte Gewinnausschüttung – 25 % von 11 900 €	+ 2 975 €
insgesamt	**6 725 €**

Solidarzuschlag

► Offene Gewinnausschüttung – 5,5 % von 3 750,00 €	206,25 €
► Verdeckte Gewinnausschüttung – 5,5 % von 2 975,00 €	+ 163,62 €
Insgesamt	**369,87 €**

d) Anspruch auf Kapitalertragsteuererstattung

Nach § 44a Abs. 9 EStG hat die ID einen **Anspruch auf Erstattung** von 2/5 der einbehaltenen und abgeführten Kapitalertragsteuer, da sie als Gläubigerin der Kapitalerträge im Sinne des § 43 Abs. 1 EStG eine **beschränkt steuerpflichtige Körperschaft** i. S. d. § 2 Nummer 1 KStG ist. Die Minderung der Kapitalertragsteuer führt gleichzeitig zu einer Minderung des Solidarzuschlags, da sich die für diesen maßgebende Bemessungsgrundlage vermindert (§ 3 Abs. 1 Nr. 5 SolzG).

Minderung – 2/5 von 6 725,00 € Kapitalertragsteuer	**2 691,20 €**
Minderung – 2/5 von 369,87 € Solidarzuschlag	**147,94 €**

e) Abgeltungswirkung des Steuerabzugs

Mit dem Steuerabzug ist die Körperschaftsteuer der beschränkt körperschaftsteuerpflichtige ID für diese Einkünfte abgegolten (§ 32 Nr. 1 KStG). Die Einkünfte werden nicht in einer inländischen Betriebsstätte erzielt.

6. Körperschaftsteuerfestsetzung durch das Finanzamt

Für die Einkünfte, für die die Körperschaftsteuer nicht durch den Steuerabzug nach § 32 Abs. 1 Nr. 2 KStG als abgegolten ist, ist die ID zur Körperschafsteuer zu veranlagen und die Körperschaftsteuer durch Steuerbescheid festzusetzen. Die zu veranlagenden Einkünfte ermitteln sich wie folgt:

Kapitalherabsetzung J-GmbH	4 000 €
Gewinn Grundstück Dreigestirnallee	+ 66 100 €
Zu versteuerndes Einkommen ID für 2016	**70 100 €**
Körperschaftsteuer – 15 % von 70 100 €	**10 515 €**
Solidarzuschlag – 5,5 % von 10 515 €	**538 €**

7. Anspruch auf Kapitalertragsteuererstattung nach § 44a Abs. 9 EStG

	Kapitalertragsteuer	SolZuschlag
Gewinnausschüttung J-GmbH	30 000,00 €	1 650,00 €
Gewinnausschüttung B-GmbH	6 725,00 €	369,87 €
Insgesamt	36 725,00 €	2 019,87 €
Minderung insgesamt – 2/5	**14 690,00 €**	**807,94 €**

C. Gewerbesteuer

Die ID unterliegt **nicht der Gewerbesteuer**, da im Inland **keine Betriebsstätte** (§ 12 AO) unterhalten wird (§ 2 Abs. 1 Satz 3 GewStG). Die ID nutzt im Inland nur eigenes Kapitalvermögen und unbewegliches Vermögen durch langfristige Vermietung oder Verpachtung.

Steuerberaterprüfung 2013/2018

Prüfungsaufgabe aus dem Gebiet der Buchführung und des Bilanzwesens

Teil I: Einzelunternehmen Henrik Mai

Allgemeiner Sachverhalt:

Der Kaufmann Henrik Mai (HM) betreibt seit 2004 als Einzelunternehmer auf einem eigenen Grundstück in Bremen einen Werkzeugbau.

Die Gewinnermittlung erfolgt nach § 5 Abs. 1 EStG. Das Kalenderjahr und das Wirtschaftsjahr stimmen überein. Etwa erforderliche Verzeichnisse nach § 5 Abs. 1 Satz 2 und 3 EStG werden geführt.

Die Voraussetzungen des § 7g EStG liegen grundsätzlich vor. Investitionsabzugsbeträge hat HM aber nicht geltend gemacht. Er wünscht auch im Jahr 2017 keinen solchen Abzugsbetrag.

HM ist zum Vorsteuerabzug berechtigt. Er versteuert seine Umsätze nach vereinbarten Entgelten mit dem Steuersatz von 19 %. Die Belege der Buchführung liegen vor und die Aufzeichnungspflichten wurden beachtet.

HM wünscht im Jahr 2017 einen möglichst hohen Eigenkapitalausweis in seiner Handelsbilanz (1. Priorität) und einen möglichst niedrigen steuerlichen Gewinn (2. Priorität). Übertragungsmöglichkeiten für Rücklagen (siehe Einzelsachverhalt 4) möchte HM aber auf jeden Fall nutzen.

Nach dem vorläufigen Ergebnis der nur handelsrechtlichen Buchführung ergibt sich ein Jahresüberschuss i. H. v. von 60 000 €.

HM hat Sie gebeten, den Jahresabschluss für das Jahr 2017 zu erstellen. Gehen Sie davon aus, dass Sie diese Arbeit am 30. 4. 2018 erledigen/erledigt haben.

Aufgaben:

- Beurteilen Sie die nachfolgenden Einzelsachverhalte 1 - 4 unter Hinweis auf die gesetzlichen Bestimmungen des Handels- und Steuerrechts sowie die Verwaltungsanweisungen. Nennen Sie dabei auch die nach Handelsrecht (noch) erforderlichen (Korrektur-) Buchungen.
- Stellen Sie in der Anlage die Änderungen des vorläufigen Jahresüberschusses aufgrund der nachstehenden Einzelsachverhalte dar und berechnen Sie den sich danach ergebenden Jahresüberschuss in der Handelsbilanz und den steuerlichen Gewinn.
- Auf Aspekte der Wirtschaftlichkeit ist nicht einzugehen, sodass auch geringe Beträge den Vorschriften entsprechend zu behandeln sind.

Einzelsachverhalte:

1. Grundstück mit neuer Lagerhalle

HM bewohnte bis Februar 2017 ein älteres Einfamilienhaus auf einem ihm seit 2003 gehörenden Grundstück (500 qm) unmittelbar neben seiner Einzelfirma.

Anfang 2017 entschloss sich HM zu einem Umzug und zum Bau einer kleinen Lagerhalle auf diesem Grundstück.

Im März 2017 wurde das Einfamilienhaus abgerissen und schon am 1. 10. 2017 konnte die neue Lagerhalle in Betrieb genommen werden.

Der Verkehrswert Nebenkosten (= Teilwert) des Grund und Bodens im Jahr 2017 betragt 100 € pro qm. Der Verkehrswert einschließlich Nebenkosten (= Teilwert) des Einfamilienhauses betrug vor dem Abbruch noch 20 000 € und die Abbruchkosten wurden von der beauftragten Firma mit 12 000 € zuzüglich 19 % USt berechnet.

Daneben entstanden HM für den Neubau der Lagerhalle Kosten von 30 000 € zuzüglich insgesamt 5 500 € in Rechnung gestellter USt.

Die Nutzungsdauer der Lagerhalle beträgt 20 Jahre. HM hat bisher wie folgt gebucht:

30. 3. 2017

Sonstige betriebliche Aufwendungen	12 000 €			
Vorsteuer	2 280 €	an	Bank	14 280 €

April bis Oktober 2017 jeweils bei Rechnungseingang und sofortiger Überweisung hier zusammengefasst:

Gebäude (Lagerhalle)	30 000 €			
Vorsteuer	5 500 €	an	Bank	35 500 €

31. 12. 2017

Abschreibungen auf Gebäude	1 500 €	an	Gebäude (Lagerhalle)	1 500

Die in diesem Zusammenhang entstandenen laufenden Grundstückskosten wurden richtig gebucht. Weitere Buchungen sind in diesem Zusammenhang nicht erfolgt.

2. LKW (Lieferwagen)

Am 30. 6. 2016 wurde HM ein neuer LKW geliefert, den er seitdem für betriebliche Fahrten nutzt. Der LKW wurde mit den Anschaffungskosten (AK) von 48 000 € beim Zugang bilanziert und unter Berücksichtigung einer zutreffend geschätzten Nutzungsdauer von 8 Jahren ohne weitere Nachweise in der Handelsbilanz und im Steuerrecht einheitlich planmäßig abgeschrieben und zum 31. 12. 2016 bewertet.

Am 2. 1. 2017 ist bei einem Unfall ein Wertverlust eingetreten. Der Wert des LKW war durch den Unfall 30 % niedriger als der Buchwert vom 31. 12. 2016. Die restliche Nutzungsdauer hat sich außerdem auf nur noch 5 Jahre vom Unfalltag an gerechnet verringert. Der beizulegende Wert des LKW (= Teilwert) verringerte sich bis zum Tag der Bilanzaufstellung für 2017 entsprechend.

Da der LKW trotz des Unfallschadens einsatzfähig geblieben ist, hat HM auf eine Reparatur verzichtet.

Die erhaltene Versicherungsentschädigung i. H. v. 10 000 € hat er privat verwendet und daher den am 29. 2. 2017 erhaltenen Barscheck zugunsten eines privaten Kontos gutschreiben lassen.

Da die Nutzungsdauer am 31. 12. 2017 nur noch 4 Jahre beträgt, hat HM 25 % der AK des LKW als Abschreibung gebucht:

Abschreibungen auf Sachanlagen	12 000 €	an	Andere Anlagen (Fahrzeuge)	12 000 €

Weitere Buchungen sind in diesem Zusammenhang nicht erfolgt.

3. Produktionsmaschine

Die zuständige Behörde gewährte HM mit Bescheid vom Januar 2017 einen Zuschuss i. H. v. 30 000 €. Der Bankeingang bei HM erfolgte noch im Januar 2017.

Der Zuschuss wurde für den Erwerb einer Produktionsmaschine mit der Auflage gewährt, dass ab April 2017 für mindestens 10 Jahre ein einzustellender behinderter Arbeitnehmer die Maschine bedient. Nur für die Fälle, dass kein entsprechender Arbeitnehmer eingestellt, ein eingestellter Arbeitnehmer nicht über einen Zeitraum von 10 Jahren beschäftigt oder die Maschine innerhalb von 10 Jahren veräußert wird, behielt sich die Behörde eine anteilige Rückforderung vor.

HM erwarb von einer Maschinenbaufabrik mit Kaufvertrag vom 1. 2. 2017 zum Preis von 25 000 € zuzüglich 19 % USt eine entsprechende Maschine mit einer Nutzungsdauer von 10 Jahren. Die Maschine wurde am 30. 3. 2017 geliefert und sofort durch Banküberweisung bezahlt. Anschaffungsnebenkosten sind nicht entstanden.

Ab April 2017 stellte HM einen behinderten Arbeitnehmer ein, für den mit dem Erwerb der Maschine ein angemessener Arbeitsplatz geschaffen worden ist. Eine gesetzliche Verpflichtung zur Einstellung eines behinderten Menschen besteht für HM nicht.

HM bildete für den Zuschuss zum 31. 12. 2017 einen passiven Rechnungsabgrenzungsposten (PRAP) i. H. v. 27 000 €, um auf diese Weise den gebuchten Ertrag auf 10 Jahre zu verteilen.

Zum 31. 12. 2017 bewertete HM die Maschine unter Berücksichtigung von 25 % degressiver Abschreibung mit 16 750 €.

Das Risiko der Rückforderung des Zuschusses beurteile HM mit 50 % und passivierte daher eine Verbindlichkeit i. H. v. 15 000 €.

Folgende Buchungen hat HM in diesem Zusammenhang vorgenommen:

Bank	30 000 €	an	Sonstige betriebliche Ertrage	30 000 €
Technische Anlagen und Maschinen Vorsteuer	25 000 € 4 750 €	an	Bank	29 750 €
Sonstige betriebliche Ertrage	27 000 €	an	PRAP	27 000 €
Abschreibungen auf Sachanlagen	6 250 €	an	Technische Anlagen und Maschinen	6 250 €
Sonstige betriebliche Aufwendungen	15 000 €	an	Sonstige Verbindlichkeiten	15 000 €

Weitere Buchungen sind in diesem Zusammenhang nicht erfolgt.

4. Rücklage nach § 6b EStG

Zum 31. 12. 2013 hatte HM nur in der StB eine Rücklage nach § 6b Abs. 10 Satz 5 EStG i. H. v. 10 000 € gebildet. In der Handelsbilanz wurde der Betrag von 10 000 € als Gewinn behandelt und den Gewinnrücklagen zugeführt.

Teil II: Transport und Fahrzeugbau GmbH

Allgemeiner Sachverhalt:

Die Firma Transport und Fahrzeugbau GmbH betreibt ein Fuhrunternehmen und führt Umbauten an Lastkraftwagen durch. Sitz der Gesellschaft ist Wernigerode. Das Stammkapital der im Jahr 2009 gegründeten Gesellschaft beträgt 1 000 000 € und ist voll eingezahlt. Zum 31. 12. 2016 sind 400 000 € Kapitalrücklagen und 500 000 € Gewinnvortrag ausgewiesen.

Geschäftsführender Gesellschafter der Transport und Fahrzeugbau GmbH ist Max Müller. Er hält 100 % der Anteile. Gewinnausschüttungen wurden für 2016 nicht beschlossen und sind auch für 2017 nicht geplant.

Nach den Betriebsgrößenmerkmalen wird die Transport und Fahrzeugbau GmbH als mittelgroße Kapitalgesellschaft i. S. d. § 267 HGB eingestuft. Das Wirtschaftsjahr der GmbH stimmt mit dem Kalenderjahr überein. Für die Wirtschaftsjahre bis einschließlich 2016 wurden ausschließlich Handelsbilanzen erstellt. Steuerlich abweichende Ansätze oder Bewertungen haben sich bislang nicht ergeben. Aus den Konten des betrieblichen Rechnungswesens ergibt sich ein vorläufiger Jahresüberschuss von 100 000 €. Die Konten des betrieblichen Rechnungswesens enthalten die handelsrechtlich maßgeblichen Werte und Bestände, ohne Berücksichtigung der Ergebnisse der Betriebsprüfung.

Für die Erstellung der Handelsbilanz zum 31. 12. 2017 und einer ggf. erforderlichen Überleitungsrechnung nach § 60 Abs. 2 Satz 1 EStDV sind für das Jahr 2017 die folgenden Einzelsachverhalte unter Berücksichtigung der Besteuerungsmerkmale noch zu überprüfen.

Für das Jahr 2017 liegen, sofern sich aus dem Sachverhalt nichts anderes ergibt, keine Hinzurechnungen oder Kürzungen zur Ermittlung des Gewerbeertrags und des Einkommens vor. Die Transport und Fahrzeugbau GmbH führt mit den Erlösen aus dem Unternehmen nur zum Vorsteuerabzug berechtigende Umsätze aus.

Aufgaben:

- Erläutern Sie unter Angabe der einschlägigen Vorschriften, wie die nachfolgenden Einzelsachverhalte 1-3 unter Berücksichtigung der Besteuerungsmerkmale handelsrechtlich und steuerrechtlich zu behandeln sind. Die für die Erstellung der Handelsbilanz zum 31. 12. 2017 noch erforderlichen Buchungssätze (ggf. Korrekturbuchungssätze) sind anzugeben.
- Im Falle vom Handelsrecht abweichender steuerlicher Ansätze oder Beträge sind diese den steuerlichen Vorschriften durch eine Oberleitungsrechnung anzupassen.

- Ermitteln Sie unter Berücksichtigung der Besteuerungsmerkmale den handelsrechtlichen Jahresüberschuss bzw. Jahresfehlbetrag, indem Sie ausgehend vom vorläufigen Jahresüberschuss die Gewinnauswirkungen nach der GuV-Methode darstellen. Ein ggf. abweichendes steuerliches Ergebnis ermitteln Sie bitte anhand einer Oberleitungsrechnung.
- Soweit sich aus den Einzelsachverhalten Auswirkungen auf die Einkommensteuer des Gesellschafters Max Müller ergeben, sind diese anzugeben.

HINWEISE:

- In der Handelsbilanz soll ein möglichst hohes Eigenkapital ausgewiesen werden, wobei jedoch planmäßige Abschreibungen mit den steuerrechtlichen Absetzungen für Abnutzung übereinstimmen sollen.
- Das steuerliche Ergebnis soll möglichst niedrig ausfallen.
- Die Ertragsteuerbelastung beträgt 30 % (15 % Körperschaftsteuer, 15 % Gewerbesteuer).
- Auf Solidaritätszuschlag und Verzinsung nach § 233a AO ist aus Vereinfachungsgründen nicht einzugehen.
- Steuervorauszahlungen sind nicht geleistet worden.
- Steuerrückstellungen sind bisher für 2017 nicht gebucht worden. Soweit erforderlich, sind sie noch zu buchen.
- Soweit aufgrund der Feststellungen der Betriebsprüfung Bilanzpositionen beanstandet bzw. hinzugefügt wurden, liegen auch handelsrechtliche Fehler vor, die jedoch nicht schwerwiegend sind und deshalb eine Korrektur der Bilanzen zum 31.12.2015 und 31.12.2016 nicht erforderlich machen. Die handelsrechtliche Buchführung ist daher im laufenden Jahresabschluss 2017 an das Ergebnis der Betriebsprüfung anzugleichen. Der Geschäftsführer wünscht eine Anpassung an den von der Betriebsprüfung festgestellten bilanziellen Mehrgewinn über Gewinnvortrag, über den dann im Rahmen der Gesellschafterversammlung zur Verwendung des Jahresergebnisses entsprechend beschlossen wird.

Einzelsachverhalte:

1. Betriebsprüfung (Bp)

In der Zeit vom 20.11.2017 bis zum 31.1.2018 fand bei der Firma für die Besteuerungsjahre 2015 und 2016 eine steuerliche Bp durch eine Betriebsprüferin des zuständigen Finanzamts statt. Der Bp-Bericht erging zusammen mit den geänderten Steuerbescheiden am 15.2.2018. Folgende Feststellungen wurden getroffen:

1.1. Steuerpflichtige Umsätze

In den Umsatzsteuer-Jahreserklärungen wurden u. a. steuerfreie Umsätze gem. § 4 Nr. 3 UStG von 59 500 € für 2015 und 71 400 € für 2016 angegeben. Da die erforderlichen Nachweise für die Steuerbefreiung nicht erbracht werden konnten, erhöhte die Betriebsprüferin die steuerpflichtigen Umsätze und erstellte folgende Textziffer im Bp-Bericht:

	2015	2016
Steuerpflichtige Umsätze		
Bisher	10 500 000 €	11 000 000 €
Erhöhung lt. Bp	50 000 €	60 000 €
Steuerpflichtige Umsätze lt. Bp	10 550 000 €	11 060 000 €
Steuerfreie Umsätze		
Bisher	209 500 €	311 400 €
Minderung lt. Bp	59 500 €	71 400 €
Steuerfreie Umsätze lt. Bp	150 000 €	240 000 €

Für das Jahr 2017 fehlen die entsprechenden Nachweise für 47 600 €. Entsprechende Umbuchungen würden nicht vorgenommen; berichtigte Umsatzsteuer-Voranmeldungen wurden nicht abgegeben.

1.2. Forderungen aus Lieferungen und Leistungen

Die Betriebsprüferin aktivierte zum 31. 12. 2016 eine Forderung aus umsatzsteuerpflichtigen Fuhrleistungen i. H.v. 11 900 €, die im Dezember 2016 erbracht, jedoch erst im Januar 2017 in Rechnung gestellt und gebucht wurden. Die Begleichung der Forderung erfolgte im Januar 2018.

1.3. Rückstellung für Provisionen

In den Bilanzen zum 31. 12. 2015 und 31. 12. 2016 wurden Rückstellungen für Provisionen (Konto „Sonstige Rückstellungen") von jeweils 40 000 € ausgewiesen, die dem Grunde nach berechtigt sind. Der Höhe nach erfolgte eine Korrektur durch die Bp und zwar auf 24 000 € für 2015 und auf 20 000 € für 2016. Auch für 2017 ist eine Rückstellung für Provisionen auszuweisen. Entsprechend der Ermittlungsmethode der Bp ergeben sich zum 31. 12. 2017 hierfür 35 000 €. Als Rückstellungsbetrag zum 31. 12. 2017 werden nach Zuführung von 20 000 € bisher 60 000 € ausgewiesen.

Von der Bp wurde folgende Mehr- und Wenigerrechnung (Bilanzpostenmethode) aufgestellt:

	2015	2016
Erhöhung Forderungen aus Lieferungen und Leistungen		+ 11 900 €
Minderung Rückstellung für Provisionen	+ 16 000 €	./. 16 000 € + 20 000 €
Umsatzsteuer lt. Bp	./. 9 500 €	+ 9 500 € ./. 22 800 €
Zwischensumme	+ 6 500 €	+ 2 600 €
Körperschaftsteuer-Rückstellung lt. Bp	./. 975 €	+ 975 € ./. 1 365 €
Gewerbesteuer-Rückstellung lt. Bp	./. 975 €	+ 975 € ./. 1 365 €
Änderung lt. Bp = steuerlicher Ausgleichsposten	+ 4 550 €	+ 1 820 €
Jahresüberschuss bisher	40 000 €	45 000 €
Jahresüberschuss lt. Bp	44 550 €	46 820 €

Zu den Anlagen des Bp-Berichts gehörte folgende weitere Anlage mit den Bp-Bilanzen:

31. 12. 2015

Aktiva	Handelsbilanz	Bp-Bilanz
Unveränderte Posten	6 000 000 €	6 000 000 €
Summe Aktiva	6 000 000 €	6 000 000 €

Passiva	Handelsbilanz	Bp-Bilanz
Steuerlicher Ausgleichsposten	---	4 550 €
Rückstellung für Provisionen	40 000 €	24 000 €
Umsatzsteuer lt. Bp	---	9 500 €
Körperschaftsteuer lt. Bp	---	975 €
Gewerbesteuer lt. Bp	---	975 €
Unveränderte Posten	5 960 000 €	5 960 000 €
Summe Passiva	6 000 000 €	6 000 000 €

31. 12. 2016

Aktiva	Handelsbilanz	Bp-Bilanz
Forderungen aus Lieferungen und Leistungen	500 000 €	511 900 €
Unveränderte Posten	6 300 000 €	6 300 000 €
Summe Aktiva	6 800 000 €	6 811 900 €

Passiva	Handelsbilanz	Bp-Bilanz
Steuerlicher Ausgleichsposten	---	6 370 €
Rückstellung für Provisionen	40 000 €	20 000 €
Umsatzsteuer lt. Bp	---	22 800 €
Körperschaftsteuer lt. Bp	---	1 365 €
Gewerbesteuer lt. Bp	---	1 365 €
Unveränderte Posten	6 760 000 €	6 760 000 €
Summe Passiva	6 800 000 €	6 811 900 €

2. Forschung und Entwicklung

Die Transport und Fahrzeugbau GmbH hat seit längerem ein Forschungsprojekt für eine neuartige Anhängevorrichtung für Sattelschlepper durchgeführt. Im Jahr 2017 fielen in der Forschungsphase an:

- Gehälter des Forschungspersonals (Einzel- und Gemeinkosten) 200 000 €
- Materialkosten (Einzel- und Gemeinkosten) für die Fertigstellung eines Forschungsprojekts (Prototyp) 100 000 €

Nach erfolgreichem Probelauf des Prototyps Ende März 2017 wurde unter Anwendung der Forschungsergebnisse mit der Entwicklung begonnen. In der Entwicklungsphase (1.4. bis 30.11.2017) sind folgende Aufwendungen angefallen:

- Gehälter Entwicklungspersonal (Einzel- und Gemeinkosten) 230 000 €
- Material für die Entwicklung (Einzel- und Gemeinkosten) 150 000 €
- Produktionsbezogene Abschreibungen (anteilig) 40 000 €
- Verwaltungskosten Entwicklung 15 000 €

Forschung und Entwicklung konnten verlässlich voneinander getrennt werden. Sämtliche Aufwendungen wurden auf Aufwandskonten (Material- und Stoffverbrauch, Personalaufwendungen, sonstige betriebliche Aufwendungen und Abschreibungen) gebucht.

Nach Abschluss der Entwicklungsphase wurde am 1.12.2017 mit der Produktion der neuartigen Anhängevorrichtung für Sattelschlepper begonnen. Die Firma rechnet mit einer fünf Jahre dauernden Nutzung zur gleichartigen Produktion:

3. Bebautes Grundstück

Auf dem Konto „Grundstückswerte bebauter Grundstücke" ist das mit einem Bürogebäude bebaute Grundstück Lennestr. 2 mit 1 € ausgewiesen. Die GmbH erwarb dieses Grundstück am 3.1.2017 von Max Müller für einen symbolischen Kaufpreis von 1 €. Kurz zuvor hatte Max Müller von einem Interessenten ein Kaufangebot über 800 000 € erhalten. Müller hatte das bebaute Grundstück vor acht Jahren für 400 000 € (einschl. Anschaffungsnebenkosten) angeschafft und mit der an fremde Dritte erfolgten Vermietung des zum Privatvermögen gehörenden, im Jahre 1984 hergestellten Bürogebäudes bis zum 31.12.2016 Einkünfte aus Vermietung und Verpachtung erzielt. 75 % des Kaufpreises entfielen auf das Gebäude, das noch eine Nutzungsdauer von 100 Jahren hat. Das Wertverhältnis Grund und Boden und Gebäude ist bis heute unverändert

25 : 75. Im Rahmen der Einkünfte aus Vermietung und Verpachtung wurden insgesamt 48 000 € Absetzungen für Abnutzung (AfA-Satz 2 %) berücksichtigt. Da das Gebäude sehr gut für die Zwecke der GmbH nutzbar ist und das Eigenkapital der GmbH gestärkt werden sollte, entschied sich Müller für den Verkauf an die GmbH. Im notariellen Kaufvertrag vom 3. 1. 2017 wurde deshalb mit Rücksicht auf die finanzielle Lage der GmbH der genannte symbolische Kaufpreis vereinbart und in Gegenwart des Notars bar an Max Müller entrichtet. Als Tag des Übergangs von Besitz, Nutzen und Lasten wurde derselbe Tag festgelegt. Die Nebenkosten (Grunderwerbsteuer, Notar- und Gerichtsgebühren usw.) wurden im Marz 2017 gezahlt und als sonstiger betrieblicher Aufwand (50 000 € netto) gebucht. Die Vorsteuer wurde richtig behandelt. Bei einem Verkauf zum (angemessenen) Preis von 800 000 € wären insgesamt 120 000 € an Nebenkosten zuzüglich Umsatzsteuer angefallen.

Teil III: A B C – OHG

Allgemeiner Sachverhalt:

An der A B C - OHG (OHG), die seit ihrer Gründung zum 1. 1. 2016 einen kleinen Metall verarbeitenden Betrieb unterhält, sind die natürlichen Personen A, B und C als zu gleichen Anteilen berechtigte Gesellschafter beteiligt.

Der Gesellschaftsvertrag der OHG lautet (auszugsweise):

„...

Beiträge der Gesellschafter

Die vertragschließenden Gesellschafter sind sich einig, dass alle Gesellschafter gleichwertige Beiträge ohne besondere Vergütung erbringen:

Gesellschafter A ... ,

Gesellschafter B ...,

Gesellschafter C stellt der OHG den ihm gehörenden Anhänger (Marke ...) zur Nutzung (Transporte jeder Art) zur Verfügung.

...

Beteiligung der Gesellschafter

Die Gesellschafter sind zu gleichen Anteilen am Gewinn und Verlust sowie am Vermögen der OHG beteiligt.

Eine Kapitalkontenverzinsung findet nicht statt.

...“

Die OHG hat zum 31. 12. 2017 die folgende vorläufige Handels- und Steuerbilanz aufgestellt:

Aktiva		Passiva	
Bebaute Grundstücke	250 000 €	Eigenkapital A	100 000 €
Gebäude	150 000 €	Eigenkapital B	100 000 €
Maschinen	200 000 €	Eigenkapital C	100 000 €
Geschäftsausstattung	300 000 €		
		Gewinn 2017	120 000 €
Vorräte	90 000 €		
Forderungen aus LuL	58 000 €	Rückstellungen	30 000 €
Kasse/Bank	10 000 €		
ARAP	2 000 €	Verbindlichkeiten aus LuL	610 000 €
	1 060 000 €		1 060 000 €

Aufgaben:

- Ermitteln und begründen Sie unter Angabe der ggf. noch erforderlichen Buchungssätze den auf die Gesellschafter A, B und C entfallenden Gewinn der OHG des Jahres 2017 einschließlich gegebenenfalls entstehender Veräußerungsgewinne der Gesellschafter bezüglich der nachfolgenden Einzelsachverhalte 1-5. Erörtern Sie dabei, ob und ggf. in welcher Hinsicht sich Abweichungen zwischen Handels- und Steuerrecht ergeben.
- Stellen Sie die endgültige Steuerbilanz der OHG zum 31. 12. 2017 auf.
- Erörtern Sie kurz, ob die Überlassung des Anhängers durch C an die OHG umsatzsteuerrechtlich relevant ist. Gehen Sie dabei davon aus, dass ein derartiger Anhänger für netto 200 € 1 Monat vermietet werden könnte.

HINWEISE:

- Gehen Sie davon aus, dass die OHG zur Erstellung der Handelsbilanz und der Steuerbilanz jeweils getrennte Buchungskreise eingerichtet hat.
- Etwaige gewerbesteuerliche Auswirkungen sind außer Acht zu lassen.
- Auf latente Steuern ist nicht einzugehen.

Einzelsachverhalte:

1. Lastenanhänger

Die OHG hat den speziell für schwere Lasten ausgelegten Anhänger, dessen betriebsgewöhnliche Nutzungsdauer vier Jahre beträgt, mit einem nicht zu beanstandenden Einlagewert von 4 800 € in einer besonderen Eröffnungsbilanz für C zum 1. 1. 2016 aktiviert.

Bilanz C 31. 12. 2016			
Aktiva		Passiva	
Pkw-Anhänger	3 600 €	Eigenkapital	3 600 €
	3 600 €		3 600 €

Anfang April 2017 verursacht C bei der Auslieferung einer Ware einen Unfall, durch den der Anhänger vollständig zerstört wird. Bis zur Anschaffung eines neuen Anhängers durch die OHG vergeht eine Woche, in der die OHG ihren Betrieb mangels Transportkapazität teilweise einstellen muss.

C ist der Auffassung, er könne von der OHG den Ausgleich seines Schadens verlangen, da er seinen Anhänger in ihrem Interesse eingesetzt habe. A und B lehnen dies jedoch ab. C ist daraufhin sehr verärgert – insbesondere, da die von der OHG abgeschlossene Betriebsunterbrechungsversicherung im Mai 2017 einen pauschalen Betrag von 5 000 € an die OHG gezahlt hat.

C wendet sich daraufhin an seinen Rechtsanwalt R, der ihm im September 2017 die zutreffende Auskunft erteilt, dass tatsächlich keine Ansprüche gegenüber der OHG bestünden. Die für diese Auskunft ausgestellte Rechnung des R über 200 € zuzüglich 38 € USt hat C am 27. 12. 2017 erhalten und Anfang 2018 bezahlt.

Der von der Versicherung gezahlte Betrag i. H. v. 5 000 € ist wegen der zwischenzeitlich bestehenden Unklarheiten im Hinblick auf die von C behaupteten Ansprüche von der OHG wie folgt gebucht worden:

Bank	5 000 €	an	Rückstellungen	5 000 €

Weitere Buchungen sind in diesem Zusammenhang weder in den Buchungskreisen der OHG noch in denen für C erfolgt.

2. Grundstücksverunreinigung

Im Sommer 2017 werden bei der Lackierung eines Eisenträgers auf dem Außengelände der OHG versehentlich einige Liter der Grundierungsflüssigkeit über der angrenzenden Rasenfläche verschüttet. Durch einen Hinweis der Nachbarn aufmerksam geworden, ermittelt das zuständige Ordnungsamt den Sachverhalt und gibt der OHG mit Bescheid vom 10. 9. 2017 auf, aus wasserhaushaltsrechtlichen Gründen die Kontaminierung innerhalb von 6 Monaten zu beseitigen.

Der Geschäftsführer der OHG fertigt daraufhin eine Aufstellung über die voraussichtlichen Kosten der Schadensbeseitigung an und legt diese den Gesellschaftern vor:

- Aushub des kontaminierten Bereichs durch eigene Mitarbeiter der OHG:

20 Arbeitsstunden zu je 60 € = 1 200 €,

- Entsorgung des ausgehobenen Erdreichs in der örtlichen Deponie:

300 € zuzüglich 57 € USt,

- Lieferung von neuem Mutterboden, Einebnung und Rasenneusaat durch ein Gartenbauunternehmen:

1 000 € zuzüglich 190 € USt.

Die genannten 60€/Arbeitsstunde sind der Bruttobetrag, mit dem die OHG ihre Leistungen gegenüber ihren Kunden abrechnet.

Aus den Lohnabrechnungsunterlagen der OHG ergibt sich ein durchschnittlicher Stundenlohn der Mitarbeiter von brutto 21 €. Hiervon werden durch die OHG als Arbeitgeberin einbehalten und an die zuständigen Stellen abgeführt:

- Sozialversicherung 3,90
- Lohnsteuer und Solidaritätszuschlag 3,50

Der Arbeitgeberanteil zur Sozialversicherung sowie der Beitrag zur Berufsgenossenschaft betragen pro Arbeitsstunde insgesamt 4 €.

Die Gesellschafter der OHG beraten die Angelegenheit und beschließen, erst einmal nichts zu unternehmen. Ihrer Meinung nach habe die Behörde überreagiert: „der Rasen habe sich inzwischen wieder einigermaßen erholt und beginne ja wieder grün zu werden“.

In der Buchführung der OHG sind entsprechend keine Folgen gezogen worden.

3. Termingeschäft

In den bilanzierten Rückstellungen i. H.v. 30 000 € ist ein Betrag von 6 000 € enthalten, den die OHG für den drohenden Verlust aus einem Termingeschäft gebildet hat. Es handelt sich dabei um einen Vertrag vom 18. 11. 2017, in dem sich die OHG zur Lieferung von Edelstahlblechen an einen guten Kunden verpflichtete. Als Liefertermin für die Bleche, die die OHG ihrerseits noch bei ihrem Großhändler bestellen muss, wurde der 1. 4. 2018 vereinbart. Ende 2017 zeichnete sich ein Anstieg der Preise für diese Bleche ab; es ist zu erwarten, dass in Folge des gestiegenen Preisniveaus der Netto-Einkaufspreis für die OHG um 6 000 € höher sein wird als der bereits vereinbarte Netto-Verkaufspreis. Die OHG buchte insoweit:

Sonstiger betrieblicher Aufwand	6 000 €	an	Rückstellungen	6 000 €

4. Werbeaktion

Der aktive Rechnungsposten wurde für eine Werbeaktion der OHG gebildet. Die Werbeagentur W hatte im September 2017 mehrere Anzeigen entworfen und in vier Wochenendausgaben einer überregional bekannten Tageszeitung veröffentlicht. Die nach Abschluss der Werbeaktion in Rechnung gestellten und gezahlten 3 000 € zuzüglich 570 € USt wurden zunächst gebucht:

Werbeaufwand	3 000 €			
Vorsteuer	570 €	an	Bank	3 570 €

Im Rahmen der Abschlussarbeiten erinnerte sich der Buchhalter der OHG an die Aussage der Werbeagentur, die Aktion werde „den Kunden noch mindestens bis zum Sommer 2018 in Erinnerung bleiben und für Umsätze sorgen“. Er buchte daraufhin:

Aktive Rechnungsabgrenzung	2 000 €	an	Werbeaufwand	2 000 €

5. Austritt des C

Die Verärgerung des C lässt nicht nach. Bei allen Entscheidungen, die von den Gesellschaftern zu treffen sind, stimmt er stets gegen A und B und verhindert so auch einige – einstimmig zu fassende – Beschlüsse.

Entnervt bieten A und B dem C im November 2017 an, ihn gegen großzügige Zahlung aus der Gesellschaft zu entlassen. C fordert daraufhin spontan 1 Mio. €. Nach langwierigen Verhandlungen einigen sich die Gesellschafter Mitte Dezember 2017, dass C mit Ablauf des Jahres aus der Gesellschaft ausscheidet und dafür von der OHG einen Betrag von 200 000 € erhalten wird.

Die OHG hat diesen Betrag Mitte Januar 2018 an C gezahlt.

Wirtschaftsprüfer W hat im Zusammenhang mit den Verhandlungen über das Ausscheiden und die Abfindung des C eine Bewertung des Unternehmensvermögens der OHG durchgeführt.

Stille Reserven sind danach nur in den folgenden Wirtschaftsgütern vorhanden:

Maschinen:	15 000 €
Geschäftsausstattung:	21 000 €

Anlage

Name

Kaufmann Henrik Mai	**Ergebnis**
Vorläufiger Jahresüberschuss 2017 (Ergebnis der Handelsbilanz)	60 000 €
Änderungen **Einzelsachverhalt 1**	
Änderungen **Einzelsachverhalt 2**	
Änderungen **Einzelsachverhalt 3**	
Änderungen **Einzelsachverhalt 4**	
Jahresüberschuss nach den vorstehenden Änderungen (Ergebnis der Handelsbilanz)	
Steuerliche Unterschiede gegenüber dem Ergebnis der Handelsbilanz	
Steuerliches Ergebnis nach den vorstehenden Änderungen	

Steuerberaterprüfung 2013/2018

Lösung der Prüfungsaufgabe aus dem Gebiet der Buchführung und des Bilanzwesens

Verfasser: Steuerberater Jörg Koltermann

Teil I Einzelunternehmer Henrik Mai

1. Grundstück mit neuer Lagerhalle

Handelsrecht

Mit der Umwidmung des Grundstücks zugunsten der Errichtung einer betrieblich genutzten Lagerhalle bewirkt der Stpfl. eine Einlage in das handelsrechtliche Betriebsvermögen. Dies ergibt sich aus dem Vollständigkeitsgebot des § 246 Abs. 1 Satz 1 HGB. Für die Einlagebewertung des Grund und Bodens ist mangels expliziter Regelung in Anlehnung an § 253 Abs. 3 Satz 5HGB vom beizulegenden Wert auszugehen: 500 qm x 100 €/qm = 50 000 €.

Entsprechendes gilt für die Einlage des Gebäudes, die folglich mit 20 000 € zu bewerten ist. Denn der Wert eines Gebäudes wird nicht dadurch gemindert, dass das Gebäude im Einlagezeitpunkt zum Abbruch bestimmt ist (BFH v. 7. 12. 1978 I R 142/76, BStBl 1979 II 729). Fraglich ist allerdings, ob der Gebäudewert und die Abbruchkosten zu den Herstellungskosten des Neubaus gehören. Für das Steuerrecht wird die Frage bejaht (H 6.4 „Abbruchkosten" Nr. 4 EStH). Handelsrechtlich ist diese Auffassung nicht zwingend. Da der Stpfl. in seiner HB aber einen möglichst hohen Eigenkapitalausweis wünscht, wird nachfolgend der steuerlichen Betrachtung gefolgt.

Die neu errichtete und eigenbetrieblich genutzte Lagerhalle gehört zum abnutzbaren Anlagevermögen (§ 247 Abs. 2 HGB). Sie ist mit den Herstellungskosten abzüglich planmäßiger Abschreibungen zu bewerten (§ 253 Abs. 1 und 3 HGB). Bei einer voraussichtlichen Nutzungsdauer von 20 Jahren beträgt der jährliche AfA-Satz 5 v. H. Im Jahr der Fertigstellung kann die AfA nur zeitanteilig beansprucht werden. Im Einzelnen:

Wert des Altgebäudes	20 000 €
Abbruchkosten Altgebäude	12 000 €
Kosten für Neubau	30 000 €
Herstellungskosten Lagerhalle 1. 10. 2017	62 000 €
AfA 5 % von 62 000 € 3 100 €, für 3 Monate	775 €

Steuerrecht

Das Grundstück ist im Zeitpunkt der beabsichtigten Nutzung für betriebliche Zwecke steuerlich als notwendiges Betriebsvermögen zu behandeln. Denn Grundstücke und Grundstücksteile, die ausschließlich und unmittelbar für eigenbetriebliche Zwecke des Stpfl. genutzt werden, gehören regelmäßig zum notwendigen Betriebsvermögen (§ 5 Abs. 1 EStG i.V. mit § 246 Abs. 1 Satz 1 HGB, R 4.2 Abs. 7 Satz 1 EStR). War das Grundstück bisher Privatvermögen, ist es im Wege der Einlage dem Betriebsvermögen zuzuführen (§ 4 Abs. 1 Satz 8 EStG). Die Einlage ist mit dem Teilwert zu bewerten (§ 6 Abs. 1 Nr. 5 EStG). Dabei sind Grund und Boden und Gebäude zwei selbständige Wirtschaftsgüter.

Einlagewert Grund und Boden 50 000 €. Einlagewert Gebäude 20 000 €. Im Hinblick auf den Abbruch des Gebäudes ergibt sich zunächst eine Absetzung für außergewöhnliche Abnutzung (§ 7 Abs. 1 Satz 7 i. V. m. § 7 Abs. 4 Satz 3 EStG).

Wurde das abgebrochene Gebäude zuvor zu eigenen Wohnzwecken oder anderen nicht einkommensteuerlich relevanten Zwecken genutzt, stehen die Abbruchkosten und ggf. die Absetzungen für außergewöhnliche Abnutzung ausschließlich im Zusammenhang mit dem Neubau und bilden Herstellungskosten des neuen Gebäudes (EStH 6.4 „Abbruchkosten bei vorheriger Nutzung außerhalb der Einkünfteerzielung"). Die USt gehört als abziehbare Vorsteuer nicht zu den Herstellungskosten (§ 9b Abs. 1 EStG). Im Ergebnis betragen die Herstellungskosten für die neue Lagerhalle 62 000 €.

Rücklagen nach § 6b EStG können unter den Voraussetzungen des § 6b Abs. 10 EStG von den Anschaffungs- oder Herstellungskosten bestimmter Wirtschaftsgüter abgezogen werden.

Erfolgt die Reinvestition innerhalb von vier Jahren nach Bildung der Rücklage in ein neu angeschafftes Gebäude, kann die Rücklage in Höhe von 60 % der Rücklage von den Herstellungskosten des Gebäudes abgezogen werden. 40 % der Rücklage sind zwar auch gewinnerhöhend aufzulösen; sie bleiben aber wegen des Teileinkünfteverfahrens (vgl. § 3 Nr. 40 EStG) steuerfrei und werden außerhalb der Buchführung vom Gewinn abgezogen (§ 6b Abs. 10 Sätze 2 und 6 EStG). Die jährliche AfA beträgt nach § 7 Abs. 4 Satz 2 EStG 5 % von 56 000 € = 2 800 €. Auf das Jahr 2017 entfallen davon 3/12 = 700 € (§ 7 Abs. 1 Satz 4 EStG).

Herstellungskosten Lagerhalle	62 000 €
Abzug Rückklage nach § 6b EStG	./. 6 000 €
Verbleiben	56 000 €
AfA 2017	./. 700 €
StB-Ansatz 31. 12. 2017	55 300 €

Der zum nicht abnutzbaren Anlagevermögen gehörende Grund und Boden (vgl. § 247 Abs. 2 HGB) ist zum 31. 12. 2017 unverändert mit dem Einlagewert in Höhe von 50 000 € anzusetzen (§ 6 Abs. 1 Nr. 2 EStG, § 253 Abs. 1 HGB).

Übersicht

Vorgang	Grund und Boden HB und StB	Lagerhalle HB	Lagerhalle StB
Einlage 2017	50 000 €		
HK Lagerhalle		62 000 €	62 000 €
Übertragung § 6b-Rücklage			./. 6 000 €
AfA		./. 775 €	./. 700 €
Bilanzansatz 31. 12. 2017	50 000 €	61 225 €	55 300 €

Für die handelsrechtliche Buchführung ergeben sich folgende Buchungen bzw. Korrekturbuchungen:

Grund und Boden	50 000 €			
Gebäude (EFH)	20 000 €	an	Einlagen	70 000 €
Außerplanmäßige Abschreibung	20 000 €		Gebäude (EFH)	20 000 €
Gebäude (Lagerhalle)	20 000 €	an	S. b. Aufwendungen	20 000 €
Gebäude (Lagerhalle)	12 000 €	an	S. b. Aufwendungen	12 000 €
Gebäude (Lagerhalle)	725 €	an	Abschreibungen	725 €

Auswirkungen auf den HB-Gewinn:

Weniger AfA (1 500 € ./. 775 €)	+ 725 €
Außerplanmäßige Abschreibung beim ehemaligen EFH	./. 20 000 €
Herstellungskosten Neubau (alter Gebäudewert)	+ 20 000 €
Aktivierung Abbruchkosten	+ 12 000 €

Auswirkungen auf den StB-Gewinn:

AfA-Differenz (775 € ./. 700 €)	+75 €

2. LKW (Lieferwagen)

Handelsrecht

Zunächst ist die Kontenentwicklung des LKW darzustellen, wie sie sich tatsächlich ergeben hat:

Zugang 30. 6. 2016 mit den Anschaffungskosten (§ 253 Abs. 1 HGB)	48 000 €
AfA 2016 für 7 Monate (48 000 €/8 = 6 000); 6 000 € x 7/12 =	./. 3 500 €
Bilanzansatz 31. 12. 2016	44 500 €
Abschreibung auf Sachanlagen	./. 12 000 €
Bilanzansatz 31. 12. 2017	32 500 €

Dabei ist der Wertverlust durch den Unfall am 2. 1. 2017 i. H. v. 30 % von 44 500 € =13 350 € möglicherweise nicht ausreichend berücksichtigt. Denn nach § 253 Abs. 3 Satz 3 HGB ist bei voraussichtlich dauernder Wertminderung der niedrigere beizulegende Wert anzusetzen. Vorliegend berechnet sich der beizulegende Wert zum 31. 12. 2017 wie folgt:

Buchwert 31. 12. 2016	44 500 €
Wertverlust durch Unfall am 2. 1. 2017	./. 13 350 €
Zwischenwert	31 150 €
AfA 2017 (31 150 €/5 Jahre Restnutzungsdauer)	./. 6 230 €
Beizulegender Wert am 31. 12. 2017	24 920 €

Demgegenüber ergäben sich bei planmäßiger Abschreibung und dem Festhalten an der 8jährigen Nutzungsdauer folgende Buchwerte:

Buchwert 31. 12. 2016 (Rest-ND 7 Jahre, 5 Monate)	44 500 €
AfA 2017	./. 6 000 €
Buchwert 31. 12. 2017 (Rest-ND 6 Jahre, 5 Monate)	38 500 €
AfA 2018	./. 6 000 €
Buchwert 31. 12. 2018(Rest-ND 5 Jahre, 5 Monate)	32 500 €
AfA 2019	./. 6 000 €
Buchwert 31. 12. 2019 (Rest-ND 4 Jahre, 5 Monate)	26 500 €
AfA 2020	./. 6 000 €
Buchwert 31. 12. 2020	20 500 €

Von einer voraussichtlich dauernden Wertminderung ist auszugehen, wenn der Wert des Wirtschaftsgutes zum Bilanzstichtag mindestens für die halbe Restnutzungsdauer unter dem planmäßigen Restbuchwert liegt (BMF v. 25. 2. 2000, BStBl 2000 I 372). Das ist hier der Fall. Denn der Wert vom 31. 12. 2017 (24 920 €) würde bei planmäßiger Abschreibung nach dem 31. 12. 2019 erreicht und damit für mehr als die halbe Rest-Nutzungsdauer den planmäßigen Buchwert unterschreiten.

Handelsrechtlich ist somit neben der regulären planmäßigen Abschreibung nach § 253 Abs. 3 Satz 1 HGB eine außerplanmäßige Abschreibung nach § 253 Abs. 3 Satz 3 HGB in Anspruch zu nehmen.

Die Schadensersatzleistung der Versicherung ist durch den Betrieb veranlasst und als Ertrag zu buchen (§ 246 Abs. 1 Satz 1 HGB). Gleichzeitig liegt eine Geldentnahme vor.

Steuerrecht

Infolge des Unfalls liegen steuerlich die Voraussetzungen vor für eine außergewöhnliche technische Abnutzung (§ 7 Abs. 1 Satz 7 EStG). Für die Inanspruchnahme besteht nach dem Gesetzeswortlaut ein Wahlrecht („sind zulässig"). Da der Stpfl. einen möglichst niedrigen Gewinn wünscht, wird nachstehend das Wahlrecht entsprechend ausgeübt. Die AfaA beträgt – wie oben ermittelt – 30 % von 44 500 € = 13 350 €. Nach Inanspruchnahme einer AfaA berechnet sich die AfA nach dem Restwert und der Restnutzungsdauer. Die AfA beträgt sodann für 2017:

Buchwert 31. 12. 2016	44 500 €
AfaA	./. 13 350 €
Restwert	31 150 €
AfA 31 150 €/5 Jahre Restnutzungsdauer	./. 6 230 €

Die Anschaffung des LKW im Jahr 2016 eröffnet die Möglichkeit der Inanspruchnahme der Sonderabschreibung nach § 7g Abs. 5 EStG. Dies kann auch in einem späteren als dem Anschaffungsjahr erfolgen. Da der Stpfl. einen möglichst niedrigen Gewinn wünscht, wird in 2017 davon Gebrauch gemacht. Die Sonderabschreibung beträgt 20 % von 48 000 € = 9 600 €.

Die Versicherungsleistung ist als betriebliche Einnahme zu erfassen. Denn Betriebseinnahmen sind in Anlehnung an § 8 Abs. 1 und § 4 Abs. 4 EStG alle Zugänge in Geld oder Geldeswert, die durch den Betrieb veranlasst sind (H4.7 „Betriebseinahmen" EStH). Die Vereinnahmung auf einem privaten Bankkonto führt gleichzeitig zu einer Geldentnahme (§ 4 Abs. 1 Satz 3 EStG).

Übersicht

Vorgang	Handelsbilanz	Steuerbilanz
Andere Anlagen (LKW) 31. 12. 2016	44 500 €	44 500 €
AfaA Januar 2017		./. 13 350 €
AfA 2017	./. 6 000 €	./. 6 230 €
Sonderabschreibung § 7g EStG		./. 9 600 €
Außerplan. Abschreibung	./. 13 580 €	
Buchwert 31. 12. 2017	24 920 €	15 320 €

In der handelsrechtlichen Buchführung ergeben sich folgende Korrekturbuchungen:

Andere Anlagen (LKW)	6 000 €	an	Abschreibungen auf Sachanlagen	6 000 €
Außerpl. Abschreibungen auf Sachanlagen	13 580 €	an	Andere Anlagen (LKW)	13 580 €
Entnahmen	10 000 €	an	S. b. Erträge	10 000 €

Auswirkungen auf den HB-Gewinn:

Weniger Abschreibung Sachanlagen	+ 6 000 €
Außerplanmäßige Abschreibung wegen Unfall	./. 13 580 €
Betriebsunterbrechungsversicherung	+ 10 000 €

Auswirkungen auf den StB-Gewinn

Differenz außerplanmäßige Abschreibung	+ 230 €
AfA LKW	./. 230 €
Sonderabschreibung nach § 7g EStG	./. 9 600 €

Exkurs:

Die Wertminderung von Dauer ergibt sich nur, wenn an der 8jährigen Nutzungsdauer über den 31. 12. 2017 hinaus festgehalten wird. Geht man nach dem 31. 12. 2017 von einer nur noch 4jährigen Restnutzungsdauer aus, läge am 31. 12. 2017 nur eine vorübergehende Wertminderung vor. Denn der Wert von 24 920 € würde vor Ablauf der halben Restnutzungsdauer erreicht.

Buchwert/Beizul. Wert 31. 12. 2017	38 500 €	24 920 €
AfA 25 %	./. 9 625 €	
Buchwert 31. 12. 2018	28 875 €	
AfA 25 %	./. 9 625 €	
Buchwert 31. 12. 2019	19 250 €	

3. Produktionsmaschine

Handelsrecht

Ob es sich bei Zuschüssen der öffentlichen Hand zu Investitionsmaßnahmen um Anschaffungspreisminderungen i. S. v. § 255 Abs. 1 Satz 3 handelt, ist umstritten. Dagegen spricht, dass es an der rechtlichen Verknüpfung des Minderungsvorgangs mit dem Anschaffungsvorgang fehlt. Allgemein gilt, dass ein Zwang zur Kürzung der Anschaffungskosten nicht besteht. Es wird eher ein – dem Steuerrecht vergleichbares – Wahlrecht angenommen.

Soweit der Zuschuss die Anschaffungskosten für den Erwerb der Maschine nicht übersteigt, liegt ein Investitionszuschuss vor, der – da der Stpfl. einen möglichst hohen Eigenkapitalausweis wünscht – erfolgswirksam zu vereinnahmen ist. Im Gegenzug wird die Maschine mit den vollen Anschaffungskosten aktiviert und planmäßig abgeschrieben (§ 253 Abs. 1 und 3 HGB). Kontenentwicklung:

Zugang Maschine 30. 3. 2017	25 000 €
AfA bei 10 Jahren Nutzungsdauer jährlich 2 500 €, hier für 10 Monate	./. 2 084 €
Buchwert 31. 12. 2017	22 916 €

Investitionszuschüsse aus öffentlichen Mitteln zur Anschaffung oder Herstellung von abnutzbaren Sachanlagegütern sind in der Regel selbst dann nicht passiv abzugrenzen, wenn mit ihnen zeitbegrenzt auch der Arbeitsplatz an einer bestimmten Maschine gefördert werden soll (BFH v. 22. 1. 1992 X R 23/89 unter 1.b), BStBl 1992 II 488). Etwas anderes gilt, soweit der Zuschuss die Anschaffungskosten des Investitionsguts übersteigt. Dann liegt – sofern es sich nicht um einen Ertragszuschuss handelt – ein unechter Zuschuss vor. Das ist der Fall, wenn die Leistung des Zuschussgebers mit einer Gegenleistung des Zuschussempfängers korrespondiert. Unechte Zuschüsse sind Erträge. Ist ein unechter Zuschuss Gegenleistung für eine auf bestimmte Zeit begrenzte Leistung des Empfängers, ist von diesem ein passiver Rechnungsabgrenzungsposten zu bilden. Da dem Zuschuss der öffentlichen Hand die Verpflichtung des Stpfl. gegenübersteht, zehn Jahre einen behinderten Arbeitnehmer zu beschäftigen, liegen die Voraussetzungen für die Bildung eines passiven Rechnungsabgrenzungspostens vor (§ 250 Abs. 2 HGB). Die Verpflichtung besteht für insgesamt 120 Monate, von denen 9 Monate auf 2017 entfallen. Der Rechnungsabgrenzungsposten beträgt somit 111/120 von 5 000 € = 4 625 €.

Die Rückzahlungsverpflichtung hängt von einem zukünftigen ungewissen Ereignis ab und ist damit aufschiebend bedingt. Am Bilanzstichtag liegen keine Umstände vor, die den Eintritt der Rückzahlungsverpflichtung wahrscheinlich erscheinen lassen. Erst mit dem konkretisierten Eintritt der Bedingung ergibt sich ein Passivierungsgebot (BFH v. 22. 1. 1992 X R 23/89, BStBl 1992 II 488). Eine „sonstige Verbindlichkeit" kommt somit nicht in Betracht.

Steuerrecht

Erhält ein Steuerpflichtiger anlässlich der Anschaffung oder Herstellung eines Wirtschaftsgutes einen Zuschuss (Kapitalzuschuss), so hat er grundsätzlich ein Wahlrecht. Er kann den Zuschuss von den AK/HK des bezuschussten Wirtschaftsgutes absetzen (sog. erfolgsneutrale Behandlung) oder den Zuschuss als Betriebseinnahme behandeln (R 6.5 Abs. 2 EStR).

Nicht unter die Regelung von R 6.5 EStR fallen Ertragszuschüsse. Sie werden gegeben, um die Ertragskraft des bezuschussten Unternehmens zu verbessern. In Betracht kommen Gasölbeihilfen in der Landwirtschaft, Schlachtprämien, Zuschüsse wegen Sturm- und Ernteschäden. Ertragszuschüsse stellen Betriebseinnahmen dar.

Ebenfalls nicht unter die Regelung von R 6.5 EStR fallen Investitionszulagen nach dem InvZulG. Sie mindern nicht die AK/HK (H 6.5 „Investitionszulagen sind keine Zuschüsse“ EStH) und sind im Übrigen ertragsteuerlich steuerfrei (§ 13 InvZulG).

Von den Ertrags- und Kapitalzuschüssen sind die unechten Zuschüsse zu unterscheiden. Ein unechter Zuschuss liegt vor, wenn die Leistung des Zuschussgebers mit einer Gegenleistung des Zuschussempfängers korrespondiert. Unechte Zuschüsse sind Erträge. Ist ein unechter Zuschuss Gegenleistung für eine auf bestimmte Zeit begrenzte Leistung des Empfängers, ist von diesem ein passiver Rechnungsabgrenzungsposten zu bilden (z. B. Mieterzuschuss als Vorauszahlung, die mit der Miete verrechnet wird).

Enthält ein Kapitalzuschuss auch Elemente eines unechten Zuschusses (weil der Zuschussempfänger gleichzeitig eine Gegenleistung bewirkt), so geht dadurch das Wahlrecht nach R 6.5 Abs. 2 EStR nicht verloren (z. B. verlorene Zuschüsse von Mineralölgesellschaften an Tankstelleninhaber, H 6.5 „Verlorene Zuschüsse“ EStH).

Vorliegend handelt es sich i. H. v. 25 000 € um einen Kapitalzuschuss; in Höhe von 5 000 € liegt ein unechter Zuschuss vor, weil dieser an die Bedingung geknüpft ist, zehn Jahre lang einen behinderten Arbeitnehmer zu beschäftigen. Insoweit liegen die Voraussetzungen vor für einen passiven Rechnungsabgrenzungsposten (§ 5 Abs. 5 Nr. 2 EStG).

Die Maschine ist dem Stpfl. ab dem 30. 3. 2017 zuzurechnen und stellt ab diesem Zeitpunkt notwendiges Betriebsvermögen dar (§ 5 Abs. 1 EStG i. V. m. § 246 Abs. 1 HGB, R 4.2 Abs. 2 Satz 1 EStR). Auf den Zeitpunkt des Abschlusses des Kaufvertrags kommt es nicht an (§ 9a EStDV). Die Anschaffungskosten für die Maschine (vgl. § 6 Abs. 1 Nr. 1 EStG) betragen ohne USt (vgl. § 9b EStG) 25 000 €.

Da der Stpfl. einen möglichst niedrigen Gewinn wünscht, ist der Zuschuss in Ausübung des genannten Wahlrechts von den Anschaffungskosten abzusetzen. Hier verbleibt sodann ein Erinnerungswert von 1 €. Für den darüber hinausgehenden Zuschuss in Höhe von 5 000 € ist wie in der Handelsbilanz ein passiver Rechnungsabgrenzungsposten in Höhe von 4 625 € zu bilden.

Für die aufschiebend bedingte Rückzahlungsverpflichtung darf auch in der StB keine Verbindlichkeit angesetzt werden (§ 5 Abs. 1 EStG, BFH v. 22. 1. 1992 X R 23/89 unter 1.b], BStBl 1992 II 488).

Übersicht

Konto	Handelsbilanz	Steuerbilanz
Spezialmaschine Zuschuss Planmäßige Abschreibung	25 000 € ./. 2 084 €	25 000 € ./. 24 999 €
Bilanzansatz 31. 12. 2017	22 916 €	1 €
Zugang PRAP	4 625 €	4 625 €
Bilanzansatz 31. 12 .2017	4 625 €	4 625 €

Umbuchungen für die Handelsbilanz:

PRAP	22 375 €	An	S. b. Erträge	22 375 €
Sonst. Verbindlk.	15 000 €	An	S. b. Aufwand	15 000 €
Maschinen	4 166 €	An	Abschreibungen	4 166 €

Auswirkungen auf den HB-Gewinn:

Bildung eines PRAP	+ 22 375 €
Abschreibung (6 250 € ./. 2 084 €)	+ 4 166 €
Rückforderungsrisiko keine Schuld	+ 15 000 €

Auswirkungen auf den StB-Gewinn:

Keine AfA	+2 084 €
Kein s. b. Ertrag	./. 24 999 €

4. Rücklage nach § 6b EStG

Handelsrecht

Die Vorgehensweise entspricht der geltenden Rechtslage. Es ist insofern nichts zu veranlassen.

Steuerrecht

Wird eine nach § 6b Abs. 10 EStG gebildete Rücklage auf abnutzbare bewegliche Wirtschaftsgüter übertragen, so kann ein Betrag bis zur Höhe des bei der Veräußerung entstandenen und nicht nach § 3 Nummer 40 Satz 1 Buchstabe a und b i.V.m. § 3c Abs. 2 steuerbefreiten Betrags von den Anschaffungs- oder Herstellungskosten für abnutzbare bewegliche Wirtschaftsgüter gewinnmindernd abgezogen werden (hier 60 % von 10 000 € = 6 000 €). Die Rücklage selbst ist insgesamt gewinnerhöhend aufzulösen. Allerdings ist der über 6.000 € darüber hinausgehende Betrag von 4 000 € außerbilanziell vom Jahresüberschuss abzuziehen (§ 6b Abs. 10 Satz 7 EStG).

Auswirkungen auf den HB-Gewinn: Keine

Auswirkungen auf den StB-Gewinn:

Auflösung § 6b-Rücklage	+ 10 000 €
Übertragung auf Lagergebäude	./. 6 000 €
Außerbilanzielle Korrektur:	
Steuerfreier Teil der aufgelösten Rücklage	./. 4 000 €

HINWEIS:

Da ein möglichst hoher Eigenkapitalausweis gewünscht wird und sich im Saldo allenfalls passive latente Steuern ergeben würden, wird auf deren Ausweis verzichtet. Im Übrigen sind die Regeln für latente Steuern (§ 274 HGB) ohnehin nur von Kapitalgesellschaften zu beachten.

Teil II Transport und Fahrzeugbau GmbH

1. Betriebsprüfung für die Jahre 2015 und 2016

Zur Herstellung des Bilanzzusammenhangs (hier 31. 12. 2016/1. 1. 2017) sind für das Jahr 2017 sog. Kapitalangleichungsbuchungen erforderlich. Dabei werden die umgekehrten Gewinnauswirkungen aus 2016 für 2017 in die Buchführung 2017 automatisch eingearbeitet.

Bei **Kapitalgesellschaften** erfolgen die Kapitalangleichungsbuchungen in der nachfolgenden Handelsbilanz im Regelfall erfolgsneutral (z. B. über das Konto „Jahresüberschuss/Jahresfehlbetrag" oder über das Gewinnvortragskonto (beides sind Bestandskonten), wenn die nachfolgende (handelsrechtlich richtige) Handelsbilanz der vorhergehenden Prüferbilanz aus Identitätsgründen angepasst werden soll; denkbar ist in diesen Fällen auch eine erfolgswirksame Verbuchung (z. B. über das Konto „sonstige betriebliche Erträge/Aufwendungen"; dann muss der Saldo aber außerbilanziell hinzu- oder abgerechnet werden). Wird die nachfolgende Handelsbilanz nicht an die Prüferbilanz angepasst, sind die künftigen Abweichungen zwischen Handelsbilanz und Steuerbilanz durch Zusätze oder Anmerkungen besonders zu erfassen (sog. Überleitungsrechnung nach § 60 Abs. 2 Satz 1 EStDV); wird eine spezielle Steuerbilanz erstellt (§ 60 Abs. 2 Satz 2 EStDV), so ist für die abweichenden Ansätze ein Ausgleichsposten (AP) zu bilden.

Bei den Beanstandungen der Betriebsprüfung handelt es sich auch handelsrechtlich um Fehler, so dass auch die Handelsbilanz zum 31. 12. 2017 anzupassen ist. Auf Wunsch der GmbH erfolgen die Kapitalangleichungsbuchungen über das Gewinnvortragskonto. Dabei werden nur die Bilanzunterschiede zum 31. 12. 2016 gebucht. Dabei erscheint der in der Bp-Bilanz gebildete Ausgleichsposten als Gewinnvortrag. Kapitalangleichungsbuchungen 2017:

Forderungen aus Lieferungen und Leistungen	11 900 €			
Rückstellung für Provisionen	20 000 €	an	Gewinnvortrag	6 370 €
			USt	22 800 €
			Steuerrückstellungen	2 730 €

Zusätzlich sind noch die in 2017 gemachten Fehler zu beseitigen. Dabei sind die im Jahr 2017 als umsatzsteuerfrei gebuchten Erlöse von 47 600 € auf steuerpflichtige Umsätze umzubuchen.

Die von der Betriebsprüfung zum 31.12.2016 aktivierte Forderung aus Fuhrleistungen wurde von der GmbH im Januar 2017 bei Rechnungserteilung gebucht. Um eine Doppelerfassung zu vermeiden, ist diese Buchung zu stornieren.

Lt. Sachverhalt ergibt sich zum 31.12.2017 eine Provisionsrückstellung von insgesamt 35 000 €. Da zum 31.12.2016 eine solche von 20 000 € gebildet worden war, besteht ein Aufstockungsbedarf von 15 000 €. Bisher wurden in 2017 20 000 € zugeführt (von 40 000 € auf 60 000 €), sodass 5 000 € rückgängig zu machen sind.

Umbuchungen:

Steuerfreie Umsätze	47 600 €	an	Umsatzerlöse (19 v. H.) Umsatzsteuer	40 000€ 7 600 €
Umsatzerlöse (19 %) USt	10 000 € 1 900 €	an	Forderungen aus Liefer. und L.	11 900 €
Rückstellung für Provisionen	5 000	an	Sonst. betriebl. Aufwendungen	5 000 €

2. Forschung und Entwicklung

Handelsrecht

Aus dem bisherigen allgemeinen **Bilanzierungsverbot** für **nicht entgeltlich** erworbene immaterielle Vermögensgegenstände des Anlagevermögens ist durch das BilMoG ein spezielles Bilanzierungsverbot für selbst geschaffene Marken, Drucktitel, Verlagsrechte, Kundenlisten oder vergleichbare immaterielle Vermögensgegenstände des Anlagevermögens geworden (§ 248 Abs. 2 Satz 2 HGB); damit kommen Aufwendungen, die den originären Geschäfts- oder Firmenwert verbessern oder zu seiner Entstehung führen und beitragen, für eine Aktivierung **wie bisher** nicht in Betracht. Für alle übrigen selbst geschaffenen immateriellen Vermögensgegenstände des Anlagevermögens ergibt sich aus § 248 Abs. 2 Satz 1 HGB nunmehr ein **Aktivierungswahlrecht**.

Der betragsmäßige Rahmen, in dem das Aktivierungswahlrecht ausgeübt werden kann, ergibt sich aus § 255 Abs. 2a HGB. Die Aktivierung erfolgt mit den Herstellungskosten, die bei der **Entwicklung** des immateriellen Vermögensgegenstands angefallen sind und unter Beachtung des § 255 Abs. 2 HGB. Ein **Aktivierungsverbot** besteht für **Forschungsaufwendungen** sowie für den Fall, dass Forschung und Entwicklung nicht verlässlich voneinander unterschieden werden können.

Nach § 255 Abs. 2 HGB sind Herstellungskosten die Aufwendungen, die durch den Verbrauch von Gütern und die Inanspruchnahme von Diensten für die Herstellung eines Vermögensgegenstands, seine Erweiterung oder für eine über seinen ursprünglichen Zustand hinausgehende wesentliche Verbesserung entstehen. Dazu gehören die Materialkosten, die Fertigungskosten und die Sonderkosten der Fertigung sowie angemessene Teile der Materialgemeinkosten, der Fertigungsgemeinkosten und des Werteverzehrs des Anlagevermögens, soweit dieser durch die Fertigung veranlasst ist. Bei der Berechnung der Herstellungskosten dürfen angemessene Teile der Kosten der allgemeinen Verwaltung sowie angemessene Aufwendungen für soziale Einrichtungen des Betriebs, für freiwillige soziale Leistungen und für die betriebliche Altersversorgung einbezogen werden, soweit diese auf den Zeitraum der Herstellung entfallen. Forschungskosten (hier 300 000 €) und Vertriebskosten dürfen nicht einbezogen werden.

Da für die Verwaltungskosten ein Wahlrecht besteht und in der HB ein möglichst hohes Eigenkapital ausgewiesen werden soll, werden diese in die Herstellungskosten einbezogen. Damit ergibt sich folgende Zugangsbewertung:

Fertigungskosten: Gehälter Entwicklungspersonal (Einzel- und Gemeinkosten)	230 000 €
Materialkosten: Material für die Entwicklung (Einzel- und Gemeinkosten)	150 000 €
Anteilige produktionsbezogene Abschreibungen	40 000 €
Verwaltungskosten für die Entwicklung	15 000 €
Herstellungskosten	435 000 €

Da es sich um abnutzbares Anlagevermögen handelt, sind planmäßige Abschreibungen (§ 253 Abs. 3 HGB bzw. Absetzungen für Abnutzung (§ 7 Abs. 1 EStG) zu berücksichtigen. Diese betragen für 2017: 435 000 €/5 = 87 000 €; davon 1/12 für einen Monat: 7 250 €.

Der Bilanzansatz zum 31. 12. 2017 beträgt sodann (435 000 € ./. 7 250 €) 427 750 €.

Buchungen für die Handelsbilanz:

Selbst geschaffene gewerbliche Schutzrechte	435 000 €	an	Andere aktivierte Eigenleistungen	435 000 €
Planmäßige Abschreibung	7 250 €	an	Selbst geschaffene gewerbliche Schutzrechte	7 250 €

Steuerrecht

Der Ansatz selbst geschaffener immaterieller Wirtschaftsgüter ist steuerlich nicht zulässig (§ 5 Abs. 2 EStG). Im steuerrechtlichen Jahresabschluss sind die gesamten Aufwendungen sofort abziehbare Betriebsausgaben.

Latente Steuern

Da es sich bei der GmbH um eine Kapitalgesellschaft handelt, ist § 274 Abs. 1 Satz 1 HGB zu beachten. Für passive latente Steuern im handelsrechtlichen Jahresabschluss ist von 30 % von 427 750 € auszugehen: 128 325 €. Buchung:

Steuern vom Einkommen und Ertrag	128 325 €	an	Passive latente Steuern	128 325 €

Von bilanzierten aktiven und passiven latenten Steuern gehen keine steuerrechtlichen Wirkungen aus. Eine Übernahme in die Steuerbilanz findet nicht statt (kein Wirtschaftsgut, keine wirtschaftliche Verursachung im abgelaufenen Wirtschaftsjahr; Schmidt/Weber-Grellet, § 5 EStG Rn. 270 „Latente Steuern“).

3. Grundstücke

Handelsrecht

Unter Berücksichtigung der Nebenkosten von 50 000 € ergeben sich für die GmbH rein formal Anschaffungskosten in Höhe von 50 001 € (§ 253 Abs. 1 i.V.m. § 255 Abs. 1 HGB). Gleichwohl darf nicht unbeachtet gelassen werden, dass das Grundstück tatsächlich einen viel höheren Wert hat. Insoweit ergibt sich ein unentgeltlicher Erwerb. Ein unentgeltlicher Erwerb (d. h. ein Erwerb ohne Gegenleistung) führt zu einer Vermögensmehrung, die nach herrschender Meinung bei vorsichtiger und zurückhaltender Bewertung einen Bilanzausweis rechtfertigen kann. Auch das GmbH-Gesetz erlaubt bei Sacheinlagen eine Aktivierung im Rahmen der Werthaltigkeit des eingelegten Gegenstands (vgl. § 19 Abs. 4 Satz 5 GmbH-Gesetz). Da das Handelsrecht lediglich Überbewertungen verbietet, besteht somit bei Sacheinlagen ein Wahlrecht zwischen den Anschaffungskosten (50 001 €) und dem höheren Verkehrswert (fiktive Anschaffungskosten). Diese fiktiven Anschaffungskosten betragen hier 920 000 € (800 000 € zzgl. Erwerbsnebenkosten von 120 000 €).

Da die GmbH einen möglichst hohen Kapitalausweis wünscht, erfolgt nachfolgend die Bewertung mit 920 000 €. Nach dem Sachverhalt entfallen davon auf

den Grund und Boden: 25 % = 229 999 €,

das Gebäude: 75 % = 690 000 €.

Da bei dieser – von der GmbH gewünschten Vorgehensweise – keine verdeckte Einlage vorliegt, ist die Differenz zu den tatsächlichen Anschaffungskosten von 50 001 € als Kapitalrücklage (869 999 €) auszuweisen. Einlagebuchung:

Grundstücke	229 999 €			
Geschäftsbauten	690 000 €	an	Sonst. betriebl. Aufwand	50 000 €
			Kapitalrücklagen	869 999 €

Im Rahmen der Folgebewertung ist das Gebäude planmäßig abzuschreiben (§ 253 Abs. 3 HGB). Dass das Gebäude noch eine Nutzungsdauer von 100 Jahren hat, hindert nicht gleichwohl entsprechend der steuerlichen Regelung von 50 Jahren Nutzungsdauer auszugehen und das Gebäude mit jährlich 2 % abzuschreiben. Dies wird nach den Hinweisen zum Sachverhalt von der GmbH ausdrücklich gewünscht und führt auch nicht zu handelsrechtlich untersagten Überbewertungen.

Die AfA wird dann in HB und StB übereinstimmen (siehe unten!).

Steuerrecht

Die steuerliche Bewertung ergibt sich aus § 8 Abs. 1 KStG i.V.m. § 6 Abs. 1 Nr. 5 Satz 1 EStG. Danach hat die steuerliche Bewertung der Einlage mit dem Teilwert zu erfolgen. Dies erfolgt unter Berücksichtigung der zu diesem Zeitpunkt aufzuwendenden Anschaffungsnebenkosten (BFH v. 29. 4. 1999 IV R 63/97, BStBl 2004 II 639, H 6.7 „Wiederbeschaffungskosten“ EStH). Der Teilwert beträgt somit 920 000 € und ist unter Berücksichtigung der geleisteten Zahlungen (51 000 €) anzusetzen. Die AfA richtet sich nach § 7 Abs. 1 Satz 5 und § 7 Abs. 4 Satz 1 Nr. 2a EStG). Die vor der Einlage als Werbungskosten in Anspruch genommene AfA (48 000 €) mindert die AfA-Bemessungsgrundlage. Das soll nach Beck´scher Bilanzkommentar 8. Auflage 2016, Anm. 222 zu § 253 HGB auch für die HB gelten. Die AfA berechnet sich dann wie folgt:

Gebäudeeinlagewert	690 000 €
Bis zur Einlage in Anspruch genommene AfA	./. 48 000 €
Bemessungsgrundlage	642 000 €
AfA 2 %	12 840 €

Buchung

Planmäßige Abschreibungen	12 840 €	an	Geschäftsbauten	12 840 €

Gem. 27 Abs. 1 KStG ist die Einlage im **steuerlichen Einlagekonto** zu erfassen. Darüber ergeht eine gesonderte Feststellung (§ 27 Abs. 2 KStG).

Auswirkungen beim Gesellschafter Max Müller

Durch die Einlage haben sich die Anschaffungskosten für seine GmbH-Beteiligung um 869 999 € erhöht. Das ist von Bedeutung, wenn er die GmbH-Anteile veräußert.

Gleichzeitig hat er durch die Übereignung des Grundstücks auf die GmbH ein privates Veräußerungsgeschäft getätigt, das nach § 22 Nr. 2 i. V. m. § 23 Abs. 1 Satz 5 Nr. 2 EStG steuerpflichtig ist. Denn die Einlage gilt als Veräußerung. Der Veräußerungsgewinn gehört zu den sonstigen Einkünften und ist wie folgt zu berechnen:

Einlagewert des Grundstücks	869 999 €
Erhaltene Kaufpreiszahlung	+ 1 €
Eigene Anschaffungskosten abzüglich AfA 400 000 € ./. 48 000 €	./. 352 000 €
Gewinn aus privatem Veräußerungsgeschäft	518 000 €

Jahresüberschuss Handelsbilanz

Vorgang	Handelsbilanz	Steuerliche Auswirkungen
Vorläufiger Jahresüberschuss lt. Sachverhalt	100 000 €	100 000 €
Steuerfreie Umsätze	./. 47 600 €	./. 47 600 €
Umsatzerlöse 19 %	+ 40 000 €	+ 40 000 €
Umsatzerlöse 19 %	./. 10 000 €	./. 10 000 €
Sonst. betriebl. Erträge (Rückstellungen)	+ 5 000 €	+ 5 000 €
Andere aktivierte Eigenleistungen	+ 435 000 €	
Planmäßige Abschreibungen (Anhängervorrichtung)	./. 7 250 €	
Latente Steuern vom Einkommen und Ertrag	./. 128 325 €	
Sonst. betriebl. Aufwand	+ 50 000 €	+ 50 000 €
Planmäßige Abschreibung Gebäude	./. 12 840 €	./. 12 840 €
Zwischenergebnis	423 985 €	124 560 €
KSt- und GewSt-Vorauszahlungen		0 €
Zu versteuerndes Einkommen		124 560 €
GewSt 15 %	./. 18 684	./. 18 684 €
KSt 15 %	./. 18 684	./. 18 684 €
Jahresüberschuss	386 617 €	87 192 €

Buchung:

Steuern vom Einkommen und Ertrag	37 368 €	an	Steuerrückstellungen	37 368 €

Überleitungsrechnung von der HB zum steuerlichen Jahresüberschuss

Bilanzposten	HB 31.12.2016	Steuerrecht 31.12.2016	GuV-Posten	Gewinnunterschied
Immat. Vermögensgegenstände	427 750 €	0 €	Andere aktivierte Eigenleistungen	./. 427 750 €
Passive latente Steuern	128 325 €	0 €	Steuern v. Eink. und Ertrag	+ 128 325 €
Saldo Gewinnunterschied				./. 299 425 €
Jahresüberschuss lt. HB				+ 386 617 €
Steuerlicher Jahresüberschuss				87 192 €

Teil III: A B C OHG

Allgemeines

Die Gewinnermittlung bei einer OHG richtet sich nach §§ 238 ff. HGB und erstreckt sich auf deren Gesamthandsvermögen. Die Gewinnverteilung richtet sich nach §§ 120, 121 HGB (gesetzliche Gewinnverteilung), die jedoch nach § 109 HGB vertraglich abbedungen werden kann. Im vorliegenden Fall haben die Gesellschafter eine Gewinnverteilung nach Köpfen („zu gleichen Teilen") vereinbart, jedoch eine Vorabverzinsung der Kapitalkonten (vgl. § 121 Abs. 1 HGB) ausgeschlossen.

Die steuerliche Gewinnermittlung erfolgt gem. § 5 Abs. 1 EStG ebenfalls nach §§ 238 ff. HGB; darüber hinaus sind steuerliche Besonderheiten zu beachten (§ 5 Abs. 6 EStG). Die zivilrechtlichen Vereinbarungen sind grundsätzlich auch für die steuerrechtliche Gewinnverteilung zugrunde zu legen. Daneben ist steuerrechtlich aber § 15 Abs. 1 Satz 1 Nr. 2 zweiter Halbsatz EStG zu beachten; es handelt sich um Vergütungen der Gesellschaft an den Gesellschafter für Tätigkeiten des Gesellschafters im Dienst der Gesellschaft u. a. Diese sind in die steuerliche Gewinnermittlung einzubeziehen.

Das Betriebsvermögen einer gewerblich tätigen Personengesellschaft wird nicht nur durch die im Gesamthandseigentum der Mitunternehmer stehenden Wirtschaftsgüter gebildet. Nach ständiger Rechtsprechung zählen hierzu vielmehr auch Wirtschaftsgüter, die einem Mitunternehmer zustehen, die jedoch geeignet und bestimmt sind, dem Betrieb der Personengesellschaft (Sonderbetriebsvermögen I) oder der Beteiligung des Mitunternehmers (Sonderbetriebsvermögen II) zu dienen (BFH v. 23. 5. 1991 IV R 94/90, BStBl 1991 II 800, v. 23. 1. 1992 XI R 36/88, BStBl 1992 II 721, R 4.2 Abs. 2 EStR).

1. Lastenanhänger

Umsatzsteuer

Die Überlassung des Anhängers an die OHG führt nicht zu einem Leistungsaustausch im umsatzsteuerlichen Sinn (§ 1 Abs. 1 Nr. 1 UStG). Denn C erhält für die Überlassung kein Sonderentgelt, vielmehr ist die Leistung mit der Gewinnbeteiligung abgegolten (Abschn. 1.6 Abs. 3 Sätze 2 und 3 UStAE). Daraus folgt ferner, dass C kein Unternehmer ist i. S. v. § 2 Abs. 1 UStG und dass es keine Vorsteuerabzugsberechtigung für C gibt.

Einkommensteuer

Bei dem Anhänger handelt es sich um Sonderbetriebsvermögen I (SBV I) des C. Da er sich nicht im Gesamthandsvermögen der OHG befindet, aber gleichwohl Betriebsvermögen der OHG darstellt, ist er in einer Sonderbilanz des C auszuweisen. Die Buchführungspflicht einer Personenhandelsgesellschaft erstreckt sich dabei auch auf das Sonderbetriebsvermögens eines Gesellschafter (§ 141 AO, H 5.1 „Buchführungspflicht einer Personengesellschaft" EStH).

Bei Wirtschaftsgütern, die im Laufe eines Wirtschaftsjahres veräußert werden oder die aus dem Betriebsvermögen ausscheiden, kann für dieses Jahr nur der Teil des auf ein Jahr entfallenden AfA-Betrags abgesetzt werden, der dem Zeitraum zwischen dem Beginn des Jahres und der Veräußerung bzw dem Ausscheiden entspricht (R 7.4 Abs. 8 Satz 1 EStR). Für 2017 ergibt sich eine anteilige AfA für 3 Monate: 4 800 €/4 = 1 200 €. 1/4 davon ergeben 300 €.

Buchung: AfA an Pkw-Anhänger 300 €

Anschließend ist der Restbuchwert (3 600 € ./. 300 € =) 3 300 € auszubuchen.

Buchung: Außergewöhnliche AfA an PKW-Anhänger 3 300 €

Die für die Rechtsberatung entstandenen Kosten sind betrieblich veranlasst (vgl. § 4 Abs. 4 EStG) und stellen somit Betriebsausgaben dar. Sie betreffen jedoch das Sonderbetriebsvermögen des C und sind deshalb Sonderbetriebsausgaben des C. Die in der Rechnung gesondert ausgewiesene USt kann C nicht als Vorsteuer geltend machen, da er – wie ausgeführt – kein Unternehmer ist. Da die Rechnung am 31. 12. 2017 noch nicht bezahlt war, ergibt sich im Sonderbetriebsvermögen des C eine Sonstige Verbindlichkeit (§ 5 Abs. 1 Satz 1 EStG i. V. m. § 246 Abs. 1 HGB).

Buchung (im Bereich des SBV):

Sonstiger betrieblicher Aufwand an Sonstige Verbindlichkeiten 238 €

Im Sonderbereich des C ergibt sich somit ein Gesamtverlust von 3 838 €.

Die OHG ist Versicherungsnehmerin der Betriebsunterbrechungsversicherung. Ihr steht deshalb die Versicherungsleistung zu. Der Betrag ist sowohl handels- wie auch steuerrechtlich im Gesamthandsvermögen als Ertrag zu erfassen. Die Voraussetzungen für eine Rückstellung liegen nach § 249 HGB nicht vor. Weder muss die erhaltene Versicherungsleistung möglicherweise zurückgezahlt werden, noch hat C ausreichend begründete Ansprüche.

Korrekturbuchung (sowohl handels- wie steuerrechtlich):

Rückstellungen an Sonstige betriebliche Erträge 5 000 €

Hierdurch erhöht sich der Gewinn der OHG im Gesamthandsbereich um 5 000 €.

2. Grundstücksverunreinigung

Für die Beseitigung der Grundstücksverunreinigung ist eine Rückstellung für ungewisse Verbindlichkeiten nach § 249 Abs. 1 Satz 1 HGB zu bilden. Dies gilt auch für die Steuerbilanz (5 Abs. 1 Satz 1 EStG).

Eine Rückstellung für ungewisse Verbindlichkeiten ist gem. R 5. 7 EStR danach nur zu bilden, wenn

1. es sich um eine Verbindlichkeit gegenüber einem anderen oder eine öffentlich-rechtliche Verpflichtung handelt,
2. die Verpflichtung vor dem Bilanzstichtag wirtschaftlich verursacht ist,
3. mit einer Inanspruchnahme aus einer nach ihrer Entstehung oder Höhe ungewissen Verbindlichkeit ernsthaft zu rechnen ist und
4. die Aufwendungen in künftigen Wirtschaftsjahren nicht zu Anschaffungs- oder Herstellungskosten für ein Wirtschaftsgut führen (§ 5 Abs. 4b EStG).

Die vorgenannten Voraussetzungen sind hier erfüllt. Es liegt ein bestandskräftiger Bescheid des Ordnungsamtes vor mit der konkreten Verpflichtung, den Schaden innerhalb eines halben Jahres zu beseitigen. Der Schadensverursachung erfolgte im Sommer 2017.

Wie Rückstellungen zu bewerten sind, ergibt sich für das Handelsrecht aus § 253 Abs. 1 und 2 HGB, für das Steuerrecht aus § 6 Abs. 1 Nr. 3a EStG i. V. m. R 6. 11 EStR.

Handelsrechtlich erfolgt die Bewertung mit dem nach kaufmännischer Beurteilung notwendigen Erfüllungsbetrag (§ 253 Abs. 1 Satz 2 HGB), das ist bei Sachleistungs- und Sachwertverpflichtungen der im Erfüllungszeitpunkt voraussichtlich aufzuwendende Geldbetrag und bei Geldleistungsverpflichtungen der Rückzahlungsbetrag (=Nennwert). Durch die Verwendung des Begriffs „Erfüllungsbetrag" wird klargestellt, dass bei der Rückstellungsbewertung künftige Preis- und Kostensteigerungen unter Vernachlässigung des Stichtagsprinzips zu berücksichtigen sind. Es ist stets von den Vollkosten auszugehen.

Die handelsrechtlichen Bewertungsregeln für Rückstellungen gelten nicht für die Aufstellung der Steuerbilanz. Das **Steuerrecht** verfügt über eigenständige Bewertungsregelungen, die die handelsrechtlichen Regelungen verdrängen (§ 5 Abs. 6 EStG). Einkommensteuerrechtlich erfolgt die Bewertung mit den Einzelkosten und angemessenen Teilen der notwendigen Gemeinkosten (§ 6 Abs. 1 Nr. 3a Buchst. b EStG). Ferner dürfen durch die ausdrückliche Ergänzung in § 6 Abs. 1 Nr. 3a Buchst. f EStG künftige Preis- und Kostensteigerungen nicht berücksichtigt werden.

Eine Abzinsungsverpflichtung besteht weder handels- noch steuerrechtlich, da die Beseitigung der Verunreinigung innerhalb eines halben Jahres zu erfolgen hat (§ 253 Abs. 2 Satz 1 HGB, § 6 Abs. 1 Nr. 3a Buchst. e Satz 1, 2. Halbsatz EStG).

Aus der vorliegenden Kostenaufstellung ergeben sich nur Einzelkosten und notwendige Gemeinkosten, so dass die Bewertung in HB und StB identisch ist.

20 Stunden x 25 € (Bruttolohn 21 € zuzüglich 4 € Arbeitgeberanteil)	500 €
Deponiekosten netto (Vorsteuer ist kein Aufwand, § 9b Abs. 1 EStG)	300 €
Gartenbauarbeiten netto	1 000 €
Summe	1 800 €

Buchung:

Sonstiger betrieblicher Aufwand an Rückstellungen 1 800 €

Hieraus resultiert eine Gewinnminderung in Höhe von 1 800 €.

3. Termingeschäft

Da der vom 18. 11. 2017 datierende Vertrag am 31. 12. 2017 noch von keiner Seite erfüllt ist, liegt am 31. 12. 2017 ein sog. schwebendes Geschäft vor. Schwebende Geschäfte werden nicht bilanziert, es sei denn, aus ihnen droht ein Verlust (§ 249 Abs. 1 Satz 1 i. V. m. § 252 Abs. 1 Nr. 4 HGB). Das ist der Fall in Höhe der Differenz zwischen dem vereinbarten Verkaufspreis und dem zu erwartenden höheren Einkaufspreis: 6 000 €. Die Buchung ist nicht zu beanstanden.

Demgegenüber bestimmt § 5 Abs. 4a EStG, dass derartige Rückstellungen steuerlich nicht gebildet werden dürfen. Sollte in der steuerlichen Buchführung eine Rückstellung gebildet worden sein, ist dort folgende Stornierung vorzunehmen:

Rückstellungen an sonstiger betrieblicher Aufwand 6 000 €

Mehrgewinn im steuerlichen Bereich 6 000 €

4. Werbeaktion

Ein aktiver Rechnungsabgrenzungsposten darf nicht gebildet werden. Die Voraussetzungen nach § 250 Abs. 1 HGB und § 5 Abs. 5 Nr. 1 EStG sind nicht erfüllt, insbesondere fehlt es am Merkmal „Aufwand für eine bestimmte Zeit“. Die Nachwirkungen der Werbeaktion sind zu vage.

Korrekturbuchung:

Werbeaufwand an Aktiver Rechnungsabgrenzungsposten 2 000 €

Das führt zu einer Gewinnminderung in Höhe von 2 000 €

5. Austritt des C

Scheidet ein Gesellschafter durch Kündigung aus (§ 131 Abs. 3 Nr. 3 HGB), wächst sein Anteil am Gesellschaftsvermögen den übrigen Gesellschaftern zu; die Gesellschaft besteht fort. Dem ausscheidenden Gesellschafter steht ein Abfindungsanspruch zu (§ 105 Abs. 3 HGB i.V.m. § 738 Abs. 1 BGB). Steuerlich ergeben sich für die verbleibenden Gesellschafter Anschaffungen bezüglich der dem C zuzurechnenden Anteile an den vorhandenen Wirtschaftsgütern der OHG (vgl. § 39 Abs. 2 Nr. 2 AO). Für den ausscheidenden Gesellschafter ergibt sich eine Veräußerung, die nach §§ 16, 34 EStG tarifbegünstigt ist. Zahlen die verbleibenden Gesellschafter mehr als der Anteil des C einschließlich seines Anteils am Firmenwert und den stillen Reserven wert ist (z. B. wie hier, um den C „loszuwerden“) ergeben sich für sie in gleicher Höhe sofort abziehbare Betriebsausgaben. Die Mehrzahlung gehört mit zum steuerbegünstigten Veräußerungsgewinn des ausscheidenden Gesellschafters.

Zunächst ist das Kapitalkonto des C zum 31. 12. 2017 zu ermitteln. Dazu sind die Änderungen aus den Tz. 1-4 auszuwerten.

Vorgang	HB	StB
Vorläufiger Gewinn lt. HB und StB	120 000 €	120 000 €
Sachverhalt 1	+ 5 000 €	+ 5 000 €
Sachverhalt 2	./. 1 800 €	./. 1 800 €
Sachverhalt 3		+ 6 000 €
Sachverhalt 4	./. 2 000 €	./. 2 000 €
Berichtigter Gewinn	121 200 €	127 200 €

Gewinnverteilung in der HB:

Vorgang	Summe	A	B	C
Gewinn lt. HB	121 200 €	40 400 €	40 400 €	40 400 €

Das Kapitalkonto des C im Gesamthandsvermögen entwickelt sich wie folgt:

Vorgang	Handelsbilanz	Steuerbilanz
Vorläufiges Kapital am 31. 12. 2017	100 000 €	100 000 €
Gewinnanteil	40 400 €	42 400 €
Endgültiges Kapital am 31. 12. 2017	140 400 €	142 400 €

Nachstehend ergeben sich die steuerlichen Auswirkungen auf den Veräußerungsgewinn des C, die Nachaktivierungen bei A und B sowie die Höhe der sofort abziehbare Betriebsausgaben in Gestalt von (SBA) für A und B. Relevant ist hierbei das steuerliche Kapital des C, weil nur dieses steuerverstrickt ist.

Anspruch des C	200 000 €
Stl. Kapital des C im Gesamthandsvermögen	./. 142 400 €
Ergibt stpfl. Veräußerungsgewinn des C	57 600 €
Davon Nachaktivierung Maschinen	5 000 €
Davon Nachaktivierung Geschäftsausstattung	7 000 €
Davon Rest sofort abziehbare Betriebsausgaben	45 600 €
Ergibt wieder	57 600 €

Hiernach erzielt C einen nach §§ 16, 34 EStG tarifbegünstigten Veräußerungsgewinn in Höhe von 57 600 €.

Buchung zum 31. 12. 2017 für die StB:

Kapitalkonto C	142 400 €			
Maschinen	5 000 €			
Geschäftsausstattung	7 000 €			
S. b. Aufwand	45 600 €	An	S. Verbindlichk.	200 000 €

Die steuerliche Gewinnverteilung gestaltet sich für 2017 wie folgt:

Endgültige Steuerliche Gewinnverteilung:

Vorgang	Summe	A	B	C
Gewinn lt. OHG-StB (GHV)	127 200 €	42 400 €	42 400 €	42 400 €
Sonderbilanz C	./. 3 838 €			./. 3 838 €
Veräußerungsgewinn	57 600 €			57 600 €
Sonderbetriebsausg.	./. 45 600 €	./. 22 800 €	./. 22 800 €	
Stl. Gewinnanteile	135 362 €	19 600 € €	19 600 €	96 162 €

Sodann kann die endgültige StB der OHG erstellt werden:

OHG-Steuerbilanz 31. 12. 2017

Aktiva			**Passiva**
Bebaute Grundstücke	250 000 €	Kapital A	119 600 €
Gebäude	150 000 €	Kapital B	119 600 €
Maschinen	205 000 €	Rückstellungen*	20 800 €
Geschäftsausstattung	307 000 €	Verbindlichkeiten	610 000 €
Vorräte	90 000 €	Sonst. Vblk.	200 000 €
Forderungen	58 000 €		
Kasse/Bank	10 000 €		
Bilanzsumme	1 070 000 €		1 070 000 €

* Die Rückstellungen setzen sich wie folgt zusammen:

Bestand lt. vorläufiger Bilanz	30 000 €
Sachverhalt 1	./.5 000 €
Sachverhalt 2	+1 800 €
Sachverhalt 3	./.6 000 €
Neuer Bestand	20 800 €

Anmerkungen:

1. Umsatzsteuer

Die Übertragung von Gesellschaftsrechten (hier von C auf A und B) ist zwar eine Leistung im wirtschaftlichen Sinne (denn sonst wäre sie nicht nach § 4 Nr. 8 Buchst. f UStG befreit), hier ist sie aber nicht steuerbar, da C kein Unternehmer ist. Denn die Gesellschafterstellung in einer OHG allein führt nicht zur umsatzsteuerlichen Unternehmereigenschaft.

2. Handelsbilanz

Die handelsrechtliche Gewinnverteilung stellt sich wie folgt dar:

Vorgang	Summe	A	B	C
Gewinn lt. OHG-HB Betriebsausgaben	121 200 € ./. 47 600 €	40 400 € ./. 23 800 €	40 400 € ./. 23 800 €	40 400 €
Gewinnanteile HB	73 600 €	16 600 €	16 600 €	40 400 €

Dass sich vorstehend Betriebsausgaben von 47 600 € ergeben (statt 45 600 € wie in der StB) liegt daran, dass das Kapital des C in der HB 140 400 € (statt 142 400 € in der StB) beträgt. Denn der auf C entfallende Anteil an der Drohverlustrückstellung in Höhe von 2 000 € ist hälftig von A und B zu tragen.

Anlage

Kaufmann Henrik Mai

Vorläufiger Jahresüberschuss 2017 (Ergebnis der Handelsbilanz)	60 000 €
Einzelsachverhalt 1 „Grundstück mit Lagerhalle"	
Anlagenabgang	./. 20 000 €
Sonst. betriebl. Erträge (Aktivierung Lagerhalle)	+ 20 000 €
Sonst. betriebl. Aufwendungen (Kürzung, da HK Lagerhalle)	+ 12 000 €
Abschreibung Gebäude (Korrektur)	+ 725 €
Einzelsachverhalt 2 „LKW Lieferwagen"	
Abschreibungen Sachanlagen	+ 6 000 €
Außerplanmäßige Abschreibungen	./. 13 580 €
Sonst. betriebl. Erträge	+ 10 000 €
Einzelsachverhalt 3 „Produktionsmaschine"	
Sonst. betriebl. Erträge (Minderung PRAP)	+ 22 375 €
Abschreibungen Sachanlagen	+ 4 166 €
Sonst. betriebl. Aufwand (Keine Verbindlichkeit)	+ 15 000 €
Jahresüberschuss lt. HB	**116 686 €**
Unterschiede HB/StB	
Einzelsachverhalte 1 und 4	
Auflösung der § 6b-Rüklage	+ 10 000 €
Übertragung auf Lagerhalle	./. 6 000 €
AfA Lagerhalle	+ 75 €
Einzelsachverhalt 2	
Weniger außerplanm. Abschreibung bzw. AfaA	+ 230 €
AfA LKW	./. 230 €
Sonderabschreibung nach § 7g EStG	./. 9 600 €
Einzelsachverhalt 3	
AfA	+ 2 084 €
Minderung sonst. betriebl. Erträge	./. 24 999 €
Steuerlicher Jahresüberschuss	**88 246 €**
Außerbilanzielle Korrektur (Steuerfreier Teil der § 6b-Rücklage)	./. 4 000 €
Zu versteuernder Gewinn	84 246 €

Steuerberaterprüfung 2012/2018

Prüfungsaufgabe aus dem Verfahrensrecht und anderen Steuerrechtsgebieten

Teil I: Abgabenordnung und Finanzgerichtsordnung

Sachverhalt:

Die Eheleute Ernst und Adele Schallhammer wohnen in einer Mietwohnung im ersten Obergeschoss in Freising, Am Markt 119 (Zuständigkeitsbezirk des Finanzamtes Freising im Bundesland Bayern). Ihre gemeinsame Einkommensteuererklärung für das Jahr 10 ist am 28. 3. 11 beim Finanzamt Freising mit dem Antrag auf Zusammenveranlagung eingegangen.

Ernst hat darin Einkünfte aus seiner Tätigkeit als angestellter Bankkaufmann und Vermietungseinkünfte erklärt. Adele hat ausschließlich Einkünfte aus Gewerbebetrieb in Form eines Verlustes i. H. von 35 000 € erklärt. Sie ist eine regional bekannte Hobby-Turnierspringreiterin und betreibt einen Pferde- und Ponyhof mit Übernachtungspension. Diesen führt sie auf dem Gelände der von ihren Eltern geerbten, von ihr umgebauten Landwirtschaft in Erding (Ort der Geschäftsleitung i. S. d. § 18 Abs. 1 Nr. 2 AO).

Im November des Jahres 09 hatte Ernst eine gebrauchte Wohnimmobilie in Freising, Wittelsbacherstraße 34, erworben. Die gesamten Aufwendungen für die Anschaffung betrugen 480 000 €, davon entfiel ein Anteil von 360 000 € auf das Gebäude. Als Termin für den Übergang von Nutzen, Lasten und der Gefahr des zufälligen Unterganges war im notariellen Kaufvertrag der 1. 1. 10 vereinbart.

In der Steuererklärung des Jahres 10 hat Ernst angegeben, dass er im Jahr 10 für die Modernisierung der Heizungsanlage 29 750 € brutto investiert hatte. Eine Vermietung ist beabsichtigt, konnte aber wegen der durchgeführten Renovierungsmaßnahmen noch nicht realisiert werden.

Das Finanzamt berücksichtigte als Vermietungseinkünfte von Ernst einen Verlust i. H. von 61 550 €. Es hat die folgenden Angaben aus der Vermietungsanlage der Steuererklärung übernommen:

- § 7 Abs. 4 Nr. 2a EStG (AfA-Satz 2 %):	7 200 €
- Erhaltungsaufwand für Renovierung:	29 750 €
- Schuldzinsen:	21 000 €
- sonstige Werbungskosten:	3 600 €.

Im Einkommensteuerbescheid des Jahres 10 ist als „Art der Festsetzung“ angegeben: *„Teilweise vorläufig nach § 165 Abs. 1 Satz 1 AO“*. Die Begründung des Steuerbescheides enthält folgende Ausführungen:

„Der Bescheid ergeht bezüglich der Vermietungseinkünfte des Ehemannes vorläufig, weil die Einkunftserzielungsabsicht nicht aufgeklärt werden kann, insbesondere bestehen Zweifel, ob nicht eine Eigennutzung geplant ist. Auch hinsichtlich der gewerblichen Einkünfte von Adele Schallhammer ergeht der Bescheid vorläufig, § 165 Abs. 1 Satz 1 AO. Die Ansetzung dieser Besteuerungsgrundlage erfolgt mit 0 €. Nach der derzeitigen Beweislage ist von Liebhaberei auszugehen, weil

aufgrund des erzielten Verlustes und der Nähe der Tätigkeit zum Hobby von Frau Schallhammer derzeit das Bestehen einer Gewinnerzielungsabsicht fraglich ist."

Der Einkommensteuerbescheid für das Jahr 10 wurde den Eheleuten Schallhammer am 12. 5. 11 wirksam bekannt gegeben. Das aufgrund der Zusammenveranlagung gemeinsam zu versteuernde Einkommen betrug 60 000 €.

In einem Telefonat mit seinem Bearbeiter im Finanzamt Freising am 30. 4. des Jahres 12 gestand Ernst einen Fehler beim Ausfüllen der Anlage V der Steuererklärung für das Jahr 10. Beim Eintrag der Schuldzinsen im Zusammenhang mit seinen Vermietungseinkünften sei ihm aus Versehen ein Zahlendreher unterlaufen; er habe statt 12 000 € den Betrag von 21 000 € eingetragen. Zu seiner Ehrenrettung sei aber auch festzustellen, dass der Finanzbeamte den Fehler leicht hätte erkennen können, er hätte nur die der Steuererklärung beigefügte Zinsbescheinigung der Bank mit den Angaben in der Anlage V vergleichen müssen.

Das Finanzamt hat den Einkommensteuerbescheid nach § 172 Abs. 1 Satz 1 Nr. 2a AO geändert (zu versteuerndes Einkommen: 69 000 €) und am 21. 5. 12 zur Post gegeben. Der Bescheid enthält zu einer Vorläufigkeit der Steuerfestsetzung keine Aussage. Die Begründung lautet nur *„Änderung nach § 172 Abs. 1 Satz 1 Nr. 2a AO, Ihrem Antrag wurde entsprochen"*.

In ihrer am 15. 5. 12 abgegebenen Einkommensteuererklärung für das Jahr 11 haben die Eheleute Schallhammer bei den Vermietungseinkünften von Ernst für das Grundstück, Freising, Wittelsbacherstraße 34, erneut Renovierungskosten erklärt (Wärmeisolierung der Dachhaut, Erneuerung der Fußböden und der Elektroinstallation i. H. von 59 500 € brutto). Seit 1. 5. 11 ist das Grundstück vermietet.

Dies veranlasste das Finanzamt Freising, den Einkommensteuerbescheid des Jahres 10 nach § 165 Abs. 2 AO zu ändern. Die Renovierungskosten der Jahre 10 und 11 wurden jetzt insgesamt als anschaffungsnaher Herstellungsaufwand nach § 6 Abs. 1 Nr. 1a EStG, behandelt. Statt des bisherigen Erhaltungsaufwands i. H. von 29 750 € wurde für den Veranlagungszeitraum 10 nur die aus dem auf diesen Veranlagungszeitraum entfallenden anschaffungsnahen Aufwand zusätzlich berechnete Abschreibung für Abnutzung i. H. von 595 € (2 % von 29 750 €) zum Abzug als Werbungskosten zugelassen. Damit wurden die Vermietungseinkünfte von Ernst nur noch mit einem Verlust i. H. von 23 395 € statt bisher 52 550 € angesetzt. Das zu versteuernde Einkommen erhöhte sich auf 98 155 €.

Dieser entsprechend begründete Einkommensteuerbescheid des Jahres 10 wurde am 29. 5. 12 in einer Ausfertigung für Ernst und Adele Schallhammer zur Post gegeben, ein Vorläufigkeitsvermerk wie im Erstbescheid war nicht enthalten.

Am 24. 7. 12 rief Ernst Schallhammer im Finanzamt Freising an und teilte mit, er könne sich eine Mahnung wegen der Rückstände aus dem Einkommensteuerbescheid des Jahres 10 vom 29. 5. 12 nicht erklären. Ein solcher Bescheid sei nie bei ihm und seiner Ehefrau angekommen.

Das Finanzamt Freising entschloss sich, den Änderungsbescheid vom 29. 5. 12 erneut bekannt zu geben und wählte dazu die Zustellung durch die Post mit Zustellungsurkunde.

Der Bearbeiter kopierte den Bescheid vom 29. 5. 12 und übergab am 26. 7. 12 eine Ausfertigung für Ernst und eine für Adele Schallhammer der Post mit dem Auftrag, die Zustellung vorzunehmen und die Beurkundung der Zustellung an das Finanzamt zurückzusenden.

Als der Postbedienstete am 31. 7. 12 niemanden in der Wohnung der Schallhammers antraf, übergab er die beiden Briefe der im Parterre des gleichen Mehrfamilienhauses wohnenden Hauseigentümerin, da diese schon öfter Sendungen für die Schallhammers entgegengenommen hatte. Auf den Postzustellungsurkunden vermerkte er: *„Übergabe am 31. 7. 12 um 10.15 Uhr an Hauswirtin Frau Carola Schmidt“.*

Am 14. 9. 12 ging beim Finanzamt Freising um 16.00 Uhr folgendes Telefax der Eheleute Schallhammer ein; eine Unterschrift fehlte:

Ernst und Adele Schallhammer *14. 9. 12*
Rosenstraße 9
Freising

Betrifft: Einkommensteuerbescheid des Jahres 10

Sehr geehrte Damen und Herren,

wir sind mit Ihrem Bescheid nicht einverstanden, eine nachteilige Veränderung des Steuerbetrages halten wir für rechtswidrig, wir bitten um Aufhebung.

Am 19. 9. 12 ging beim Finanzamt Freising ein Schreiben von Steuerberater Feiger vom 18. 9. 12 ein. Darin erklärte Feiger, er lege namens und im Auftrag der Eheleute Schallhammer Einspruch ein. Ihm sei heute fernmündlich Auftrag und Vollmacht erteilt worden, Einspruch einzulegen, eine schriftliche Vollmacht sei ja nicht nötig. Die Unterlagen seien ihm per Boten überbracht worden. Er stelle den Antrag, die letzten Steuerbescheide 10 aufzuheben und die Einkommensteuer 10 neu festzusetzen. Sein Einspruch sei rechtzeitig, da seine Mandanten erst am 19. August den Bescheid von Frau Schmidt erhalten hätten. Da ein vom Finanzamt eingesetzter Bote versagt habe, sei seinen Mandanten keine Pflichtverletzung hinsichtlich der Fristeinhaltung vorzuwerfen, er stelle vorsorglich Antrag auf Wiedereinsetzung in den vorigen Stand.

Die Steuerbescheide seien allesamt rechtswidrig:

1. Die Kürzung des Erhaltungsaufwands bei den Vermietungseinkünften sei auf jeden Fall unzulässig gewesen. Dies sei schon materiell-rechtlich nicht richtig, da Reparaturaufwendungen im Veranlagungszeitraum 11 mit dem Veranlagungszeitraum 10 nichts zu tun hätten, es gelte schließlich bei Überschusseinkünften § 11 Abs. 2 EStG.

   Unabhängig davon hätte auch keine Korrekturmöglichkeit bestanden. § 165 Abs. 2 AO sei aus mehreren Gründen unanwendbar.

   Erstens sei der Vorläufigkeitsvermerk zu Unrecht im Erstbescheid aufgenommen gewesen, weil nicht Tatsachen unaufklärbar gewesen seien, sondern das Finanzamt habe unzulässiger Weise eine steuerliche Schlussfolgerung vorläufig ziehen wollen.

   Zweitens habe die Vorläufigkeit nicht mehr bestanden, und drittens habe sich diese auf die Annahme von Liebhaberei bezogen und nicht auf den Abzug von Erhaltungsaufwendungen. Andere Korrekturtatbestände seien auch nicht erfüllt gewesen.

2. Auch die Bescheidänderung nach § 172 Abs. 1 Satz 1 Nr. 2a AO wegen des Zahlendrehers bei den Schuldzinsen sei unzulässig gewesen. Das Finanzamt habe das Recht zur Änderung verwirkt, da es ohne weiteres den Fehler aus den eingereichten Unterlagen hätte erkennen können. Es habe ein Ermittlungsverschulden vorgelegen, ein Antrag sei darüber hinaus auch nicht gestellt worden.

3. Noch etwas sei zu berücksichtigen: Frau Adele Schallhammer habe im Jahr 10 Kosten tragen müssen, die nach der bisherigen Rechtsprechung nicht als außergewöhnliche Belastung abziehbar gewesen seien. Im August des Jahres 12 habe der BFH aber diesbezüglich seine Rechtsprechung geändert. Deshalb stelle er jetzt den Antrag, die von Adele Schallhammer im Jahr 10 getragenen Kosten als außergewöhnliche Belastung nach § 33 EStG abzuziehen, was zu einer Minderung des zu versteuernden Einkommens um 4 700 € führe (Anm: Bitte insoweit den Bearbeitervermerk Nr. 4 beachten).

4. Und zu guter Letzt sei der Ansatz der Einkünfte aus Gewerbebetrieb von Adele Schallhammer mit 0 € falsch. Bereits mit Gewinnfeststellungsbescheid des Finanzamts Erding, Bescheiddatum 1. 9. 11 (Postversand am selben Tag), bei Frau Schallhammer am 2. 9. 11 im Briefkasten, sei ihr ein Verlust aus Gewerbebetrieb für das Jahr 10 auf 30 000 € festgestellt worden. Aber auch diese Feststellung sei falsch, da der wahre Verlust 35 000 € betrage. Das Arbeitsverhältnis mit ihrem 30-jährigen Sohn Maximilian, ihrem einzigen Kind, sei nämlich zu Unrecht steuerlich nicht anerkannt worden. Die Betriebsausgaben daraus betrügen 5 000 €. Auf jeden Fall würde jetzt der Ansatz eines Verlustes i. H. von 35 000 € beantragt.

Das Schreiben war von Steuerberater Feiger eigenhändig unterschrieben.

Am 2. 10. 12 ging beim Finanzamt Freising ein weiteres Schreiben von Steuerberater Feiger ein. Der Beratungsvertrag mit Ernst und Adele Schallhammer sei einvernehmlich mit sofortiger Wirkung beendet worden. Um Ordnung zu schaffen und alle offenen Verfahren zu beenden, nehme er seinen Einspruch vom 18. 9. 12 in der Sache Schallhammer zurück, damit sei die Sache dann für ihn erledigt.

Bei Durchsicht der Akten stellt der Bearbeiter in der Rechtsbehelfsstelle des Finanzamts Freising Folgendes fest:

1. Eine Feststellungsmitteilung des Finanzamtes Erding (Bayern) über den Verlust aus Gewerbebetrieb des Jahres 10 von Adele Schallhammer i. H. von 30 000 € ist in der Einkommensteuer-Veranlagungsakte mit Eingangsstempel 7. 9. 11 enthalten. Der Verlustfeststellungsbescheid war ohne Nebenbestimmungen ergangen.

2. Eine Vollmachtsurkunde ist von Steuerberater Feiger nicht übersandt worden.

BEARBEITERVERMERK:

1. Die von Steuerberater Feiger in seinem Schreiben vorgebrachten und die vom Finanzamt ermittelten Tatsachen sind richtig. Alle Verwaltungsakte enthalten eine zutreffende Rechtsbehelfsbelehrung
2. Das Arbeitsverhältnis zwischen Adele Schallhammer und ihrem Sohn Maximilian ist steuerlich anzuerkennen. Alle für die Beurteilung notwendigen Fakten waren dem Finanzamt Erding bei der Entscheidung über den Feststellungsbescheid des Jahres 10 bekannt.
3. Ernst Schallhammer hat bereits im Jahr 10 Vermietungsabsicht für das Grundstück in Freising.
4. Um welche Art von Kosten (Aufwendungen) es sich handelt, die nach der Änderung der BFH-Rechtsprechung im August 12 als außergewöhnliche Belastungen zu behandeln sind, ist für die Lösung ohne Bedeutung.
   In der Einkommensteuererklärung für das Jahr 10 – beim Finanzamt Freising eingegangen am 28. 3. 11 – waren die der Frau Schallhammer entstandenen und von ihr getragenen Kosten nicht angegeben; die Berücksichtigung als außergewöhnliche Belastung war nicht beantragt worden.

Aufgabe 1, Teil 1:

Untersuchen Sie in einem Gutachten, ob und ggf. wie viele Einsprüche sich gegen welche Maßnahmen (Einspruchsgegenstand) der Finanzbehörden aus den Schreiben vom 14. 9. 12 und vom 18. 9. 12 ergeben können.

Aufgabe 1, Teil 2

Prüfen Sie, ob die in Teil 1 ermittelten Einsprüche zum jetzigen Zeitpunkt (8. Oktober des Jahres 12) die Zulässigkeitsvoraussetzungen erfüllen.

Aufgabe 2:

Prüfen Sie gutachterlich die Erfolgsaussichten der zuvor ermittelten Einsprüche. Setzen Sie sich dabei mit dem Vorbringen in den oben genannten Schreiben unter Einbeziehung der Feststellungen des Bearbeiters in der Rechtsbehelfsstelle auseinander.

Stellen Sie Ihre Lösung auf der Basis von Veränderungen des zu versteuernden Einkommens dar; Keine Steuerberechnung erforderlich.

Gehen Sie dabei auf alle aufgeworfenen Rechtsfragen ein, und begründen Sie Ihre Lösung ausführlich unter Angabe der Gesetzes- und Verwaltungsvorschriften.

Anlage zum Klausurtext

Zivilprozessordnung

§ 178 Ersatzzustellung in der Wohnung, in Geschäftsräumen und Einrichtungen

(1) Wird die Person, der zugestellt werden soll, in ihrer Wohnung, in dem Geschäftsraum oder in einer Gemeinschaftseinrichtung, in der sie wohnt, nicht angetroffen, kann das Schriftstück zugestellt werden

1. in der Wohnung einem erwachsenen Familienangehörigen, einer in der Familie beschäftigten Person oder einem erwachsenen ständigen Mitbewohner,
2. in Geschäftsräumen einer dort beschäftigten Person,
3. in Gemeinschaftseinrichtungen dem Leiter der Einrichtung oder einem dazu ermächtigten Vertreter.

(2) Die Zustellung an eine der in Absatz 1 bezeichneten Personen ist unwirksam, wenn diese an dem Rechtsstreit als Gegner der Person, der zugestellt werden soll, beteiligt ist.

11

	Januar	Februar	März
Montag	3 10 17 24 31	7 14 21 28	7 14 21 28
Dienstag	4 11 18 25	1 8 15 22	1 8 15 22 29
Mittwoch	5 12 19 26	2 9 16 23	2 9 16 23 30
Donnerstag	**6** 13 20 27	3 10 17 24	3 10 17 24 31
Freitag	7 14 21 28	4 11 18 25	4 11 18 25
Samstag	**1** 8 15 22 29	5 12 19 26	5 12 19 26
Sonntag	**2 9 16 23 30**	**6 13 20 27**	**6 13 20 27**
Woche	52 1 2 3 4 5	5 6 7 8 9	9 10 11 12 13
Arbeitstage	20/21	20	23

	April	Mai	Juni
Montag	4 11 18 **25**	2 9 16 23 30	6 **13** 20 27
Dienstag	5 12 19 26	3 10 17 24 31	7 14 21 28
Mittwoch	6 13 20 27	4 11 18 25	1 8 15 22 29
Donnerstag	7 14 21 28	5 12 19 26	**2** 9 16 **23** 30
Freitag	1 8 15 **22** 29	6 13 20 27	3 10 17 24
Samstag	2 9 16 23 30	7 14 21 28	4 11 18 25
Sonntag	**3 10 17 24**	**1 8 15 22 29**	**5 12 19 26**
Woche	13 14 15 16 17	18 19 20 21 22	22 23 24 25 26
Arbeitstage	19	22	19/20

	Juli	August	September
Montag	4 11 18 25	1 8 **15** 22 29	5 12 19 26
Dienstag	5 12 19 26	2 9 16 23 30	6 13 20 27
Mittwoch	6 13 20 27	3 10 17 24 31	7 14 21 28
Donnerstag	7 14 21 28	4 11 18 25	1 8 15 22 29
Freitag	1 8 15 22 29	5 12 19 26	2 9 16 23 30
Samstag	2 9 16 23 30	6 13 20 27	3 10 17 24
Sonntag	**3 10 17 24 31**	**7 14 21 28**	**4 11 18 25**
Woche	26 27 28 29 30	31 32 33 34 35	35 36 37 38 39
Arbeitstage	21	22/23	22

	Oktober	November	Dezember
Montag	**3** 10 17 24 **31**	7 14 21 28	5 12 19 **26**
Dienstag	4 11 18 25	**1** 8 15 22 29	6 13 20 27
Mittwoch	5 12 19 26	2 9 **16** 23 30	7 14 21 28
Donnerstag	6 13 20 27	3 10 17 24	1 8 15 22 29
Freitag	7 14 21 28	4 11 18 25	2 9 16 23 30
Samstag	1 8 15 22 29	5 12 19 26	3 10 17 24 31
Sonntag	**2 9 16 23 30**	**6 13 20 27**	**4 11 18 25**
Woche	40 41 42 43 44	44 45 46 47 48	48 49 50 51 52
Arbeitstage	19/20	21/22	21

Bewegliche und nicht bundeseinheitliche* Feiertage: Heilige Drei Könige* 6. Januar, Karfreitag 22. April, Ostern 24. und 25. April, Christi Himmelfahrt 2. Juni, Pfingsten 12. und 13. Juni, Fronleichnam* 23. Juni, Friedensfest* 8. Aug., Mariä Himmelfahrt* 15. Aug., Reformationstag* 31. Oktober, Allerheiligen* 1. Nov., Buß- u. Bettag* 16. Nov.

12

	Januar	Februar	März
Montag	2 9 16 23 30	6 13 20 27	5 12 19 26
Dienstag	3 10 17 24 31	7 14 21 28	6 13 20 27
Mittwoch	4 11 18 25	1 8 15 22 29	7 14 21 28
Donnerstag	5 12 19 26	2 9 16 23	1 8 15 22 29
Freitag	**6** 13 20 27	3 10 17 24	2 9 16 23 30
Samstag	7 14 21 28	4 11 18 25	3 10 17 24 31
Sonntag	**1 8 15 22 29**	**5 12 19 26**	**4 11 18 25**
Woche	52 1 2 3 4 5	5 6 7 8 9	9 10 11 12 13
Arbeitstage	21/22	21	22

	April	Mai	Juni
Montag	2 **9** 16 23 30	7 14 21 **28**	4 11 18 25
Dienstag	3 10 17 24	**1** 8 15 22 29	5 12 19 26
Mittwoch	4 11 18 25	2 9 16 23 30	6 13 20 27
Donnerstag	5 12 19 26	3 10 **17** 24 31	**7** 14 21 28
Freitag	**6** 13 20 27	4 11 18 25	1 8 15 22 29
Samstag	7 14 21 28	5 12 19 26	2 9 16 23 30
Sonntag	**1 8 15 22 29**	**6 13 20 27**	**3 10 17 24**
Woche	14 15 16 17 18	18 19 20 21 22	22 23 24 25 26
Arbeitstage	19	20	20/21

	Juli	August	September
Montag	2 9 16 23 30	6 13 20 27	3 10 17 24
Dienstag	3 10 17 24 31	7 14 21 28	4 11 18 25
Mittwoch	4 11 18 25	1 8 **15** 22 29	5 12 19 26
Donnerstag	5 12 19 26	2 9 16 23 30	6 13 20 27
Freitag	6 13 20 27	3 10 17 24 31	7 14 21 28
Samstag	7 14 21 28	4 11 18 25	1 8 15 22 29
Sonntag	**1 8 15 22 29**	**5 12 19 26**	**2 9 16 23 30**
Woche	27 28 29 30 31	31 32 33 34 35	36 37 38 39
Arbeitstage	22	22/23	20

	Oktober	November	Dezember
Montag	1 8 15 22 29	5 12 19 26	3 10 17 24 31
Dienstag	2 9 16 23 30	6 13 20 27	4 11 18 **25**
Mittwoch	**3** 10 17 24 **31**	7 14 **21** 28	5 12 19 **26**
Donnerstag	4 11 18 25	**1** 8 15 22 29	6 13 20 27
Freitag	5 12 19 26	2 9 16 23 30	7 14 21 28
Samstag	6 13 20 27	3 10 17 24	1 8 15 22 29
Sonntag	**7 14 21 28**	**4 11 18 25**	**2 9 16 23 30**
Woche	40 41 42 43 44	44 45 46 47 48	49 50 51 52 1
Arbeitstage	21/22	21/22	19

Bewegliche und nicht bundeseinheitliche* Feiertage: Heilige Drei Könige* 6. Januar, Karfreitag 6. April, Ostern 8. und 9. April, Christi Himmelfahrt 17. Mai, Pfingsten 27. und 28. Mai, Fronleichnam* 7. Juni, Friedensfest* 8. Aug., Mariä Himmelfahrt* 15. Aug., Reformationstag* 31. Oktober, Allerheiligen* 1. Nov., Buß- u. Bettag* 21. Nov.

Teil II: Umsatzsteuer

ALLGEMEINE HINWEISE:

Erforderliche Belege und Aufzeichnungen sind vorhanden. Die formellen Voraussetzungen des § 25b UStG sind gegebenenfalls erfüllt. Voranmeldungszeitraum ist der Kalendermonat.

Liefer- und Erwerbsschwellen gelten gegebenenfalls als überschritten.

Soweit aus dem Sachverhalt sich nicht ausdrücklich etwas anderes ergibt

- enthalten Rechnungen die nach §§ 14, 14a UStG bzw. §§ 33, 34 UStDV erforderlichen Angaben,
- versteuern alle angesprochenen Unternehmer ihre Umsätze nach den allgemeinen Vorschriften des UStG und nach vereinbarten Entgelten. Anträge nach § 19 Abs. 2 UStG wurden nicht gestellt,
- verwenden die Unternehmer im innergemeinschaftlichen Waren- und Dienstleistungsverkehr die Umsatzsteuer-Identifikationsnummer ihres Heimatlandes,
- wurden gemischt genutzte Wirtschaftsgüter dem Unternehmensvermögen zugeordnet,
- liegen alle angegebenen Orte im Inland.

Die Kalenderjahre bis einschließlich 2016 sind bestandskräftig veranlagt. Die steuerliche Beurteilung war jeweils zutreffend.

Aufgabe:

Beurteilen Sie die angeführten Sachverhalte in ihrer umsatzsteuerlichen Auswirkung auf **Eva Taff und Marco Taff in den Besteuerungszeiträumen 2017 und 2018**. Hierbei ist insbesondere auf die Umsatzart, die Steuerpflicht, die Bemessungsgrundlage für steuerpflichtige Umsätze und auf den Vorsteuerabzug einzugehen. Die Umsatzsteuer für steuerpflichtige Umsätze ist zu berechnen.

Wo es der Sachverhalt erlaubt, ist auch anzugeben, in welchem Voranmeldungszeitraum die Steuer entsteht bzw. zu berichtigen ist und die Vorsteuer abgezogen werden kann.

Gehen Sie auch kurz auf die Unternehmereigenschaft und den Umfang des Unternehmens von Eva Taff und Marco Taff ein.

Begründen Sie bitte Ihre Entscheidungen unter Angabe der gesetzlichen Bestimmungen.

Die Ermittlung der Bemessungsgrundlage für die private Wohnungsnutzung wird erlassen.

Sachverhalt:

Eva Taff ist sehr erfolgreich als Steuerberaterin tätig. Ihre Kanzleiräume befinden sich in dem in ihrem Alleineigentum stehenden Gebäude in München, Maximilianstraße 25. Ihr Ehemann Marco Taff war bis 31. 5. 2017 als Diplom-Ingenieur für Maschinenbau bei der BMW-AG in München angestellt. Seine große Leidenschaft galt aber immer schon den Modelleisenbahnen.

1. Das Gebäude Maximilianstraße 25, bestehend aus 4 Etagen mit jeweils 200 qm Nutzfläche, hatte Eva Taff von ihrer am 28. 11. 2008 verstorbenen Mutter geerbt. Das Gebäude, das Ende des 19. Jahrhunderts errichtet worden war, war zu diesem Zeitpunkt in einem renovierungsbedürftigen Zustand. In den Jahren 2009/2010 ließ Eva das Gebäude komplett entkernen und bautechnisch neu konzipieren. Der von Eva beauftragte Generalunternehmer stellte nach Abnahme der Arbeiten, die am 30. 11. 2010 stattfand, am 3. 12. 2010 insgesamt 1.000.000 € zuzüglich 19 % USt 190 000 € in Rechnung.

Seit 1. 1. 2011 wird das Gebäude, wie von Eva von Anfang an beabsichtigt, wie folgt genutzt:

EG: Vermietet an Gerlinde Garn für monatlich 4 000 €. Gerlinde betreibt in den Räumen eine Boutique für Damenmoden.

1. OG: In den Räumen befindet sich die Kanzlei von Eva.

2. OG: Vermietet an den HNO-Arzt Dr. Franz Xaver Mandel für monatlich 4 000 €.

3. OG: Die Räume werden von Eva und Marco als Wohnung genutzt.

Soweit möglich, hat Eva auf die Steuerbefreiung verzichtet und die Umsatzsteuer zusätzlich zu den oben genannten Beträgen in Rechnung gestellt.

2. Da Gerlinde sich verkleinern wollte, vereinbarte sie mit Eva zum 1. 4. 2017 die Reduzierung der Nutzfläche auf 150 qm bei einer monatlichen Miete von 3 000 € zu den bestehenden Konditionen (siehe oben 1.).

Die frei werdenden Räume (50 qm Nutzfläche) vermietete Eva mit Vertrag vom 1. 4. 2017 zu den marktüblichen Konditionen an ihren Ehemann Marco für monatlich 1 000 € zuzüglich 19 % USt 190 €. Marco hatte sich entschlossen, seine Tätigkeit bei der BMW-AG zum 30. 6. 2017 zu kündigen und sich in den neu angemieteten Räumen mit dem Handel und dem Bau von Modelleisenbahnen selbständig zu machen. Als Mietbeginn wurde der 1. 7. 2017 vereinbart. Marco, der seit langem über gute Kontakte in der Modelleisenbahnszene verfügte, rechnete für das Jahr 2017 noch mit Einnahmen in Höhe von 8 500 €.

Eva ließ die an Marco vermieteten Räume im EG in den Monaten Mai und Juni nach den Bedürfnissen von Marco umgestalten. Am 28. 6. 2017 wurden die Rechnungen für die Malerarbeiten in Höhe von 3 000 € zuzüglich 19 % USt 570 €, für die Elektroinstallationen in Höhe von 2 000 € zuzüglich 19 % USt 380 € und für die Bodenlegearbeiten in Höhe von 2 500 € zuzüglich 19 % USt 475 € erteilt. Die Abnahme der jeweiligen Arbeiten war am 22. 6. 2017 erfolgt.

3. Wider Erwarten lief das Geschäft von Marco von Anfang an ganz prächtig. Ab 1. 7. 2017 tätigte Marco folgende Umsätze:

3.1 Vom 25.7. bis 27. 7. 2017 besuchte Marco eine Fachmesse für Modelleisenbahnen in Mailand (Italien). Dort lernte er den Händler Roberto Rossi aus Turin (Italien) kennen und kam mit ihm ins Geschäft. Rossi bestellte bei Marco 10 historische Lokomotiven aus den 1920er Jahren für 500 € pro Stück. Nachdem Marco die Lokomotiven in seiner Werkstatt in München angefertigt hatte, erfolgte am 14. 10. 2017 der Versand nach Turin (Italien). Die beiliegende Rechnung über den vereinbarten Betrag beglich Rossi eine Woche später.

3.2 Zur Abrundung seines Sortiments bestellte Marco auf derselben Messe in Mailand (Italien) 20 historische italienische Lokomotivmodelle verschiedener Baureihen mit dazu gehörigen Waggons beim Hersteller Silvio Stationi aus Venedig (Italien) für insgesamt 13 000 €. Die Ware wurde von Stationi am 29. 7. 2017 von Venedig (Italien) nach München versandt. Die beiliegende Rechnung beglich Marco eine Woche später.

3.3 In den Monaten Juli bis November 2017 konnte Marco Modelleisenbahnen für insgesamt 17 000 € an diverse Kunden im Inland verkaufen.

3.4 Im Oktober 2017 gelang es Marco, einen Großauftrag an Land zu ziehen. Für das deutsche Eisenbahnmuseum in Nürnberg sollte Marco Modelle von historischen Lokomotiven anfertigen.

Am 18. 10. 2017 leistete das Museum eine Anzahlung in Höhe von 3 000 €. Die bestellten Lokomotiven wurden am 5. 2. 2018 ausgeliefert. Die Rechnung vom selben Tage lautete wie folgt:

Modelle historischer Lokomotiven	20 000 €
abzüglich Anzahlung vom 18. 10. 2017	3 000 €
Zwischensumme	17 000 €
USt darauf	3 230 €
Zahlungsbetrag	20 230 €

Das Museum bezahlte am 8. 2. 2018.

Das Material für den Auftrag wurde an Marco am 27. 10. 2017 ausgeliefert. Die Rechnung in Höhe von 4 000 € zuzüglich 19 % USt 760 €, die erst am 5. 1. 2018 bei Marco einging, beglich dieser am 11. 1. 2018.

Die Lackierarbeiten ließ Marco von dem Fachbetrieb Moser aus Innsbruck (Österreich) durchführen. Zu diesem Zweck brachte er die Modelle am 15. 12. 2017 nach Innsbruck. Nach Fertigstellung der Arbeiten holte Marco die einwandfrei lackierten Modelle am 27. 12. 2017 wieder in Innsbruck (Österreich) ab. Die Rechnung des Moser vom 3. 1. 2018 in Höhe von 2.000 € beglich Marco eine Woche später.

4. Am 8. 8. 2017 erwarb Marco von der VW-Niederlassung München einen gebrauchten VW-Passat Kombi für 8 000 € zuzüglich 19 % USt 1 520 € und nahm ihn auch sofort mit. Die Rechnung vom selben Tage beglich Marco umgehend. Da das Fahrzeug schon etwas betagt war, ging er noch von einer betriebsgewöhnlichen Nutzungsdauer von 4 Jahren aus.

Laut ordnungsgemäß geführtem Fahrtenbuch nutzte Marco den Pkw im Jahr 2017 ab dem 8. 8. 2017 zu 30 % für unternehmerische und zu 70 % für Privatfahrten im In- und Ausland.

An Ausgaben für den Pkw, die sich gleichmäßig auf das ganze Jahr verteilten, fielen an:

2017:	Benzin	2 400 € zuzüglich 19 % USt 456 €
	Wartung und Pflege	1 000 € zuzüglich 19 % USt 190 €
	Steuer/Versicherung	1 000 €
2018:	Privatnutzung laut ordnungsgemäß geführtem Fahrtenbuch 40 %.	
	Benzin	5 000 € zuzüglich 19 % USt 950 €
	Wartung und Pflege	2 000 € zuzüglich 19 % USt 380 €
	Steuer/Versicherung	2 000 €

Am 31. 12. 2018 verunglückte Marco auf der Fahrt zu einer Sylvesterparty. Marco blieb unverletzt, der Pkw erlitt jedoch einen Totalschaden und war nur noch schrottreif.

Teil III: Erbschaftsteuer und Schenkungsteuer

Sachverhalt:

Der sehr vermögende ehemalige Unternehmer Robert Rundlich verstarb am 9.1.2017 während einer Therapiesitzung an den Folgen einer Angstpsychose. Robert hatte im Dezember 2013 seine 20 Jahre jüngere Ehefrau Carola standesamtlich in Österreich geheiratet. Sein Wunsch nach einer kirchlichen Trauung im Sommer 2018 ging nicht mehr in Erfüllung. Carola, welche mit Robert eine wirksame Vereinbarung bezüglich des Güterstandes getroffen hatte, lebte mit Robert in München im Güterstand der Gütertrennung. Hans, sein einziger Sohn, geboren am 8.8.1994, lebt in Kanada. Ein rechtswirksames Testament, welches nach dem Tode von Robert aufgefunden wurde, regelte die Erbfolge. In diesem Testament wurde folgendes bestimmt: Carola wird Alleinerbin, da sie sonst unversorgt wäre. Hans erhielt laut Testament 99 Goldbarren aus dem Nachlass, da auch er sonst gänzlich unversorgt wäre.

Das Haus in München

Robert hatte im Jahr 2005 einen Flachdachbungalow (Baujahr 1987) in München in der Euchingerstraße 9 gekauft. Er ließ den Bungalow im Jahr 2005 um ein weiteres Vollgeschoss aufstocken. Dieses weitere Vollgeschoss wurde in zwei eigenständige Wohnungen geteilt. Dadurch entstanden 3 Einheiten. Die beiden Einheiten im Obergeschoss hatten je 60 qm, die Einheit im Erdgeschoss hatte 120 qm. Im Rahmen der Aufstockung wurde sowohl das Dach erneuert einschließlich der Verbesserung der Wärmedämmung als auch eine neue verbesserte Heizungsanlage eingebaut.

Robert hatte den Flachdachbungalow mit notarieller Urkunde vom 14.1.2004 von dem früheren Bauunternehmer Heinrich Horn (geb. 29.3.1954) gegen Zahlung von monatlichen Renten erworben. Heinrich war verheiratet mit Mathilde Horn (geb. 30.9.1955). Die beiden hatten eine gemeinsame Tochter Veronika (geb. 8.8.1985). Die notarielle Urkunde sah hinsichtlich des Grundstückskaufvertrages folgende Regelung vor:

Heinrich erhielt als Gegenleistung für das 1 990 qm große Grundstück am Tage der notariellen Beurkundung einen Betrag von 1 900 000 €. Des Weiteren hatte der Erwerber folgende notarielle beurkundete Verpflichtung übernommen:

„Der Erwerber verpflichtet sich lebenslänglich sowohl an Mathilde Horn als auch an deren Tochter Veronika jeweils eine monatliche Leibrente von 990 € zu bezahlen. Soweit entweder Mathilde oder Veronika vor dem 31.12.2036 stirbt, hat der Erwerber der jeweils überlebenden der beiden begünstigten Personen eine Sonderzahlung von 180 000 € zu zahlen Die Verpflichtung zur Zahlung der im Voraus zahlbaren Leibrente beginnt am 1.2.2005 und läuft mindestens bis zum 28.2.2028."

Am 1.4.2016 kam es zu einem erheblichen Hochwasser. Der am Hause des Robert vorbei fließende kleine Fluss trat stark über die Ufer und suchte sich einen neuen Weg. Seitdem fließt ein kleiner Nebenarm des Flusses durch das Grundstück des Robert. Dieser kann daher eine Fläche von ca. 10 qm nicht mehr nutzen. Robert beklagte sich daraufhin mehrfach bei Carola, dass durch die Folgen dieses Hochwassers sein Grundstück faktisch um 10 qm kleiner geworden sei.

Das Erdgeschoss des Hauses hatte Robert – nach dem Einbau von zwei großen Schaufenstern – an einen Augenoptiker vermietet. Der Optiker zahlte an Robert eine monatliche Kaltmiete von

1 800 €, daneben hatte der Optiker noch monatliche Kosten von 130 € für die Heizung, 300 € für den Strom und 40 € für das Wasser zu bezahlen. Der Optiker hatte seine Miete Anfang Januar 2017 bezahlt, jedoch danach am 5. 1. 2017 Insolvenz angemeldet.

Eine Wohnung im Obergeschoss des Hauses stand leer. Robert wollte diese für Hans bereithalten, damit dieser jederzeit eine Bleibe habe. Die andere Wohnung im Obergeschoss des Hauses nutzte Robert selbst zusammen mit Carola. Nach dem Tod von Robert wollte Carola aus Gründen des Angedenkens an ihn nicht mehr in die Wohnung zurückkehren und zog nach Menorca.

Die ortsübliche Kaltmiete für einen qm Wohnflache im obigen Anwesen betrug im Jahr 2015 14 €/qm, im Jahr 2016 14,50 €/qm, im Jahr 2017 15 €/qm und ab 2018 15,50 €/qm Wohnfläche. Auch für gewerblich/freiberuflich genutzte Flächen war in den Jahren 2015 bis einschließlich 2017 lediglich eine um 2 € höhere Miete pro qm zu erzielen.

Der Gutachterausschuss der Landeshauptstadt München hat für das Objekt München Euchingerstr. 9 den Wert von einem qm Grund und Boden zum 31. 12. 2016 auf 1 200 € Euro festgestellt. Ein von Hans beauftragter Gutachter hat zum Todestag von Robert einen reinen Grundstückswert (Grund und Boden nebst Gebäude und Außenanlagen) für die Immobilie in München, Euchingerstr. 9, von 2 500 000 € festgestellt. Wegen eines geplanten Flughafens in 3 km Entfernung von der Immobilie des Rundlich und der daraus resultierenden Lärmbelastung der Immobilie hat er einen Wertabschlag vorgenommen, sodass sich letztlich ein Wert von 2 400 000 € ergab.

Der Fondssparplan

Robert hatte bei einer deutschen Bank einen jederzeit kündbaren Fondssparplan abgeschlossen. Dieser hatte am Stichtag einen Wert von 1 200 000 €. Die Raten i. H.v. 2 000 € waren jeweils am 5. Kalendertag eines Monats fällig. Robert hatte vergessen, die Rate für den Monat Januar 2017 zu überweisen.

Pflichtteil

Als Hans vom Tod des Robert erfuhr überlegte er sich, ob er den Pflichtteil geltend machen sollte, da die Goldbarren wesentlich weniger wert waren als sein Pflichtteilsanspruch. Tatsächlich hat er jedoch von Carola noch nichts verlangt.

Der Zündapp-Roller

Robert Rundlich hatte am 30. 12. 2016 seinen alten Roller Zündapp RS 50 über ein Auktionshaus an den Sammler Siegfried Sammelviel für 3 000 € verkauft. Sammelviel hatte den Roller abgeholt und mit einem Scheck bezahlt. Der Scheck erwies sich als ungedeckt. Sammelviel hatte den Roller am Tag nach dem Erwerb weiterverkauft und ist mittlerweile am 3. 1. 2017 mittellos verstorben. Die Erben von Sammelviel haben den völlig überschuldeten Nachlass des Sammelviel ausgeschlagen.

Die Konten auf den Cayman Islands

Robert hatte zum Todeszeitpunkt ein seit 2015 bestehendes Bankguthaben von 210 000 € in der Form eines Sparkontos auf den Cayman Islands. Das Festgeld wurde mit 4 % jährlich verzinst; die Zinsen waren jeweils zum 30. 6. eines Jahres fällig.

Die Tee-Firma

Robert ist seit 2008 zu 26 % am Stammkapital der Glen & Fiddich Tee GmbH (mit Sitz in Hamburg) beteiligt. Diese stellt eigene irische Teemischungen her und ist wegen des hohen Werkanteils als handwerklich tätige GmbH anzusehen. Die übrigen Anteile werden von den branchenfremden Geschwistern Melitta (52 %) und Jakob Braun (22 %) gehalten. Die GmbH hat ein Stammkapital von 1 600 000 € und verfügt nicht über schädliches Verwaltungsvermögen i. S. von § 13b Abs. 2-7 ErbStG.

Die GmbH ist auch noch — wegen der attraktiven Kapitalrendite – an der Ceylon-KG beteiligt und erhält entsprechende Gewinnanteile:

Gewinnanteil 2014:	80 000 €
Gewinnanteil 2015:	72 000 €
Gewinnanteil 2016:	83 000 €
Gewinnanteil 2017:	0 €

Der gesondert festgestellte Anteil am Betriebsvermögen der KG zum Todestag betrug 600 000 €. Schädliches Verwaltungsvermögen i. S. von § 13b Abs. 2-7 ErbStG ist darin nicht enthalten.

Die GmbH hatte in der Bilanz zum 31. 12. 2014 einen Firmenwert von 80 000 € stehen. Auf diesen Firmenwert wurde in den Jahren 2014 bis 2016 je eine AfA von 15 000 € vorgenommen.

Die GmbH besitzt eine Teeverpackungsmaschine, welche speziell für sie angefertigt wurde. Die Maschine wurde im Januar 2015 geliefert; auf die zutreffenden Anschaffungskosten von 500 000 € wurde im Jahr der Anschaffung und in den folgenden Jahren eine ebenfalls zutreffende lineare AfA von 100 000 € vorgenommen. Wegen des Eindringens eines Computervirus in das Steuerungssystem der Maschine mit nachfolgender Beschädigung derselben wurde im Jahr 2016 eine Teilwertabschreibung der Maschine i. H. v. 12 000 € vorgenommen.

Der Ehefrau des Gesellschafters Jakob Braun hat die GmbH am 1. 2. 2015 ein Darlehen über 300 000 € gegeben (Laufzeit 10 Jahre), welches mit 6 % jährlich zu verzinsen ist. Die Zinsen waren jeweils am Ende des laufenden Monats zu bezahlen. Die Ehefrau hat die Zinszahlungen für die Monate ab Juni 2016 nicht mehr geleistet, weil die GmbH nicht bereit war, die Zinshöhe an die geänderte Marktsituation anzupassen.

Die Ehefrau des Robert hat in allen Jahren unentgeltlich in der GmbH als Chefsekretärin mitgearbeitet. Eine bezahlte Kraft hätte 40 000 € pro Jahr gekostet.

Eine Zwischenbilanz auf den Todestag wurde nicht erstellt; die dargestellten Buchwerte ergeben sich aus der Steuerbilanz zum 31. 12. 2016. Der Substanzwert des Betriebes beträgt zutreffend 1 600 000 €. Der atypisch niedrige Gewinn im Jahr 2017 bis zum Besteuerungszeitpunkt betrug 6 000 €.

Der Gewinn der GmbH stellt sich wie folgt dar:

2014:	382 000 €
2015:	213 000 €
2016:	170 000 €.

Aufgabe:

Ermitteln Sie die zutreffend festzusetzende Erbschaftsteuer für Carola. Gehen Sie dabei auf alle durch den Sachverhalt aufgeworfenen Rechtsfragen ein.

Ein Antrag auf Optionsverschonung nach § 13a Abs. 10 ErbStG ist nicht gestellt.

Bei ggf. erforderlichen Interpolationen ist eine monatsscharfe Berechnung ausreichend.

Gehen Sie davon aus, dass die Goldbarren, welche laut dem Testament Hans zustehen, am Stichtag einen Wert von je 20 000 € haben.

Begründen Sie Ihre Entscheidungen unter Angabe der maßgebenden Vorschriften.

Bei Centbeträgen kann zum Vorteil der Erbin kaufmännisch auf volle Euro gerundet werden.

Anlage

Bewertungsgesetz; Bewertung einer lebenslänglichen Nutzung oder Leistung;

Vervielfältiger für Bewertungsstichtage ab 1. Januar 2017

BMF v. 4. 11. 2016 (BStBl 2016 I S. 1166)

In der Anlage gebe ich gemäß, § 14 Abs. 1 Satz 4 BewG die Vervielfältiger zur Berechnung des Kapitalwerts lebenslänglicher Nutzungen oder Leistungen bekannt, die nach der am 20. 10. 2016 veröffentlichten Sterbetafel 2013/2015 des Statistischen Bundesamtes ermittelt wurden und für Bewertungsstichtage ab dem 1. Januar 2017 anzuwenden sind.

Anlage zu § 14 Abs. 1 BewG

Kapitalwert einer lebenslänglichen Nutzung oder Leistung im Jahresbetrag von einem Euro für Bewertungsstichtage ab 1. Januar 2017

Der Kapitalwert ist nach der am 20. 10. 2016 veröffentlichten Sterbetafel 2013/2015 des Statistischen Bundesamtes unter Berücksichtigung von Zwischenzinsen und Zinseszinsen mit 5,5 Prozent errechnet worden. Der Kapitalwert der Tabelle ist der Mittelwert zwischen dem Kapitalwert für jährlich vorschüssige und jährlich nachschüssige Zahlungsweise.

	Männer		Frauen	
Vollendetes Lebensalter	Durchschnittliche Lebenserwartung	Kapitalwert	Durchschnittliche Lebenserwartung	Kapitalwert
0	78,18	18,398	83,06	18,463
1	77,45	18,386	82,31	18,454
2	76,48	18,371	81,33	18,442
3	75,49	18,354	80,34	18,429
4	74,50	18,336	79,35	18,415
5	73,51	18,317	78,36	18,400
6	72,51	18,297	77,36	18,385
7	71,52	18,276	76,37	18,369
8	70,52	18,254	75,37	18,352
9	69,53	18,230	74,38	18,334

	Männer		Frauen	
Vollendetes Lebensalter	Durchschnittliche Lebenserwartung	Kapitalwert	Durchschnittliche Lebenserwartung	Kapitalwert
10	68,54	18,206	73,38	18,314
11	67,54	18,180	72,38	18,294
12	66,55	18,152	71,39	18,273
13	65,55	18,123	70,40	18,251
14	64,56	18,093	69,40	18,227
15	63,57	18,061	68,41	18,202
16	62,58	18,027	67,42	18,176
17	61,59	17,991	66,43	18,149
18	60,61	17,954	65,44	18,120
19	59,63	17,915	64,45	18,089
20	58,66	17,874	63,46	18,057
21	57,68	17,830	62,48	18,023
22	56,71	17,785	61,49	17,987
23	55,73	17,737	60,50	17,950
24	54,76	17,686	59,51	17,910
25	53,79	17,633	58,52	17,868
26	52,81	17,577	57,53	17,823
27	51,84	17,518	56,54	17,777
28	50,87	17,456	55,56	17,728
29	49,89	17,390	54,57	17,676
30	48,92	17,321	53,59	17,622
31	47,95	17,248	52,60	17,564
32	46,98	17,172	51,62	17,504
33	46,02	17,092	50,63	17,440
34	45,05	17,007	49,65	17,373
35	44,09	16,919	48,67	17,302
36	43,12	16,825	47,69	17,228
37	42,16	16,727	46,72	17,151
38	41,20	16,624	45,74	17,068
39	40,24	16,515	44,76	16,981
40	39,29	16,402	43,79	16,890
41	38,33	16,282	42,82	16,795
42	37,38	16,157	41,85	16,694

	Männer		Frauen	
Vollendetes	Durchschnittliche	Kapitalwert	Durchschnittliche	Kapitalwert
Lebensalter	Lebenserwartung		Lebenserwartung	
43	36,44	16,027	40,89	16,590
44	35,50	15,890	39,92	16,478
45	34,56	15,745	38,96	16,362
46	33,63	15,596	38,01	16,241
47	32,71	15,440	37,06	16,113
48	31,79	15,276	36,11	15,979
49	30,88	15,106	35,17	15,840
50	29,97	14,927	34,23	15,693
51	29,08	14,744	33,30	15,540
52	28,20	14,554	32,37	15,380
53	27,32	14,355	31,45	15,213
54	26,46	14,151	30,54	15,040
55	25,61	13,940	29,64	14,860
56	24,77	13,722	28,73	14,670
57	23,94	13,497	27,84	14,474
58	23,12	13,264	26,95	14,268
59	22,32	13,027	26,06	14,053
60	21,52	12,779	25,19	13,832
61	20,74	12,528	24,32	13,601
62	19,97	12,269	23,46	13,362
63	19,21	12,002	22,60	13,111
64	18,45	11,725	21,74	12,849
65	17,71	11,444	20,90	12,580
66	16,98	11,155	20,07	12,303
67	16,26	10,860	19,24	12,013
68	15,54	10,552	18,42	11,714
69	14,83	10,237	17,61	11,405
70	14,13	9,915	16,80	11,082
71	13,44	9,585	16,00	10,750
72	12,77	9,252	15,21	10,407
73	12,10	8,908	14,42	10,050
74	11,44	8,556	13,64	9,682
75	10,79	8,198	12,87	9,303

Vollendetes Lebensalter	Männer Durchschnittliche Lebenserwartung	Männer Kapitalwert	Frauen Durchschnittliche Lebenserwartung	Frauen Kapitalwert
76	10,16	7,838	12,12	8,918
77	9,55	7,478	11,38	8,524
78	8,94	7,106	10,66	8,125
79	8,37	6,748	9,97	7,727
80	7,81	6,384	9,30	7,327
81	7,28	6,030	8,66	6,931
82	6,77	5,680	8,04	6,535
83	6,30	5,349	7,46	6,152
84	5,86	5,031	6,90	5,770
85	5,44	4,721	6,38	5,406
86	5,05	4,426	5,88	5,046
87	4,68	4,141	5,42	4,706
88	4,32	3,858	4,99	4,380
89	3,99	3,593	4,59	4,070
90	3,68	3,341	4,22	3,778
91	3,39	3,101	3,89	3,512
92	3,15	2,899	3,58	3,259
93	2,93	2,712	3,31	3,034
94	2,75	2,558	3,10	2,857
95	2,56	2,393	2,88	2,670
96	2,40	2,253	2,68	2,497
97	2,22	2,094	2,45	2,297
98	2,03	1,924	2,25	2,120
99	1,91	1,816	2,09	1,978
100 und darüber	1,80	1,716	1,95	1,852

Steuerberaterprüfung 2012/2018

Lösung der Prüfungsaufgabe aus dem Verfahrensrecht und anderen Steuerrechtsgebieten

Teil I: Abgabenordnung und Finanzgerichtsordnung

Verfasser: Prof. Dr. Martin Stirnberg

Aufgabe 1, Teil 1:

1. Schreiben (Fax) vom 14. 9. 12

In dem an diesem Tag beim Finanzamt (FA) Freising eingegangenen Telefax bitten die Eheleute Ernst und Adele Schallhammer (nachfolgend auch E. S. bzw. A. S.) um Aufhebung des Einkommensteuerbescheids des Jahres 10, weil sie eine nachteilige Veränderung des Steuerbetrages für rechtswidrig halten.

a) Dieses Begehren könnte als **Einspruch** oder als **„schlichter" Änderungsantrag** gemäß § 172 Abs. 1 Satz 1 Nr. 2a AO anzusehen sein. Dass in dem Fax nicht explizit von „Einspruch" die Rede ist, spricht im Hinblick auf § 357 Abs. 1 Satz 3 AO nicht dagegen, einen außergerichtlichen Rechtsbehelf anzunehmen. Auch bei steuerrechtlichen Verfahrenshandlungen ist entsprechend § 133 BGB der Wille der Handelnden durch Auslegung zu ermitteln. Im Zweifel ist von einem Einspruch auszugehen, weil dieser die Rechte eines Steuerpflichtigen umfassender und wirkungsvoller wahrt als ein Korrekturantrag (vgl. AEAO Nr. 2 Abs. 1 Satz 5 zu § 172; siehe auch AEAO letzter Satz vor § 347).

b) Bei dem Telefax der Eheleute S. handelt es sich – auch wenn nur „ein Papier" beim FA Freising eingegangen ist – um **zwei** Einsprüche, nämlich um einen von E. S. und um einen von A. S. eingelegten Einspruch.

Die Eheleute sind ihrer Wahl entsprechend gem. §§ 26 Abs. 1 Satz 1, 26b EStG zusammen zur Einkommensteuer (ESt) des Jahres 10 veranlagt worden. Da sie nach § 44 Abs. 1 Satz 1 AO Gesamtschuldner sind, konnte das FA von der in § 155 Abs. 3 Satz 1 AO eröffneten Möglichkeit Gebrauch machen, zusammengefasste Steuerbescheide zu erlassen.

Die Zusammenveranlagung ändert nichts daran, dass es sich bei den Eheleuten um zwei Steuersubjekte handelt. Der zusammengefasste ESt-Bescheid stellt formal die Zusammenfassung zweier Bescheide zu einer nur äußerlich gemeinsamen Festsetzung dar (vgl. AEAO Nr. 2.1.1. Abs. 1 zu § 122).

c) Der Einspruch von E. S. und der Einspruch von A. S. richten sich gegen den zusammengefassten ESt-Bescheid des Jahres 10 vom 29. 5. 12.

aa) Dass Gegenstand der Einsprüche vom 14. 9. 12 nicht die Festsetzung der ESt des Jahres 10 durch den am 12. 5. 11 bekannt gegebenen Bescheid ist, zeigt – ungeachtet der längst abgelaufenen Einspruchsfrist – schon der Wortlaut des Faxes. Die Eheleute wenden sich gegen die „nachteilige Veränderung des Steuerbetrages", nicht gegen die „erstmalige Festsetzung eines Steuerbetrages".

bb) Zwar ist es auch bereits durch den auf § 172 Abs. 1 Satz 1 Nr. 2a AO gestützten Bescheid vom 21. 5. 12 zu einer für die Steuerpflichtigen nachteiligen Veränderung des Steuerbetrags gekommen – Erhöhung des zu versteuernden Einkommens von 60 000 € laut Bescheid vom 12. 5. 11 auf 69 000 €. Eine Auslegung des Schreibens vom 14. 9. 2012 („Betrifft: Einkommensteuerbescheid 10" sowie „nachteilige Veränderung des Steuerbetrages") als Einsprüche gegen diese die ESt-Festsetzung des Jahres 10 zum **ersten** Mal ändernden Bescheide kommt jedoch – weil auch zur Unzulässigkeit der Rechtsbehelfe führend – nicht in Betracht. Die Einspruchsfrist von einem Monat gem. §§ 355 Abs. 1 Satz 1, 356 Abs. 1 AO – laut Bearbeitervermerk allen Verwaltungsakten eine zutreffende Rechtsbehelfsbelehrung beigefügt, so dass § 356 Abs. 2 Satz 1 AO nicht zur Anwendung kommt – war bereits mit Ablauf des 25. 6. 12 verstrichen (zur Fristberechnung vgl. §§ 122 Abs. 2 Nr. 1, 108 Abs. 1 AO i. V. m. §§ 187 Abs. 1, 188 Abs. 2 BGB sowie § 108 Abs. 3 AO – 24. 6. 12 war ein Sonntag).

Auch ist zu beachten, dass die Korrekturbescheide vom 29. 5. 12 die die ESt des Jahres 10 erstmals ändernden Bescheide vom 21. 5. 12 in ihren Regelungsinhalt mit aufgenommen haben. Dies hat zur Folge, dass diese Bescheide die alleinige Grundlage für die Abgabenerhebung sind, die Korrekturbescheide vom 21. 5. 12 in dem Umfang, in dem sie in die zweiten Korrekturbescheide aufgenommen wurden, suspendiert sind und dies für die Dauer deren Wirksamkeit bleiben (std. Rspr. seit BFH v. 25. 10. 1972 GrS 1/72, BStBl 1973 II 231; vgl. BFH v. 20. 10. 2004 II R 74/00, BStBl 2005 II 99; BFH v. 25. 2. 2009 IX R 24/08, BStBl 2009 II 587; siehe in diesem Zusammenhang auch §§ 365 Abs. 3 AO, 68 FGO). Einem Einspruch gegen den vorhergehenden Bescheid fehlt nach Erlass des Änderungsbescheids das Rechtsschutzbedürfnis. Die Eheleute S. sind durch die Bescheide vom 21. 5. 12, solange deren rechtliche Wirkungen suspendiert sind, nicht – mehr – in ihren Rechten verletzt.

2. Schreiben vom 18. 9. 12

a) Mit diesem am 19. 9. 12 beim FA Freising eingegangenen Schreiben legt Steuerberater Feiger (nachfolgend auch Stb. F.) als Bevollmächtigter der Eheleute S. ebenfalls zwei Einsprüche betreffend die ESt-Festsetzung des Jahres 10 ein. Er handelt sowohl im Namen von Herrn S. als auch im Namen von Frau S.

Angesichts des mehrfach verwendeten Begriffs „Einspruch" und der Erklärung, „namens und im Auftrag der Eheleute zu handeln", bestehen insoweit keine Zweifel.

aa) Einspruchsgegenstand ist, wie sich schon aus seinem Antrag ergibt, die „letzten Steuerbescheide 10 aufzuheben", der gegenüber E. S. und der gegenüber A. S. ergangene zusammengefasste ESt-Änderungsbescheid des Jahres 10 vom 29. 5. 12.

bb) Bedenken gegen eine wirksame Vertretung der Eheleute S. im Einspruchsverfahren bestehen nicht. Gemäß § 365 Abs. 1 AO gelten für den außergerichtlichen Rechtsbehelf die Vorschriften sinngemäß, die für den Erlass des angefochtenen Verwaltungsakt (VA) gelten.

Nach § 80 Abs. 1 Satz 1 AO kann sich ein Beteiligter durch einen Bevollmächtigten vertreten lassen. Gemäß § 167 Abs. 1 BGB erfolgt die Erteilung der Vollmacht gegenüber dem zu Bevollmächtigenden – laut Schreiben von Stb. F. ihm gegenüber fernmündlich Vollmacht von E. S. und A. S. erteilt – oder dem Dritten, dem gegenüber die Vertretung stattfinden soll – hier: FA. Bei Angehörigen der steuerberatenden Berufe, die für den Steuerpflichtigen handeln, wird gem. § 80 Abs. 2 Satz 1 AO eine ordnungsgemäße Bevollmächtigung vermutet – hier keine begründeten

Zweifel an der Bevollmächtigung ersichtlich. Dass Stb. F. dem FA Freising keine Vollmachtsurkunde der Eheleute S. vorgelegt hat, ist ohne Bedeutung.

b) Außerdem rügt Stb. F. die Höhe des Verlustes der Frau S. aus Gewerbebetrieb. Zutreffend sei nicht ein Verlust von 30 000 €, zu berücksichtigen sei bei der ESt-Festsetzung vielmehr ein Verlust von 35 000 €. Da der Verlust aus Gewerbebetrieb vom FA Erding gem. §§ 179 Abs. 1, 180 Abs. 1 Satz 1 Nr. 2b AO durch Bescheid vom 1. 9. 11 gesondert festgestellt worden ist, dieser Bescheid nach § 182 Abs. 1 Satz 1 AO für den ESt-Bescheid des Jahres 10 bindend ist und § 351 Abs. 2 AO es ausschließt, Entscheidungen in einem wirksamen Grundlagenbescheid durch Anfechtung des Folgebescheids anzugreifen, muss dieses Vorbringen, auch wenn nicht ausdrücklich erwähnt, zusätzlich als Einspruch gegen den (Verlust-)Feststellungsbescheid ausgelegt werden.

Adressatin dieses Bescheids ist A. S. Folglich vertritt Stb. F. bezüglich dieses Einspruchs auch nur diese. Dass er außerdem für E. S. Einspruch einlegen wollte, obwohl der Feststellungsbescheid sich nicht an ihn richtete, kann nicht unterstellt werden.

Ergebnis: Es liegen insgesamt **5 Einsprüche** vor.

1. Fax vom 14. 9. 12 (**2 Einsprüche**)

- Einspruch des E. S. gegen den ESt-Änderungsbescheid des Jahres 10 des FA Freising vom 29. 5. 12
- Einspruch der A. S. gegen den ESt-Änderungsbescheid des Jahres 10 des FA Freising vom 29. 5. 12

2. Schreiben vom 18. 9. 2012 (**3 Einsprüche**)

- Einspruch des E. S., vertreten durch den Stb. F, gegen den ESt-Änderungsbescheid des Jahres 10 des FA Freising vom 29. 5. 12
- Einspruch der A. S., vertreten durch den Stb. F, gegen den ESt-Änderungsbescheid des Jahres 10 des FA Freising vom 29. 5. 12
- Einspruch der A. S., vertreten durch den Stb. F, gegen den Verlust-Feststellungsbescheid des Jahres 10 des FA Erding vom 1. 9. 12

Aufgabe 1, Teil 2 (Zulässigkeitsprüfung):

1. Einsprüche der Eheleute S. vom 14. 9. 12 gegen die ESt-Änderungsbescheide des Jahres 10 vom 29. 5. 12

a) Statthaftigkeit der Einsprüche

Die zusammengefassten Änderungsbescheide sind VAe i. S. d. § 118 Satz 1 AO in Abgabenangelegenheiten. Sie haben die Verwaltung einer Abgabe, nämlich die Festsetzung einer Steuer zum Inhalt. Die Abgabenordnung findet gemäß § 1 Abs. 1 Satz 1 AO Anwendung, weil die ESt durch Bundesrecht geregelt ist und durch Finanzämter als Landesfinanzbehörden verwaltet wird (zur Gesetzgebungskompetenz des Bundes für die ESt siehe Art. 105 Abs. 2 i.V. m. Art. 106 Abs. 3 GG; zur Verwaltungskompetenz der Landesfinanzbehörden siehe Art. 108 Abs. 2 Satz 1 GG). Die Einsprüche von E. S. und A. S. sind gem. § 347 Abs. 1 Satz 1 Nr. 1 i.V. m. Abs. 2 AO statthaft.

Ein Einspruchsausschluss nach § 348 AO greift nicht ein.

b) formgerechte Einspruchseinlegung

Nach § 357 Abs. 1 Satz 1 AO ist der Einspruch schriftlich einzulegen oder elektronisch einzureichen und zur Niederschrift zu erklären. Dem Schriftformerfordernis genügt auch die Einspruchseinlegung durch Telefax (vgl. AEAO Nr. 1 Satz 3 zu § 357).

Eine eigenhändige Unterschrift ist für einen formgerechten Einspruch nicht erforderlich. Gemäß § 357 Abs. 1 Satz 2 AO genügt es, wenn aus dem Schriftstück hervorgeht, wer den Einspruch eingelegt hat. Dies ist auf Grund der Absenderangabe „Ernst und Adele Schallhammer, Rosenstraße 9 (Adresse, obwohl die Eheleute doch „Am Markt 119“ wohnen, eine – aber nicht lösungsrelevante –„Merkwürdigkeit“), Freising“ und der Formulierung „**wir** sind mit Ihrem Bescheid nicht einverstanden, **wir** bitten um Aufhebung“ gegeben.

Die fehlende Bezeichnung der Eingabe an das FA als Einspruch ist ebenso wie nach § 357 Abs. 1 Satz 3 AO die unrichtige Bezeichnung unschädlich.

c) Anbringungsbehörde

Anbringungsbehörde ist nach § 357 Abs. 2 Satz 1 AO die Behörde, die den angegriffenen VA erlassen hat, mithin das FA Freising. Bei dieser Behörde sind die Einsprüche auch eingegangen.

d) Einhaltung der Einspruchsfrist

Die Einsprüche der Eheleute S. sind erst am 14. 9. 12, damit fast vier Monate nach Aufgabe der zusammengefassten ESt-Änderungsbescheide des Jahres 10 in einer Ausfertigung zur Post (= 29. 5. 12), beim FA Freising eingegangen.

Hieraus alleine kann jedoch **nicht** der Schluss gezogen werden, die Rechtsbehelfe seien nicht fristgerecht eingelegt worden.

Denn § 355 Abs. 1 Satz 1 AO knüpft den Beginn der Monatsfrist an die (wirksame) Bekanntgabe des VA.

aa) Die Übermittlung der ESt-Änderungsbescheide vom 29. 5. 12 gemäß § 122 Abs. 7 Satz 1 AO in einer Ausfertigung an die gemeinsame Anschrift der Eheleute S. hat **nicht** zu einer wirksamen Bekanntgabe geführt.

Nach § 122 Abs. 2 Nr. 1 AO gilt ein im Inland durch die Post übermittelter schriftlicher VA am dritten Tag nach der Aufgabe zur Post als bekannt gegeben (= 1. 6. 12), außer wenn er nicht oder zu einem späteren Zeitpunkt zugegangen ist.

Wird – wie vorliegend im Telefonat am 24. 7. 2012 durch E. S. geschehen – der Zugang als solcher bestritten, wobei es ausreicht zu behaupten, der Bescheid sei nicht angekommen, so trifft gem. § 122 Abs. 2 zweiter Halbsatz AO die Behörde die Feststellungslast. Eine Substantiierung dieses Bestreitens kann von den Eheleuten nicht erwartet werden – Situation also nicht vergleichbar mit dem Fall des Behauptens eines späteren Zugangs, bei dem „Zweifel“ über den Zeitpunkt des Zugangs i. S. von § 122 Abs. 2 AO nur dann bestehen, wenn entsprechende Tatsachen vorgetragen werden, die den Schluss zulassen, dass ein anderer als der vom Gesetz unterstellte Zugang innerhalb von drei Tagen ernstlich in Betracht zu ziehen ist. Die Finanzbehörde kann in der Regel nur den Tag der Aufgabe zur Post nachweisen. Damit ist der Zugang beim Bekanntgabeadressaten selbst jedoch nicht erwiesen. Ihr ist es auch verwehrt, den Zugangsnachweis nach den Grundsätzen des sog. prima-facie-Beweises zu führen, indem sie Tatsachen darlegt, die für einen typischen Geschehensablauf sprechen. Für den Nachweis, dass der Verwaltungsakt tatsächlich zugegangen ist, also derart in den Machtbereich des Empfängers gelangt ist, dass diesem die Kenntnisnahme nach seinen Verhältnissen normalerweise möglich ist und von ihm nach den Gepflogenheiten des Verkehrs auch erwartet werden kann, gelten die allgemeinen Beweisregeln, z.B. der Indizienbeweis (std. Rspr., vgl. BFH v. 28.8.2003 VII R 22/01, BStBl 2003 II 933; BFH v. 31.5.2005 I R 103/04, BStBl 2005 II 623; BFH v. 26.10.2010 X B 147/09, BFH/NV 2010, 1081).

Das FA Freising hat sich nicht in der Lage gesehen, den Nachweis zu führen, die in einer Ausfertigung an die gemeinsame Anschrift übermittelten Bescheide vom 29.5.12 seien entgegen der Behauptung der Eheleute diesen doch zugegangen.

bb) Nach dem fehlgeschlagenen Bekanntgabeversuch hat das FA Freising gemäß § 122 Abs. 5 AO i.V.m. § 3 VwZG die Zustellung durch die Post mit Postzustellungsurkunde angeordnet. Bedenken gegen diese im Ermessen der Behörde stehende Vorgehensweise bestehen nicht, weil hierdurch der sichere Zugangsnachweis erbracht werden kann.

Die Zustellung kann nicht – entsprechend der Regelung des § 122 Abs. 7 Satz 1 AO – durch Übermittlung einer Ausfertigung an die gemeinsame Anschrift erfolgen. Es musste, wie vom FA Freising auch veranlasst, an die Eheleute einzeln zugestellt werden (vgl. hierzu AEAO Nr. 3.1.1.3. u. Nr. 3.4. Abs. 2 zu § 122 – Eine mit der Anschrift „Herrn.... und Frau...." versehene Sendung kann nicht wirksam zugestellt werden).

(1) Die Aushändigung der beiden an E. S. und A. S. gerichteten Schreiben durch den Postbediensteten am 31.7.2012 stellte aber **keine** wirksame Zustellung dar. Denn die Übergabe an die Eigentümerin des Mehrfamilienhauses, Carola Schmidt, erfüllt nicht die Anforderungen für eine wirksame Ersatzzustellung. Nach § 3 Abs. 2 Satz 1 VwZG i.V.m. § 178 Abs. 1 ZPO kann das Schriftstück, wenn die Person, der zugestellt werden soll, nicht angetroffen wird, nur bestimmten, in dieser Norm abschließend aufgelisteten anderen Personen zugestellt werden. Gemäß Nr. 1 der zivilprozessualen Vorschrift sind dies bei Zustellung in der Wohnung ein erwachsener Familienangehöriger, eine in der Familie beschäftigte Person oder ein erwachsener ständiger Mitbewohner.

Die Übergabe der Bescheide fand **nicht** in der Wohnung der Eheleute S. statt. Auch gehört Frau Schmidt nicht zu dem genannten Personenkreis, insbesondere ist sie keine Mitbewohnerin von E. S. und A. S., vielmehr verfügt sie in dem ihr gehörenden Haus über eine eigene Wohnung.

Die wegen Verstoßes gegen die Zustellungsvorschrift des § 178 Abs. 1 ZPO unwirksamen Zustellungen haben am 31.7.12 die Einspruchsfrist **nicht** in Lauf gesetzt.

(2) Mängel, die die formgerechte Zustellung als solche betreffen, sind aber heilbar. Gemäß § 8 VwZG gilt ein Schriftstück, bei dessen Zustellung zwingend zu beachtende Vorschriften nicht eingehalten worden sind, als in dem Zeitpunkt zugestellt, in dem es der Empfänger nachweislich erhalten hat (vgl. hierzu AEAO Nr. 4.5.1. Satz 2 u. Satz 4 zu § 122).

Die Eheleute S. haben die Bescheide am 19.8.12 von Frau Schmidt erhalten. Zu diesem Zeitpunkt trat die Heilung des Zustellungsmangels ein, und zwar mit Wirkung ex-nunc, nicht rückwirkend, so dass jetzt die ESt-Änderungsbescheide des Jahres 10 vom 29.5.12 dem E. S. und der A. S. wirksam bekannt gegeben worden sind.

Gemäß §§ 108 Abs. 1 AO, 187 Abs. 1, 188 Abs. 2 BGB begann die einmonatige Einspruchsfrist folglich am 20. 8. 12 um 0.00 Uhr zu laufen (kein Fall von § 108 Abs. 3 AO, weil kein Fristende) und endete am 19. 9. 12 um 24.00 Uhr.

Damit ist durch das am 14. 9. 12 beim FA Freising eingegangene Telefax der Eheleute S. die Einspruchsfrist gewahrt. Wiedereinsetzung in den vorigen Stand ist nicht zu prüfen, weil § 110 Abs. 1 AO die – hier nicht vorliegende – Versäumung einer gesetzlichen Frist voraussetzt.

e) Beschwer

Nach § 350 AO ist einspruchsbefugt nur, wer geltend macht, durch einen VA beschwert zu sein. Ob tatsächlich eine Rechtsverletzung vorliegt, ist eine Frage der Begründetheit.

Vom Vorliegen der Beschwer, ist auszugehen, wenn der angefochtene VA zu Lasten desjenigen ergangen ist, der Einspruch einlegt.

Die Eheleute sind Adressaten der Bescheide vom 29. 5. 12, damit persönlich beschwert. Die sachliche Beschwer ist in der Festsetzung einer positiven Steuer, vorliegend einer Erhöhung der bisher festgesetzten ESt 10 auf Grund der Steigerung des z. v. E. von 69 000 € laut Bescheid vom 21. 5. 12 auf nunmehr 98 155 €, zu sehen.

Die Beschwer ist auch insoweit gegeben, als die Einkünfte des jeweils anderen Ehepartners betroffen sind, weil E. S. und A. S. zusammen veranlagt werden, also ihre ESt sich anhand des gemeinsamen z. v. E. errechnet.

f) Einspruchsrücknahme

Die mit beim FA Freising am 2. 10. 12 eingegangenen Scheiben des Stb. F. erklärte Rücknahme hat **nicht** den Verlust der von den Eheleuten S. eingelegten Einsprüche gemäß § 362 Abs. 2 Satz 1 AO zur Folge.

Denn die nach § 362 Abs. 1 Satz 2 i. V. m. § 357 Abs. 1 Satz 1, Abs. 2 Satz 1 AO zwar formgerecht und gegenüber der richtigen Behörde erklärte Rücknahme konnte die Einspruchsverfahren nur dann beenden, wenn Stb. F. zu diesem Zeitpunkt noch berechtigt war, „mit Wirkung für und gegen die Einspruchsführer E. S. und A. S." Verfahrenshandlungen vorzunehmen.

Dem Schreiben vom 2. 10. 12 ist zu entnehmen, dass der Beratungsvertrag mit E. S. und A. S. einvernehmlich beendet worden ist. Dies hatte gem. § 168 Satz 1 BGB das Erlöschen der Vollmacht zur Folge. Zwar wird nach § 80 Abs. 1 Satz 3 AO ein Widerruf der Vollmacht der Behörde gegenüber erst wirksam, wenn er ihr zugeht. Dies ist mit dem Eingang des Beraterschreibens beim FA Freising geschehen.

2. Einsprüche des Steuerberaters vom 18. 9. 12 gegen die ESt-Änderungsbescheide des Jahres 10 vom 29. 5. 12

Bezüglich der Statthaftigkeit, der form- und fristgerechten Einspruchseinlegung sowie der Beschwer gelten die Ausführungen zuvor gleichermaßen.

Da die von den Eheleuten S. mit Fax vom 14. 9. 12 eingelegten Einsprüche zulässig sind, damit der Eintritt der Bestandskraft der ESt-Änderungsbescheide vom 29. 5. 12 bereits gehindert ist, fehlt den von Stb. F. in Vertretung von E. S. und A. S. eingelegten Einsprüchen gegen dieselben

Bescheide das Rechtsschutzbedürfnis (Parallele insoweit § 66 FGO, wonach durch Klageerhebung die Sache rechtshängig wird; eine neue Klage über dieselbe Sache ist unzulässig).

Die Einsprüche wären gemäß § 358 Satz 2 AO als unzulässig zu verwerfen. Eine solche formale Entscheidung lässt sich dadurch vermeiden, dass man in dem den Begriff „Einspruch" beinhaltenden Schreiben des Beraters vom 18. 9. 12 nur eine Begründung für die bereits vorher von den Eheleuten eingelegten zulässigen Einsprüche sieht (= Erfüllung der „Soll-Vorschrift" des § 357 Abs. 3 Satz 3 AO).

3. Einspruch vom 18. 9. 12 gegen den Feststellungsbescheid des Jahres 10 vom 1. 9. 11

a) Bedenken hinsichtlich Statthaftigkeit und Form bestehen wiederum nicht. Auch die Beschwer ist zu bejahen, weil Frau S. einen höheren Verlust aus ihrer gewerblichen Tätigkeit als bisher festgestellt begehrt (vgl. hierzu auch AEAO Nr. 4 zu § 350).

b) Der Zulässigkeit des Einspruchs gegen den Verlustfeststellungsbescheid steht nicht entgegen, dass das FA Erding den angegriffenen VA erlassen hat, der Rechtsbehelf aber beim FA Freising eingelegt worden ist. Ein Einspruch, der sich gegen die Feststellung von Besteuerungsgrundlagen richtet, kann nach § 357 Abs. 2 Satz 2 AO **auch** bei der zur Erteilung des Steuerbescheids zuständigen Behörde angebracht werden – hier: Wohnsitz-FA Freising als nach § 19 Abs. 1 Satz 1 AO zuständige Behörde.

c) Der Einspruch ist jedoch **nicht** innerhalb der Frist von einem Monat nach Bekanntgabe gem. §§ 355 Abs. 1 Satz 1, 356 Abs. 1 AO eingelegt worden.

- Bekanntgabe des F-Bescheids: 5. 9. 11 nach § 122 Abs. 2 Nr. 1 i. V. m. § 108 Abs. 3 AO (Zugang bei A. S. bereits am 2. 9. 11, also einen Tag nach Aufgabe zur Post, insoweit irrelevant)
- Ende der Einspruchsfrist: Ablauf des 5. 10. 11.

Da dem Sachverhalt keine Gründe für eine Wiedereinsetzung zu entnehmen sind, ist der Einspruch gegen den F-Bescheid des FA Erding als unzulässig zu verwerfen.

Ergebnis: **Zulässig** sind **nur** die von E. S. und A. S. mit **Fax** vom 14. 9. 12 eingelegten **Einsprüche** gegen die **ESt-Änderungsbescheide** des Jahres 10 vom 29. 5. 12.

Aufgabe 2 (Begründetheitsprüfung):

Die zulässigen Einsprüche der Eheleute S. sind (zumindest teilweise) begründet, wenn das FA Freising den Änderungsbescheiden vom 29. 5. 2012 nicht ein zu versteuerndes Einkommen von 98 155 € hätte zugrunde legen dürfen. Diese Bescheide haben die ein z. v. E. i. H. von 69 000 € ausweisenden zusammengefassten Korrekturbescheide vom 21. 5. 12 geändert.

Wird ein Änderungsbescheid, sei es die erstmalige Änderung einer Steuerfestsetzung oder, wie vorliegend, die zweite Änderung, mit Einspruch angegriffen, ist die Sache ebenso wie bei einem Einspruch gegen einen Erstbescheid nach § 367 Abs. 2 Satz 1 AO in vollem Umfang zu überprüfen.

Im Einspruchsverfahren gegen einen Änderungsbescheid müssen auch diejenigen Umstände berücksichtigt werden, deren Beachtung schon bei der/den vorangegangenen Steuerfestsetzung(en) zu einem anderen Ergebnis geführt hätte(n). Da es das Ziel eines jeden Einspruchsverfahrens ist, die nach materiell-rechtlichen Gesichtspunkten zutreffende Steuer festzusetzen, sofern dem nicht verfahrensrechtliche Aspekte entgegenstehen, ist zunächst festzustellen, in welcher Höhe die ESt für das Jahr 10 entstanden ist bzw., weil keine Steuerberechnung vorzunehmen ist, von welchem zu versteuernden Einkommen das FA Freising als ertragsteuerlich zutreffend ausgehen muss.

Im Hinblick auf die von Stb. F. korrekt dargestellten Tatsachen und den Inhalt der Veranlagungsakte ergibt sich für den Besteuerungszeitraum 2010 folgendes z.v. E:

69 000 €	Festsetzung vom 21. 5. 12
+ 29 155 €	Reduzierung des Verlustes aus Vermietung und Verpachtung von E. S.
./. 4 700 €	außergewöhnliche Belastung (s. Bearbeitervermerk Nr. 4)
./. 30 000 €	Verlust aus Gewerbebetrieb von A. S.
63 455 €	zutreffendes zu versteuernde Einkommen

Die Reduzierung des Verlustes aus Vermietung und Verpachtung von bisher 52 550 € auf 23 395 € (= z.v.E. + 29 155 €) ist ertragsteuerlich zutreffend, weil die Renovierungskosten keinen als Werbungskosten abziehbaren Erhaltungsaufwand darstellen, sondern als anschaffungsnahe Herstellungskosten anzusehen sind. Nach § 6 Abs. 1 Nr. 1a EStG gehören zu den Herstellungskosten eines Gebäudes auch Aufwendungen für Instandsetzungs- und Modernisierungsmaßnahmen, die innerhalb von drei Jahren nach der Anschaffung des Gebäudes durchgeführt werden, wenn die Aufwendungen ohne die Umsatzsteuer 15 % der Anschaffungskosten des Gebäudes übersteigen. Wegen Überschreitens der 15 %-Grenze durch die Renovierung innerhalb von 3 Jahren (25 000 € netto im Jahr 10 plus 50 000 € netto im Jahr 11 bezogen auf 360 000 € AK des Gebäudes = 20,8 %) müssen die im Jahr 10 getätigten Ausgaben umqualifiziert werden; also Rückgängigmachung des bisher berücksichtigten Erhaltungsaufwands i. H. v. 29 750 € und Gewährung von 2 % Abschreibung für Abnutzung auf diesen Betrag = 595 €. Der von Stb. F. vorgebrachte Einwand, im Jahr 11 angefallene Reparaturaufwendungen hätten mit dem Veranlagungszeitraum 10 nichts zu tun, ist angesichts der zeitraumübergreifenden Betrachtungsweise in § 6 Abs. 1 Nr. 1a EStG nicht zutreffend.

Der vom FA Erding gesondert festgestellte Verlust aus Gewerbebetrieb muss bei der ESt-Festsetzung der Eheleute berücksichtigt werden. Dass der zutreffende gewerbliche Verlust 35 000 € beträgt, weil dem Arbeitsverhältnis zwischen A. S. und ihrem Sohn die steuerliche Anerkennung nicht hätte versagt werden dürfen, ist irrelevant. Das FA Freising muss als Besteuerungsgrundlage den festgestellten Verlust von 30 000 € infolge der mit Bekanntgabe des F-Bescheids am 5. 9. 11 gemäß § 182 Abs. 1 AO eingetretenen Bindungswirkung der Steuerfestsetzung zugrunde legen. Eine eigenständige Beurteilung des den Gegenstand des Feststellungsverfahrens bildenden Sachverhalts ist dem für den Folgebescheid zuständigen FA verwehrt (vgl. hierzu auch AEAO Nr. 1.2. Satz 2 zu § 175).

a) Damit steht jetzt bereits fest, dass als Ergebnis der Einsprüche das z. v. E. auf jeden Fall von 98 155 € laut angefochtener Bescheide vom 29. 5. 12 auf 69 000 €, also wieder auf den bereits in den zusammengefassten Änderungsbescheiden vom 21. 5. 12 zugrunde gelegten Betrag herabgesetzt werden muss.

b) Ob aber auch eine weitergehende Herabsetzung des z. v. E. auf den rechtlich zutreffenden Betrag von 63 455 € erfolgen kann, hängt von der Anwendbarkeit des § 351 Abs. 1 AO ab. Nach dem ersten Halbsatz dieser Vorschrift kann auf Grund der Anfechtung eines Änderungsbescheides dieser nur in dem Umfang geändert werden, in dem er vom ursprünglichen Bescheid abweicht (vgl. AEAO Nr. 1 Satz 2 u. Satz 4 erster Halbsatz zu § 351).

Hat aber der angefochtene Bescheid **keinen** unanfechtbaren VA geändert, greift mithin diese eine Anfechtungsbeschränkung enthaltene Bestimmung nicht ein, oder ergibt sich im Fall der grds. Anwendbarkeit der Anfechtungsbeschränkung aus den Vorschriften über die Aufhebung und Änderung von VAen ein Rechtsanspruch auf Änderung des unanfechtbaren Bescheids im Umfang von **zumindest** 5 545 € – § 351 Abs. 1 zweiter Halbsatz AO (vgl. hierzu AEAO Nr. 2) –, muss das z. v. E. auf den zutreffenden Betrag herabgesetzt werden.

1. § 351 Abs. 1 erster Halbsatz AO

a) Die Anfechtungsbeschränkung setzt zunächst voraus, dass die von den Eheleuten angefochtenen Bescheide – hier: Änderungsbescheide vom 29. 5. 12 – **unanfechtbare** VAe geändert haben.

Die zusammengefassten ESt-Änderungsbescheide vom 21. 5. 12 waren im Zeitpunkt des Wirksamwerdens der Änderungsfestsetzungen vom 29. 5. 12 am 19. 8. 12 (= Zeitpunkt der Heilung der Ersatzzustellungen) nicht mehr anfechtbar. Die Frist, um gegen die Bescheide vom 21. 5. 12 noch zulässigerweise Einspruch einzulegen, endete bereits mit Ablauf des 25. 6. 12 – § 108 Abs. 3 AO. Ab diesem Zeitpunkt waren die geänderten Bescheide unanfechtbar (= formell bestandskräftig).

Wegen der Unanfechtbarkeit der Bescheide vom 21. 5. 12 erübrigt sich eine Prüfung, ob seinerzeit die Bescheidkorrektur durch eine Änderungs-/Berichtigungsvorschrift gedeckt war oder ob dies nicht der Fall war, weil dann die Erhöhung des z. v. E. um 9 000 € bei Erlass der Änderungsbescheide vom 29. 5. 12 als materieller Fehler i. S. d. § 177 Abs. 3 auch hätte Berücksichtigung finden müssen (Anm.: folgende Ausführungen also nur wegen der in der Aufgabe geforderten Auseinandersetzung mit dem Vorbringen in den Schreiben).

- Zwar ist die von Stb. F vertretene Auffassung, die Änderung hätte nicht auf § 172 Abs. 1 Satz 1 Nr. 2a AO gestützt werden können, zutreffend, weil das Telefonat am 30. 4. 12, in dem E. S. dem Bearbeiter seinen Fehler in der Steuererklärung mitgeteilt hatte, nicht als Antrag auf Änderung zu seinen Ungunsten gewertet werden kann (vgl. AEAO Nr. 3 Satz 2 zu § 172).
- Ebenso war § 173 Abs. 1 Nr. 1 AO nicht anwendbar, denn die Tatsache der geringeren Schuldzinsen galt schon bei der ursprünglichen Veranlagung am 12. 5. 11 wegen der eingereichten Unterlagen als bekannt.
- Das FA war jedoch zu einer Berichtigung nach § 129 Satz 1 AO berechtigt. Dem stand nicht entgegen, dass der Zahlendreher, also die einem Schreib- oder Rechenfehler vergleichbare offenbare Unrichtigkeit, dem Steuerpflichtigen selbst unterlaufen ist, berichtigungsfähig grds. nur Fehler der Finanzbehörde sind („...die beim Erlass eines VA unterlaufen sind...“). Fehler des Steuerpflichtigen, die sich die Behörde zu eigen macht, können aber nach § 129 AO berichtigt werden. Ein sog. Übernahmefehler – bei Veranlagungssteuern gegeben bei Übernahme eines in der Steuererklärung oder aus den beigefügten Anlagen klar erkennbarem Versehen des Steuerpflichtigen (std. Rspr., vgl. BFH v. 31. 7. 1990 I R 116/88, BStBl 1991 II 22; v. 27. 5. 2009 X R 47/08, BStBl 2009 II 946, v. 16. 9. 2015 IX R 37/14, BStBl 2015 II 1040; siehe hierzu auch AEAO Nr. 4 zu § 129) – lag hier vor, weil der Zahlendreher bei Ver-

gleich der eingereichten Bankbescheinigung mit dem in der Anlage „Vermietung" eingetragenen Betrag sofort ersichtlich war. Die Berichtigung war im Hinblick auf den Grundsatz der Gleich- und Gesetzmäßigkeit der Steuerfestsetzung ermessensgerecht.

- Auch § 173a AO rechtfertigt – kein Ermessen – eine Änderung, weil als Schreibfehler auch fehlerhafte Übertragungen anzusehen sind (vgl. AEAO Nr. 1 Abs. 2 zu § 173a). Dass der Übertragungsfehler durchschaubar, eindeutig oder augenfällig ist (vgl. hierzu AEAO Nr. 1 Abs. 4 zu § 173a), lässt sich auf Grund der vorliegenden Bankbescheinigung nicht in Zweifel ziehen.

b) Darüber hinaus setzt die Anwendbarkeit von § 351 Abs. 1 AO voraus, dass die angefochtenen Bescheide **keine** noch unter **Nachprüfungsvorbehalt** stehenden Steuerfestsetzungen geändert haben. Denn VdN-Festsetzungen werden zwar ohne Anfechtung mit Ablauf der Einspruchsfrist formell bestandskräftig, erwachsen aber nicht in materieller Bestandskraft, deren Schutz die Vorschrift bezweckt.

Eine Vorbehaltsfestsetzung liegt hier jedoch nicht vor.

Deshalb findet § 351 Abs. 1 erster Halbsatz AO auf die Anfechtung der zusammengefassten ESt-Änderungsbescheide vom 29. 5. 12 Anwendung mit der Folge, dass das z.v. E. als Ergebnis der Einsprüche grundsätzlich nur auf 69 000 € herabgesetzt werden darf.

2. § 351 Abs. 1 zweiter Halbsatz AO

Eine Herabsetzung des z.v. E. unter die Grenze der geänderten, unanfechtbaren zusammengefassten Bescheide (hier: 69 000 €) kommt nur in Betracht, soweit sich aus Korrekturvorschriften ein Anspruch auf Änderung ergibt, jedoch maximal im Umfang von 5 545 €, also auf das ertragsteuerrechtlich zutreffende z. v. E. von 63 455 €.

Deshalb sind nachfolgend die Umstände auf das Eingreifen von Korrekturvorschriften zu untersuchen, die zu einer Minderung des z.v. E. führen (hier: Kosten als außergewöhnliche Belastung und gewerblicher Verlust).

a) §§ 173 Abs. 1 Nr. 2 AO und 175 Abs. 1 Satz 1 Nr. 2 AO als steuermindernde Korrekturvorschriften im Hinblick auf die der A.S. erwachsenen Kosten als a. g. B.

aa) Dass Frau S. als a. g. B. zu wertende Aufwendungen entstanden sind, ist eine zu einer niedrigeren Steuer führende Tatsache, die dem für die Veranlagung organisatorisch zuständigen Bearbeiter des FA Freising erst nachträglich, durch das Schreiben des Steuerberaters vom 18. 9. 12 bekannt geworden ist.

Für das Merkmal des nachträglichen Bekanntwerdens könnte auf den Zeitpunkt des Abschlusses der Willensbildung – Abzeichnung der Verfügung (vgl. AEAO Nr. 2.1. zu § 173) – über die am 12. 5. 11 bekannt gegebene erstmalige Steuerfestsetzung für das Jahr 10 abzustellen sein, nicht auf diesen Zeitpunkt bezüglich des 1. Korrekturbescheids vom 21. 5. 12. Zwar ist Steuerbescheid i. S. d. § 173 Abs. 1 AO auch ein Bescheid, der einen schon ergangenen Steuerbescheid inhaltlich abändert. Bezüglich eines Änderungsbescheids nach § 175 Abs. 1 Satz 1 Nr. 1 AO wird vertreten, dass beim Erlass dieses Bescheids unberücksichtigt gebliebene Tatsachen eine spätere Änderung nach § 173 Abs. 1 AO nicht ausschließen (vgl. AEAO Nr. 2.4. Satz 3 zu § 173 zur Änderung nach Nr. 1). Dies hat die Ursache darin, dass das FA den Inhalt des Grundlagenbescheids ohne eigene

Prüfungsmöglichkeit in den Folgebescheid zu übernehmen hat, ihm deshalb eine eigene neue Vollüberprüfung der Festsetzung nicht zugemutet werden kann.

Überträgt man diesen Gedanken auf den Bescheid vom 21. 5. 12 mit dem Argument, das FA Freising habe nur die offenbare Unrichtigkeit bei den Schuldzinsen punktuell korrigiert, zu einer weitergehenden Prüfung keine Veranlassung gehabt, scheitert eine Korrektur am Merkmal der Rechtserheblichkeit der Tatsache. Diese ist zu bejahen, wenn das FA bei rechtzeitiger Kenntnis schon bei der ursprünglichen Veranlagung mit an Sicherheit grenzender Wahrscheinlichkeit zu einer niedrigeren Steuer gelangt wäre (vgl. AEAO Nr. 3.1. Abs. 1 zu § 173). Im Zeitpunkt der Erstveranlagung im Jahr 11 existierte die den Abzug der Kosten als a. g. B. zulassende geänderte BFH-Rspr. noch nicht. Das FA hätte die Kosten, wären ihm diese schon durch Geltendmachung in der Steuererklärung bekannt gewesen, der damaligen Rspr. folgend nicht steuermindernd berücksichtigt.

Zum selben Ergebnis gelangt man, wenn man auf den Änderungsbescheid vom 21. 5. 2012 abstellt – nahe liegend, weil eine Änderung nach § 129 AO bzw. § 173a AO eine rechtliche Überlegung voraussetzt, die Korrektur gem. § 175 Abs. 1 Satz 1 Nr. 1 AO nicht (einfach ausgedrückt: einerseits Denken erforderlich, andererseits verboten).

bb) § 175 Abs. 1 Satz 1 Nr. 2 AO scheidet ebenfalls als Möglichkeit aus, die Bestandskraft der zusammengefassten Änderungsbescheide vom 21. 5. 2012 zu durchbrechen. Der erst im Einspruchsverfahren gestellte Antrag auf Berücksichtigung der Kosten als a. g. B. ist nur eine reine Verfahrenshandlung, ihm fehlt der rückwirkende Charakter. Auch ist die Änderung der BFH-Rechtsprechung kein Ereignis mit steuerlicher Rückwirkung (vgl. AEAO Nr. 2.2 Abs. 5 zu § 175 bezüglich Entscheidung des BVerfG).

Mangels Eingreifen einer eigenständigen Korrekturvorschrift können die als a. g. B. zu wertenden Aufwendungen es nicht rechtfertigen, das z. v. E. unter den Betrag von 69 000 € laut Bescheid vom 21. 5. 12 herabzusetzen.

b) §§ 175 Abs. 1 Satz 1 Nr. 1 u. 129 AO als steuermindernde Korrekturvorschriften im Hinblick auf den gewerblichen Verlust

aa) § 175 Abs. 1 Satz 1 Nr. 1 AO rechtfertigt die Durchbrechung der Bestandskraft der von einem z. v. E. von 69 000 € ausgehenden Bescheide der Eheleute. Die Festsetzungsfrist für die ESt des Jahres 10 ist eindeutig noch nicht abgelaufen.

Der von dem Feststellungsbescheid des FA Erding ausgehenden Bindungswirkung ist durch Änderung des Folgebescheids Rechnung zu tragen, weil die ESt-Festsetzungen, weder die Erstveranlagungen noch die Korrekturbescheide, die mit dem Grundlagenbescheid getroffene Feststellung eines gewerblichen Verlustes von 30 000 € bisher nicht berücksichtigt haben. Der Anwendung von § 175 Abs. 1 Satz 1 Nr. 1 AO steht nicht entgegen, dass der gegenüber A. S. am 5. 9. 11 wirksam gewordene Feststellungsbescheid bei Erlass der die ESt der Eheleute ändernden Bescheide vom 21. 5. 12 übersehen worden ist (vgl. AEAO Nr. 1.2. Satz 3 zu § 175).

Folglich ist eine Bestandskraftdurchbrechung auf das rechtlich zutreffende z. v. E. von 63 455 € geboten.

bb) Auch § 129 AO rechtfertigt eine Korrektur, weil nicht davon ausgegangen werden kann, dass das FA beim Erlass der Bescheide am 21. 5. 12 die Auswertung des Grundlagenbescheids bewusst unterlassen hat – Übersehen eines Feststellungsbescheids als offenbare Unrichtigkeit (vgl. AEAO Nr. 1 Abs. 2 Satz 2 zu § 129).

c) Rechtmäßigkeit der Korrektur wegen der Renovierungskosten

Auch wenn die Umqualifizierung der Renovierungskosten von Werbungskosten in anschaffungsnahe HK wegen Überschreitens der 15 %-Grenze gemäß § 6 Abs. 1 Nr. 1a EStG nicht durch eine eigenständige Korrekturvorschrift gedeckt sein sollte, müsste dieser zu einer z.v. E.-Erhöhung führende Gesichtspunkt im Rahmen der Gesamtüberprüfung Berücksichtigung finden. Das FA hätte auch bei Verneinung einer insoweit eingreifenden Korrekturvorschrift bei Erlass eines alle Umstände berücksichtigenden Änderungsbescheids am 29. 5. 12 – gewerblicher Verlust und a. g. B. – das Ergebnis der Umqualifizierung als materiellen Fehler behandeln müssen und den Saldo der beiden materiellen Fehler in Höhe von 24 455 € z.v. E.-Erhöhung (**+** 29 155 € z.v. E. wegen § 6 Abs. 1 Nr. 1a EStG und **./.** 4 700 € z.v. E. wegen a. g. B.) nach § 177 Abs. 2 AO mit der Korrekturauswirkung nach § 175 Abs. 1 Satz 1 Nr. 1 AO verrechnen müssen (**./.** 30 000 € z.v. E. **+** 24 455 € = **./.** 5 545 €). Es hätte bei Verneinung einer eigenständigen Korrekturvorschrift hinsichtlich der Umqualifizierung der Renovierungskosten Änderungsbescheide gegenüber den Eheleuten am 29. 5. 12 mit einem z.v. E. i. H.v. 63 455 € erlassen müssen (69 000 € z.v. E. laut Festsetzung vom 21. 5. 12 ./. 5 545 €).

Zwar erübrigt sich also hier für die Klärung der Frage, welches z.v. E. als Ergebnis der Einspruchsverfahren der Eheleute S. gegen die Bescheide vom 29. 5. 12 anzusetzen ist, eine Prüfung von steuererhöhenden Korrekturvorschriften. Sie wird jedoch wegen des Einwands des Beraters, „es hätte insoweit keine Korrekturmöglichkeit bestanden", und der Vorgabe in der Aufgabenstellung „Auseinandersetzung mit dem Vorbringen in den Schreiben" vorgenommen.

aa) Als Korrekturvorschrift greift § 165 Abs. 2 Satz 1 AO ein.

Die ESt-Festsetzungen der Eheleute vom 12. 5. 11 sind zu Recht gem. § 165 Abs. 1 Satz 1 AO teilweise vorläufig ergangen. Die Ungewissheit bezog sich darauf, ob E. S. die Absicht hatte, die im Jahr 09 erworbene Immobilie zu vermieten. Tatsachen sind auch innere Tatsachen, wie die Absicht der Einkünfteerzielung, die nur anhand äußerer Merkmale festgestellt werden können (vgl. AEAO Nr. 1.1. Satz 2 zu § 173 ; siehe auch BFH v. 25. 8. 2010 X B 25/10, BFH/NV 2010, 2234).

Der Vorläufigkeitsvermerk ist auch nicht dadurch wieder entfallen, dass er in den ESt-Änderungsbescheiden der Eheleute vom 21. 5. 12 nicht wieder erwähnt war. Es hätte dafür einer ausdrücklichen Aufhebung oder einer Endgültigkeitserklärung bedurft (vgl. hierzu AEAO Nr. 7 u. Nr. 9 Satz 2 zu § 165).

Unzutreffend ist auch die Ansicht des Beraters, der Vorläufigkeitsvermerk hätte sich nicht auf den Abzug von Erhaltungsaufwendungen bezogen. Wenn schon die Absicht der Einkünfteerzielung nicht abschließend bei der Veranlagung im Jahr 11 geklärt werden konnte, konnte E. S. auch nicht darauf vertrauen, dass die erklärten Vermietungseinkünfte betragsmäßig überhaupt geprüft worden sind.

bb) Hätte man die Auffassung des Beraters vertreten, § 165 Abs. 2 AO sei unanwendbar, so wäre doch der Korrekturtatbestand des § 175 Abs. 1 Satz 1 Nr. 2 AO erfüllt. Durch die von E. S. im Jahr 11 getätigten Aufwendungen wird rückwirkend der Sachverhalt verändert, der nach § 6

Abs. 1 Nr. 1a EStG der Besteuerung für den Veranlagungszeitraum 10 zugrunde zu legen ist (vgl. AEAO Nr. 2.4. – „Einkommensteuer § 6 Abs. 1 Nr. 1a EStG – zu § 175).

Ergebnis: Das z. v. E. des Jahres 10 der Eheleute S. ist durch Änderung der angefochtenen Bescheide vom 29. 5. 12 auf **63 455 €** zu reduzieren.

Teil II: Umsatzsteuer

Verfasser: Dipl.-Finanzwirt Ralf Walkenhorst, Ibbenbüren

I. Unternehmereigenschaft und Umfang des Unternehmens

Unternehmer ist gem. § 2 Abs. 1 Satz 1 UStG, wer eine gewerbliche oder berufliche Tätigkeit selbständig ausübt. Gewerblich oder beruflich ist gem. § 2 Abs. 1 Satz 3 UStG jede nachhaltige Tätigkeit zur Erzielung von Einnahmen, auch wenn die Absicht, Gewinn zu erzielen, fehlt oder eine Personenvereinigung nur gegenüber ihren Mitgliedern tätig wird.

Eva Taff

Eva Taff ist hiernach Unternehmerin, da sie eine berufliche Tätigkeit selbständig ausübt.

Das Unternehmen umfasst gem. § 2 Abs. 1 Satz 2 UStG die gesamte gewerbliche oder berufliche Tätigkeit des Unternehmers. Zum Unternehmen der Eva Taff gehört zum einen die Tätigkeit als Steuerberaterin und zum anderen die Vermietungstätigkeit im Zusammenhang mit dem Gebäude Maximilianstraße 25. Beide Tätigkeiten werden nachhaltig zur Erzielung von Einnahmen ausgeführt.

Marco Taff

Marco Taff ist ebenfalls Unternehmer im Sinne des § 2 Abs. 1 Satz 1 UStG, da er eine gewerbliche Tätigkeit selbständig ausübt.

In den Rahmen seines Unternehmens fällt gem. § 2 Abs. 1 Satz 2 UStG die Tätigkeit im Zusammenhang mit dem Handel und dem Bau von Modelleisenbahnen.

Die unternehmerische Tätigkeit beginnt mit den ersten unternehmensbezogenen Vorbereitungshandlungen; also mit der Anmietung der Räumlichkeiten ab dem 1. 4. 2017 (Abschnitt 2.6 Abs. 1 und 2 UStAE).

Für das Jahr 2017 ist zu prüfen, ob Marco unter die Kleinunternehmerregelung des § 19 UStG fällt. Ein Verzicht auf die Anwendung der Kleinunternehmerregelung ist nach den allgemeinen Hinweisen nicht ausgesprochen worden.

Maßgeblich bei Beginn der unternehmerischen Tätigkeit ist die Umsatzgrenze von 17 500 € (Abschnitt 19.1 Abs. 4 Satz 2 UStAE). Der voraussichtliche Umsatz für das Jahr 2017 ist gem. § 19 Abs. 3 Satz 3 UStG in einen Jahresumsatz umzurechnen. Angefangene Kalendermonate sind bei der Umrechnung als volle Kalendermonate zu behandeln (§ 19 Abs. 3 Satz 4 UStG). Hiernach ergibt sich für das Jahr 2017 ein Jahresumsatz von 11 333 € (8 500 € x 12/9).

Damit ist Marco im Jahr 2017 als Kleinunternehmer im Sinne des § 19 Abs. 1 UStG anzusehen.

II. Geschäftsvorfälle:

1. Gebäude Maximilianstraße 25

Ausgangsumsätze:

Es handelt sich zwar grundsätzlich um ein Altgebäude im Sinne von § 27 Abs. 2 UStG, da die Errichtung Anfang des 19. Jahrhunderts stattgefunden hat. Durch die Entkernung und die bautechnische Umgestaltung in den Jahren 2009/2010 ist nach ertragsteuerlichen Grundsätzen ein anderes Wirtschaftsgut entstanden (Abschnitt 9.2 Abs. 6 Satz 2 UStAE). § 9 Abs. 2 UStG ist daher gem. § 27 Abs. 2 Nr. 3 UStG anwendbar.

§ 15 Abs. 1b UStG und § 3 Abs. 9a Nr. 1 2. Halbsatz UStG kommen hingegen nicht zur Anwendung, da das Gebäude vor dem 1. 1. 2011 errichtet worden ist (§ 27 Abs. 16 UStG).

Die Vermietung des EG an Gerlinde Garn stellt eine sonstige Leistung gem. § 3 Abs. 9 Satz 2 UStG dar. Der Ort dieser Leistung ist München gem. § 3a Abs. 3 Nr. 1 Satz 2 Buchst. a UStG, da es sich um eine grundstücksbezogene sonstige Leistung handelt. Die Vermietungsleistung ist daher steuerbar gem. § 1 Abs. 1 Nr. 1 Satz 1 UStG und grundsätzlich steuerfrei gem. § 4 Nr. 12 Satz 1 Buchst. a UStG. Eine Option ist gem. § 9 Abs. 1 UStG möglich und auch nicht gem. § 9 Abs. 2 UStG ausgeschlossen; die Mieterin tätigt ausschließlich Umsätze, die den Vorsteuerabzug ermöglichen. Es handelt sich demzufolge um steuerpflichtige Umsätze, die in monatlichen Teilleistungen (§ 13 Abs. 1 Nr. 1 Buchst. a Sätze 2 und 3 UStG) ausgeführt werden. Bei einem Steuersatz von 19 % (§ 12 Abs. 1 UStG) und einer Bemessungsgrundlage von 4 000 € (§ 10 Abs. 1 Sätze 1 und 2 UStG) ergibt sich eine monatliche Umsatzsteuer in Höhe von 760 € in der Zeit von 1/2017 bis 3/2017 (§ 13 Abs. 1 Nr. 1 Buchst. a Sätze 1 bis 3 UStG).

Die Nutzung des 1. OG als Kanzlei stellt einen nicht steuerbaren Innenumsatz im Rahmen des Unternehmens der Eva dar. Das 1. OG wird zur Verwendung für vorsteuerunschädliche Ausgangsumsätze genutzt.

Die Vermietung des 2. OG an den Arzt stellt eine sonstige Leistung gem. § 3 Abs. 9 Satz 2 UStG dar. Der Ort dieser Leistung ist München gem. § 3a Abs. 3 Nr. 1 Satz 2 Buchst. a UStG, da es sich um eine grundstücksbezogene sonstige Leistung handelt. Die Vermietungsleistung ist daher steuerbar gem. § 1 Abs. 1 Nr. 1 Satz 1 UStG und grundsätzlich steuerfrei gem. § 4 Nr. 12 Satz 1 Buchst. a UStG. Eine Option ist gem. § 9 Abs. 1 UStG zwar möglich, aber nach § 9 Abs. 2 UStG ausgeschlossen, da der Mieter steuerfreie Umsätze gem. § 4 Nr. 14 Buchst. a UStG ausführt, die nicht zum Vorsteuerabzug berechtigen. Es handelt sich demzufolge um steuerfreie Umsätze, die in monatlichen Teilleistungen (§ 13 Abs. 1 Nr. 1 Buchst. a Sätze 2 und 3 UStG) ausgeführt werden. Die Bemessungsgrundlage (§ 10 Abs. 1 Sätze 1 und 2 UStG) beläuft sich auf monatlich 4 000 €.

Da nach den allgemeinen Hinweisen das gesamte Gebäude dem Unternehmen zugeordnet wurde und § 15 Abs. 1b UStG keine Anwendung findet, stellt die Eigennutzung eine unentgeltliche Wertabgabe im Sinne des § 3 Abs. 9a Nr. 1 UStG dar. Der Leistungsort bestimmt sich nach § 3f Satz 1 UStG und ist in München. Der Umsatz ist steuerbar und mangels einer Steuerbefreiung im Sinne des § 4 UStG auch steuerpflichtig. Insbesondere § 4 Nr. 12 Satz 1 Buchst. a UStG kommt nicht zur Anwendung, da keine Vermietungsleistung vorliegt. Die unentgeltliche Wertabgabe wird in monatlichen Teilleistungen ausgeführt. Die Steuer entsteht gem. § 13 Abs. 1 Nr. 2 UStG mit Ablauf des jeweiligen Voranmeldungszeitraums. Auf die Ermittlung der Bemessungsgrundlage kann nach den allgemeinen Hinweisen verzichtet werden.

Vorsteuerabzug aus Renovierungsarbeiten

Im Dezember 2010 steht Eva aus der Rechnung des Generalunternehmers ein Vorsteuerabzug zu. Die Vorsteuer ist gem. § 15 Abs. 1 Satz 1 Nr. 1 UStG abzugsfähig. Da mit dem Gebäude aber auch steuerfreie, vorsteuerabzugsschädliche Umsätze ausgeführt werden (Vermietung des 2. OG) ist die Vorsteuer nur teilweise abziehbar. Gem. § 15 Abs. 2 Satz 1 Nr. 1 UStG i.V.m. § 15

Abs. 4 UStG ergibt sich ein abziehbarer Anteil in Höhe von 75 %. Abziehbar sind demnach 142 500 € (190 000 € x 75 %).

2. Änderungen EG zum 1. 4. 2017

Die Bemessungsgrundlage für die steuerbare und steuerpflichtige Vermietungsleistung an Gerlinde Garn mindert sich ab 4/2017 auf 3 000 €, so dass insoweit ab 4/2017 nur noch eine monatliche Umsatzsteuer von 570 € entsteht (§ 13 Abs. 1 Nr. 1 Buchst. a Sätze 1 bis 3 UStG).

Die Vermietung an den Ehemann Marco ab 4/2017 stellt eine sonstige Leistung gem. § 3 Abs. 9 Satz 2 UStG dar. Der Ort der Leistung ist München gem. § 3a Abs. 3 Nr. 1 Satz 2 Buchst. a UStG. Der Umsatz ist demzufolge steuerbar gem. § 1 Abs. 1 Nr. 1 Satz 1 UStG und grundsätzlich steuerfrei gem. § 4 Nr. 12 Satz 1 Buchst. a UStG. Eine Option ist gem. § 9 Abs. 1 UStG zwar möglich, aber über § 9 Abs. 2 UStG ausgeschlossen. Der Mieter Marco ist im Jahr 2017 Kleinunternehmer und damit gem. § 19 Abs. 1 Satz 4 UStG nicht zum Vorsteuerabzug berechtigt (Abschnitt 9.2 Abs. 2 Satz 2 UStAE). Damit ist die Vermietungsleistung steuerfrei. Die Bemessungsgrundlage für die monatlichen Teilleistungen beläuft sich auf 1 190 €.

Da Eva die Umsatzsteuer für die steuerfreie Vermietungsleistung gesondert ausgewiesen hat, schuldet sie die ausgewiesene Umsatzsteuer gem. § 14c Abs. 1 Satz 1 UStG. Die Steuer in Höhe von 190 € entsteht gem. § 13 Abs. 1 Nr. 3 UStG i. V. m. § 13 Abs. 1 Nr. 1 Buchst. a Sätze 1 bis 3 UStG monatlich.

Da Marco ab dem 1. 1. 2018 kein Kleinunternehmer mehr ist, ist die Vermietungsleistung ab 1/2018 steuerbar und grundsätzlich steuerfrei gem. § 4 Nr. 12 Satz 1 Buchst. a UStG, aber mit der Möglichkeit der Option gem. § 9 Abs. 1 und Abs. 2 UStG. Damit sind die Vermietungsleistungen ab 1/2018 insoweit zum Steuersatz von 19 % (§ 12 Abs. 1 UStG) steuerpflichtig. Die monatliche Bemessungsgrundlage für die in monatlichen Teilleistungen ausgeführten Umsätze beträgt gem. § 10 Abs. 1 Sätze 1 und 2 UStG 1 000 €. Demnach ergibt sich eine monatliche Umsatzsteuer in Höhe von 190 €, die mit Ablauf des jeweiligen Voranmeldungszeitraums (1 – 12/2018) entsteht.

Vorsteuerberichtigung

Aufgrund der Änderung der Verhältnisse bezüglich des EG ab 4/2017 ist eine Vorsteuerberichtigung gem. § 15a Abs. 1 UStG zu prüfen.

Der ursprüngliche Vorsteuerabzug im Jahr 2010 belief sich auf 75 %.

Der Berichtigungszeitraum läuft vom 1. 1. 2011 bis zum 31. 12. 2020 gem. § 15a Abs. 1 Satz 2 UStG i. V. m. § 45 UStDV.

Es ergibt sich ein jährliches Berichtigungsvolumen von 19 000 € gem. § 15a Abs. 5 Satz 1 UStG (1/10 von 190 000 €).

Der Leerstand in der Zeit von April bis Juni 2017 ist der beabsichtigten steuerfreien Vermietung an Marco zuzurechnen. Damit ergibt sich für das Jahr 2017 eine vorsteuerabzugsberechtigende Verwendung in Höhe von 70,31 %:

EG: 3 Monate steuerpflichtige Vermietung; 9 Monate 75 % steuerpflichtige und 25 % steuerfreie Vermietung = 81,25 % steuerpflichtige Nutzung

1.OG: 12 Monate steuerpflichtige Nutzung = 100 % steuerpflichtige Nutzung

2. OG: 12 Monate steuerfreie Vermietung = 0 % steuerpflichtige Nutzung

3. OG: 12 Monate steuerpflichtige Nutzung = 100 % steuerpflichtige Nutzung

Gesamt: 281,25 % : 4 Etagen = 70,31 %

Die Verhältnisse für den Vorsteuerabzug haben sich im Jahre 2017 um 4,69 % (75 % - 70,31 %) geändert. Dies ergibt einen Änderungsbetrag in Höhe von 891,10 € (19 000 € x 4,69 %). Damit unterbleibt gem. § 44 Abs. 2 UStDV eine Vorsteuerberichtigung im Jahre 2017, da die Änderung unter 10 % und unter 1 000 € bleibt.

Für das Jahr 2018 ergeben sich keine Änderungen im Hinblick auf den ursprünglichen Vorsteuerabzug, so dass eine Vorsteuerberichtigung gem. § 15a UStG nicht zur Anwendung kommt.

Renovierung der an Marco vermieteten Räume

Die Vorsteuern aus der Renovierungsmaßnahme (570 € + 380 € + 475 € = 1 425 €) sind zwar dem Grunde nach abzugsfähig gem. § 15 Abs. 1 Satz 1 Nr. 1 UStG. Sie sind aber gem. § 15 Abs. 2 Satz 1 Nr. 1 UStG nicht abziehbar, da sie im Zusammenhang stehen mit steuerfreien Vermietungsumsätzen gem. § 4 Nr. 12 Satz 1 Buchst. a UStG. Eine Rückgängigmachung des Ausschlusses über § 15 Abs. 3 Nr. 1 Buchst. a UStG erfolgt nicht.

Ab dem 1. 1. 2018 ist die Vermietung an Marco durch Option steuerpflichtig. Hinsichtlich der Renovierungsmaßnahme ist § 15a Abs. 3 UStG zu prüfen. Die Renovierungsmaßnahme stellt gem. § 15a Abs. 3 Satz 2 UStG ein einheitliches Berichtigungsobjekt dar. Da die Vorsteuer in Höhe von 1 425 € den Wert von 1 000 € übersteigt, findet § 44 Abs. 1 UStDV keine Anwendung.

Der ursprüngliche Vorsteuerabzug im Jahr 2017 hat 0 % betragen.

Der Berichtigungszeitraum gem. § 15a Abs. 3 Satz 1 UStG i. V. m. § 15a Abs. 1 Satz 2 UStG i. V. m. § 45 UStDV läuft vom 1. 7. 2017 bis 30. 6. 2027.

Es ergibt sich ein jährliches Berichtigungsvolumen gem. § 15a Abs. 5 Satz 1 UStG in Höhe von 142,50 €.

Die Änderung der Verhältnisse im Jahr 2018 beträgt 100 %. Damit ergibt sich ein Berichtigungsbetrag in Höhe von 142,50 €. Dieser ist gem. § 44 Abs. 3 Satz 1 UStDV in der Jahressteuererklärung 2018 zu berücksichtigen. § 44 Abs. 3 UStDV a. F. findet keine Anwendung, da die Maßnahme nach dem 1. 1. 2012 ausgeführt wurde (§ 74a Abs. 2 UStDV).

3. Geschäftsvorfälle 2017

Marco ist im Jahr 2017 Kleinunternehmer gem. § 19 Abs. 1 UStG. Die für Umsätze im Sinne des § 1 Abs. 1 Nr. 1 UStG geschuldete Umsatzsteuer wird nicht erhoben.

3.1 Lieferungen an Rossi

Es handelt sich um Lieferungen (§ 3 Abs. 1 UStG) bzw. um Werklieferungen (§ 3 Abs. 4 Satz 1 UStG). Der Lieferort bestimmt sich gem. § 3 Abs. 6 Sätze 1, 3 und 4 UStG und ist in München. Da die Lieferungen auch gegen Entgelt ausgeführt werden, sind sie steuerbar gem. § 1 Abs. 1 Nr. 1 Satz 1 UStG.

Obwohl die Gegenstände ins übrige Gemeinschaftsgebiet gelangen, kommt die Steuerbefreiung für eine innergemeinschaftliche Lieferung gem. § 4 Nr. 1 Buchst. b UStG i. V. m. § 6a UStG nicht in Betracht. Diese Steuerbefreiung ist gem. § 19 Abs. 1 Satz 4 UStG bei Anwendung der Kleinunternehmerregelung ausgeschlossen. Damit sind die Umsätze steuerpflichtig.

Unter Berücksichtigung des Steuersatzes von 19 % (§ 12 Abs. 1 UStG) ergibt sich eine Bemessungsgrundlage (§ 10 Abs. 1 Sätze 1 und 2 UStG) von 420,17 € pro Stück und demzufolge eine Umsatzsteuer von 79,83 €.

Die Umsatzsteuer wird gem. § 19 Abs. 1 Satz 1 UStG nicht erhoben.

3.2 Erwerb von Stationi

Es liegt ein innergemeinschaftlicher Erwerb im Sinne des § 1a Abs. 1 UStG vor, da die Gegenstände aus Italien ins Inland gelangen; Marco ein Unternehmer ist, der die Gegenstände für sein Unternehmen erwirbt; und Stationi im Rahmen seines Unternehmens gegen Entgelt liefert und kein Kleinunternehmer ist. Die Ausnahmeregelung des § 1a Abs. 3 UStG findet keine Anwendung, da die Erwerbsschwelle nach den allgemeinen Hinweisen als überschritten gilt. Der Erwerbsort ist in München gem. § 3d Satz 1 UStG. Da auch ein Entgelt vorliegt, ist der Umsatz steuerbar gem. § 1 Abs. 1 Nr. 5 UStG.

Mangels Steuerbefreiung gem. § 4b UStG ist der Erwerb auch steuerpflichtig zum Steuersatz von 19 % (§ 12 Abs. 1 UStG). Die Bemessungsgrundlage beträgt 13 000 € (§ 10 Abs. 1 Sätze 1 und 2 UStG). Damit beläuft sich die Umsatzsteuer auf 2.470 €. Die Umsatzsteuer entsteht gem. § 13 Abs. 1 Nr. 6 UStG mit Rechnungsstellung; also am 29. 7. 2017 und ist in der Voranmeldung 7/2017 (§ 18 Abs. 4a UStG) zu erklären.

Die Steuer wird auch von Marco erhoben, da es sich nicht um eine Steuer für Umsätze nach § 1 Abs. 1 Nr. 1 UStG handelt.

Ein Vorsteuerabzug nach § 15 Abs. 1 Satz 1 Nr. 3 UStG steht Marco als Kleinunternehmer gem. § 19 Abs. 1 Satz 4 UStG hingegen nicht zu.

3.3 Verkäufe Juli bis November 2017

Marco führt Lieferungen gem. § 3 Abs. 1 UStG aus. Die Lieferorte befinden sich gem. § 3 Abs. 6 Satz 1 UStG allesamt in München und damit im Inland. Die Lieferungen sind steuerbar gem. § 1 Abs. 1 Nr. 1 Satz 1 UStG.

Die Lieferungen sind mangels Steuerbefreiung im Sinne des § 4 UStG auch steuerpflichtig zum Steuersatz von 19 % (§ 12 Abs. 1 UStG). Die Bemessungsgrundlage (§ 10 Abs. 1 Sätze 1 und 2 UStG) für die Lieferungen beträgt 14.285,71 € (17.000 € : 1,19). Die Umsatzsteuer beläuft sich auf 2.714,29 €.

Die Umsatzsteuer wird gem. § 19 Abs. 1 Satz 1 UStG nicht erhoben.

Gesamtumsatz 2017

Damit ergibt sich für das Jahr 2017 folgender tatsächlicher Gesamtumsatz im Sinne des § 19 Abs. 1 Satz 2 und Abs. 3 UStG:

Verkäufe Rossi	5 000 €
Verkäufe im Inland	17 000 €
Anzahlung	3 000 €
Gesamt	25 000 €

Umgerechnet auf einen Jahreswert (§ 19 Abs. 3 Satz 3 UStG) macht dies einen Betrag von 33 333 € (25 000 € x 12/9). Da die Grenze des § 19 Abs. 1 Satz 1 UStG im Jahr 2017 tatsächlich überschritten ist, ist Marco im Jahr 2018 kein Kleinunternehmer mehr. Auf den voraussichtlichen Umsatz des Jahres 2018 kommt es nicht mehr an.

Bezüglich der Konsequenzen bei Eva wird auf die Ausführungen zu 2. verwiesen.

3.4 Auftrag Eisenbahnmuseum

Anzahlung:

Im Zeitpunkt der Vereinnahmung der Anzahlung (18. 10. 2017) in Höhe von 3 000 € war Marco noch Kleinunternehmer. Dies bedeutet, dass die geschuldete Umsatzsteuer nicht erhoben wird.

Da der Umsatz erst nach dem Übergang zur Regelbesteuerung ausgeführt wird, unterliegt auch die Anzahlung der Besteuerung. Im Voranmeldungszeitraum 2/2018 entsteht gem. § 13 Abs. 1 Nr. 1 Buchst. a Satz 4 UStG damit eine Umsatzsteuer in Höhe von 478,99 € (19 % aus 3 000 €). Vertretbar ist auch, dass die Steuer bereits im Voranmeldungszeitraum 1/2018 entsteht.

Lieferungen:

Es liegen Lieferungen (§ 3 Abs. 1 UStG) bzw. Werklieferungen (§ 3 Abs. 4 UStG) vor. Die Lieferungen werden am 5. 2. 2018 ausgeführt und der Lieferort ist München gem. § 3 Abs. 6 Satz 1 UStG. Damit sind die Lieferungen steuerbar gem. § 1 Abs. 1 Nr. 1 Satz 1 UStG.

Die Lieferungen sind steuerpflichtig zum Steuersatz von 19 % (§ 12 Abs. 1 UStG). Die Bemessungsgrundlage beträgt 19 521,01 € (23 230 € : 1,19). Die Umsatzsteuer beläuft sich auf 3 708,99 €. Sie entsteht gem. § 13 Abs. 1 Nr. 1 Buchst. a Satz 1 UStG in Höhe von 3.230 € mit Ablauf 2/2018. Die Steuer für die Anzahlung ist bereits in der Voranmeldung für Januar 2018 zu erfassen.

Materialeinkauf:

Der Leistungsbezug erfolgte im Jahr 2017, so dass wegen der Anwendung der Kleinunternehmerregelung kein Vorsteuerabzug möglich ist (§ 19 Abs. 1 Satz 4 UStG). Es kommt auf den Leistungsbezug und nicht auf die Rechnungsstellung an.

Da das Material in steuerpflichtige Lieferungen bzw. Werklieferungen einfließt, die der Regelbesteuerung unterliegen, ist eine Vorsteuerberichtigung gem. § 15a Abs. 7 UStG i. V. m. § 15a Abs. 2 UStG zu prüfen. Eine Vorsteuerberichtigung entfällt, da die Vorsteuer unter 1 000 € beträgt (§ 44 Abs. 1 UStDV).

Eine Vorsteuerberichtigung gem. § 15a UStG ist bezüglich des eingekauften Materials nicht vorzunehmen.

Lackierarbeiten:

Es handelt sich um eine sonstige Leistung (§ 3 Abs. 9 Satz 1 UStG) des österreichischen Unternehmers Moser, die mit Beendigung am 27. 12. 2017 ausgeführt wurde. Der Leistungsort ist München gem. § 3a Abs. 2 Satz 1 UStG, da Marco in München seinen Unternehmenssitz hat. Ein Anwendungsfall des § 3a Abs. 3 Nr. 3 Buchst. c UStG liegt nicht vor, da die Leistung an einen Unternehmer für dessen Unternehmen ausgeführt wurde. Die sonstige Leistung ist damit steuerbar.

Die sonstige Leistung ist steuerbar und steuerpflichtig zu 19% (§ 12 Abs. 1 UStG). Es entsteht bei einer Bemessungsgrundlage von 2 000 € eine Umsatzsteuer in Höhe von 380 €.

Steuerschuldner wird Marco. Moser, ein im übrigen Gemeinschaftsgebiet ansässiger Unternehmer (§ 13b Abs. 7 Satz 2 UStG) erbringt im Inland (Ortsbestimmung: § 3a Abs. 2 UStG) eine steuerpflichtige sonstige Leistung an einen Unternehmer für sein Unternehmen (§ 13b Abs. 5 Satz 1 UStG). Es liegt ein Fall des § 13b Abs. 1 UStG vor, so dass die Steuer in Höhe von 380 € im Dezember 2017 entstanden ist (mit Ausführung der Leistung). Steuerschuldner ist Marco. Marco muss für Dezember eine Voranmeldung abgeben (§ 18 Abs. 4a UStG).

Die Steuer wird auch von einem Kleinunternehmer erhoben (§ 19 Abs. 1 Satz 3 UStG).

Ein Vorsteuerabzug kommt gem. § 15 Abs. 1 Satz 1 Nr. 4 UStG i.V.m. § 19 Abs. 1 Satz 4 UStG nicht in Betracht.

Eine Vorsteuerberichtung gem. § 15a Abs. 7 UStG ist im Jahr 2018 nicht durchzuführen, da die Vorsteuer nicht mindestens 1 000 € betragen hat (§ 44 Abs. 1 UStDV).

4. VW-Passat

2017

Aus der Anschaffung des Pkw am 8. 8. 2017 steht Marco kein Vorsteuerabzug zu, da er im Jahr 2017 unter die Kleinunternehmerregelung fällt (§ 19 Abs. 1 Satz 4 UStG). Dies gilt auch für die laufenden Kosten im Jahr 2017.

Da Marco kein Vorsteuerabzug zusteht, ist im Jahr 2017 auch keine unentgeltliche Wertabgabe gem. § 3 Abs. 9a Nr. 1 UStG zu besteuern. Es liegt kein steuerbarer Vorgang vor.

2018

Die Vorsteuer aus den laufenden Kosten (950 € und 380 €) ist dem Grunde nach abzugsfähig gem. § 15 Abs. 1 Satz 1 Nr. 1 UStG. Ein Ausschlussgrund gem. § 15 Abs. 2 UStG liegt nicht vor, so dass Marco die Vorsteuerbeträge abziehen kann und zwar in dem Zeitpunkt, in dem die jeweilige Leistung an ihn ausgeführt wurde und die Rechnung vorlag.

Hinsichtlich der Vorsteuer aus der Anschaffung des Pkw ist eine Vorsteuerberichtigung zu prüfen. Nach § 15a Abs. 7 UStG ist eine Änderung der Verhältnisse beim Übergang von der Kleinunternehmerregelung zur Regelbesteuerung anzunehmen. Es handelt sich bei dem Pkw um ein Wirtschaftsgut, das mehrfach im Unternehmen verwendet wird (§ 15a Abs. 1 Satz 1 UStG).

Der ursprüngliche Vorsteuerabzug betrug 0 € und somit 0 %.

Der Berichtigungszeitraum beginnt am 1. 8. 2017 (analoge Anwendung des § 45 UStDV) und endet am 31. 12. 2018 (§ 15a Abs. 5 Satz 2 UStG) mit der Zerstörung des Pkw. Das Ereignis ist im Zeitpunkt der Vornahme der Berichtigung auch bereits bekannt.

Das Berichtigungsvolumen für das Jahr 2018 beträgt 1 072,94 € (1 520 € x 12/17).

Die Verhältnisse im Jahr 2018 haben sich gegenüber den Verhältnissen zum Zeitpunkt der Anschaffung um 100 % geändert, so dass ein Berichtigungsbetrag in Höhe von 1.072,94 € entsteht und zwar zugunsten des Unternehmers. Dieser Betrag ist in der Jahressteuererklärung für das Jahr 2018 zu berücksichtigen (§ 44 Abs. 3 Satz 1 UStDV).

Die Nutzung auch zu privaten Zwecken (40 %) löst eine unentgeltliche Wertabgabe gem. § 3 Abs. 9a Nr. 1 UStG aus. Der Leistungsort ist gem. § 3f Satz 1 UStG in München am Unternehmenssitz. Unmaßgeblich ist, wo das Fahrzeug tatsächlich genutzt wird. Die in monatlichen Teilleistungen (§ 13 Abs. 1 Nr. 1 Buchst. a Sätze 2 und 3 UStG) ausgeführte unentgeltliche Wertabgabe ist steuerbar gem. § 1 Abs. 1 Nr. 1 Satz 1 UStG.

Sie ist mangels Steuerbefreiung im Sinne des § 4 UStG auch steuerpflichtig zum Steuersatz von 19 % (§ 12 Abs. 1 UStG).

Bemessungsgrundlage sind gem. § 10 Abs. 4 Satz 1 Nr. 2 UStG die vorsteuerbelasteten Ausgaben. Einzubeziehen sind gem. § 10 Abs. 4 Satz 1 Nr. 2 Sätze 2 und 3 UStG die anteiligen Anschaffungskosten, da insoweit im Jahr 2018 eine Vorsteuerberichtigung erfolgt ist. Es ergeben sich somit vorsteuerbelastete Ausgaben in Höhe von insgesamt 12 647,06 € (5 000 € + 2 000 € + 5 647,06 € (8 000 € x 12/17)). Auf die Privatfahrten entfallen 40 %, d. h. 5 058,82 €. Es entsteht für das Jahr 2018 eine Umsatzsteuer von 961,18 €. Diese entsteht gem. § 13 Abs. 1 Nr. 2 UStG anteilig mit Ablauf des jeweiligen Voranmeldungszeitraums 1 bis 12/2018 (monatlich: 80,10 €).

Die Zerstörung des Pkw auf der Privatfahrt führt zu keiner unentgeltlichen Wertabgabe gem. § 3 Abs. 1b UStG (Abschnitt 3.3 Abs. 6 UStAE).

Teil III: Erbschaftsteuer

Verfasser: Steuerberater Jörg Koltermann

I. Steuerpflicht

Da der Erblasser Robert Rundlich mit Wohnsitz in München Inländer war, ist Carola Rundlich als Alleinerbin unbeschränkt steuerpflichtig mit dem gesamten Vermögensanfall (§ 2 Abs. 1 Nr. 1 ErbStG, § 20 Abs. 1 Satz 1 ErbStG).

Bei Carola liegt ein Erwerb von Todes wegen vor durch Erbanfall (§ 1 Abs. 1 Nr. 1, § 3 Abs. 1 Nr. 1 ErbStG). Sohn Hans ist kein Erbe; sein Erwerb der Goldbarren erfolgt durch Vermächtnis (§ 3 Abs. 1 Nr. 1 ErbStG). Die Erbin hat insoweit eine Nachlassverbindlichkeit (§ 10 Abs. 5 Nr. 2 ErbStG).

Die ErbSt entsteht mit dem Tod des Erblassers (§ 9 Abs. 1 Nr. 1a ErbStG). Das ist auch der Bewertungsstichtag (§ 11 ErbStG), hier also der 9. Januar 2017.

II. Bewertung des Grundvermögens

A. Grundstück in München, Euchingerstr. 9

Nach § 12 Abs. 3 ErbStG ist Grundbesitz i. S. v. § 19 BewG mit dem nach § 151 Abs. 1 Satz 1 BewG festgestellten Grundbesitzwert anzusetzen. Die Bewertung selbst erfolgt nach den §§ 157 ff. BewG. Bei dem Grundstück in München handelt es sich um Grundbesitz in Gestalt von Grundvermögen, so dass die §§ 176 – 198 BewG anzuwenden sind. Zunächst ist zu prüfen, welche Grundstücksart vorliegt. Hierbei wird davon ausgegangen, dass die Räumlichkeiten im Erdgeschoss vom Optiker gewerblich genutzt werden. Das Gebäude hat eine Gesamtnutzfläche von 240 qm, davon entfallen auf die gewerbliche Nutzung 120 qm = 50 v. H. Damit ist es weder ein Mietwohngrundstück noch ein Geschäftsgrundstück (§ 181 Abs. 3 und 6 BewG). Somit handelt es sich um ein gemischt genutztes Grundstück. (§ 181 Abs. 7 BewG).

Gemischt genutzte Grundstücke, für die sich auf dem örtlichen Grundstücksmarkt eine übliche Miete ermitteln lässt, sind im **Ertragswertverfahren** zu bewerten (§ 182 Abs. 3 N. 2 BewG).

Im Ertragswertverfahren ist vom **Bodenwert,** der wie bei einem unbebauten Grundstück zu ermitteln ist (§ 179 BewG), und dem **Gebäudeertragswert** (§ 185 BewG) auszugehen. Sonstige wertbeeinflussende Umstände, insbesondere Belastungen privatrechtlicher und öffentlich-rechtlicher Art, sind im Rahmen dieser typisierenden Wertermittlung nicht zu berücksichtigen. Der geplante Flughafen und die Hochwasserfolgen sind somit unbeachtlich (RB 179.2 Abs. 8 ErbStR). Es ist mindestens der Bodenwert anzusetzen. Sonstige bauliche Anlagen, insbesondere Außenanlagen, sind bereits durch den Ertragswert abgegolten.

Überblick über das Verfahren

Schema:

	Rohertrag (Jahresmiete bzw. übliche Miete) ./. Bewirtschaftungskosten = Reinertrag des Grundstücks ./. Bodenwertverzinsung
Bodenrichtwert X Grundstücksfläche = Bodenwert	= Gebäudereinertrag (> oder = 0 €) X Vervielfältiger = Gebäudeertragswert
Bodenwert + Gebäudeertragswert = Ertragswert (Grundbesitzwert)	

Zur Ermittlung des Rohertrags (§ 186 BewG) ist für das an den Optiker vermietete Erdgeschoss von der vereinbarten Miete auszugehen (§ 186 Abs. 1 BewG). Für die leer stehende Wohnung und für die vom Erblasser selbst genutzte Wohnung ist die übliche Miete anzusetzen (§ 186 Abs. 2 Nr. 1 BewG). Von Mietern entrichtete Umlagen, die zur Deckung der Betriebskosten gezahlt werden, sind nicht einzubeziehen (§ 186 Abs. 1 Satz 2 BewG). Im Übrigen ist von der Miete auszugehen, die nach den am Bewertungsstichtag geltenden vertraglichen Vereinbarungen für den Zeitraum von zwölf Monaten zu zahlen ist (Sollmiete). Eventuelle Mietrückstände sind unbeachtlich (§ 186 Abs. 1 Satz 1 BewG). Weicht die tatsächliche Miete um mehr als 20 % von der üblichen Miete ab, ist die übliche Miete anzusetzen (§ 186 Abs. 2 Nr. 2 BewG). Für die zu gewerblichen Zwecken vermieteten Räume beträgt die übliche Miete lt. Sachverhalt monatlich 17 €/qm, gezahlt werden 15 €/qm. Die Abweichung von der tatsächlichen Miete beträgt 2 €/qm = 11,76 %. Es bleibt somit bei der tatsächlichen Miete von 15 €/qm.

Tatsächliche Miete Erdgeschoss 12 x 1 800 €	21 600 €
Übliche Miete 1. Etage 12 x 60 qm x 15 €/qm	10 800 €
Übliche Miete 2. Etage 12 x 60 qm x 15 €/qm	10 800 €
Rohertrag	43 200 €

Vom Rohertrag sind die Bewirtschaftungskosten (§ 187 BewG i. V. m. Anl. 23 BewG) und der Liegenschaftszins (hier mit 5,5 % vom Bodenwert gem. § 188 Abs. 2 Nr. 2 BewG) abzuziehen. Es verbleibt dann der Gebäudereinertrag; auf diesen ist ein von der Gebäuderestnutzungsdauer abhängiger Vervielfältiger anzuwenden (§ 185 Abs. 3 i. V. m. Anl. 21 BewG). Die Restnutzungsdauer wird grundsätzlich aus dem **Unterschiedsbetrag zwischen der typisierten wirtschaftlichen Gesamtnutzungsdauer und dem Alter des Gebäudes** am Bewertungsstichtag ermittelt. Das Alter eines Gebäudes beginnt mit seiner Benutzbarkeit. Diese beginnt mit der Bezugsfertigkeit des Gebäudes. Das ist nach § 178 Abs. 1 BewG der Fall, wenn es den zukünftigen Bewohnern oder sonstigen Benutzern nach objektiven Merkmalen zugemutet werden kann, die Wohnungen oder Räume des gesamten Gebäudes zu benutzen (hier erstmals 1982). Bei Aufstockungen ist das Baujahr der unteren Geschosse zugrunde zu legen (RB 185.4 Abs. 5 Satz 3 ErbStR). Die Renovierungsarbeiten im Jahr 2005 führen zu keiner Verlängerung der Restnutzungsdauer, da sie mehr als zehn Jahre zurückliegen (§ 185 Abs. 3 Satz 2 BewG, R B 185.3 Abs. 4 ErbStR).

Für gemischt genutzte Grundstücke ist von einer Gesamtnutzungsdauer von 70 Jahren auszugehen (Anl. 22 BewG). Das Alter des Gebäudes kann durch Abzug des Jahres der Bezugsfertigkeit vom Jahr des Bewertungsstichtages ermittelt werden (R B 185.3 Abs. 1 Satz 2 ErbStR).

Besteuerungsjahr	2017
Baujahr	1987
Alter im Besteuerungsjahr	30 Jahre
Gesamtnutzungsdauer	70 Jahre
Restnutzungsdauer	= 40 Jahre

Bodenwert

1 990 qm x 1 200 €		2 388 000,00 €

Gebäudeertragswert

Rohertrag	43 200,00 €	
Bewirtschaftungskosten lt. Anl. 23 BewG: 22 %	./. 9 504,00 €	
Reinertrag des Grundstücks	33 696,00 €	
Bodenwertverzinsung lt. § 188 Abs. 2 Nr. 2 BewG:		
5,5 % von 2 388 000 €	./. 131 340,00€	
Gebäudereinertrag nach H B 184 ErbStH, mindestens	0,00 €	0,00 €
Vervielfältiger lt. Anl. 21 BewG bei 5,5 % Liegenschaftszins und Restnutzungsdauer von 40 Jahren		
x 16,05 = Gebäudeertragswert		0,00 €
Grundbesitzwert nach §§ 184 – 188 BewG		2 388 000,00 €
Grundbesitzwert lt. Gutachten (§ 198 BewG)		2 400 000,00 €

Durch die standardisierte Bewertung kann es zu Über- oder Unterbewertungen kommen. Unterbewertungen infolge der Anwendung der Bewertungsregeln des BewG binden allerdings die Finanzverwaltung. Deshalb bestimmt § 198 BewG, dass bei (mutmaßlicher) Überbewertung durch das standardisierte Verfahren der Stpfl. berechtigt ist, einen niedrigeren gemeinen Wert nachzuweisen. Das ist hier nicht der Fall.

Im gesonderten Feststellungsverfahren werden folgende Feststellungen getroffen (§ 151 Abs. 1 und 2 BewG):

Wert: 2 388 000 €

Art: Bebautes Grundstück (Gemischt genutztes Grundstück)

Zurechnung: Carola Rundlich zu 1/1

III. Bewertung des Betriebsvermögens

Gem. § 12 Abs. 5 ErbStG erfolgt die Bewertung nach § 11 Abs. 2 BewG im Rahmen einer gesonderten Feststellung nach § 151 Abs. 1 Satz 1 Nr. 3 BewG.

Anteile an einer GmbH sind mit dem gemeinen Wert anzusetzen. Lässt sich der gemeine Wert nicht aus Verkäufen unter fremden Dritten ableiten, die weniger als ein Jahr zurückliegen, so ist er unter Berücksichtigung der Ertragsaussichten der Kapitalgesellschaft oder einer anderen anerkannten, auch im gewöhnlichen Geschäftsverkehr für nichtsteuerliche Zwecke üblichen Methode zu ermitteln; dabei ist die Methode anzuwenden, die ein Erwerber der Bemessung des Kaufpreises zu Grunde legen würde. Da lt. Sachverhalt eine Ableitung aus Verkäufen nicht möglich ist und Wertermittlungsgutachten nicht vorliegen, erfolgt die Bewertung nach § 109 Abs. 1 Satz 2 i.V.m. § 11 Abs. 2 Satz 2 und § 199 Abs. 2 BewG durch Anwendung des vereinfachten Ertragswertverfahrens nach §§ 200 – 203 BewG. Hierbei handelt es sich um eine Gesamtbewertung i. S. v. § 2 Satz 2 BewG. Dabei darf der Substanzwert (Mindestwert) nicht unterschritten werden (§ 11 Abs. 2 Satz 3 BewG). Zur Prüfung, ob das vereinfachte Ertragswertverfahren den Substanzwert nicht unterschreitet, ist somit zusätzlich eine Einzelbewertung aller betrieblichen Wirtschaftsgüter mit dem gemeinen Wert erforderlich. Lt. Sachverhalt beträgt der Substanz- bzw. Mindestwert 1 600 000 €.

Bei der Anwendung des vereinfachten Ertragswertverfahrens ist zunächst § 200 BewG zu beachten. Danach sind von der Gesamtbewertung bestimmte Wirtschaftsgüter ausgeschlossen, die separat bewertet und erfasst werden (§ 200 Abs. 2 bis 4 BewG). Dies trifft auf die Beteiligung an der Ceylon-KG und das Darlehen an die Ehefrau des Gesellschafters Jakob Braun zu (§ 200 Abs. 2 und 3 BewG). Bei den Zinserträgen wird davon ausgegangen, dass die GmbH den gesamten Zinsanspruch für 2016 erfasst hat: 18 000 € (Sonstige Forderungen)

Unter Berücksichtigung der gesetzlich gebotenen Hinzu- und Abrechnungen nach § 202 BewG ergeben sich Folgendes:

	2014	2015	2016
	€	€	€
Gewinne (Ausgangswert)	382 000	213 000	170 000
Fiktiver Lohnaufwand	./. 40 000	./. 40 000	./. 40 000
Ertrag aus nicht betriebsnotwendiger Beteiligung (§ 202 Abs. 1 S. 2 Nr. 2f BewG)	./. 80 000	./. 72 000	./. 83 000
Teilwertabschreibung			12 000
AfA Firmenwert	15 000	15 000	15 000
Ertrag aus nicht betriebsnotwendigem Darlehen (§ 202 Abs. 1 S. 2 Nr. 2f BewG)		./. 16 500	./. 18 000
Betriebsergebnisse	277 000	99 500	56 000
Abschlag 30 % (§ 202 Abs. 3 BewG)	./. 83 100	./. 29 850	./. 16 800
Jahresertrag	193 900	69 650	39 200

Summe der Betriebsergebnisse (193 900 € + 69 650 € + 39 200 €)	302 750

Durchschnittsertrag (1/3)	100 916
Nachhaltig erzielbarer Jahresertrag	100 916
Der Kapitalisierungsfaktor beträgt nach § 203 BewG 13,75.	
13,75 x 100 916 € =	1 387 595
Hinzurechnung KG-Beteiligung	600 000
Darlehensforderung zzgl. Zinsen (7/12 von 18 000 €)	310 500
Ertragswert	2 298 095
Mindestwert lt. Sachverhalt (§ 11 Abs. 2 Satz 3 BewG)	1 600 000

Der Mindestwert ist nicht anzusetzen. Bei der ErbSt-Veranlagung ist von einem Wert des Betriebsvermögens der GmbH von 2 298 095 € auszugehen. Der Anteil des Erblasser betrug 26 v. H. = 597 504 €. Ein Paketzuschlag nach § 11 Abs. 3 BewG kommt im vereinfachten Ertragswertverfahren im Regelfall nicht in Betracht (R B 11.6 Abs. 2 Satz 3 ErbStR).

Nachrichtlich: Ansatz bei der ErbSt

Der Wert des betrieblichen Vermögens (abzüglich des um das unschädliche Verwaltungsvermögen verringerten Nettoverwaltungsvermögens) wird nach Wahl des Erwerbers zu 85 % (**Regelverschonung**) oder zu 100 % (Optionsverschonung) von der Steuer befreit, wenn bestimmte Voraussetzungen erfüllt werden. Entscheidet sich der Erwerber für die **Regelverschonung** von 85 % (wie hier), muss er den Betrieb mindestens fünf Jahre fortführen (Behaltensfrist). Hat der Betrieb mehr als 15 Beschäftigte, muss der Erwerber darüber hinaus die sogenannte Lohnsummenregelung einhalten. Hierfür muss er nachweisen, dass die Summe der durchschnittlich in den letzten fünf Jahren vor der Übertragung pro Jahr gezahlten Vergütungen an alle Beschäftigten (Ausgangslohnsumme) innerhalb von fünf Jahren nach dem Erwerb insgesamt 400 % der Ausgangslohnsumme nicht unterschreitet (Mindestlohnsumme).

Wegen weiterer Einzelheiten vgl. koordinierte Ländererlasse v. 22. 6. 2017 (BStBl 2017 I 902).

Wert des GmbH-Anteils	597 504 €
Abschlag nach § 13a Abs. 1 ErbStG 85 v. H.	./. 507 878 €
Verbleiben	89 626 €
Freibetrag nach § 13a Abs. 2 ErbStG	./. 150 000 €
Ansatz bei der ErbSt	0 €

Schädliches Verwaltungsvermögen i. S. von § 13b Abs. 2-7 ErbStG lag lt. Sachverhalt nicht vor.

IV. Bewertung des weiteren Vermögens und der Nachlassverbindlichkeiten

Für die Bewertung des übrigen Vermögens und der Schulden gelten gem. § 12 Abs. 1 ErbStG die §§ 1 – 16 des BewG.

1. Fondssparplan

Fonds enthalten in der Regel Immobilien oder Wertpapiere. Derartige Fonds sind mit dem Rücknahmepreis zu bewerten (§ 11 Abs. 4 BewG). Lt. Sachverhalt ist von 1 200 000 € auszugehen. Die rückständige Rate stellt, wenn ihr Gegenwert in den 1 200 000 € enthalten ist, wovon hier ausgegangen wird, eine Nachlassverbindlichkeit dar.

2. Goldbarren

Die Bewertung erfolgt mit dem gemeinen Wert (§ 9 Abs. 1 und 2 BewG): 1 980 000 €. Der Anspruch des Vermächtnisnehmers auf Herausgabe wird als Nachlassverbindlichkeit berücksichtigt.

3. Zündapp-Roller

Aus dem Verkauf des Rollers resultiert eine Geldforderung, die grundsätzlich mit dem Nennwert zu bewerten ist (§ 12 Abs. 1 BewG). Da sie offensichtlich uneinbringlich ist, bleibt sie außer Ansatz (§ 12 Abs. 2 BewG).

4. Konten auf den Cayman Islands

Es handelt sich bei dem Festgeldkonto um eine Geldforderung, die mit dem Nennwert zu bewerten ist (§ 12 Abs. 1 BewG): 210 000 €. Außerdem sind die bis zum 9. 1. 2017 entstandenen Zinsen zu berücksichtigen. Bei einem jährlichen Zins von 8 400 € entfallen auf die Zeit vom 1. 7. 2016 bis 9. 1. 2017 189 Tage: 8 400/360 x 189 = 4 410 €. Insgesamt sind also 214 410 € anzusetzen.

5. Pflichtteilsanspruch

Ein Abzug als Nachlassverbindlichkeit kommt erst in Betracht, wenn der Anspruch geltend gemacht wird (§ 10 Abs. 5 Nr. 2 ErbStG). Das ist lt. Sachverhalt bisher nicht geschehen.

6. Leibrentenverpflichtung

Es ist von einer Nachlassverbindlichkeit nach § 10 Abs. 5 Nr. 1 ErbStG auszugehen. Es handelt sich um eine sog. Mindestzeitrente (verlängerte Leibrente), weil die Dauer der Rentenzahlungen einerseits vom Tod der Berechtigten abhängt und andererseits aber mindestens bis zum 28. 2. 2028 zu zahlen ist. Sterben die Berechtigten vorher, enden die Rentenzahlungen nicht mit deren Tod. Wenn Rentenzahlungen auf jeden Fall bis zum 1. 2. 2028 (für Februar 2028) erfolgen, beträgt die Mindestlaufzeit aus Sicht des 9. 1. 2017 noch 11 Jahre und 1 Monat. Das entspricht folgendem Vervielfältiger (Anl. 9a BewG):

Vervielfältiger für 12 Jahre::	8,856
Vervielfältiger für 11 Jahre:	8,315
Differenz	0,541
1/12 =	0,045

Vervielfältiger für 11 Jahre und 1 Monat (8,315 + 0,045) 8,36

Soweit es sich um Leibrenten handelt, gilt für die Bewertung § 14 Abs. 1 BewG i.V. m. der Anlage zu § 14 Abs. 1 BewG (BStBl 2016 I 1166).

Alter Mathilde Horn am 9. 1. 2017: 61 Jahre. Vervielfältiger: 13,601

Alter Veronika Horn am 9. 1. 2017: 31 Jahre. Vervielfältiger: 17,564

Da der Vervielfältiger für die Mindestlaufzeit niedriger ist als die altersabhängigen Vervielfältiger der Berechtigten, sind diese zugrunde zu legen. Der Anspruch auf die Sonderzahlung von 180 000 € ist aufschiebend bedingt und bleibt außer Ansatz (§ 6 Abs. 1 BewG); er setzt voraus, dass eine der Berechtigten am 31. 12. 2036 lebt. Das ist ein zukünftiges ungewisses Ereignis. Außerdem hat Veronika am 9. 1. 2017 noch eine statistische Lebenserwartung von ca. 52 Jahren und Mathilde eine von ca. 24 Jahren, so dass beide statistisch über den 31. 12. 2031 hinaus leben werden.

Daraus folgt:

Rentenverpflichtung Mathilde Horn: 990 x 12 x 13,601 =	161 580
Rentenverpflichtung Veronika Horn: 990 x 12 x 17,564 =	208 660
Summe	370 240

7. Verbindlichkeit aus Fondssparplan

Die Erblasserschuld ist nach § 10 Abs. 5 Nr. 1 ErbStG abzuziehen. Sie ist mit dem Nennwert zu bewerten (§ 12 Abs. 1 BewG): 2 000 €.

8. Vermächtnis bezüglich Goldbarren

Es liegt eine Sachleistungsverbindlichkeit nach § 10 Abs. 5 Nr. 2 ErbSt vor, die mit dem gemeinen Wert des zu übertragenden Gegenstands zu bewerten ist (§ 9 Abs. 1 und 2 BewG, R B 9.1 Abs. 2 ErbStR): 1 980 000 €.

9. Pflichtteil

Da der Anspruch tatsächlich nicht geltend gemacht wurde, bleibt er außer Ansatz.

10. Beerdigungskosten

Für Erbfallkosten können pauschal 10 300 € abgezogen werden (§ 10 Abs. 5 Nr. 3 ErbStG).

V. Erbschaftsteuerveranlagung

Carola Rundlich ist als Alleinerbin Steuerschuldnerin (§ 20 Abs. 1 Satz 1 ErbStG). Der ErbSt-Bescheid richtet sich an sie.

Ansätze im Einzelnen:

Grundvermögen		
Haus in München		2 388 000 €
Nur bei zu Wohnzwecken vermieteten Grundstücken und Grundstücksteilen kann ein Abschlag von 10 % vorgenommen werden (§ 13c ErbStG). Das ist hier nicht der Fall.		
Betriebsvermögen		0 €
Übriges Vermögen		
Fondssparplan		1 200 000 €
Goldbarren		1 980 000 €
Konto Cayman Islands		214 410 €
Kaufpreisforderung Roller		
Vermögensanfall nach Steuerwerten		**5 782 410 €**
Nachlassverbindlichkeiten		
§ 10 Abs. 5 Nr. 1 ErbStG		
Verbindlichkeit Fondssparplan	2 000 €	
Rentenschuld	370 240 €	
§ 10 Abs. 5 Nr. 2 ErbStG		
Vermächtnis Goldbarren	1 980 000 €	
§ 10 Abs. 5 Nr. 3 ErbStG		
Pauschale	10 300 €	./. 2 362 540 €
Bereicherung		**3 419 870 €**
Wegen Gütertrennung der Ehegatten erfolgt keine Anwendung von § 5 ErbStG.		
Die Ehefrau fällt in Steuerklasse I (§ 15 Abs. 1 Nr. 1 ErbStG)		
Persönlicher Freibetrag nach § 16 Abs. 1 Nr. 1 ErbStG		./. 500 000,00 €
Besonderer Versorgungsfreibetrag (§ 17 Abs. 1 ErbStG)		./. 256 000,00 €
Steuerpflichtiger Erwerb (§ 10 Abs. 1 Satz 1 ErbStG)		**2 663 870 €**
Abgerundet (§ 10 Abs. 1 Satz 6 ErbStG)		**2 663 800 €**
ErbSt-Satz (§ 19 Abs. 1 ErbStG – Stkl I) 19 v. H.		**506 122 €**

Überprüfung Härteausgleich (§ 19 Abs. 3 ErbStG)

15 % von 600 000 €	90 000 €	
1/2 von (2 663 800 € ./. 600 000 €)	1 031 900 €	
ErbSt bei Härteausgleich	1 121 900 €	
Da die Anwendung der Härteausgleichsregelung ungünstiger ist, verbleibt es bei einer ErbSt von		**506 122 €**

Steuerberaterprüfung 2012/2018

Prüfungsaufgabe aus dem Gebiet der Ertragsteuern

Bearbeitungszeit: 6 Stunden

Hilfsmittel: Laut Ladungsschreiben zugelassene Hilfsmittel, z. B.
NWB-Handausgabe Deutsche Steuergesetze
Amtliche Steuerrichtlinien aus dem NWB-Verlag

Anlage 1: Auszug aus dem Gesetz über das Erbbaurecht (ErbbauRG)

Anlage 2: Abkommen zwischen der Bundesrepublik Deutschland und der Republik Österreich zur Vermeidung der Doppelbesteuerung auf dem Gebiet der Steuern vom Einkommen und vom Vermögen vom 24. 8. 2000

Teil I: Einkommensteuer und Gewerbesteuer

Sachverhalt 1

Susi Schön (S) betreibt seit dem 1. 6. 2016 in Essen, Gerda Str. 11, einen Großhandel mit Kosmetikprodukten als Einzelunternehmen. Der Gewinn wird nach § 4 Abs. 1, § 5 EStG ermittelt. Wirtschaftsjahr ist das Kalenderjahr. Nach den von S erstellten Steuerbilanzen entwickelt sich das Eigenkapital des Kosmetikhandels in den Jahren 2016 und 2017 wie folgt:

Eigenkapital **1. 6. 2016**	0 €	Eigenkapital **1. 1. 2017**	+ 100 000 €
Einlagen	+ 300 000 €	Einlagen	0 €
Entnahmen	./. 400 000 €	Entnahmen	./. 600 000 €
Gewinn	+ 200 000 €	Gewinn	+ 100 000 €
Eigenkapital **31. 12. 2016**	+ 100 000 €	Eigenkapital **31. 12. 2017**	./. 400 000 €

Der Gewinn laut Gewinn- und Verlustrechnung für das Jahr 2016 i. H. v. 200 000 € entspricht mangels außerbilanzieller Hinzurechnungen und Kürzungen zugleich dem steuerlich maßgebenden Gewinn.

In der Gewinn- und Verlustrechnung für das Jahr 2017 sind u. a. folgende Aufwendungen berücksichtigt:

Mietaufwendungen Gerda Str. 11, Essen	204 000 €
Zinsaufwendungen Darlehen Mindener Str. 10, Bielefeld	40 000 €
Zinsaufwendungen laufender Geschäftsverkehr	20 000 €
Arbeitslöhne	1 600 000 €

Einzelsachverhalte:

a) Grundstück Essen, Gerda Str. 11

Auf dem von S angemietetem Grundstück befinden sich Verkaufsräume, ein Lager und die Verwaltung des Kosmetikhandels. Nach dem am 10. 5. 2016 abgeschlossenen Mietvertrag zahlt S eine monatliche Kaltmiete von 15 000 € zzgl. 2 000 € Nebenkosten (Heizung, Wasser, Müllentsorgung).

b) Warenlager Bielefeld, Mindener Str. 10

Zur Erweiterung der Lagerkapazität erwarb S mit notariellem Vertrag vom 3. 8. 2017 das Grundstück Mindener Str. 10 in Bielefeld mit aufstehendem Lagergebäude, das sie seit dem 1. 9. 2017 (Übergang Nutzen und Lasten) als zusätzliches Warenlager für ihren Kosmetikhandel nutzt. Der Einheitswert für das Grundstück beträgt 50 000 €. Das Warenlager wird von einer Angestellten der S geleitet. S selbst ist auch nach dem 1. 9. 2017 ausschließlich in den Geschäftsräumen in Essen tätig. Die Anschaffungskosten für das Grundstück finanzierte S über ein Darlehen der P-Bank i. H. v. 1 500 000 €. Die hierfür in 2017 angefallenen Zinsen belaufen sich auf 40 000 €.

c) Kontokorrentkonto

Die in 2017 gezahlten Zinsen für den laufenden Geschäftsverkehr beruhen auf einem von S bei der C-Bank unterhaltenem Kontokorrentkonto, über das S den Kauf und Verkauf der Kosmetikprodukte abwickelt.

d) Arbeitslöhne

Von den Arbeitslöhnen entfallen 100 000 € auf Arbeitnehmer, die im Warenlager in Bielefeld beschäftigt waren. Die verbleibenden Arbeitslöhne i. H. v. 1 500 000 € entfallen auf Beschäftigte am Stammhaus in Essen.

Keiner der für S tätigen Arbeitnehmer hat im Jahr 2017 einen Arbeitslohn von mehr als 50 000 € oder gewinnabhängige einmalige Gehaltszahlungen bezogen. Auszubildende hat S nicht beschäftigt.

Die gesamten Arbeitslöhne wurden im Jahr 2017 an die Arbeitnehmer ausgezahlt. Die von S auf den 31. 12. 2016 erstellte Bilanz weist keine ausstehenden Gehaltsansprüche der Arbeitnehmer aus.

Aufgabe

Ermitteln Sie die Gewerbesteuer für den Kosmetikhandel der S für den Erhebungszeitraum 2017. Begründen Sie Ihre Ergebnisse unter Angabe der einschlägigen Rechtsgrundlagen.

HINWEIS:

Sofern verschiedene Lösungsmöglichkeiten bestehen, ist das für 2017 günstigste steuerliche Ergebnis zu wählen. Erforderliche Anträge gelten als gestellt.

Auf Umsatz-, Grund- und Grunderwerbsteuer ist nicht einzugehen.

Auf Cent lautende Beträge sind abzurunden.

Eine Gewerbesteuerrückstellung ist nicht zu bilden.

Der Gewerbesteuerhebesatz für die Stadt Essen beträgt im Jahr 2017 480 %.

Der Gewerbesteuerhebesatz für die Stadt Bielefeld beträgt im Jahr 2017 435 %.

Sachverhalt 2

Peter Panther (P) mit Wohnsitz in Gießen ist seit dem 1. 1. 2003 (Übergang Nutzen und Lasten) Eigentümer eines Grundstücks in Marburg, Rabenstr. 11. Die Anschaffungskosten des seinerzeit noch unbebauten Grundstücks betrugen umgerechnet 150 000 €. P hat das Grundstück im Jahr 2013 aufgrund eines am 15. 5. 2012 gestellten Bauantrags mit einem Zweifamilienhaus bebaut. Die Herstellungskosten betrugen 300 000 €. Die beiden Wohnungen sind seit der Fertigstellung des Gebäudes am 1. 9. 2013 vermietet.

Am 15. 2. 2017 ließ P an der Wohnung im Obergeschoss einen zusätzlichen Balkon anbringen. Die Rechnungen der beauftragen Handwerker i. H. v. insgesamt 3 500 € beglich P im März 2017.

Bereits im Januar 2017 hatte Tanja Tiger (T) P mitgeteilt, dass sie Interesse habe, das Grundstück Rabenstr. 11 dauerhaft auf Grund eines ihr einzuräumenden Erbbaurechts zu nutzen. P hatte dies zunächst abgelehnt, kam aber im Juni 2017 auf das Angebot der T zurück. Grund hierfür war, dass P im Mai 2017 einen Nervenzusammenbruch erlitten hatte und daraufhin auf Rat seines Arztes die nervenaufreibende Vermietungstätigkeit aufgeben wollte.

Mit notariellem Vertrag vom 15. 6. 2017 und Wirkung zum 1. 9. 2017 bestellte P zu Gunsten der T ein Erbbaurecht an dem Grundstück für die Dauer von 99 Jahren. Als Gegenleistung wurde ein in einem Einmalbetrag zu zahlender Erbbauzins i. H. von 200 000 € zzgl. eines Betrages i. H. v. 400 000 € für die Übertragung des Gebäudes vereinbart. Einen laufenden Erbbauzins hat T nicht zu entrichten. Der Entschädigungsanspruch für die auf dem Grundstück befindlichen Bauwerke im Falle des Erlöschens des Erbbaurechts bemisst sich nach deren Verkehrswert im Zeitpunkt des Erlöschens. In dem Erbbaurechtsvertrag verpflichtete sich P, die Fassade des Zweifamilienhauses noch bis zum 1. 9. 2017 neu streichen zu lassen. Außerdem wurde vereinbart, dass T die bisherigen Mietverträge unverändert fortführt. Die Vertrags- und Gerichtskosten i. H. v. 7 500 € für die Einräumung des Erbbaurechts trug vereinbarungsgemäß T.

P ließ den im Erbbaurechtsvertrag vorgesehenen Fassadenanstrich im August 2017 durchführen. Die Rechnung des Anstreichers vom 20. 8. 2017 i. H. v. 6 000 € beglich P am 26. 8. 2017. T hat den Erbbauzins sowie das Entgelt für die Übertragung des Gebäudes i. H. von insgesamt 600 000 € pünktlich am 1. 9. 2017 auf das Bankkonto von P überwiesen.

Die bis einschließlich August 2017 jeweils pünktlich am Ersten eines Monats an P gezahlte Miete betrug für die beiden vermieteten Wohnungen zusammen monatlich 1 800 €. Die Miete für die Erdgeschosswohnung für den Dezember 2016 i. H. v. 900 € hat P aufgrund von Zahlungsschwierigkeiten des Mieters ausnahmsweise erst am 15. 2. 2017 in bar erhalten.

Die laufenden, jeweils pünktlich zum Monatsende von P gezahlten Grundstückskosten beliefen sich bis einschließlich August 2017 auf monatlich 400 €. Im Zusammenhang mit der Verwaltung des erbbaurechtsbelasteten Grundstücks sind in der Zeit vom 1. 9. bis zum 31. 12. 2017 Kosten i. H. v. insgesamt 300 € angefallen und von P in 2017 bezahlt worden.

Aufgabe

Ermitteln Sie die von P aufgrund des Sachverhalts im Jahr 2017 erzielten Einkünfte. Auf allgemeine Fragen (persönliche Steuerpflicht, Veranlagungsform, Tarif etc.) ist nicht einzugehen. Begründen Sie Ihre Ergebnisse unter Angabe der einschlägigen Rechtsgrundlagen.

BEARBEITUNGSHINWEIS:

Ein Auszug aus dem Gesetz über das Erbbaurecht ist als Anlage beigefügt (Anlage 1).

Sofern verschiedene Lösungsmöglichkeiten bestehen, ist das für das Jahr 2017 günstigste steuerliche Ergebnis zu wählen. Erforderliche Anträge gelten als gestellt.

Auf Umsatz-, Grund- und Grunderwerbsteuer ist nicht einzugehen.

Auf Cent lautende Beträge sind abzurunden.

Sachverhalt 3

Der ledige Steuerpflichtige R (wohnhaft in Düsseldorf) ist seit mehreren Jahren in Köln gewerblich tätig. Seinen Gewinn ermittelt R zulässigerweise durch Einnahme-Überschussrechnung gem. § 4 Abs. 3 EStG.

R ist zu 10 % am Kapital der österreichischen X-GmbH (Sitz und Geschäftsleitung in Linz) beteiligt. Die Hälfte der Anteile des R sind unstreitig seinem Betriebsvermögen zuzuordnen. Zur Finanzierung der Anteile hat R einen Kredit aufgenommen, für den er im Jahre 2017 1 000 € Zinsen an seine Bank gezahlt hat. Im Jahre 2017 schüttet die X-GmbH Gewinne an ihre Anteilseigner aus. Nach Abzug einer österreichischen Kapitalertragsteuer i. H. v. 25 % seitens der GmbH, erhält R hiervon einen Betrag i. H. v. 4 500 € auf seinem Bankkonto gutgeschrieben.

Der (steuerrechtliche) Gewinn des R aus seiner gewerblichen Tätigkeit (ohne Berücksichtigung der Gewinnausschüttung und der Finanzierungsaufwendungen) beträgt im Jahre 2017 aufgrund hoher Betriebsausgaben./. 5 000 €.

Andere Einkünfte hat R im Jahre 2017 nicht erzielt.

Aufgabe:

Ermitteln Sie die sich aus dem vorstehenden Sachverhalt für den Veranlagungszeitraum 2017 ergebenden (in Deutschland steuerpflichtigen) Einkünfte des R. Begründen Sie Ihre Ergebnisse unter Angabe der einschlägigen Rechtsgrundlagen.

BEARBEITUNGSHINWEIS:

Sofern Anträge zu einem günstigeren steuerrechtlichen Ergebnis für den Steuerpflichtigen führen, gelten diese als gestellt. Auswirkungen auf andere Veranlagungszeiträume sind nicht zu berücksichtigen.

Ein Auszug aus dem DBA-Österreich ist als Anlage beigefügt (Anlage 2).

Sachverhalt 4

Der Steuerpflichtige S lebt seit seiner Geburt (im Jahre 1979) in Deutschland. Nach seiner Heirat mit der Österreicherin Ö verzieht S am 28. 2. 2017 nach Wien (Österreich). Dort ist er fortan aufgrund eines neu begründeten Wohnsitzes unbeschränkt steuerpflichtig. Einen Wohnsitz in Deutschland behält S nicht zurück.

Einzelsachverhalte:

a) Aufsichtsrat

S ist Aufsichtsratsmitglied der T-AG mit Sitz und Geschäftsleitung in Düsseldorf. Für die Teilnahme an zwei Sitzungen in Düsseldorf in der zweiten Hälfte des Jahres 2017 ist dem S im Dezember 2017 ein Betrag von insgesamt 7 000 € überwiesen worden. Auf entsprechende Nachfrage wurde dem S wahrheitsgemäß erklärt, dass die T-AG ihren steuerlichen Pflichten nachgekommen ist. Kosten sind dem S für die Teilnahme an den Sitzungen nicht entstanden. S ermittelt seinen Gewinn zulässigerweise durch Einnahme-Überschuss-Rechnung gem. § 4 Abs. 3 EStG.

b) Wohnung Salzburg

Zum Privatvermögen des S gehört eine Wohnung in Salzburg (Österreich), die er in 2017 ganzjährig für monatlich 1 000 € vermietet hat. Die Monatsmiete hat S in 2017 jeweils am Anfang des betreffenden Monats erhalten. Werbungskosten (einschließlich AfA) sind in Bezug auf die Wohnung im Jahre 2017 i. H. v. 400 € angefallen.

c) Anteile AB-GmbH

S ist seit dem Jahre 2000 alleiniger Gesellschafter der AB-GmbH mit Geschäftsleitung und Sitz in Wien (Österreich). Die Anteile hält S im Privatvermögen. Am 10. 10. 2017 gelingt es S, seine Anteile für insgesamt 500 000 € zu veräußern, obwohl der gemeine Wert der Anteile seit mehreren Jahren unverändert bei 450 000 € liegt. Die Anschaffungskosten für die Anteile betrugen 350 000 €.

Aufgabe

Ermitteln Sie die sich aus dem vorstehenden Sachverhalt für den Veranlagungszeitraum 2017 ergebenden (in Deutschland steuerpflichtigen) Einkünfte sowie die Auswirkungen auf den Progressionsvorbehalt.

Einkünfte, die nur im Rahmen des Progressionsvorbehalts zu berücksichtigen sind, brauchen **nicht** der Höhe nach ermittelt zu werden.

Begründen Sie Ihre Ergebnisse unter Angabe der einschlägigen Rechtsgrundlagen.

BEARBEITUNGSHINWEIS:

Aus Vereinfachungsgründen ist davon auszugehen, dass bei der Veräußerung der Anteile an der AB-GmbH keine Veräußerungskosten angefallen sind.

Ein Auszug aus dem DBA-Österreich ist als Anlage beigefügt (Anlage 2)

Teil II: Körperschaftsteuer

A. Allgemeines

Die 2016 gegründete A-UG (haftungsbeschränkt) – im Folgenden „A-UG" – betreibt ein Autohaus in Berlin. Gesellschafter der A-UG sind die B-GmbH mit Sitz in Potsdam mit 60 %, X mit 30 % und Y mit 10 % (X und Y sind natürliche Personen mit Wohnsitz in Deutschland). Nach dem Gesellschaftsvertrag der A-UG sind Beschlüsse mit einer Dreiviertelmehrheit des vorhandenen Stammkapitals zu treffen. Das Geschäfts- und Wirtschaftsjahr der A-UG und der B-GmbH entspricht dem Kalenderjahr.

Alleiniger Geschäftsführer der A-UG ist X.

An der B-GmbH sind X mit 51 % und die Ehefrau des X mit 49 % beteiligt. Geschäftsführerin der B-GmbH ist die Ehefrau des X.

Im Wirtschaftsjahr 2016 hat die A-UG einen Jahresüberschuss von 4 000 € erzielt. Ausschüttungen haben bisher nicht stattgefunden.

Die A-UG hat für das Wirtschaftsjahr 2017 folgende Steuerbilanz erstellt:

Steuerbilanz 31. 12. 2017

	Aktiva		Passiva
Beteiligung an T-GmbH	10 000 €	Gezeichnetes Kapital	20 000 €
Forderung gegenüber T-GmbH	5 000 €	Gesetzliche Gewinnrücklage	8 500 €
Sonstige Aktiva	54 000 €	Bilanzgewinn	25 500 €
		Sonstige Passiva	15 000 €
	69 000 €		69 000 €

B. Einzelsachverhalte

1. Steuern und Erbschaften

Die A-UG hat im Wirtschaftsjahr 2017 die Bildung einer Körperschaftsteuerrückstellung i. H. v. 5 300 € ergebniswirksam gebucht.

Im Januar 2017 fiel der A-UG die Erbschaft eines fremden Dritten i. H. v. 40 000 € zu, für die sie Erbschaftsteuer i. H. v. 6 000 € an das zuständige Finanzamt entrichtete. Beide Beträge wurden ergebniswirksam gebucht.

2. Pensionszusage

Zeitgleich mit Abschluss des Anstellungsvertrages erteilte die A-UG schriftlich und zivilrechtlich wirksam dem zu diesem Zeitpunkt 45-jährigen Geschäftsführer X in 2016 die Zusage einer Pensionszahlung ab der Vollendung des 67. Lebensjahres. X war bisher nicht als Geschäftsführer tätig.

Die steuerrechtlich zutreffenden Teilwerte der Pensionsverpflichtung der A-UG betrugen zum 31. 12. 2016: 10 000 € und zum 31. 12. 2017: 12 000 €.

Zur Finanzierung der Zusage schloss die A-UG eine Rückdeckungsversicherung ab, für die sie in 2016 und 2017 Prämien i. H. v. jeweils 5 000 € entrichtete, die ergebniswirksam gebucht wurden.

Die aus den Zahlungen resultierenden Rückdeckungsansprüche gegen die Versicherung sind steuerrechtlich zum 31. 12. 2016 mit 3 000 und zum 31. 12. 2017 mit 6 500 € zu bewerten.

Aufgrund eines Rechtsirrtums des Buchhalters der A-UG erfolgten mit Ausnahme der ergebniswirksamen Buchung der gezahlten Prämien hinsichtlich des gesamten Vorgangs weder in 2016 noch in 2017 irgendwelche Buchungen.

3. Ausländische Einkünfte

- **a)** In 2017 erzielte die A-UG aus einer 20 %igen Beteiligung an einer der deutschen Kapitalgesellschaftsform der GmbH vergleichbaren Gesellschaft mit Sitz und Geschäftsleitung in Oman eine Dividende i. H. v. 8 000 €. Von dieser Dividende behielt die ausländische Gesellschaft Quellensteuern i. H. v. 1 000 € ein. Die einbehaltene ausländische Steuer entspricht der deutschen Körperschaftsteuer und unterliegt keinem Ermäßigungsanspruch. In der Buchführung der A-UG wurde der Nettobetrag i. H. v. 7 000 € als Beteiligungsertrag erfasst (per Bank an Beteiligungserträge).
- **b)** In Oman unterhielt die A-UG in 2017 eine Betriebsstätte. Der Gewinn vor Steuern der Betriebsstätte betrug 20 000 €. Oman erhob anlässlich der Unterhaltung der Betriebsstätte in 2017 Steuern i. H. v. 5 000 €. Die ausländische Steuer wird zwar vom Einkommen erhoben, entspricht aber nicht der deutschen Körperschaftsteuer. In der Buchführung der A-UG wurden weder der Gewinn noch die Steuern erfasst.

Deutschland hat mit Oman kein Doppelbesteuerungsabkommen abgeschlossen.

4. Geschäftsführergehalt

Am 1. 1. 2017 wurde das Geschäftsführergehalt des X von monatlich 3 000 € auf gerade noch angemessene 5 000 € erhöht. Die entsprechende Änderung des Anstellungsvertrages wurde zuvor ausschließlich von X in seiner Eigenschaft als Arbeitnehmer der A-UG und in seiner Eigenschaft als alleiniger Geschäftsführer der A-UG unterzeichnet.

Die A-UG überwies X von Januar bis Dezember 2017 ein entsprechend erhöhtes Gehalt, das in der Buchführung der A-UG als Lohnaufwand erfasst wurde.

Durch notariell beurkundeten Gesellschafterbeschluss der A-UG vom 1. 7. 2017 genehmigte die Gesellschafterversammlung mit den Stimmen der B-GmbH und Y die Erhöhung und beschloss zugleich die Änderung des Gesellschaftsvertrages dergestalt, dass X von den Beschränkungen des § 181 BGB befreit wird. Der bei der Gesellschafterversammlung anwesende X wurde gem. § 47 Absatz 3 Satz 2 GmbHG nicht zur Abstimmung zugelassen.

Die Befreiung von den Beschränkungen des § 181 BGB wurde am 30. 11. 2017 im Handelsregister eingetragen.

Ein externer Sachverständiger vertritt gegenüber X die Auffassung, dass der Gewinn mindernde Abzug des erhöhten Geschäftsführergehalts am sog. Rückwirkungsverbot scheitern könnte.

5. Zuwendungen an den örtlichen Tierschutzverein e.V.

Im Januar 2017 übertrug die A-UG diverse Aktien aus ihrem Anlagevermögen auf den örtlichen Tierschutzverein e.V. (Körperschaftsteuerfreistellungsbescheid liegt vor), dessen langjähriger Vorstandsvorsitzender der Sohn des X ist, der seinen Vater um Spenden für den Verein gebeten hatte.

Der Sohn des X erhält bei dem Verein wegen seiner hohen zeitlichen Beanspruchung satzungsgemäß eine monatliche Vergütung von 1 000 €. Dem Verein droht aufgrund der finanziellen Folgen eines Wasserschadens die Zahlungsunfähigkeit.

Die Anschaffungskosten und der Buchwert der übertragenen Aktien betrugen 1 000 €; der gemeine Wert der Aktien betrug im Januar 2017 aufgrund einer vorübergehenden Wertminderung 800 €. Der Vorgang wurde wie folgt gebucht:

Außerordentlicher Aufwand 1 000 €   an Wertpapiere 1 000 €

Eine ordnungsgemäße Zuwendungsbestätigung liegt vor. Es handelt sich um die einzige Spende der A-UG seit ihrer Gründung 2016. Spenden an andere Organisationen sind nicht geplant.

6. Umwandlung

Die A-UG ist seit 2016 zu 100 % an der T-GmbH beteiligt. Mit steuerlicher Wirkung zum 31. 12. 2017 wurde die T-GmbH auf die A-UG verschmolzen. Für die Beteiligten entstanden keine Umwandlungskosten.

Der Anmeldung der Umwandlung der T-GmbH zum Handelsregister wurde die folgende Schlussbilanz beigefügt:

Schlussbilanz T-GmbH zum 31. 12. 2017

	Aktiva		Passiva
Versch. Aktiva	20 000 €	Gezeichnetes Kapital	25 000 €
		Verlustvortrag	./. 50 000 €
		Jahresüberschuss	10 000 €
		Verbindlichkeiten gegenüber A-UG	20 000 €
		Sonstige Passiva	15 000 €
	20 000 €		20 000 €

Die in der Bilanz ausgewiesene Verbindlichkeit gegenüber der A-UG resultiert aus einer von dieser in 2016 vorgenommenen Warenlieferung an die T-GmbH. Die A-UG hat von der korrespondierenden Kaufpreisforderung bereits zum 31. 12. 2016 steuerlich zulässig 15 000 € abgeschrieben (vgl. Steuerbilanz zum 31. 12. 2017 der A-UG unter A. Allgemeines).

Bis auf einen selbst geschaffenen Firmenwert i. H. v. 30 000 € sind keine stillen Reserven vorhanden.

Der ausgewiesene Jahresüberschuss entspricht dem laufenden steuerlichen Ergebnis vor Berücksichtigung des Umwandlungsvorgangs und eines Verlustabzugs.

Für die T-GmbH ist zum 31.12.2016 ein steuerlicher Verlustvortrag i.S.d. §10d EStG i.H.v. 70 000 € festgestellt worden.

Der Übergang des Vermögens der T-GmbH auf die A-UG ist in der von dieser aufgestellten Steuerbilanz auf den 31.12.2017 (s.o. unter Allgemeines) bisher nicht berücksichtigt.

Aufgabe

Ermitteln Sie unter Berücksichtigung der allgemeinen Angaben und der Einzelsachverhalte in den Textziffern 1 bis 6 das zu versteuernde Einkommen und die festzusetzende Körperschaftsteuer der nach §1 Abs.1 KStG unbeschränkt steuerpflichtigen und buchführungspflichtigen A-UG für den Veranlagungszeitraum 2017.

Bei der Ermittlung des zu versteuernden Einkommens ist kenntlich zu machen, ob Hinzurechnungen zum bzw. Abrechnungen vom ermittelten Jahresüberschuss inner- oder außerbilanziell vorzunehmen sind.

Zu ermitteln ist das für die A-UG jeweils günstigste Ergebnis.

Begründen Sie Ihre Entscheidung unter Würdigung des gesamten Sachverhalts und unter Angabe der einschlägigen Rechtsgrundlagen.

BEARBEITUNGSHINWEIS:

Die Veranlagung des Jahres 2016 der A-UG ist bestandskräftig und nach den Vorschriften der AO nicht mehr änderbar.

Erforderliche Anträge gelten als gestellt.

Auf Cent lautende Beträge sind abzurunden.

Aus Vereinfachungsgründen sind Gewerbesteuer und Solidaritätszuschlag nicht zu berücksichtigen.

Die T-GmbH hat für den Veranlagungszeitraum 2017 keine Steuererklärungen eingereicht und sich auch nicht in anderer Weise gegenüber dem Finanzamt zum Verschmelzungsvorgang geäußert. Stellen Sie dar, wie dieser Vorgang für die A-UG und die T-GmbH zu gestalten ist, um für beide Gesellschaften das günstigste steuerliche Ergebnis zu erreichen und bauen Sie darauf die weitere Lösung auf.

Anlage 1: Steuerberaterprüfung 2012/2018

Gesetz über das Erbbaurecht

Auszug aus dem Gesetz über das Erbbaurecht (ErbbauRG)

1. Begriff und Inhalt des Erbbaurechts

1. Gesetzlicher Inhalt

§ 1

(1) Ein Grundstück kann in der Weise belastet werden, dass demjenigen, zu dessen Gunsten die Belastung erfolgt, das veräußerliche und vererbliche Recht zusteht, auf oder unter der Oberfläche des Grundstücks ein Bauwerk zu haben (Erbbaurecht).

(2) Das Erbbaurecht kann auf einen für das Bauwerk nicht erforderlichen Teil des Grundstücks erstreckt werden, sofern das Bauwerk wirtschaftlich die Hauptsache bleibt.

(3) Die Beschränkung des Erbbaurechts auf einen Teil eines Gebäudes, insbesondere ein Stockwerk ist unzulässig.

(4) Das Erbbaurecht kann nicht durch auflösende Bedingungen beschränkt werden. Auf eine Vereinbarung, durch die sich der Erbbauberechtigte verpflichtet, beim Eintreten bestimmter Voraussetzungen das Erbbaurecht aufzugeben und seine Löschung im Grundbuch zu bewilligen, kann sich der Grundstückseigentümer nicht berufen.

2. Vertragsmäßiger Inhalt

§ 2

Zum Inhalt des Erbbaurechts gehören auch Vereinbarungen des Grundstückseigentümers und des Erbbauberechtigten über:

1. die Errichtung, die Instandhaltung und die Verwendung des Bauwerks;
2. die Versicherung des Bauwerks und seinen Wiederaufbau im Falle der Zerstörung;
3. die Tragung der öffentlichen und privatrechtlichen Lasten und Abgaben;
4. eine Verpflichtung des Erbbauberechtigten, das Erbbaurecht beim Eintreten bestimmter Voraussetzungen auf den Grundstückseigentümer zu übertragen (Heimfall);
5. eine Verpflichtung des Erbbauberechtigten zur Zahlung von Vertragsstrafen;
6. die Einräumung eines Vorrechts für den Erbbauberechtigten auf Erneuerung des Erbbaurechts nach dessen Ablauf;
7. eine Verpflichtung des Grundstückseigentümers, das Grundstück an den jeweiligen Erbbauberechtigten zu verkaufen.

§ 3

Der Heimfallanspruch des Grundstückseigentümers kann nicht von dem Eigentum an dem Grundstück getrennt werden; der Eigentümer kann verlangen, dass das Erbbaurecht einem von ihm zu bezeichnenden Dritten übertragen wird.

§ 4

Der Heimfallanspruch sowie der Anspruch auf eine Vertragsstrafe (§ 2 Nr. 4 und 5) verjährt in sechs Monaten von dem Zeitpunkt an, in dem der Grundstückseigentümer von dem Vorhandensein der Voraussetzungen Kenntnis erlangt, ohne Rücksicht auf diese Kenntnis in zwei Jahren vom Eintreten der Voraussetzungen an.

§ 5

(1) Als Inhalt des Erbbaurechts kann auch vereinbart werden, dass der Erbbauberechtigte zur Veräußerung des Erbbaurechts der Zustimmung des Grundstückseigentümers bedarf.

(2) Als Inhalt des Erbbaurechts kann ferner vereinbart werden, dass der Erbbauberechtigte zur Belastung des Erbbaurechts mit einer Hypothek, Grund- oder Rentenschuld oder einer Reallast der Zustimmung des Grundstückseigentümers bedarf. Ist eine solche Vereinbarung getroffen, so kann auch eine Änderung des Inhalts der Hypothek, Grund- oder Rentenschuld oder der Reallast, die eine weitere Belastung des Erbbaurechts enthält, nicht ohne die Zustimmung des Grundstückseigentümers erfolgen.

§ 6

(1) Ist eine Vereinbarung gemäß § 5 getroffen, so ist eine Verfügung des Erbbauberechtigten über das Erbbaurecht und ein Vertrag, durch den er sich zu einer solchen Verfügung verpflichtet, unwirksam, solange nicht der Grundstückseigentümer die erforderliche Zustimmung erteilt hat.

(2) Auf eine Vereinbarung, dass ein Zuwiderhandeln des Erbbauberechtigten gegen eine nach § 5 übernommene Beschränkung einen Heimfallanspruch begründen soll, kann sich der Grundstückseigentümer nicht berufen.

§ 7

(1) Ist anzunehmen, dass durch die Veräußerung (§ 5 Absatz 1) der mit der Bestellung des Erbbaurechts verfolgte Zweck nicht wesentlich beeinträchtigt oder gefährdet wird, und dass die Persönlichkeit des Erwerbers Gewähr für eine ordnungsmäßige Erfüllung der sich aus dem Erbbaurechtsinhalt ergebenden Verpflichtungen bietet, so kann der Erbbauberechtigte verlangen, dass der Grundstückseigentümer die Zustimmung zur Veräußerung erteilt. Dem Erbbauberechtigten kann auch für weitere Fälle ein Anspruch auf Erteilung der Zustimmung eingeräumt werden.

(2) Ist eine Belastung (§ 5 Absatz 2) mit den Regeln einer ordnungsmäßigen Wirtschaft vereinbar, und wird der mit der Bestellung des Erbbaurechts verfolgte Zweck nicht wesentlich beeinträchtigt oder gefährdet, so kann der Erbbauberechtigte verlangen, dass der Grundstückseigentümer die Zustimmung zu der Belastung erteilt.

(3) Wird die Zustimmung des Grundstückseigentümers ohne ausreichenden Grund verweigert, so kann sie auf Antrag des Erbbauberechtigten durch das Amtsgericht ersetzt werden, in dessen Bezirk das Grundstück belegen ist. § 40 Absatz 2 Satz 2 und Absatz 3 Satz 1, 3 und 4 und § 63 Absatz 2 Nr. 2 des Gesetzes über das Verfahren in Familiensachen und in den Angelegenheiten der freiwilligen Gerichtsbarkeit gelten entsprechend.

§ 8

Verfügungen, die im Wege der Zwangsvollstreckung oder der Arrestvollziehung oder durch den Insolvenzverwalter erfolgen, sind insoweit unwirksam, als sie die Rechte des Grundstückseigentümers aus einer Vereinbarung gemäß § 5 vereiteln oder beeinträchtigen würden.

3. Erbbauzins

§ 9

(1) Wird für die Bestellung des Erbbaurechts ein Entgelt in wiederkehrenden Leistungen (Erbbauzins) ausbedungen, so finden die Vorschriften des Bürgerlichen Gesetzbuchs über die Reallasten entsprechende Anwendung. Die zugunsten der Landesgesetze bestehenden Vorbehalte über Reallasten finden keine Anwendung.

(2) Der Anspruch des Grundstückseigentümers auf Entrichtung des Erbbauzinses kann in Ansehung noch nicht fälliger Leistungen nicht von dem Eigentum an dem Grundstück getrennt werden.

(3) Als Inhalt des Erbbauzinses kann vereinbart werden, dass

1. die Reallast abweichend von § 52 Absatz 1 des Gesetzes über die Zwangsversteigerung und die Zwangsverwaltung mit ihrem Hauptanspruch bestehen bleibt, wenn der Grundstückseigentümer aus der Reallast oder der Inhaber eines im Range vorgehenden oder gleichstehenden dinglichen Rechts oder der Inhaber der in § 10 Absatz 1 Nr. 2 des Gesetzes über die Zwangsversteigerung und die Zwangsverwaltung genannten Ansprüche auf Zahlung der Beiträge zu den Lasten und Kosten des Wohnungserbbaurechts die Zwangsversteigerung des Erbbaurechts betreibt, und
2. der jeweilige Erbbauberechtigte dem jeweiligen Inhaber der Reallast gegenüber berechtigt ist, das Erbbaurecht in einem bestimmten Umfang mit einer der Reallast im Rang vorgehenden Grundschuld, Hypothek oder Rentenschuld im Erbbaugrundbuch zu belasten.

Ist das Erbbaurecht mit dinglichen Rechten belastet, ist für die Wirksamkeit der Vereinbarung die Zustimmung der Inhaber der der Erbbauzinsreallast im Rang vorgehenden oder gleichstehenden dinglichen Rechte erforderlich.

(4) Zahlungsverzug des Erbbauberechtigten kann den Heimfallanspruch nur dann begründen, wenn der Erbbauberechtigte mit dem Erbbauzins mindestens in Höhe zweier Jahresbeträge im Rückstand ist.

§ 9a

(1) Dient das auf Grund eines Erbbaurechts errichtete Bauwerk Wohnzwecken, so begründet eine Vereinbarung, dass eine Änderung des Erbbauzinses verlangt werden kann, einen Anspruch auf Erhöhung des Erbbauzinses nur, soweit diese unter Berücksichtigung aller Umstände des Einzelfalles nicht unbillig ist. Ein Erhöhungsanspruch ist regelmäßig als unbillig anzusehen, wenn und soweit die nach der vereinbarten Bemessungsgrundlage zu errechnende Erhöhung über die seit Vertragsabschluss eingetretene Änderung der allgemeinen wirtschaftlichen Verhältnisse hinausgeht. Änderungen der Grundstückswertverhältnisse bleiben

außer den in Satz 4 genannten Fallen außer Betracht. Im Einzelfall kann bei Berücksichtigung aller Umstände, insbesondere

1. einer Änderung des Grundstückswerts infolge eigener zulässigerweise bewirkter Aufwendungen des Grundstückseigentümers oder
2. der Vorteile, welche eine Änderung des Grundstückswerts oder die ihr zugrunde liegenden Umstände für den Erbbauberechtigten mit sich bringen,

ein über diese Grenze hinausgehender Erhöhungsanspruch billig sein. Ein Anspruch auf Erhöhung des Erbbauzinses darf frühestens nach Ablauf von drei Jahren seit Vertragsabschluss und, wenn eine Erhöhung des Erbbauzinses bereits erfolgt ist, frühestens nach Ablauf von drei Jahren seit der jeweils letzten Erhöhung des Erbbauzinses geltend gemacht werden.

(2) Dient ein Teil des auf Grund des Erbbaurechts errichteten Bauwerks Wohnzwecken, so gilt Absatz 1 nur für den Anspruch auf Änderung eines angemessenen Teilbetrags des Erbbauzinses.

(3) Die Zulässigkeit einer Vormerkung zur Sicherung eines Anspruchs auf Erhöhung des Erbbauzinses wird durch die vorstehenden Vorschriften nicht berührt.

4. Rangstelle

§ 10

(1) Das Erbbaurecht kann nur zur ausschließlich ersten Rangstelle bestellt werden; der Rang kann nicht geändert werden. Rechte, die zur Erhaltung der Wirksamkeit gegenüber dem öffentlichen Glauben des Grundbuchs der Eintragung nicht bedürfen, bleiben außer Betracht.

(2) Die Landesregierungen werden ermächtigt, durch Rechtsverordnung zu bestimmen, dass bei der Bestellung des Erbbaurechts von dem Erfordernis der ersten Rangstelle abgewichen werden kann, wenn dies für die vorhergehenden Berechtigten und den Bestand des Erbbaurechts unschädlich ist.

5. Anwendung des Grundstücksrechts

§ 11

(1) Auf das Erbbaurecht finden die sich auf Grundstücke beziehenden Vorschriften mit Ausnahme der §§ 925, 927, 928 des Bürgerlichen Gesetzbuchs sowie die Vorschriften über Ansprüche aus dem Eigentum entsprechende Anwendung, soweit sich nicht aus diesem Gesetz ein anderes ergibt. Eine Übertragung des Erbbaurechts, die unter einer Bedingung oder einer Zeitbestimmung erfolgt, ist unwirksam.

(2) Auf einen Vertrag, durch den sich der eine Teil verpflichtet, ein Erbbaurecht zu bestellen oder zu erwerben, findet der § 311b Absatz 1 des Bürgerlichen Gesetzbuchs entsprechende Anwendung.

6. Bauwerk, Bestandteile

§ 12

(1) Das auf Grund des Erbbaurechts errichtete Bauwerk gilt als wesentlicher Bestandteil des Erbbaurechts. Das gleiche gilt für ein Bauwerk, das bei der Bestellung des Erbbaurechts schon

vorhanden ist. Die Haftung des Bauwerks für die Belastungen des Grundstücks erlischt mit der Eintragung des Erbbaurechts im Grundbuch.

(2) Die §§ 94 und 95 des Bürgerlichen Gesetzbuchs finden auf das Erbbaurecht entsprechende Anwendung; die Bestandteile des Erbbaurechts sind nicht zugleich Bestandteile des Grundstücks.

(3) Erlischt das Erbbaurecht, so werden die Bestandteile des Erbbaurechts Bestandteile des Grundstücks.

§ 13

Das Erbbaurecht erlischt nicht dadurch, dass das Bauwerk untergeht.

Anlage 2: Steuerberaterprüfung 2012/2018

DBA BRD- Republik Österreich

Abkommen zwischen der Bundesrepublik Deutschland und der Republik Österreich zur Vermeidung der Doppelbesteuerung auf dem Gebiet der Steuern vom Einkommen und vom Vermögen - vom 24. 8. 2000

Inhaltsverzeichnis

Artikel 1 Persönlicher Geltungsbereich

Dieses Abkommen gilt für Personen, die in einem Vertragsstaat oder in beiden Vertragsstaaten ansässig sind.

Artikel 2 Unter das Abkommen fallende Steuern

(1) Dieses Abkommen gilt, ohne Rücksicht auf die Art der Erhebung, für Steuern vom Einkommen und vom Vermögen, die für Rechnung eines Vertragsstaats oder seiner Gebietskörperschaften erhoben werden.

(2) Als Steuern vom Einkommen und vom Vermögen gelten alle Steuern, die vom Gesamteinkommen, vom Gesamtvermögen oder von Teilen des Einkommens oder des Vermögens erhoben werden, einschließlich der Steuern vom Gewinn aus der Veräußerung beweglichen oder unbeweglichen Vermögens, der Lohnsummensteuern sowie der Steuern vom Vermögenszuwachs.

(3) Zu den bestehenden Steuern, für die das Abkommen gilt, gehören insbesondere

a) in der Bundesrepublik Deutschland:

1. die Einkommensteuer
2. die Körperschaftsteuer,
3. die Gewerbesteuer und
4. die Grundsteuer,

einschließlich der hierauf erhobenen Zuschläge (im Folgenden als „deutsche Steuer" bezeichnet);

b) in der Republik Österreich:

1. die Einkommensteuer,
2. die Körperschaftsteuer,
3. die Grundsteuer,
4. die Abgabe von land- und forstwirtschaftlichen Betrieben und
5. die Abgabe vom Bodenwert bei unbebauten Grundstücken,

einschließlich der hierauf erhobenen Zuschläge (im Folgenden als „österreichische Steuer" bezeichnet).

(4) Das Abkommen gilt auch für alle Steuern gleicher oder im wesentlichen ähnlicher Art, die nach der Unterzeichnung des Abkommens neben den bestehenden Steuern oder an deren Stelle erhoben werden. Die zuständigen Behörden der Vertragsstaaten teilen einander, so-

weit für die Abkommensanwendung erforderlich, am Ende eines jeden Jahres die in ihren Steuergesetzen eingetretenen Änderungen mit.

Artikel 3 Allgemeine Begriffsbestimmungen

(1) Im Sinne dieses Abkommens, wenn der Zusammenhang nichts anderes erfordert,

a) bedeutet der Ausdruck „ein Vertragsstaat" und „der andere Vertragsstaat", je nach dem Zusammenhang, die Bundesrepublik Deutschland oder die Republik Österreich;

b) bedeutet der Ausdruck „Bundesrepublik Deutschland" das Hoheitsgebiet der Bundesrepublik Deutschland sowie das an das Küstenmeer angrenzende Gebiet des Meeresbodens, seines Untergrunds und der darüber liegenden Wassersäule, in dem die Bundesrepublik Deutschland in Übereinstimmung mit dem Völkerrecht und ihren innerstaatlichen Rechtsvorschriften souveräne Rechte und Hoheitsbefugnisse zum Zwecke der Erforschung, Ausbeutung, Erhaltung und Bewirtschaftung der lebenden und nichtlebenden natürlichen Ressourcen ausübt;

c) bedeutet der Ausdruck „Republik Österreich" das Hoheitsgebiet der Republik Österreich;

d) umfasst der Ausdruck „Person" natürliche Personen, Gesellschaften und alle anderen Personenvereinigungen;

e) bedeutet der Ausdruck „Gesellschaft" juristische Personen oder Rechtsträger, die für die Besteuerung wie juristische Personen behandelt werden;

f) bedeuten die Ausdrücke „Unternehmen eines Vertragsstaats" und „Unternehmen des anderen Vertragsstaats", je nachdem, ein Unternehmen, das von einer in einem Vertragsstaat ansässigen Person betrieben wird, oder ein Unternehmen, das von einer im anderen Vertragsstaat ansässigen Person betrieben wird;

g) bedeutet der Ausdruck „internationaler Verkehr" jede Beförderung mit einem Seeschiff oder Luftfahrzeug, das von einem Unternehmen mit tatsächlicher Geschäftsleitung in einem Vertragsstaat betrieben wird, es sei denn, das Seeschiff oder Luftfahrzeug wird ausschließlich zwischen Orten im anderen Vertragsstaat betrieben;

h) bedeutet der Ausdruck „Staatsangehöriger"

aa) in Bezug auf die Bundesrepublik Deutschland

alle Deutschen im Sinne des Grundgesetzes der Bundesrepublik Deutschland sowie alle juristischen Personen, Personengesellschaften und anderen Personenvereinigungen, die nach dem in der Bundesrepublik Deutschland geltenden Recht errichtet worden sind;

bb) in Bezug auf die Republik Österreich

jede natürliche Person, die die Staatsangehörigkeit der Republik Österreich besitzt;

jede juristische Person, Personengesellschaft und andere Personenvereinigung, die nach dem in der Republik Österreich geltenden Recht errichtet worden ist;

i) bedeutet der Ausdruck „zuständige Behörde"

aa) in der Bundesrepublik Deutschland: das Bundesministerium der Finanzen oder die Behörde, auf die es seine Befugnisse delegiert hat, bb) in der Republik Österreich: den Bundesminister für Finanzen oder dessen bevollmächtigten Vertreter.

(2) Bei der Anwendung des Abkommens durch einen Vertragsstaat hat, wenn der Zusammenhang nichts anderes erfordert, jeder im Abkommen nicht definierte Ausdruck die Bedeutung, die ihm im Anwendungszeitraum nach dem Recht dieses Staates über die Steuern zukommt, für die das Abkommen gilt, wobei die Bedeutung nach dem in diesem Staat anzuwendenden Steuerrecht den Vorrang vor einer Bedeutung hat, die der Ausdruck nach anderem Recht dieses Staates hat.

Artikel 4 Ansässige Person

(1) Im Sinne dieses Abkommens bedeutet der Ausdruck „eine in einem Vertragsstaat ansässige Person" eine Person, die nach dem Recht dieses Staates dort auf Grund ihres Wohnsitzes, ihres ständigen Aufenthalts, des Ortes ihrer Geschäftsleitung oder eines anderen ähnlichen Merkmals steuerpflichtig ist, und umfasst auch diesen Staat, seine Gebietskörperschaften und andere juristische Personen des öffentlichen Rechts. Der Ausdruck umfasst jedoch nicht eine Person, die in diesem Staat nur mit Einkünften aus Quellen in diesem Staat oder mit in diesem Staat gelegenem Vermögen steuerpflichtig ist.

(2) Ist nach Absatz 1 eine natürliche Person in beiden Vertragsstaaten ansässig, so gilt Folgendes:

a) Die Person gilt als nur in dem Staat ansässig, in dem sie über eine ständige Wohnstätte verfügt; verfügt sie in beiden Staaten über eine ständige Wohnstätte, so gilt sie als nur in dem Staat ansässig, zu dem sie die engeren persönlichen und wirtschaftlichen Beziehungen hat (Mittelpunkt der Lebensinteressen);

b) kann nicht bestimmt werden, in welchem Staat die Person den Mittelpunkt ihrer Lebensinteressen hat, oder verfügt sie in keinem der Staaten über eine ständige Wohnstätte, so gilt sie als nur in dem Staat ansässig, in dem sie ihren gewöhnlichen Aufenthalt hat;

c) hat die Person ihren gewöhnlichen Aufenthalt in beiden Staaten oder in keinem der Staaten, so gilt sie als nur in dem Staat ansässig, dessen Staatsangehöriger sie ist;

d) ist die Person Staatsangehöriger beider Staaten oder keines der Staaten, so werden sich die zuständigen Behörden der Vertragsstaaten bemühen, die Frage in gegenseitigem Einvernehmen zu regeln.

(3) Ist nach Absatz 1 eine andere als eine natürliche Person in beiden Vertragsstaaten ansässig, so gilt sie als in dem Staat ansässig, in dem sich der Ort ihrer tatsächlichen Geschäftsleitung befindet.

Artikel 5 Betriebsstätte

(1) Im Sinne dieses Abkommens bedeutet der Ausdruck „Betriebsstätte" eine feste Geschäftseinrichtung, durch die die Tätigkeit eines Unternehmens ganz oder teilweise ausgeübt wird.

(2) Der Ausdruck Betriebsstätte umfasst insbesondere

a) einen Ort der Leitung,

b) eine Zweigniederlassung,

c) eine Geschäftsstelle,

d) eine Fabrikationsstätte,

e) eine Werkstätte und

f) ein Bergwerk, ein Öl- oder Gasvorkommen, einen Steinbruch oder eine andere Stätte der Ausbeutung von Bodenschätzen.

(3) Eine Bauausführung oder Montage ist nur dann eine Betriebsstätte, wenn ihre Dauer zwölf Monate überschreitet.

(4) Ungeachtet der vorstehenden Bestimmungen dieses Artikels gelten nicht als Betriebsstätten:

a) Einrichtungen, die ausschließlich zur Lagerung, Ausstellung oder Auslieferung von Gütern oder Waren des Unternehmens benutzt werden;

b) Bestände von Gütern oder Waren des Unternehmens, die ausschließlich zur Lagerung, Ausstellung oder Auslieferung unterhalten werden;

c) Bestände von Gütern oder Waren des Unternehmens, die ausschließlich zu dem Zweck unterhalten werden, durch ein anderes Unternehmen bearbeitet oder verarbeitet zu werden;

d) eine feste Geschäftseinrichtung, die ausschließlich zu dem Zweck unterhalten wird, für das Unternehmen Güter oder Waren einzukaufen oder Informationen zu beschaffen;

e) eine feste Geschäftseinrichtung, die ausschließlich zu dem Zweck unterhalten wird, für das Unternehmen andere Tätigkeiten auszuüben, die vorbereitender Art sind oder eine Hilfstätigkeit darstellen;

f) eine feste Geschäftseinrichtung, die ausschließlich zu dem Zweck unterhalten wird, mehrere der unter den Buchstaben a bis e genannten Tätigkeiten auszuüben, vorausgesetzt, dass die sich daraus ergebende Gesamttätigkeit der festen Geschäftseinrichtung vorbereitender Art ist oder eine Hilfstätigkeit darstellt.

(5) ist eine Person – mit Ausnahme eines unabhängigen Vertreters i. S. d. Absatzes 6 – für ein Unternehmen tätig und besitzt sie in einem Vertragsstaat die Vollmacht, im Namen des Unternehmens Verträge abzuschließen, und übt sie die Vollmacht dort gewöhnlich aus, so wird das Unternehmen ungeachtet der Absätze 1 und 2 so behandelt, als habe es in diesem Staat für alle von der Person für das Unternehmen ausgeübten Tätigkeiten eine Betriebsstätte, es sei denn, diese Tätigkeiten beschränken sich auf die in Absatz 4 genannten Tätigkeiten, die, würden sie durch eine feste Geschäftseinrichtung ausgeübt, diese Einrichtung nach dem genannten Absatz nicht zu einer Betriebsstätte machen.

(6) Ein Unternehmen wird nicht schon deshalb so behandelt, als habe es eine Betriebsstätte in einem Vertragsstaat, weil es dort seine Tätigkeit durch einen Makler, Kommissionär oder einen anderen unabhängigen Vertreter ausübt, sofern diese Personen im Rahmen ihrer ordentlichen Geschäftstätigkeit handeln.

(7) Allein dadurch, dass eine in einem Vertragsstaat ansässige Gesellschaft eine Gesellschaft beherrscht oder von einer Gesellschaft beherrscht wird, die im anderen Vertragsstaat ansässig ist oder dort (entweder durch eine Betriebsstätte oder auf andere Weise) ihre Tätigkeit ausübt, wird keine der beiden Gesellschaften zur Betriebsstätte der anderen.

Artikel 6 Einkünfte aus unbeweglichem Vermögen

(1) Einkünfte, die eine in einem Vertragsstaat ansässige Person aus unbeweglichem Vermögen (einschließlich der Einkünfte aus land- und forstwirtschaftlichen Betrieben) bezieht, das im anderen Vertragsstaat liegt, dürfen im anderen Staat besteuert werden.

(2) Der Ausdruck „unbewegliches Vermögen" hat die Bedeutung, die ihm nach dem Recht des Vertragsstaats zukommt, in dem das Vermögen liegt. Der Ausdruck umfasst in jedem Fall das Zubehör zum unbeweglichen Vermögen, das lebende und tote Inventar land- und forstwirtschaftlicher Betriebe, die Rechte, für die die Vorschriften des Privatrechts über Grundstücke gelten, Nutzungsrechte an unbeweglichem Vermögen sowie Rechte auf veränderliche oder feste Vergütungen für die Ausbeutung oder das Recht auf Ausbeutung von Mineralvorkommen, Quellen und anderen Bodenschätzen; Schiffe und Luftfahrzeuge gelten nicht als unbewegliches Vermögen.

(3) Absatz 1 gilt für Einkünfte aus der unmittelbaren Nutzung, der Vermietung oder Verpachtung sowie jeder anderen Art der Nutzung unbeweglichen Vermögens.

(4) Die Absätze 1 und 3 gelten auch für Einkünfte aus unbeweglichem Vermögen eines Unternehmens und für Einkünfte aus unbeweglichem Vermögen, das der Ausübung einer selbständigen Arbeit dient.

Artikel 7 Unternehmensgewinne

(1) Gewinne eines Unternehmens eines Vertragsstaats dürfen nur in diesem Staat besteuert werden, es sei denn, das Unternehmen übt seine Tätigkeit im anderen Vertragsstaat durch eine dort gelegene Betriebsstätte aus. Übt das Unternehmen seine Tätigkeit auf diese Weise aus, so dürfen die Gewinne des Unternehmens im anderen Staat besteuert werden, jedoch nur insoweit, als sie dieser Betriebsstätte zugerechnet werden können.

(2) Übt ein Unternehmen eines Vertragsstaats seine Tätigkeit im anderen Vertragsstaat durch eine dort gelegene Betriebsstätte aus, so werden vorbehaltlich des Absatzes 3 in jedem Vertragsstaat dieser Betriebsstätte die Gewinne zugerechnet, die sie hätte erzielen können, wenn sie eine gleiche oder ähnliche Tätigkeit unter gleichen oder ähnlichen Bedingungen als selbständiges Unternehmen ausgeübt hätte und im Verkehr mit dem Unternehmen, dessen Betriebsstätte sie ist, völlig unabhängig gewesen wäre.

(3) Bei der Ermittlung der Gewinne einer Betriebsstätte werden die für diese Betriebsstätte entstandenen Aufwendungen, einschließlich der Geschäftsführungs- und allgemeinen Verwaltungskosten, zum Abzug zugelassen, gleichgültig, ob sie in dem Staat, in dem die Betriebsstätte liegt, oder anderswo entstanden sind.

(4) Soweit es in einem Vertragsstaat üblich ist, die einer Betriebsstätte zuzurechnenden Gewinne durch Aufteilung der Gesamtgewinne des Unternehmens auf seine einzelnen Teile zu ermitteln, schließt Absatz 2 nicht aus, dass dieser Vertragsstaat die zu besteuernden Gewinne nach der üblichen Aufteilung ermittelt; die gewählte Gewinnaufteilung muss jedoch derart sein, dass das Ergebnis mit den Grundsätzen dieses Artikels übereinstimmt.

(5) Auf Grund des bloßen Einkaufs von Gütern oder Waren für das Unternehmen wird einer Betriebsstätte kein Gewinn zugerechnet.

(6) Bei der Anwendung der vorstehenden Absätze sind die der Betriebsstätte zu zurechnenden Gewinne jedes Jahr auf dieselbe Art zu ermitteln, es sei denn, dass ausreichende Gründe dafür bestehen, anders zu verfahren.

(7) Dieser Artikel gilt auch für die Einkünfte aus der Beteiligung an einer Personengesellschaft. Er erstreckt sich auch auf Vergütungen, die ein Gesellschafter einer Personengesellschaft von der Gesellschaft für seine Tätigkeit im Dienst der Gesellschaft, für die Gewährung von Darlehen oder für die Überlassung von Wirtschaftsgütern bezieht, wenn diese Vergütungen nach dem Steuerrecht des Vertragsstaats, in dem die Betriebsstätte gelegen ist, den Einkünften des Gesellschafters aus dieser Betriebsstätte zugerechnet werden.

(8) Gehören zu den Gewinnen Einkünfte, die in anderen Artikeln dieses Abkommens behandelt werden, so werden die Bestimmungen jener Artikel durch die Bestimmungen dieses Artikels nicht berührt.

Artikel 8 Seeschifffahrt, Binnenschifffahrt und Luftfahrt

(1) Gewinne aus dem Betrieb von Seeschiffen oder Luftfahrzeugen im internationalen Verkehr dürfen nur in dem Vertragsstaat besteuert werden, in dem sich der Ort der tatsächlichen Geschäftsleitung des Unternehmens befindet.

(2) Gewinne aus dem Betrieb von Schiffen, die der Binnenschifffahrt dienen, dürfen nur in dem Vertragsstaat besteuert werden, in dem sich der Ort der tatsächlichen Geschäftsleitung des Unternehmens befindet.

(3) Für Zwecke dieses Artikels beinhalten die Begriffe „Gewinne aus dem Betrieb von Seeschiffen oder Luftfahrzeugen im internationalen Verkehr“ und „Gewinne aus dem Betrieb von Schiffen, die der Binnenschifffahrt dienen“, auch die Einkünfte aus der

a) gelegentlichen Vercharterung von Seeschiffen oder Luftfahrzeugen und

b) Einkünfte aus der Nutzung oder Vermietung von Containern (einschließlich Trailer und zugehöriger Ausstattung, die dem Transport der Container dient), wenn diese Einkünfte den im Absatz 1 genannten Gewinnen zugerechnet werden können.

(4) Befindet sich der Ort der tatsächlichen Geschäftsleitung eines Unternehmens der See- oder Binnenschifffahrt an Bord eines Schiffes, so gilt er als in dem Vertragsstaat gelegen, in dem der Heimathafen des Schiffes liegt, oder, wenn kein Heimathafen vorhanden ist, in dem Vertragsstaat, in dem die Person ansässig ist, die das Schiff betreibt.

(5) Absatz 1 gilt auch für Gewinne aus der Beteiligung an einem Pool, einer Betriebsgemeinschaft oder einer internationalen Betriebsstelle.

Artikel 9 Verbundene Unternehmen

(1) Wenn

a) ein Unternehmen eines Vertragsstaats unmittelbar oder mittelbar an der Geschäftsleitung, der Kontrolle oder dem Kapital eines Unternehmens des anderen Vertragsstaats beteiligt ist oder

b) dieselben Personen unmittelbar oder mittelbar an der Geschäftsleitung, der Kontrolle oder dem Kapital eines Unternehmens eines Vertragsstaats und eines Unternehmens des anderen Vertragsstaats beteiligt sind und in diesen Fällen die beiden Unternehmen in ihren kaufmännischen oder finanziellen Beziehungen an vereinbarte oder auferlegte Bedingungen gebunden sind, die von denen abweichen, die unabhängige Unternehmen miteinander vereinbaren wurden, so dürfen die Gewinne, die eines der Unternehmen ohne diese Bedingungen erzielt hatte, wegen dieser Bedingungen aber nicht erzielt hat, den Gewinnen dieses Unternehmens zugerechnet und entsprechend besteuert werden.

(2) Werden in einem Vertragsstaat den Gewinnen eines Unternehmens dieses Staates Gewinne zugerechnet – und entsprechend besteuert –, mit denen ein Unternehmen des anderen Vertragsstaats in diesem Staat besteuert worden ist, und handelt es sich bei den zugerechneten Gewinnen um solche, die das Unternehmen des erstgenannten Staates erzielt hätte, wenn die zwischen den beiden Unternehmen vereinbarten Bedingungen die gleichen gewesen wären, die unabhängige Unternehmen miteinander vereinbaren würden, so nimmt der andere Staat eine entsprechende Änderung der dort von diesen Gewinnen erhobenen Steuer vor. Bei dieser Änderung sind die übrigen Bestimmungen dieses Abkommens zu berücksichtigen; erforderlichenfalls werden die zuständigen Behörden der Vertragsstaaten einander konsultieren.

Artikel 10 Dividenden

(1) Dividenden, die eine in einem Vertragsstaat ansässige Gesellschaft an eine im anderen Vertragsstaat ansässige Person zahlt, dürfen im anderen Staat besteuert werden.

(2) Diese Dividenden dürfen jedoch auch in dem Vertragsstaat, in dem die die Dividenden zahlende Gesellschaft ansässig ist, nach dem Recht dieses Staates besteuert werden; die Steuer darf aber, wenn der Nutzungsberechtigte der Dividenden eine in dem anderen Vertragsstaat ansässige Person ist, nicht übersteigen:

a) 5 vom Hundert des Bruttobetrags der Dividenden, wenn der Nutzungsberechtigte eine Gesellschaft (jedoch keine Personengesellschaft) ist, die unmittelbar über mindestens 10 vom Hundert des Kapitals der die Dividenden zahlenden Gesellschaft verfügt;

b) 15 vom Hundert des Bruttobetrags der Dividenden in allen anderen Fällen.

Dieser Absatz berührt nicht die Besteuerung der Gesellschaft in Bezug auf die Gewinne, aus denen die Dividenden gezahlt werden.

(3) Der in diesem Artikel verwendete Ausdruck „Dividenden" bedeutet Einkünfte aus Aktien, Genussrechten oder Genussscheinen, Kuxen, Gründeranteilen oder sonstige Einkünfte, die nach dem Recht des Staates, in dem die ausschüttende Gesellschaft ansässig ist, den Einkünften aus Aktien steuerlich gleichgestellt sind. Der Ausdruck „Dividenden" umfasst auch Einkünfte eines stillen Gesellschafters aus seiner Beteiligung als stiller Gesellschafter, Einkünfte aus partiarischen Darlehen, Gewinnobligationen und ähnliche Vergütungen, wenn sie nach dem Recht des Staates, aus dem sie stammen, bei der Ermittlung des Gewinns des Schuldners nicht abzugsfähig sind, sowie Ausschüttungen auf Anteilscheine an einem Investmentvermögen.

(4) Die vorstehenden Absätze 1 und 2 sind nicht anzuwenden, wenn der in einem Vertragsstaat ansässige Nutzungsberechtigte im anderen Vertragsstaat, in dem die die Dividenden zahlende Gesellschaft ansässig ist, eine gewerbliche Tätigkeit durch eine dort gelegene Betriebsstätte oder eine selbständige Arbeit durch eine dort gelegene feste Einrichtung ausübt und die Beteiligung, für die die Dividenden gezahlt werden, tatsächlich zu dieser Betriebsstätte

oder festen Einrichtung gehört. In diesem Fall ist Artikel 7 beziehungsweise Artikel 14 anzuwenden.

(5) Bezieht eine in einem Vertragsstaat ansässige Gesellschaft Gewinne oder Einkünfte aus dem anderen Vertragsstaat, so darf dieser andere Staat weder die von der Gesellschaft gezahlten Dividenden besteuern, es sei denn, dass diese Dividenden an eine im anderen Staat ansässige Person gezahlt werden oder dass die Beteiligung, für- die die Dividenden gezahlt werden, tatsächlich zu einer im anderen Staat gelegenen Betriebsstätte oder festen Einrichtung gehört, noch Gewinne der Gesellschaft einer Steuer für nichtausgeschüttete Gewinne unterwerfen, selbst wenn die gezahlten Dividenden oder die nichtausgeschütteten Gewinne ganz oder teilweise aus im anderen Staat erzielten Gewinnen oder Einkünften bestehen.

Artikel 11 Zinsen

(1) Zinsen, die aus einem Vertragsstaat stammen und an eine im anderen Vertragsstaat ansässige Person gezahlt werden, dürfen, wenn diese Person der Nutzungsberechtigte ist, nur im anderen Staat besteuert werden.

(2) Einkünfte aus Rechten oder Forderungen mit Gewinnbeteiligung einschließlich der Einkünfte eines stillen Gesellschafters aus seiner Beteiligung als stiller Gesellschafter oder aus partiarischen Darlehen und Gewinnobligationen dürfen jedoch auch in dem Vertragsstaat, aus dem sie stammen, nach dem Recht dieses Staates besteuert werden.

(3) Der in diesem Artikel verwendete Ausdruck „Zinsen" bedeutet Einkünfte aus Forderungen jeder Art, auch wenn die Forderungen durch Pfandrechte an Grundstücken gesichert oder mit einer Beteiligung am Gewinn des Schuldners ausgestattet sind, und insbesondere Einkünfte aus öffentlichen Anleihen und aus Obligationen einschließlich der damit verbundenen Aufgelder und der Gewinne aus Losanleihen. Zuschläge für verspätete Zahlung gelten nicht als Zinsen im Sinne dieses Artikels. Der Ausdruck „Zinsen" umfasst nicht die in Artikel 10 behandelten Einkünfte.

(4) Die vorstehenden Absätze 1 und 2 sind nicht anzuwenden, wenn der in einem Vertragsstaat ansässige Nutzungsberechtigte im anderen Vertragsstaat, aus dem die Zinsen stammen, eine gewerbliche Tätigkeit durch eine dort gelegene Betriebsstätte oder eine selbständige Arbeit durch eine dort gelegene feste Einrichtung ausübt und die Forderung, für die die Zinsen gezahlt werden, tatsächlich zu dieser Betriebsstätte oder festen Einrichtung gehört. In diesem Fall ist Artikel 7 beziehungsweise Artikel 14 anzuwenden.

(5) Zinsen gelten dann als aus einem Vertragsstaat stammend, wenn der Schuldner eine in diesem Staat ansässige Person ist. Hat aber der Schuldner der Zinsen, ohne Rücksicht darauf, ob er in einem Vertragsstaat ansässig ist oder nicht, in einem Vertragsstaat eine Betriebsstätte oder eine feste Einrichtung und ist die Schuld, für die die Zinsen gezahlt werden, für Zwecke der Betriebsstätte oder der festen Einrichtung eingegangen worden und trägt die Betriebsstätte oder die feste Einrichtung die Zinsen, so gelten die Zinsen als aus dem Staat stammend, in dem die Betriebsstätte oder die feste Einrichtung liegt.

(6) Bestehen zwischen dem Schuldner und dem Nutzungsberechtigten oder zwischen jedem von ihnen und einem Dritten besondere Beziehungen und übersteigen deshalb die Zinsen, gemessen an der zugrunde liegenden Forderung, den Betrag, den Schuldner und Nutzungsberechtigter ohne diese Beziehungen vereinbart hatten, so wird dieser Artikel nur auf den

letzteren Betrag angewendet. In diesem Fall kann der übersteigende Betrag nach dem Recht eines jeden Vertragsstaats und unter Berücksichtigung der anderen Bestimmungen dieses Abkommens besteuert werden.

Artikel 12 Lizenzgebühren

(1) Lizenzgebühren, die aus einem Vertragsstaat stammen und an eine im anderen Vertragsstaat ansässige Person gezahlt werden, dürfen, wenn diese Person der Nutzungsberechtigte ist, nur im anderen Staat besteuert werden.

(2) Der in diesem Artikel verwendete Ausdruck „Lizenzgebühren" bedeutet Vergütungen jeder Art, die für die Benutzung oder für das Recht auf Benutzung von Urheberrechten an literarischen, künstlerischen oder wissenschaftlichen Werken, einschließlich kinematographischer Filme, von Patenten, Marken, Mustern oder Modellen, Plänen, geheimen Formeln oder Verfahren oder für die Mitteilung gewerblicher, kaufmännischer oder wissenschaftlicher Erfahrungen gezahlt werden.

(3) Absatz 1 ist nicht anzuwenden, wenn der in einem Vertragsstaat ansässige Nutzungsberechtigte im anderen Vertragsstaat, aus dem die Lizenzgebühren stammen, eine gewerbliche Tätigkeit durch eine dort gelegene Betriebsstätte oder eine selbständige Arbeit durch eine dort gelegene feste Einrichtung ausübt und die Rechte oder Vermögenswerte, für die die Lizenzgebühren gezahlt werden, tatsächlich zu dieser Betriebsstätte oder festen Einrichtung gehören. In diesem Fall ist Artikel 7 beziehungsweise Artikel 14 anzuwenden.

(4) Lizenzgebühren gelten dann als aus einem Vertragsstaat stammend, wenn der Schuldner eine in diesem Staat ansässige Person ist. Hat aber der Schuldner der Lizenzgebühren, ohne Rücksicht darauf, ob er in einem Vertragsstaat ansässig ist oder nicht, in einem Vertragsstaat eine Betriebsstätte oder eine feste Einrichtung und ist die Verpflichtung zur Zahlung der Lizenzgebühren für Zwecke der Betriebsstätte oder der festen Einrichtung eingegangen worden und trägt die Betriebsstätte oder die feste Einrichtung die Lizenzgebühren, so gelten die Lizenzgebühren als aus dem Staat stammend, in dem die Betriebsstätte oder die feste Einrichtung liegt.

(5) Bestehen zwischen dem Schuldner und dem Nutzungsberechtigten oder zwischen jedem von ihnen und einem Dritten besondere Beziehungen und übersteigen deshalb die Lizenzgebühren, gemessen an der zugrunde liegenden Leistung, den Betrag, den Schuldner und Nutzungsberechtigter ohne diese Beziehungen vereinbart hätten, so wird dieser Artikel nur auf den letzteren Betrag angewendet. In diesem Fall kann der übersteigende Betrag nach dem Recht eines jeden Vertragsstaats und unter Berücksichtigung der anderen Bestimmungen dieses Abkommens besteuert werden.

Artikel 13 Gewinne aus der Veräußerung von Vermögen

(1) Gewinne, die eine in einem Vertragsstaat ansässige Person aus der Veräußerung unbeweglichen Vermögens i. S. d. Artikels 6 bezieht, das im anderen Vertragsstaat liegt, dürfen im anderen Staat besteuert werden.

(2) Gewinne aus der Veräußerung von Aktien und sonstigen Anteilen an einer Gesellschaft, deren Aktivvermögen überwiegend aus unbeweglichem Vermögen in einem Vertragsstaat besteht, dürfen in diesem Staat besteuert werden.

(3) Gewinne aus der Veräußerung beweglichen Vermögens, das Betriebsvermögen einer Betriebsstätte ist, die ein Unternehmen eines Vertragsstaats im anderen Vertragsstaat hat, oder das zu einer festen Einrichtung gehört, die einer in einem Vertragsstaat ansässigen Person für die Ausübung einer selbständigen Arbeit im anderen Vertragsstaat zur Verfügung steht, einschließlich derartiger Gewinne, die bei der Veräußerung einer solchen Betriebsstätte (allein oder mit dem übrigen Unternehmen) oder einer solchen festen Einrichtung erzielt werden, dürfen im anderen Staat besteuert werden.

(4) Gewinne aus der Veräußerung von Seeschiffen oder Luftfahrzeugen, die im internationalen Verkehr betrieben werden, von Schiffen, die der Binnenschifffahrt dienen, und von beweglichem Vermögen, das dem Betrieb dieser Schiffe oder Luftfahrzeuge dient, dürfen nur in dem Vertragsstaat besteuert werden, in dem sich der Ort der tatsächlichen Geschäftsleitung des Unternehmens befindet.

(5) Gewinne aus der Veräußerung des in den vorstehenden Absätzen 1 bis 4 nicht genannten Vermögens dürfen nur in dem Vertragsstaat besteuert werden, in dem der Veräußerer ansässig ist.

(6) Bei einer natürlichen Person, die in einem Vertragsstaat während mindestens fünf Jahren ansässig war und die im anderen Vertragsstaat ansässig geworden ist, berührt Absatz 5 nicht das Recht des erstgenannten Staates, bei Anteilen an Gesellschaften nach seinen innerstaatlichen Rechtsvorschriften bei der Person einen Vermögenszuwachs bis zu ihrem Ansässigkeitswechsel zu besteuern. Besteuert der erstgenannte Vertragsstaat bei Wegzug einer in diesem Staat ansässigen natürlichen Person den Vermögenszuwachs, so wird bei späterer Veräußerung der Anteile, wenn der daraus erzielte Gewinn in dem anderen Staat gem. Absatz 5 besteuert wird, dieser Staat bei der Ermittlung des Veräußerungsgewinns als Anschaffungskosten den Betrag zugrunde legen, den der erstgenannte Staat im Zeitpunkt des Wegzugs als Erlös angenommen hat.

Artikel 14 Selbständige Arbeit

(1) Einkünfte, die eine in einem Vertragsstaat ansässige Person aus einem freien Beruf oder aus sonstiger selbständiger Tätigkeit bezieht, dürfen nur in diesem Staat besteuert werden, es sei denn, dass der Person im anderen Vertragsstaat für die Ausübung ihrer Tätigkeit gewöhnlich eine feste Einrichtung zur Verfügung steht. Steht ihr eine solche feste Einrichtung zur Verfügung, so dürfen die Einkünfte im anderen Staat besteuert werden, jedoch nur insoweit, als sie dieser festen Einrichtung zugerechnet werden können.

(2) Der Ausdruck „freier Beruf umfasst insbesondere die selbständig ausgeübte wissenschaftliche, literarische, künstlerische, erzieherische oder unterrichtende Tätigkeit sowie die selbständige Tätigkeit der Ärzte, Rechtsanwälte, Ingenieure, Architekten, Zahnärzte und Buchsachverständigen.

Artikel 15 Unselbständige Arbeit

(1) Vorbehaltlich der Artikel 16 bis 20 dürfen Gehälter, Löhne und ähnliche Vergütungen, die eine in einem Vertragsstaat ansässige Person aus unselbständiger Arbeit bezieht, nur in diesem Staat besteuert werden, es sei denn, die Arbeit wird im anderen Vertragsstaat ausgeübt. Wird die Arbeit dort ausgeübt, so dürfen die dafür bezogenen Vergütungen im anderen Staat besteuert werden.

(2) Ungeachtet des Absatzes 1 dürfen Vergütungen, die eine in einem Vertragsstaat ansässige Person für eine im anderen Vertragsstaat ausgeübte unselbständige Arbeit bezieht, nur im erstgenannten Staat besteuert werden, wenn

a) der Empfänger sich im anderen Staat insgesamt nicht länger als 183 Tage während des betreffenden Kalenderjahrs aufhält und

b) die Vergütungen von einem Arbeitgeber oder für einen Arbeitgeber gezahlt werden, der nicht im anderen Staat ansässig ist, und

c) die Vergütungen nicht von einer Betriebsstätte oder einer festen Einrichtung getragen werden, die der Arbeitgeber im anderen Staat hat.

(3) Die Bestimmungen des vorstehenden Absatzes 2 Buchstabe b finden keine Anwendung auf Vergütungen für Arbeit im Rahmen der Arbeitnehmerüberlassung, wenn sich der Arbeitnehmer im anderen Staat insgesamt nicht länger als 183 Tage während des betreffenden Kalenderjahrs aufhält.

(4) Für Zwecke dieses Artikels gilt die Arbeit im anderen Vertragsstaat nur dann als ausgeübt, wenn die Vergütungen in Übereinstimmung mit diesem Abkommen im anderen Vertragsstaat besteuert worden sind.

(5) Ungeachtet der vorstehenden Bestimmungen dieses Artikels dürfen Vergütungen für unselbständige Arbeit, die an Bord eines Seeschiffes oder Luftfahrzeuges, das im internationalen Verkehr betrieben wird, oder an Bord eines Schiffes, das der Binnenschifffahrt dient, ausgeübt wird, in dem Vertragsstaat besteuert werden, in dem sich der Ort der tatsächlichen Geschäftsleitung des Unternehmens befindet.

(6) Absatz 1 gilt nicht, wenn die Person in dem einen Staat in der Nähe der Grenze ihren Wohnsitz und in dem anderen Staat in der Nähe der Grenze ihren Arbeitsort hat und täglich von ihrem Arbeitsort an ihren Wohnsitz zurückkehrt (Grenzgänger).

(7) Beiträge, die für eine in einem Vertragsstaat unselbständig tätige Person an eine in dem anderen Vertragsstaat errichtete und dort steuerlich anerkannte Einrichtung der Krankheits- und Altersvorsorge geleistet werden, sind in dem erstgenannten Staat bei der Ermittlung des von der Person zu versteuernden Einkommens in der gleichen Weise, unter den gleichen Bedingungen und Einschränkungen zu behandeln wie Beiträge an in diesem erstgenannten Staat steuerlich anerkannte Einrichtungen der Krankheits- und Altersvorsorge, sofern

a) die Person unmittelbar vor Aufnahme ihrer Tätigkeit nicht in diesem Staat ansässig war und bereits Beiträge an die Einrichtungen der Krankheits- und Altersvorsorge entrichtete, und

b) die zuständige Behörde dieses Vertragsstaats festgestellt hat, dass die Einrichtung der Krankheits- und Altersvorsorge allgemein derjenigen Einrichtungen entspricht, die in diesem Staat als solche für steuerliche Zwecke anerkannt sind.

Für die Zwecke dieses Absatzes

a) bedeutet „Einrichtung der Krankheitsvorsorge“ jede Einrichtung, bei der die unselbständig tätige Person und ihre Angehörigen im Fall einer krankheitsbedingten vorübergehenden Unterbrechung ihrer unselbständigen Arbeit zum Empfang von Leistungen berechtigt sind;

b) bedeutet „Einrichtung der Altersvorsorge“ eine Einrichtung, an der die Person teilnimmt, um sich im Hinblick auf die in diesem Absatz erwähnte unselbständige Arbeit Ruhestandseinkünfte zu sichern;

c) ist eine „Einrichtung der, Krankheits- und Altersvorsorge“ in einem Staat für steuerliche Zwecke anerkannt, wenn hinsichtlich der an diese Einrichtungen geleisteten Beiträge Steuerentlastungen zu gewähren sind.

Artikel 16 Aufsichtsrats- und Geschäftsführervergütungen

(1) Aufsichtsrats- oder Verwaltungsratsvergütungen und ähnliche Zahlungen, die eine in einem Vertragsstaat ansässige Person in ihrer Eigenschaft als Mitglied des Aufsichts- oder Verwaltungsrats einer Gesellschaft bezieht, die im anderen Vertragsstaat ansässig ist, dürfen im anderen Staat besteuert werden.

(2) Ungeachtet der Artikel 14 und 15 dürfen Vergütungen, die eine in einem Vertragsstaat ansässige Person in ihrer Eigenschaft als Geschäftsführer oder als Vorstandsmitglied einer Gesellschaft bezieht, die in dem anderen Vertragsstaat ansässig ist, im anderen Staat besteuert werden.

Artikel 17 Künstler und Sportler

(1) Ungeachtet der Artikel 7, 14 und 15 dürfen Einkünfte, die eine in einem Vertragsstaat ansässige Person als Künstler, wie Bühnen-, Film-, Rundfunk- und Fernsehkünstler sowie Musiker, oder als Sportler aus ihrer im anderen Vertragsstaat persönlich ausgeübten Tätigkeit bezieht, im anderen Staat besteuert werden. Ungeachtet auch des Artikels 12 dürfen Vergütungen jeder Art, die für die Benutzung oder das Recht auf Benutzung des Namens, des Bildes oder sonstiger Persönlichkeitsrechte dieser Person gezahlt werden, im anderen Staat auch dann besteuert werden, wenn dort keine persönliche Tätigkeit ausgeübt wird. Entsprechendes gilt für Einkünfte aus der Duldung von Aufzeichnungen und Übertragungen von künstlerischen und sportlichen Darbietungen durch Rundfunk und Fernsehen.

(2) Fließen Einkünfte der in Absatz 1 genannten Art nicht dem Künstler oder Sportler selbst, sondern einer anderen Person zu, so dürfen deren Einkünfte ungeachtet der Artikel 7, 12, 14 und 15 in dem Vertragsstaat besteuert werden, aus dem sie stammen.

(3) Die Absätze 1 und 2 gelten nicht für Einkünfte aus der von Künstlern oder Sportlern in einem Vertragsstaat ausgeübten Tätigkeit, wenn der Aufenthalt in diesem Staat ganz oder überwiegend aus Öffentlichen Mitteln des anderen Staates oder einem seiner Länder oder einer seiner Gebietskörperschaften oder von einer als gemeinnützig anerkannten Einrichtung unterstützt wird. In diesem Fall dürfen die Einkünfte nur in dem Vertragsstaat besteuert werden, in dem die Person ansässig ist.

Artikel 18 Ruhegehalter, Renten und ähnliche Zahlungen

(1) Erhält eine in einem Vertragsstaat ansässige Person Ruhegehälter und ähnliche Vergütungen oder Renten aus dem anderen Vertragsstaat, so dürfen diese Bezüge nur im erstgenannten Staat besteuert werden.

(2) Bezüge, die eine in einem Vertragsstaat ansässige Person aus der gesetzlichen Sozialversicherung des anderen Vertragsstaats erhält, dürfen abweichend von vorstehendem Absatz 1 nur in diesem anderen Staat besteuert werden.

(3) Wiederkehrende und einmalige Vergütungen, die ein Vertragsstaat oder eine seiner Gebietskörperschaften an eine in dem anderen Vertragsstaat ansässige Person für einen Schaden zahlt, für dessen Folgen die staatliche Gemeinschaft in Abgeltung eines besonderen Opfers oder aus anderen Gründen nach versorgungsrechtlichen Grundsätzen einsteht, oder der als Folge von Kriegshandlungen oder politischer Verfolgung oder des Wehr- oder Zivildiensts entstanden ist (einschließlich Wiedergutmachungsleistungen), dürfen abweichend von Absatz 1 nur im erstgenannten Staat besteuert werden.

(4) Der Begriff „Rente" bedeutet bestimmte Beträge, die regelmäßig zu festgesetzten Zeitpunkten lebenslänglich oder während eines bestimmten oder bestimmbaren Zeitabschnitts auf Grund einer Verpflichtung zahlbar sind, die diese Zahlungen als Gegenleistung für in Geld oder Geldeswert bewirkte angemessene Leistung vorsieht.

(5) Unterhaltszahlungen, einschließlich derjenigen für Kinder, die eine in einem Vertragsstaat ansässige Person an eine im anderen Vertragsstaat ansässige Person zahlt, sind in dem anderen Staat von der Steuer befreit. Das gilt nicht, soweit die Unterhaltszahlungen im erstgenannten Staat bei der Berechnung des steuerpflichtigen Einkommens des Zahlungsverpflichteten abzugsfähig sind; Steuerfreibeträge zur Milderung der sozialen Lasten gelten nicht als Abzug im Sinne dieser Bestimmung.

Artikel 19 Öffentlicher Dienst

(1) Vergütungen, ausgenommen Ruhegehälter, die von einem Vertragsstaat oder einer seiner Gebietskörperschaften oder einer anderen juristischen Person des öffentlichen Rechts dieses Staates an eine natürliche Person für diesem Staat, einer seiner Gebietskörperschaften oder einer anderen juristischen Person des öffentlichen Rechts geleistete Dienste gezahlt werden, dürfen nur in diesem Staat besteuert werden. Diese Vergütungen dürfen jedoch nur im anderen Vertragsstaat besteuert werden, wenn die Dienste in diesem Staat geleistet werden und die natürliche Person in diesem Staat ansässig ist und

a) ein Staatsangehöriger dieses Staates ist oder

b) nicht ausschließlich deshalb in diesem Staat ansässig geworden ist, um die Dienste zu leisten.

(2) Ruhegehälter, die von einem Vertragsstaat, einer seiner Gebietskörperschaften oder einer anderen juristischen Person des öffentlichen Rechts dieses Staates an eine natürliche Person für diesem Staat, einer seiner Gebietskörperschaften oder einer anderen juristischen Person des öffentlichen Rechts geleistete Dienste gezahlt werden, dürfen abweichend von Artikel 18 nur in diesem Staat besteuert werden. Diese Ruhegehälter dürfen jedoch nur im anderen Vertragsstaat besteuert werden, wenn die natürliche Person in diesem Staat ansässig ist und ein Staatsangehöriger dieses Staates ist.

(3) Auf Vergütungen für Dienstleistungen und Ruhegehälter, die im Zusammenhang mit einer gewerblichen Tätigkeit eines Vertragsstaats oder einer seiner Gebietskörperschaften oder einer anderen juristischen Person des öffentlichen Rechts dieses Staates erbracht werden, sind die Artikel 15, 16, 17 und 18 anzuwenden.

(4) Dieser Artikel gilt auch für Löhne, Gehälter und ähnliche Vergütungen (sowie für Ruhegehälter), die an natürliche Personen für Dienste gezahlt werden, die dem Goethe-Institut, dem Deutschen Akademischen Austauschdienst (DAAD) und anderen ähnlichen, von den zustän-

digen Behörden der Vertragsstaaten im gegenseitigen Einvernehmen zu bestimmenden Einrichtungen geleistet werden, vorausgesetzt, dass diese Zahlungen in dem Vertragsstaat, aus dem sie stammen, der Besteuerung unterliegen.

Artikel 20 Gastprofessoren und -lehrer, Studenten und Auszubildende

(1) Eine natürliche Person, die sich auf Einladung eines Vertragsstaats oder einer Universität, Hochschule, Schule, eines Museums oder einer anderen kulturellen Einrichtung dieses Vertragsstaats oder im Rahmen eines amtlichen Kulturaustausches in diesem Vertragsstaat höchstens zwei Jahre lang lediglich zur Ausübung einer Lehrtätigkeit, zum Halten von Vorlesungen oder zur Ausübung einer Forschungstätigkeit bei dieser Einrichtung aufhält und die im anderen Vertragsstaat ansässig ist oder dort unmittelbar vor der Einreise in den erstgenannten Staat ansässig war, ist in dem erstgenannten Staat mit ihren für diese Tätigkeit bezogenen Vergütungen von der Steuer befreit, vorausgesetzt, dass diese Vergütungen von außerhalb dieses Staates bezogen werden.

(2) Zahlungen, die ein Student, Praktikant oder Lehrling, der sich in einem Vertragsstaat ausschließlich zum Studium oder zur Ausbildung aufhält und der im anderen Vertragsstaat ansässig ist oder dort unmittelbar vor der Einreise in den erstgenannten Staat ansässig war, für seinen Unterhalt, sein Studium oder seine Ausbildung erhält, dürfen im erstgenannten Staat nicht besteuert werden, sofern diese Zahlungen aus Quellen außerhalb dieses Staates stammen.

Artikel 21 Andere Einkünfte

(1) Einkünfte einer in einem Vertragsstaat ansässigen Person, die in den vorstehenden Artikeln nicht behandelt wurden, dürfen ohne Rücksicht auf ihre Herkunft nur in diesem Staat besteuert werden.

(2) Absatz 1 ist auf andere Einkünfte als solche aus unbeweglichem Vermögen i. S. d. Art. 6 Absatz 2 nicht anzuwenden, wenn der in einem Vertragsstaat ansässige Empfänger im anderen Vertragsstaat eine gewerbliche Tätigkeit durch eine dort gelegene Betriebsstätte oder eine selbständige Arbeit durch eine dort gelegene feste Einrichtung ausübt und die Rechte oder Vermögenswerte, für die die Einkünfte gezahlt werden, tatsächlich zu dieser Betriebsstätte oder festen Einrichtung gehören. In diesem Fall ist Artikel 7 beziehungsweise Artikel 14 anzuwenden.

Artikel 22 Vermögen

(1) Unbewegliches Vermögen i. S. d. Art. 6, das einer in einem Vertragsstaat ansässigen Person gehört und im anderen Vertragsstaat liegt, darf im anderen Staat besteuert werden.

(2) Bewegliches Vermögen, das Betriebsvermögen einer Betriebsstätte ist, die ein Unternehmen eines Vertragsstaats im anderen Vertragsstaat hat, oder das zu einer festen Einrichtung gehört, die einer in einem Vertragsstaat ansässigen Person für die Ausübung einer selbständigen Arbeit im anderen Vertragsstaat zur Verfügung steht, darf im anderen Staat besteuert werden.

(3) Seeschiffe und Luftfahrzeuge, die im internationalen Verkehr betrieben werden, und Schiffe, die der Binnenschifffahrt dienen, sowie bewegliches Vermögen, das dem Betrieb dieser

Schiffe oder Luftfahrzeuge dient, dürfen nur in dem Vertragsstaat besteuert werden, in dem sich der Ort der tatsächlichen Geschäftsleitung des Unternehmens befindet.

(4) Alle anderen Vermögensteile einer in einem Vertragsstaat ansässigen Person dürfen nur in diesem Staat besteuert werden.

Artikel 23 Vermeidung der Doppelbesteuerung

(1) Bei einer in der Bundesrepublik Deutschland ansässigen Person wird die Steuer wie folgt festgesetzt:

a) Von der Bemessungsgrundlage der deutschen Steuer werden die Einkünfte aus der Republik Österreich sowie die in der Republik Österreich gelegenen Vermögenswerte ausgenommen, die nach diesem Abkommen in der Republik Österreich besteuert werden dürfen und nicht unter Buchstabe b fallen. Die Bundesrepublik Deutschland behält aber das Recht, die so ausgenommenen Einkünfte und Vermögenswerte bei der Festsetzung des Steuersatzes für andere Einkünfte und Vermögenswerte zu berücksichtigen. Für Einkünfte aus Dividenden gelten die vorstehenden Bestimmungen nur dann, wenn diese Dividenden an eine in der Bundesrepublik Deutschland ansässige Gesellschaft (jedoch nicht an eine Personengesellschaft) von einer in der Republik Österreich ansässigen Gesellschaft gezahlt werden, deren Kapital zu mindestens 10 vom Hundert unmittelbar der deutschen Gesellschaft gehört, und bei der Ermittlung der Gewinne der ausschüttenden Gesellschaft nicht abgezogen worden sind. Für die Zwecke der Steuern vom Vermögen werden von der Bemessungsgrundlage der deutschen Steuer ebenfalls Beteiligungen ausgenommen, deren Ausschüttungen, falls solche gezahlt werden würden, nach den vorhergehenden Sätzen von der Steuerbemessungsgrundlage auszunehmen wären.

b) Auf die deutsche Steuer vom Einkommen für die folgenden Einkünfte wird unter Beachtung der Vorschriften des deutschen Steuerrechts über die Anrechnung ausländischer Steuern die österreichische Steuer angerechnet, die nach österreichischem Recht und in Übereinstimmung mit diesem Abkommen für diese Einkünfte gezahlt worden ist:

aa) Dividenden, die nicht unter Buchstabe a fallen,

bb) Zinsen,

cc) Lizenzgebühren,

dd) Einkünfte, die nach Artikel 13 Absatz 2 in der Republik Österreich besteuert werden dürfen,

ee) Einkünfte, die nach Artikel 15 Absatz 5 in der Republik Österreich besteuert werden dürfen,

ff) Vergütungen, die nach Artikel 16 Absatz 1 in der Republik Österreich besteuert werden dürfen,

gg) Einkünfte, die nach Artikel 17 in der Republik Österreich besteuert werden dürfen.

c) Einkünfte oder Vermögen einer in der Bundesrepublik Deutschland ansässigen Person, die nach dem Abkommen von der Besteuerung in der Bundesrepublik Deutschland auszunehmen sind, dürfen gleichwohl in der Bundesrepublik Deutschland bei der Festsetzung der Steuer für das übrige Einkommen oder Vermögen der Person einbezogen werden.

(2) Bei einer in der Republik Österreich ansässigen Person wird die Steuer wie folgt festgesetzt:

a) Bezieht eine in der Republik Österreich ansässige Person Einkünfte oder hat sie Vermögen und dürfen diese Einkünfte oder dieses Vermögen nach diesem Abkommen in der Bundesrepublik Deutschland besteuert werden, so nimmt die Republik Österreich vorbehaltlich der Buchstaben b und c diese Einkünfte oder dieses Vermögen von der Besteuerung aus.

b) Bezieht eine in der Republik Österreich ansässige Person Einkünfte, die nach den Artikeln 10, 11, 13 Absatz 2 und 17 Absatz 1 Satz 2 und 3 in der Bundesrepublik Deutschland besteuert werden dürfen, so rechnet die Republik Österreich auf die vom Einkommen dieser Person zu erhebende Steuer den Betrag an, der der in der Bundesrepublik Deutschland gezahlten Steuer entspricht. Der anzurechnende Betrag darf jedoch den Teil der vor der Anrechnung ermittelten Steuer nicht übersteigen, der auf die aus der Bundesrepublik Deutschland bezogenen Einkünfte entfällt.

c) Dividenden im Sinne des Artikels 10 Absatz 2 Buchstabe a, die von einer in der Bundesrepublik Deutschland ansässigen Gesellschaft an eine in der Republik Österreich ansässige Gesellschaft gezahlt werden und die bei Ermittlung der Gewinne der ausschüttenden Gesellschaft nicht abgezogen worden sind, sind, vorbehaltlich der entsprechenden Bestimmungen des innerstaatlichen Rechts der Republik Österreich, aber ungeachtet etwaiger nach diesem Recht abweichender Mindestbeteiligungserfordernisse, in der Republik Österreich von der Besteuerung ausgenommen.

d) Einkünfte oder Vermögen einer in der Republik Österreich ansässigen Person, die nach dem Abkommen von der Besteuerung in der Republik Österreich auszunehmen sind, dürfen gleichwohl in der Republik Österreich bei der Festsetzung der Steuer das übrige Einkommen oder Vermögen der Person einbezogen werden.

Artikel 24 Gleichbehandlung

(1) Staatsangehörige eines Vertragsstaats dürfen im anderen Vertragsstaat keiner Besteuerung oder damit zusammenhangenden Verpflichtung unterworfen werden, die anders oder belastender ist als die Besteuerung und die damit zusammenhängenden Verpflichtungen, denen Staatsangehörige des anderen Staates unter gleichen Verhältnissen, insbesondere hinsichtlich der Ansässigkeit, unterworfen sind oder unterworfen werden können. Diese Bestimmung gilt ungeachtet des Artikels 1 auch für Personen, die in keinem Vertragsstaat ansässig sind.

(2) Staatenlose, die in einem Vertragsstaat ansässig sind, dürfen in keinem Vertragsstaat einer Besteuerung oder damit zusammenhängenden Verpflichtung unterworfen werden, die anders oder belastender ist als die Besteuerung und die damit zusammenhängenden Verpflichtungen, denen Staatsangehörige des betreffenden Staates unter gleichen Verhältnissen, insbesondere hinsichtlich der Ansässigkeit, unterworfen sind oder unterworfen werden können.

(3) Die Besteuerung einer Betriebsstätte, die ein Unternehmen eines Vertragsstaats im anderen Vertragsstaat hat, darf im anderen Staat nicht ungünstiger sein als die Besteuerung von Unternehmen des anderen Staates, die die gleiche Tätigkeit ausüben.

Diese Bestimmung ist nicht so auszulegen, als verpflichte sie einen Vertragsstaat, den im anderen Vertragsstaat ansässigen Personen Steuerfreibeträge, -Vergünstigungen und -Ermäßigungen auf Grund des Personenstandes oder der Familienlasten zu gewähren, die er seinen ansässigen Personen gewährt.

(4) Sofern nicht Artikel 9 Absatz 1, Artikel 11 Absatz 6 oder Artikel 12 Absatz 5 anzuwenden ist, sind Zinsen, Lizenzgebühren und andere Entgelte, die ein Unternehmen eines Vertragsstaats an eine im anderen Vertragsstaat ansässige Person zahlt, bei der Ermittlung der steuerpflichtigen Gewinne dieses Unternehmens unter den gleichen Bedingungen wie Zahlungen an eine im erstgenannten Staat ansässige Person zum Abzug zuzulassen. Dementsprechend sind Schulden, die ein Unternehmen eines Vertragsstaats gegenüber einer im anderen Vertragsstaat ansässigen Person hat, bei der Ermittlung des steuerpflichtigen Vermögens dieses Unternehmens unter den gleichen Bedingungen wie Schulden gegenüber einer im erstgenannten Staat ansässigen Person zum Abzug zuzulassen.

(5) Unternehmen eines Vertragsstaats, deren Kapital ganz oder teilweise unmittelbar oder mittelbar einer im anderen Vertragsstaat ansässigen Person oder mehreren solchen Personen gehört oder ihrer Kontrolle unterliegt, dürfen im erstgenannten Staat keiner Besteuerung oder damit zusammenhängenden Verpflichtung unterworfen werden, die anders oder belastender ist als die Besteuerung und die damit zusammenhängenden Verpflichtungen, denen andere ähnliche Unternehmen des erstgenannten Staates unterworfen sind oder unterworfen werden können.

(6) Dieser Artikel gilt ungeachtet des Artikels 2 für Steuern jeder Art und Bezeichnung.

Artikel 25 Verständigungsverfahren

(1) Ist eine Person der Auffassung, dass Maßnahmen eines Vertragsstaats oder beider Vertragsstaaten für sie zu einer Besteuerung führen oder führen werden, die diesem Abkommen nicht entspricht, so kann sie unbeschadet der nach dem innerstaatlichen Recht dieser Staaten vorgesehenen Rechtsmittel ihren Fall der zuständigen Behörde des Vertragsstaats, in dem sie ansässig ist, oder, sofern ihr Fall von Artikel 24 Absatz 1 erfasst wird, der zuständigen Behörde des Vertragsstaats unterbreiten, dessen Staatsangehöriger sie ist. Der Fall muss innerhalb von drei Jahren nach der ersten Mitteilung der Maßnahme unterbreitet werden, die zu einer dem Abkommen nicht entsprechenden Besteuerung führt.

(2) Hält die zuständige Behörde die Einwendung für begründet und ist sie selbst nicht in der Lage, eine befriedigende Lösung herbeizuführen, so wird sie sich bemühen, den Fall durch Verständigung mit der zuständigen Behörde des anderen Vertragsstaats so zu regeln, dass eine dem Abkommen nicht entsprechende Besteuerung vermieden wird. Die Verständigungsregelung ist ungeachtet der Fristen des innerstaatlichen Rechts der Vertragsstaaten durchzuführen.

(3) Die zuständigen Behörden der Vertragsstaaten werden sich bemühen, Schwierigkeiten oder Zweifel, die bei der Auslegung oder Anwendung des Abkommens entstehen, in gegenseitigem Einvernehmen zu beseitigen. Sie können auch gemeinsam darüber beraten, wie eine Doppelbesteuerung in Fällen vermieden werden kann, die im Abkommen nicht behandelt sind.

(4) Die zuständigen Behörden der Vertragsstaaten können zur Herbeiführung einer Einigung i. S. d. vorstehenden Absätze unmittelbar miteinander verkehren. Erscheint ein mündlicher Meinungsaustausch für die Herbeiführung der Einigung zweckmäßig, so kann ein solcher Meinungsaustausch in einer Kommission durchgeführt werden, die aus Vertretern der zuständigen Behörden der Vertragsstaaten besteht.

(5) Können Schwierigkeiten oder Zweifel, die bei der Auslegung oder Anwendung dieses Abkommens entstehen, von den zuständigen Behörden nicht im Verständigungsverfahren nach den vorstehenden Absätzen dieses Artikels innerhalb einer Frist von 3 Jahren ab der Verfahrenseinleitung beseitigt werden, sind auf Antrag der Person i. S. d. Absatzes 1 die Staaten verpflichtet, den Fall im Rahmen eines Schiedsverfahrens entsprechend Artikel 239 EG-Vertrag vor dem Gerichtshof der Europäischen Gemeinschaften anhängig zu machen.

Artikel 26 Informationsaustausch

(1) Die zuständigen Behörden der Vertragsstaaten tauschen die Informationen aus, die zur Durchführung dieses Abkommens oder des innerstaatlichen Rechts der Vertragsstaaten betreffend die unter das Abkommen fallenden Steuern erforderlich sind, soweit die diesem Recht entsprechende Besteuerung nicht dem Abkommen widerspricht. Der Informationsaustausch ist durch Artikel 1 nicht eingeschränkt. Alle Informationen, die ein Vertragsstaat erhalten hat, sind ebenso geheim zu halten wie die auf Grund des innerstaatlichen Rechts dieses Staates beschafften Informationen und dürfen nur den Personen oder Behörden (einschließlich der Gerichte und der Verwaltungsbehörden) zugänglich gemacht werden, die mit der Veranlagung oder Erhebung, der Vollstreckung oder Strafverfolgung oder mit der Entscheidung von Rechtsmitteln hinsichtlich der unter das Abkommen fallenden Steuern befasst sind. Diese Personen oder Behörden dürfen die Informationen nur für diese Zwecke verwenden. Sie dürfen die Informationen in einem öffentlichen Gerichtsverfahren oder in einer Gerichtsentscheidung offen legen, falls die zuständige Behörde des anderen Vertragsstaats keine Einwendungen dagegen erhebt. Die weitere Übermittlung an andere Stellen darf nur mit vorheriger Zustimmung der zuständigen Behörde des anderen Vertragsstaats erfolgen.

(2) Vorstehender Absatz 1 ist nicht so auszulegen, als verpflichte er einen Vertragsstaat,

a) zur Erteilung von Informationen Verwaltungsmaßnahmen durchzuführen, die von den Gesetzen und der Verwaltungspraxis dieses oder des anderen Vertragsstaats abweichen;

b) Informationen zu erteilen, die nach den Gesetzen oder im üblichen Verwaltungsverfahren dieses oder des anderen Vertragsstaats nicht beschafft werden können;

c) Informationen zu erteilen, die ein Handels-, Industrie-, Gewerbe- oder Berufsgeheimnis oder ein Geschäftsverfahren preisgeben würden oder deren Erteilung dem Ordre public widerspräche.

Artikel 27 Erstattung der Abzugsteuern

(1) Werden in einem Vertragsstaat die Steuern von Dividenden, Zinsen, Lizenzgebühren oder sonstigen von einer im anderen Vertragsstaat ansässigen Person bezogenen Einkünften im Abzugsweg (an der Quelle) erhoben, so wird das Recht des erstgenannten Staates zur Vornahme des Steuerabzugs zu dem nach seinem innerstaatlichen Recht vorgesehenen Satz durch dieses Abkommen nicht berührt. Die im Abzugsweg (an der Quelle) erhobene Steuer

ist auf Antrag des Steuerpflichtigen zu erstatten, wenn und soweit sie durch das Abkommen ermäßigt wird oder entfällt.

(2) Die Anträge auf Erstattung müssen vor dem Ende des vierten auf das Kalenderjahr der Festsetzung der Abzugsteuer auf Dividenden, Zinsen, Lizenzgebühren oder anderen Einkünfte folgenden Jahres eingereicht werden.

(3) Der Vertragsstaat, aus dem die Einkünfte stammen, kann eine Bescheinigung der zuständigen Behörde über die Ansässigkeit in dem anderen Vertragsstaat verfangen.

(4) Die zuständigen Behörden können in gegenseitigem Einvernehmen die Durchführung dieses Artikels regeln und gegebenenfalls andere Verfahren zur Durchführung der im Abkommen vorgesehenen Steuerermäßigungen oder -Befreiungen festlegen.

Artikel 28 Anwendung des Abkommens in bestimmten Fällen

(1) Der Ansässigkeitsstaat vermeidet die Doppelbesteuerung durch Steueranrechnung nach Artikel 23 und nicht durch Steuerbefreiung nach dem genannten Artikel,

a) wenn in den Vertragsstaaten Einkünfte oder Vermögen unterschiedlichen Abkommensbestimmungen zugeordnet oder verschiedenen Personen zugerechnet werden (außer nach Artikel 9) und dieser Konflikt sich nicht durch ein Verfahren nach Artikel 25 regeln lässt und wenn auf Grund dieser unterschiedlichen Zuordnung oder Zurechnung die betreffenden Einkünfte oder Vermögenswerte unbesteuert blieben oder zu niedrig besteuert würden.

b) wenn die Bundesrepublik Deutschland nach gehöriger Konsultation und vorbehaltlich der Beschränkungen ihres innerstaatlichen Rechts der Republik Österreich auf diplomatischem Weg andere Einkünfte notifiziert hat; auf die sie diesen Absatz anzuwenden beabsichtigt, um die steuerliche Freistellung von Einkünften in beiden Vertragsstaaten oder sonstige Gestaltungen zum Missbrauch des Abkommens zu verhindern.

Im Fall einer Notifikation nach Buchstabe b kann die Republik Österreich vorbehaltlich einer Notifikation auf diplomatischem Weg diese Einkünfte auf Grund dieses Abkommens entsprechend der Qualifikation der Einkünfte durch die Bundesrepublik Deutschland qualifizieren. Eine Notifikation nach diesem Absatz wird erst ab dem ersten Tag des Kalenderjahrs wirksam, das auf das Jahr folgt, in dem die Notifikation übermittelt wurde und alle rechtlichen Voraussetzungen nach dem innerstaatlichen Recht des notifizierenden Staates für das Wirksamwerden der Notifikation erfüllt sind. Die Bundesrepublik Deutschland wird von dem Recht zur Notifikation nicht vor Ablauf von fünf Jahren nach Inkrafttreten des Abkommens Gebrauch machen.

(2) Der Ansässigkeitsstaat ist berechtigt, seine innerstaatlichen Rechtsvorschriften zur Abwehr von Steuerumgehungen anzuwenden, um missbräuchlichen Gestaltungen oder unfairem Steuerwettbewerb zu begegnen.

(3) Wenn die vorstehenden Bestimmungen zur Doppelbesteuerung führen, konsultieren die zuständigen Behörden einander nach Artikel 25 Absatz 3, wie die Doppelbesteuerung zu vermeiden ist.

Artikel 29 Mitglieder diplomatischer Missionen und konsularischer Vertretungen

(1) Dieses Abkommen berührt nicht die steuerlichen Vorrechte, die den Mitgliedern diplomatischer Missionen und konsularischer Vertretungen sowie internationaler Organisationen nach den allgemeinen Regeln des Völkerrechts oder auf Grund besonderer Übereinkünfte zustehen.

(2) Soweit Einkünfte oder Vermögen im Empfangsstaat wegen der den Diplomaten und Konsularbeamten nach den allgemeinen Regeln des Völkerrechts oder auf Grund besonderer zwischenstaatlicher Übereinkünfte zustehenden steuerlichen Vorrechte nicht besteuert werden, steht das Besteuerungsrecht dem Entsendestaat zu.

(3) Ungeachtet der Vorschriften des Artikels 4 gilt eine natürliche Person, die Mitglied einer diplomatischen Mission, einer konsularischen Vertretung oder einer Ständigen Vertretung eines Vertragsstaats ist, die im anderen Vertragsstaat oder in einem dritten Staat gelegen ist, für Zwecke des Abkommens als eine im Entsendestaat ansässige Person, wenn sie

a) nach dem Völkerrecht im Empfangsstaat mit Einkünften aus Quellen außerhalb dieses Staates oder mit außerhalb dieses Staates gelegenem Vermögen nicht steuerpflichtig ist und

b) im Entsendestaat den gleichen Verpflichtungen bezüglich der Steuern von ihrem gesamten Einkommen oder vom Vermögen unterworfen ist wie in diesem Staat ansässige Personen.

(4) Das Abkommen gilt nicht für zwischenstaatliche Organisationen, ihre Organe oder Beamte sowie nicht für Mitglieder diplomatischer Missionen oder konsularischer Vertretungen eines dritten Staates und ihnen nahestehende Personen, die sich in einem Vertragsstaat aufhalten, aber in keinem der beiden Vertragsstaaten für Zwecke der Steuern vom Einkommen und vom Vermögen wie dort ansässige Personen behandelt werden.

Artikel 30 Nebenurkunden

Das beiliegende Protokoll ist Bestandteil des Abkommens.

Artikel 31 Inkrafttreten

(1) Das Abkommen bedarf der Ratifikation; die Ratifikationsurkunden werden so bald wie möglich in Wien ausgetauscht.

(2) Dieses Abkommen tritt einen Monat nach Austausch der Ratifikationsurkunden in Kraft und ist in beiden Vertragsstaaten anzuwenden

a) bei den im Abzugsweg erhobenen Steuern von Dividenden, Zinsen und Lizenzgebühren auf die Beträge, die am oder nach dem 1. Januar des Kalenderjahrs gezahlt werden, das dem Jahr folgt, in dem das Abkommen in Kraft getreten ist;

b) bei den übrigen Steuern auf die Steuern, die für Zeiträume ab dem 1. Januar des Kalenderjahrs erhoben werden, das auf das Jahr folgt, in dem das Abkommen in Kraft getreten ist.

(3) Das zwischen der Republik Österreich und der Bundesrepublik Deutschland am 4. Oktober 1954 unterzeichnete Abkommen zur Vermeidung der Doppelbesteuerung auf dem Gebiete der Steuern vom Einkommen und vom Vermögen sowie der Gewerbesteuern und der Grund-

steuern in der Fassung des Abkommens vom 8. Juli 1992 findet ab dem Zeitpunkt nicht mehr Anwendung, in dem dieses Abkommen gemäß Absatz 2 dieses Artikels Wirksamkeit erlangt.

Artikel 32 Registrierung

Die Registrierung dieses Abkommens beim Sekretariat der Vereinten Nationen nach Artikel 102 der Charta der Vereinten Nationen wird unverzüglich nach seinem Inkrafttreten von dem Vertragsstaat veranlasst, in dem die Unterzeichnung des Abkommens erfolgte. Der andere Vertragsstaat wird unter Angabe der VN-Registrierungsnummer von der erfolgten Registrierung unterrichtet, sobald dies vom Sekretariat der Vereinten Nationen bestätigt worden ist.

Artikel 33 Kündigung

Dieses Abkommen ist auf unbestimmte Zeit geschlossen, jedoch kann jeder der Vertragsstaaten bis zum 30. Juni eines jeden Kalenderjahrs nach Ablauf von fünf Jahren, vom Tag des Inkrafttretens an gerechnet, das Abkommen gegenüber dem anderen Vertragsstaat auf diplomatischem Weg schriftlich kündigen. Maßgebend für die Berechnung der Frist ist der Tag des Einganges der Kündigung bei dem anderen Vertragsstaat. Im Fall der Kündigung ist das Abkommen nicht mehr anzuwenden

a) bei den im Abzugsweg erhobenen Steuern von Dividenden, Zinsen und Lizenzgebühren auf die Beträge, die am oder nach dem 1. Januar des Kalenderjahrs gezahlt werden, das auf das Kündigungsjahr folgt;

b) bei den übrigen Steuern auf die Steuern, die für Zeiträume ab dem 1. Januar des Kalenderjahrs erhoben werden, das auf das Kündigungsjahr folgt.

Geschehen zu Berlin am 24. August 2000 in zwei Urschriften, jede in deutscher Sprache.

Für die Bundesrepublik Deutschland: Roland Lohkamp

Für die Republik Österreich: Dr. Herbert Krauss

Steuerberaterprüfung 2012/2018

Lösungshinweise zur Prüfungsaufgabe aus dem Gebiet der Ertragsteuern

Verfasser: Ltd. Regierungsdirektor i. R. Franz-Josef Bader

Teil I: Einkommensteuer/Gewerbesteuer

Sachverhalt 1

Das als Großhandel mit Kosmetikprodukten geführte Einzelunternehmen der Susi Schön (S) ist ein Gewerbebetrieb (§ 15 Abs. 2 EStG), da es als Handelsgewerbe (§ 1 Abs. 1 HGB) betrieben wird. Als Gewerbebetrieb i. S. d. EStG unterliegt das Unternehmen nach der Gewerbesteuer, da es im Inland betrieben wird (§ 2 Abs. 1 GewStG).

Der Gewinn gehört für S zu ihren Einkünften aus Gewerbebetrieb (§ 15 Abs. 1 Nr. 1 EStG), den sie zutreffend nach § 4 Abs. 1, § 5 EStG durch Betriebsvermögensvergleich nach dem mit dem Kalenderjahr übereinstimmenden Wirtschaftsjahr ermittelt hat (§ 4a Abs. 1 Nr. 3 EStG).

Besteuerungsgrundlage für die Gewerbesteuer ist der nach den Vorschriften des EStG für den Erhebungszeitraum 2017 (§ 14 GewStG) ermittelte Gewinn aus dem Gewerbebetrieb, vermehrt und vermindert um die in den § 8 und § 9 GewStG bezeichneten Beträge (§ 7 Abs. 1 Satz 1 GewStG).

1. Ermittlung des Gewinns aus Gewerbebetrieb

Dem nach § 4 Abs. 1, § 5 EStG ermittelten Gewinn i. H. von 100 000 € sind außerhalb der Bilanz die nach § 4 Abs. 4a und Abs. 5 EStG nicht abziehbaren Betriebsausgaben hinzuzurechnen.

Schuldzinsen sind nicht abziehbar, wenn Überentnahmen getätigt worden sind (§ 4 Abs. 4a Satz 1 EStG). Überentnahme ist der Betrag, um den die Entnahmen die Summe des Gewinns und der Einlagen des Wirtschaftsjahres übersteigen (§ 4 Abs. 4a Satz 2 EStG). Bei der Ermittlung der Überentnahme ist vom Gewinn ohne Berücksichtigung der nach § 4 Abs. 4a EStG nicht abziehbaren Schuldzinsen auszugehen (§ 4 Abs. 4a Satz 3 II. Halbsatz EStG).

Die mit der Finanzierung des Grundstücks in Bielefeld im Zusammenhang stehenden Schuldzinsen fallen nicht unter die Abzugsbeschränkung (§ 4 Abs. 4a Satz 5 EStG), da das Grundstück mit dem aufstehendem Lagergebäude dazu bestimmt ist, längerfristig dem Unternehmen zu dienen und daher zum Anlagevermögen des Betriebs gehört (R 6. 1 Abs. 1 Satz 1 EStR). Unter die Abzugsbeschränkung fallen somit nur die Zinsaufwendungen des laufenden Geschäftsverkehrs.

Überentnahme-/Unterentnahmebetrag 2017:

Entnahmen 2017		600 000 €
Einlagen 2017	./.	0 €
Gewinn 2017	./.	100 000 €
Überentnahmen 2017		**500 000 €**

Der Überentnahmebetrag des Jahres 2017 ist um die Überentnahmen bzw. die Unterentnahmen der vorangegangener Wirtschaftsjahre zu berichtigen (§ 4 Abs. 4a Satz 3 EStG). Da S das Unternehmen erst seit 2016 betreibt, ist nur der Überentnahme-/Unterentnahmebetrag des Jahres 2016 zu berücksichtigen.

Überentnahme-/Unterentnahmebetrag 2016:

Entnahmen		400 000 €
Einlagen	./.	300 000 €
Gewinn	./.	200 000 €
Unterentnahmen		**100 000 €**

Nach Verrechung der Überentnahmen 2017 mit den Unterentnahmen 2016 verbleibt ein kumulierter Überentnahmebetrag von 400 000 € (500 000 € ./. 100 000 €). Die nicht abziehbaren Schuldzinsen werden typisiert mit 6 % des kumulierten Überentnahmebetrags (Höchstbetrag – § 4 Abs. 4a Satz 3 EStG) berechnet.

typisiert nicht abziehbare Schuldzinsen – 6 % von 400 000 €	**24 000 €**

Der Betrag der nicht abziehbaren Schuldzinsen wird nach § 4 Abs. 4a Satz 4 EStG auf den Betrag der im Wirtschaftsjahr angefallenen Schuldzinsen, vermindert um 2 050 €, begrenzt.

Zinsaufwendungen laufender Geschäftsverkehr		20 000 €
Freibetrag § 4 Abs. 4a Satz 4 EStG	./.	2 050 €
Nicht abziehbare Schuldzinsen – § 4 Abs. 4a Satz 4 EStG		17 950 €
Höchstbetrag – § 4 Abs. 4a Satz 3 EStG		24 000 €
nicht abziehbaren Schuldzinsen		**17 950 €**

Der Gewinn i. S. des EStG ermittelt sich wie folgt:

Gewinn lt. Steuerbilanz 31. 12. 2017		100 000 €
Nicht abziehbare Schuldzinsen – § 4 Abs. 4a Satz 4 EStG	+	17 950 €
Gewinn aus Gewerbebetrieb		**117 950 €**

2. Ermittlung des Gewerbeertrags (§ 7 Satz 1 GewStG)

Der für das Wirtschaftsjahr 2017 nach den Vorschriften des EStG ermittelte Gewinn aus Gewerbebetrieb ist die Ausgangsgröße zur Ermittlung des Gewerbeertrags (§ 7 Satz 1 GewStG) für den Erhebungszeitraum 2017 (§ 14 GewStG).

Ausgangsgröße – § 7 Satz 1 GewStG – Gewinn aus Gewerbebetrieb	**117 950 €**

a) Hinzurechnungen – § 8 GewStG

► **Entgelte für Schulden**

Entgelte für Schulden unterliegen der Hinzurechnung (§ 8 Nr. 1 Buchst. a GewStG). Die Hinzurechnung beschränkt sich auf den Betrag von Finanzierungsanteilen, die bei der Ermittlung des Gewinns abgesetzt worden sind (§ 8 Satz 1 II. Halbsatz GewStG). Die bereits nach § 4 Abs. 4a

EStG nicht abziehbaren Schuldzinsen sind daher in die Hinzurechnung nach § 8 Nr. 1 GewStG nicht einzubeziehen.

Zinsaufwendungen Darlehen Mindener Str. 10, Bielefeld		40 000 €
Zinsaufwendungen laufender Geschäftsverkehr		20 000 €
Entgelte für Schulden		60 000 €
Nach § 4 Abs. 4a EStG nicht abziehbare Schuldzinsen	./.	17 950 €
Hinzurechnungsbetrag		**42 050 €**

► **Miet- und Pachtzinsen**

Die Hälfte der Miet- und Pachtzinsen für die Nutzung des Grundstücks in Essen unterliegt der Hinzurechnung nach § 8 Nr. 1 Buchst. e GewStG. In die Hinzurechnung sind nur die Entgelte für die Nutzung des dem Betrieb überlassenen Grundstücks einzubeziehen. Die vertraglich übernommenen Nebenkosten (Heizung, Wasser, Müllentsorgung) sind als reine Betriebskosten kein Entgelt für die Nutzungsüberlassung und daher nicht hinzuzurechnen (Gleichlautende Erlasse der obersten Finanzbehörden der Länder vom 4. 7. 2008, BStBl 2008 I S. 730).

Hinzurechnungsbetrag – 1/2 von (12 x 15 000 € = 180 000 €)	**90 000 €**

► **Ermittlung des Hinzurechnungsbetrags nach § 8 Nr. 1 GewStG**

Ein Viertel der Summe, der sich nach § 8 Nr. 1 GewStG ergebenden Hinzurechnungsbeträge sind dem Gewinn aus Gewerbebetrieb hinzurechnen soweit die Summe den Betrag von 100 000 € übersteigt.

Entgelte für Schulden – Hinzurechnungsbetrag		42 050 €
Miet- und Pachtzinsen – Hinzurechnungsbetrag	+	90 000 €
Summe		132 050 €
Freibetrag	./.	100 000 €
Verbleiben		32 050 €
Hinzurechnung – 1/4 von 32 050 €		**8 012 €**

b) Kürzungen – § 9 GewStG

Nach § 9 Nr. 1 GewStG ist die Summe des Gewinns und der Hinzurechnungen um 1,2 % des nach § 121a BewG auf 140 % erhöhten Einheitswerts des zum Betriebsvermögen gehörenden Grundbesitzes zu kürzen. Für die Kürzung ist der Stand zu **Beginn** des Kalenderjahrs maßgebend (§ 20 Abs. 1 Satz 2 GewStDV). Das Grundstück Mindener Str. 10 in Bielefeld gehört erst seit dem 1. 9. 2017 (Übergang Nutzen und Lasten) zum Betriebsvermögen des Unternehmens. Eine Kürzung nach § 9 Nr. 1 GewStG kommt daher **nicht** in Betracht.

c) Ermittlung des Gewerbesteuermessbetrags

Gewinn aus Gewerbebetrieb		117 950 €
Hinzurechnungen – § 8 GewStG	+	8 012 €
Gewerbeertrag – § 7 GewStG		125 962 €

Abrundung – § 11 Abs. 1 Satz 3 GewStG		125 900 €
Freibetrag – § 11 Abs. 1 Satz 3 GewStG	./.	24. 500 €
Verbleiben		101 400 €
GewSt-Messbetrag – § 11 Abs. 2 GewStG – 3,5 % von 101 400 €		**3 549 €**

Der Steuermessbetrag für den Erhebungszeitraum 2017 wird mit 3 549 € festgesetzt (§ 14 Satz 1 GewStG).

3. Zerlegung des Gewerbesteuermessbetrags (§ 28 GewStG)

Der für den Erhebungszeitraum 2017 festgestellte Gewerbesteuermessbetrag ist in die auf die Gemeinden Essen und Bielefeld entfallenden Anteile zu zerlegen, da S im Erhebungszeitraum 2017 in jeder dieser Gemeinden eine Betriebsstätte zur Ausübung ihres Gewerbes unterhalten hat (§ 28 Abs. 1 Satz 1 GewStG). Das Warenlager in Bielefeld ist nach § 12 Satz 2 Nr. 5 AO als Betriebstätte anzusehen. Unerheblich ist, dass S diese Betriebsstätte erst am 1. 9. 2017 eröffnet hat (H 28. 1GewStH: „Maßgebliche Verhältnisse im Erhebungszeitraum").

► Zerlegungsmaßstab (29 GewStG)

Zerlegungsmaßstab ist das Verhältnis der Summe der insgesamt gezahlten Arbeitslöhne aller beschäftigten Arbeitnehmer i. S. d. § 31 Abs. 1 GewStG, zu den an die in den einzelnen Betriebsstätten beschäftigten Arbeitnehmer gilt gezahlten Arbeitslöhnen (§ 29 Abs. 1 Nr. 1 GewStG). Auszugehen ist von den in der Gewinn- und Verlustrechnung ausgewiesenen Arbeitslöhnen von 1 600 000 €, da die gesamten Arbeitslöhne im Jahr 2017 an die Arbeitnehmer ausgezahlt wurden und die auf den 31. 12. 2016 erstellte Bilanz keine ausstehenden Gehaltsansprüche der Arbeitnehmer ausweist. Korrekturen sind nicht nach § 31 Abs. 2 bis 4 GewStG vorzunehmen, da keiner der Arbeitnehmer im Jahr 2017 einen Arbeitslohn von mehr als 50 000 € oder gewinnabhängige einmalige Gehaltszahlungen bezogen hat und Auszubildende nicht beschäftigt wurden.

Da das Unternehmen der S nicht von einer juristischen Person betrieben wird, sind für die im Betrieb tätige Unternehmerin S zusätzlich 25 000 € als Arbeitslohn anzusetzen (§ 31 Abs. 5 GewStG), der in voller Höhe der Betriebsstätte in Essen zuzurechnen, da S auch nach der Eröffnung der Betriebsstätte in Bielefeld ausschließlich in Essen tätig war.

Nach § 29 Abs. 1 GewStG ergibt sich für das Unternehmen der S nachfolgender Zerlegungsmaßstab.

Arbeitslöhne (§ 31 Abs. 1 GewStG)		1 600 000 €
Arbeitslohn (§ 31 Abs. 5 GewStG)	+	25 000 €
Arbeitslöhne insgesamt		1 625 000 €

Hiervon entfallen auf

Betriebsstätte Bielefeld:

Arbeitslöhne (§ 31 Abs. 1 GewStG)	100 000 €
Arbeitslohn (§ 31 Abs. 5 GewStG)	0 €
Arbeitslöhne insgesamt	100 000 €

Betriebsstätte Essen:

Arbeitslöhne (§ 31 Abs. 1 GewStG)	1 500 000 €
Arbeitslohn (§ 31 Abs. 5 GewStG)	+ 25 000 €
Arbeitslöhne insgesamt	1 525 000 €

Der für 2017 festgesetzte Gewerbesteuermessbetrag in Höhe von 3 459 € ist auf der Grundlage des Zerlegungsmaßstabs auf die beteiligten Gemeinden wie folgt aufzuteilen:

Bielefeld 100 000 €/1 625 000 € von 3 549 €	**218 €**
Essen 1 525 000 €/1 625 000 € von 3 549 €	**3 330 €**

► **Ermittlung der Gewerbesteuer**

Bielefeld: Messbetrag 218 € x 435 %. Hebesatz	948 €
Essen: Messbetrag 3 330 € x 480 %. Hebesatz	15 984 €
Gewerbesteuer insgesamt	**16 932 €**

Sachverhalt 2

Peter Panther (P) erzielt während des ganzen Jahres 2017 aus dem Grundstück in Marburg Einkünfte aus Vermietung und Verpachtung (§ 21 Abs. 1 Nr. 1 EStG), da bei einer auf Dauer angelegten Vermietungstätigkeit grundsätzlich ohne weitere Prüfung vom Vorliegen der Einkunftserzielungsabsicht auszugehen ist (BMF vom 8. 10. 2004 IV C 3 - S 2253 - 91/04 RdNr. 1, BStBl 2004 I S. 933). Die Einkunftserzielungsabsicht ist nicht mit der Bestellung des Erbbaurechts an dem Grundstück zum 1. 9. 2017 zu Gunsten der T wegfallen, da auch der Erbbauzins für ein Erbbaurecht an einem privaten Grundstück zu den Einnahmen aus Vermietung und Verpachtung gehört (H 21. 2 EStH: „Erbbaurecht"). Die Einkünfte aus Vermietung und Verpachtung sind als Überschuss der Einnahmen über die Werbungskosten zu ermitteln (§ 2 Abs. 2 Nr. 2 EStG).

1. Einnahmen

a) Miete

Einnahmen (§ 8 Abs. 1 EStG) sind die für die beiden vermieteten Wohnungen in 2017 für Januar bis August 2017 vereinnahmten Mieten (§ 11 Abs. 1 Satz 1 EStG).

Einnahmen Miete Januar – August 2017 – 1 800 € x 8	**14 400 €**

Zu den Einnahmen des Jahres 2017 gehört auch die Miete für die Erdgeschosswohnung für den Dezember 2016 i. H. v. 900 €. P hat erst mit der Barzahlung am 15. 2. 2017 die wirtschaftliche Verfügungsmacht über den von der Mieterin geschuldeten Geldbetrag erlangt (H 11 EStH: „Zufluss von Einnahmen"). Die Miete für Dezember 2016 gilt **nicht** nach § 11 Abs. 1 Satz 2 EStG als im Jahr der wirtschaftlichen Zugehörigkeit 2016 zugeflossen. Die Voraussetzungen des § 11 Abs. 1 Satz 2 EStG liegen nicht vor, da die Zahlung erst am 15. 2. 2017 erfolgt ist. Die Miete für Dezember 2016 gehört zwar zu den regelmäßig wiederkehrenden Einnahmen; sie ist P jedoch **nicht** kurze Zeit nach Beendigung des Kalenderjahres 2016, zu dem sie wirtschaftlich gehört, zugeflossen. Kurze Zeit bei regelmäßig wiederkehrenden Einnahmen ist ein Zeitraum bis zu zehn Tagen; innerhalb dieses Zeitraums müssen die Zahlungen fällig und geleistet worden sein (H 11 EStH: „Kurze Zeit").

Einnahmen – Miete Dezember 2016	**900 €**

b) Erbbauzinsen

Der für die Bestellung des Erbbaurechts zu Gunsten der T an dem privaten Grundstück als Einmalbetrag i. H. v. 200 000 € gezahlte Erbbauzins stellt für P das Nutzungsentgelt für die zeitlich befristete Nutzungsüberlassung des Grundstücks für die Dauer von 99 Jahren dar und gehört zu den **Einnahmen aus Vermietung und Verpachtung** (H 21. 2 EStH: „Erbbaurecht").

Grundsätzlich ist der Einmalbetrag i. H. v. 200 000 € in 2017 als Einnahme bei der Ermittlung der Einkünfte aus Vermietung und Verpachtung anzusetzen, da er in diesem Kalenderjahr zugeflossen ist (§ 11 Abs. 1 Satz 1 EStG).

P hat die Möglichkeit, die Einnahmen insgesamt auf die Laufzeit des Erbbaurechts von 99 Jahren gleichmäßig zu verteilen (§ 11 Abs. 1 Satz 3 EStG). Die Einnahmen werden für eine Nutzungsüberlassung von mehr als fünf Jahren im Voraus geleistet.

Von dem Wahlrecht nach § 11 Abs. 1 Satz 3 EStG ist Gebrauch zu machen, da nach der Aufgabenstellung das für P steuerlich günstigste Ergebnis zu wählen ist und alle erforderlichen Anträge als gestellt gelten.

Erbauzins insgesamt	200 000 €
Jahresbetrag – 1/99 von 200 000 €	2 020 €
Anteil für 2017 – 4/12 von 2 020 €	**673 €**

Nicht zu den Einnahmen aus Vermietung und Verpachtung gehört der von T für die Übertragung des Gebäudes gezahlte Betrag i. H. v. 400 000 €. P fließt insoweit kein Entgelt für eine zeitlich befristete Nutzungsüberlassung des Grundstücks zu. Das bei der Bestellung des Erbbaurechts schon vorhandene Bauwerk gilt als wesentlicher Bestandteil (§ 94 BGB) des Erbbaurechts. (§ 12 Abs. 1 Satz 2 ErbbauRG). Der von P vereinnahmte Betrag von 400 000 € stellt den Veräußerungspreis für die Übertragung des Eigentums an dem Gebäude dar, das mit der Begründung des Erbbaurechts auf T übergegangen ist.

Es ergeben sich für 2017 nachfolgende Einnahmen:

Miete Januar – August 2017		14 400 €
Miete Dezember 2016	+	900 €
Erbauzins – Anteil für 2017	+	673 €
Einnahmen 2017 insgesamt		**15 973 €**

2. Werbungskosten

a) Grundstückskosten

Die mit der Vermietung der Wohnungen bis August 2017 im Zusammenhang stehenden laufenden Grundstücks- und Verwaltungskosten stellen für P Werbungskosten dar, da sie der Erwerbung, Sicherung und Erhaltung der Einnahmen dienen (§ 9 Abs. 1 Satz 1 EStG). Auch die ab September 2017 durch die Verwaltung des Erbbaurechts verursachten Verwaltungskosten gehören zu den Werbungskosten. Sie dienen der Erzielung des Erbbauzins, der – wie festgestellt – zu den Einnahmen aus Vermietung und Verpachtung gehört. Es ergeben sich folgende Werbungskosten:

Laufende Grundstückskosten – 1. 1. – 31. 8. 2017 – 8 x 400 €		3 200 €
Verwaltungskosten Erbbaurecht – 1. 9. – 31. 12. 2017	+	300 €
Laufende Grundstücks-/ Verwaltungskosten		**3 500 €**

b) Anbau Balkon

Die Aufwendungen für den zusätzlichen Anbau des Balkons an der Wohnung im Obergeschoss rechnen zu den nachträglichen Herstellungskosten, weil sie im Zusammenhang mit einer Erweiterung des Gebäudes i. S. von § 255 Abs. 2 Satz 1 HGB entstanden sind (BMF vom 18. 7. 2003, IV C 3 - S 2211 - 94/03 RdNr. 17; BStBl 2003 I S. 386). Von einer Erweiterung ist auszugehen, weil durch den Anbau des zuvor nicht vorhandenen Balkons die nutzbare Fläche des Gebäudes – wenn auch nur geringfügig – vergrößert worden ist (BMF vom 18. 7. 2003, IV C 3 - S 2211 - 94/03 RdNr. 21; BStBl 2003 I S. 386). Dies gilt unabhängig von der Höhe der für die Erweiterung entstandenen Kosten. Die Aufwendungen sind damit grundsätzlich der bisherigen AfA-Bemessungsgrundlage hinzuzurechnen.

Aus Vereinfachungsgründen können Aufwendungen, die nach Fertigstellung eines Gebäudes entstanden sind und für die einzelne Baumaßnahme nicht mehr als 4 000 € (Rechnungsbetrag ohne Umsatzsteuer) betragen, auf Antrag als sofort abzugsfähiger Erhaltungsaufwand behandelt werden (R 21. 1 Abs. 2 Satz 2 EStR). Von dem **Wahlrecht** ist Gebrauch zu machen, da nach der Aufgabenstellung das steuerlich günstigste Ergebnis zu wählen ist und alle erforderlichen Anträge als gestellt gelten.

Die Veräußerung des Gebäudes im Zusammenhang mit der Bestellung des Erbbaurechts am 1. 9. 2017 hindert den Werbungskostenabzug nicht. Bei der während der Vermietungszeit noch durchgeführten Baumaßnahme ist typisierend davon auszugehen, dass sie noch der Einkünfteerzielung dient und die dadurch entstandenen Aufwendungen – unabhängig vom Zahlungszeitpunkt – grundsätzlich als Werbungskosten zu berücksichtigen sind. Die Aufwendungen sind nicht durch die Veräußerung des Mietwohnobjekts veranlasst. Den Entschluss zur Veräußerung hat P erst im Mai/Juni 2017 und damit erst nach Abschluss der Baumaßnahme am 15. 2. 2017 gefasst.

Erhaltungsaufwand	**3 500 €**

c) Fassadenanstrich

Die Aufwendungen für den Fassadenanstrich sind **nicht** als Werbungskosten bei der Ermittlung der Einkünfte aus Vermietung und Verpachtung zu berücksichtigen. Der erforderliche Veranlassungszusammenhang mit der Vermietungstätigkeit ist nicht mehr gegeben, da die Aufwendungen ganz überwiegend durch die Veräußerung des Mietwohnobjekts veranlasst sind (§ 9 Abs. 1 EStG).

Die Mitveranlassung der Aufwendungen durch die Abnutzung des Gebäudes während der bisherigen Vermietungstätigkeit reicht nicht aus, um den Werbungskostenabzug bei den Einkünften aus Vermietung und Verpachtung zu rechtfertigen; denn der objektive Zusammenhang der Aufwendungen mit der früheren Einkunftserzielung wird durch die von den Beteiligten gewollte Verknüpfung mit der Grundstücksveräußerung überlagert, da P damit letztlich nur einen nicht steuerbaren höheren Veräußerungserlös erzielt.

Nach dem Sachverhalt wurde die Beseitigung der Schäden in dem Erbbaurechtsvertrag vereinbart, indem sich P verpflichtete, die Fassade des Zweifamilienhauses noch bis zum Zeitpunkt der Bestellung des Erbbaurechts am 1.9.2017 neu streichen zu lassen. Daraus ist auf eine – die Vermietungstätigkeit überlagernde – objektive und subjektive Veranlassung der Instandsetzungsaufwendungen durch die (anstehende) Veräußerung des Grundstücks zu schließen (BFH vom 14.12.2004 IX R 34/03, BStBl 2005 II S. 343).

d) Absetzung für Abnutzung (AfA)

Für das Gebäude kann P bis zur Veräußerung die AfA als Werbungskosten geltend machen (§ 9 Abs. 1 Satz 3 Nr. 7 EStG). AfA-Bemessungsgrundlage sind die Herstellungskosten des Gebäudes in Höhe von 300 000 € (§ 7 Abs. 4 Satz 1 EStG). Die AfA ist nach § 7 Abs. 4 Satz 1 Nr. 2 Buchst. a EStG mit 2 % p. a. vorzunehmen. Die AfA für 2017 ist nur zeitanteilig zu berücksichtigen, da das Gebäude am 1.9.2017 veräußert wurde (R 7. 4 Abs. 8 EStR).

AfA – 8/12 von 2 % von 300 000 €	**4 000 €**

Die degressive AfA nach § 7 Abs. 5 EStG kommt nicht in Betracht, weil der Bauantrag für das Gebäude erst nach dem 31.12.2005 gestellt worden ist (§ 7 Abs. 5 Nr. 3 Buchst. c EStG).

Es ergeben sich für 2017 nachfolgende Werbungskosten:

e) Werbungskosten insgesamt

Laufende Grundstücks-/ Verwaltungskosten		3 500 €
Erhaltungsaufwand - Anbau des Balkons	+	3 500 €
Fassadenanstrich		-
AfA	+	4 000 €
Werbungskosten insgesamt		**11 000 €**

3. Ermittlung der Einkünfte aus Vermietung und Verpachtung

Einnahmen 2017 insgesamt		15 973 €
Werbungskosten insgesamt	./.	11 000 €
Einkünfte aus Vermietung und Verpachtung		**4 973 €**

4. Einkünfte aus privaten Veräußerungsgeschäften (§ 23 EStG)

P erzielt im Zusammenhang mit der Bestellung des Erbaurechts an seinem Grundstück und der damit verbundenen Veräußerung des Gebäudes **keinen** nach § 23 Abs. 1 EStG steuerpflichtigen privaten Veräußerungsgewinn.

Ein privates Veräußerungsgeschäft im Sinne des § 23 Abs. 1 Satz 1 Nr. 1 EStG liegt nicht vor, da

- ein erworbenes "bebautes" Erbbaurecht **nicht** veräußert wird.,
- hinsichtlich des Grund und Bodens entfällt § 23 Abs. 1 Nr. 1 Satz 1 EStG, weil dieser bei der Bestellung des Erbbaurechts **nicht** veräußert worden ist,

- hinsichtlich der Übertragung des Gebäudes mangelt es an der notwendigen Anschaffung (§ 23 Abs. 1 Nr. 1 Satz 1 EStG), da das Gebäude von P **nicht** angeschafft, sondern von ihm selbst hergestellt wurde.

§ 23 Abs. 1 Nr. 1 Satz 2 EStG findet auf die Veräußerung des Gebäudes ebenfalls keine Anwendung. Die Einbeziehung eines errichteten Gebäudes setzt eine Veräußerung des Grundstücks unter den Voraussetzungen des § 23 Abs. 1 Nr. 1 Satz 1 EStG voraus. Da das Gebäude nicht **zusammen** mit dem zuvor erworbenen Grund und Boden veräußert wird, ist § 23 Abs. 1 Nr. 1 Satz 1 EStG nicht anwendbar (BMF vom 5.10.2000 Nr. 9 IV C 3 - S 2256 - 263/00, BStBl 2000 I S. 1383).

Sachverhalt 3

Persönliche Steuerpflicht

R ist als natürliche Person unbeschränkt einkommensteuerpflichtig, weil er seinen Wohnsitz in Düsseldorf und damit im Inland hat (§ 1 Abs. 1 EStG). Der Einkommensteuer unterliegen seine sämtlichen inländischen und ausländischen Einkünfte (§ 2 Abs. 1 Satz 1 EStG), soweit sie nicht durch ein DBA von der inländischen Besteuerung freigestellt werden.

Das DBA-Österreich ist auf die Einkommensteuer des R anzuwenden (Art. 2 Abs. 1- 3 DBA-Österreich), da R eine in einem der Vertragsstaaten ansässige natürliche Person ist (Artikel 1, Art. 4 DBA-Österreich).

1. Einkünfte aus Gewerbebetrieb (§ 15 Abs. 1 Nr. 1 EStG)

R erzielt aus seinem Gewerbebetrieb in Köln Einkünfte aus Gewerbebetrieb (§ 15 Abs. 1 Nr. 1 EStG). Seinen Gewinn ermittelt er zulässigerweise als Überschuss der Betriebseinnahmen über die Betriebsausgaben nach § 4 Abs. 3 EStG. Die Gewinnausschüttung der österreichischen X-GmbH gehört, soweit sie auf die zum Betriebsvermögen gehörenden Anteile entfällt, nicht zu den Einkünften aus Kapitalvermögen i. S. v. § 20 Abs. 1 Nr. 1 EStG, sondern ist den Einkünften aus Gewerbebetrieb zuzurechnen (§ 20 Abs. 8 EStG). Der gesonderte Steuertarif für Einkünfte aus Kapitalvermögen nach § 32d EStG findet deshalb keine Anwendung (§ 32d Abs. 1 Satz 1 EStG).

Die Gewinnausschüttung unterliegt nach § 3 Nr. 40 Buchst. d Satz 1 EStG dem Teileinkünfteverfahren, da die Gewinnausschüttung nach § 20 Abs. 8 EStG zu den Einkünften aus Gewerbebetrieb gehört (§ 3 Nr. 40 Satz 2 EStG). Zur Ermittlung des Gewinns sind 60 % der Gewinnausschüttung nach § 3 Nr. 40 Buchst. d EStG anzusetzen und 60 % der Finanzierungskosten nach § 3c Abs. 2 EStG als Betriebsausgaben abzugsfähig. Die österreichische Kapitalertragsteuer gehört zu den nach § 12 Nr. 3 EStG nicht abzugsfähigen Personensteuern und darf den Gewinn nicht mindern.

Für die Dividende der österreichischen X-GmbH steht der BRD ein Besteuerungsrecht zu (Art. 10 Abs. 1 i. V. m. Art. 7 Abs. 8 DBA-Österreich). Es handelt sich um eine Dividende i. S. d. Art. 10 Abs. 3 DBA-Österreich. Die X-GmbH und R sind in verschiedenen DBA-Staaten ansässig; die X-GmbH als Kapitalgesellschaft in der Republik Österreich und R als natürliche Person in der BRD. Die Dividende der österreichischen X-GmbH unterliegt der inländischen Besteuerung (Art. 23 Abs. 1 Buchst. a DBA-Österreich). Die Einkünfte aus der Republik Österreich werden nicht von der Besteuerung in der BRD nach Art. 23 Abs. 1 Buchst. a DBA-Österreich freigestellt. Die Dividende wird nicht an eine in der BRD ansässige juristische Person gezahlt (Art. 3 Abs. 1 Buchst. e DBA-Österreich).

Die Republik Österreich darf ebenfalls die Dividende als Vertragsstaat, in dem die die Dividenden zahlende Gesellschaft (Art. 3 Abs. 1 Buchst. d DBA-Österreich) ansässig ist, besteuern (Art. 10 Abs. 2 DBA-Österreich). Die Steuer darf nach Art. 10 Abs. 2 Buchst. b DBA-Österreich 15 % des Bruttobetrags der Dividenden nicht übersteigen. Soweit die von der Republik Österreich einbehaltene Kapitalertragsteuer 15 % der Brutto-Dividende übersteigt, ist sie auf Antrag des R von der Republik Österreich zu erstatten (Art. 27 Abs. 1 DBA-Österreich).

Die österreichische Kapitalertragsteuer wird nach Art. 23 Abs. 1 Buchst. b DBA-Österreich, soweit sie nach österreichischem Recht und in Übereinstimmung mit dem DBA-Österreich für diese Einkünfte gezahlt worden ist, unter Beachtung der Vorschriften über die Anrechnung ausländischer Steuern (§ 34c Abs. 6 Satz 2 EStG) auf die deutsche Einkommensteuer angerechnet. Die österreichische Kapitalertragsteuer ist eine Steuer, auf die das DBA Anwendung findet (Art. 1 Abs. 1 DBA-Österreich). Der Anrechnung steht § 34c Abs. 6 Satz 2 II. Halbsatz EStG nicht entgegen, da die Dividende nach § 20 Abs. 8 EStG den Einkünften aus Gewerbebetrieb zuzurechnen ist und insoweit § 32d Abs. 1 und Abs. 3 bis Abs. 6 EStG nicht anzuwenden sind. Eine Anrechnung der österreichischen Kapitalertragsteuer kommt bis zu einem Maximalbetrag von 450 € (15 % von 3 000 €) in Betracht.

Die ausländische Steuer ist auf die deutsche Einkommensteuer nur in der Höhe anzurechnen, wie die sich bei der Veranlagung des zu versteuernden Einkommens ergebende deutsche Einkommensteuer nach dem Verhältnis der ausländischen Einkünfte zur Summe der Einkünfte auf die ausländischen Einkünfte entfällt (§ 34c Abs. 1 Satz 2 EStG).

Eine Anrechnung der österreichischen Kapitalertragsteuer kann nach § 34c Abs. 1 EStG somit nicht erfolgen, da sich bei der Höhe des Einkommens des R für 2017 eine Einkommensteuer von 0 € ergibt.

Statt der Anrechnung ist die ausländische Steuer auf Antrag bei der Ermittlung der Einkünfte abzuziehen, soweit sie auf ausländische Einkünfte entfällt, die nicht steuerfrei sind (§ 34c Abs. 2 i. V. m. Abs. 6 Satz 2 EStG). Da die Dividende nach § 3 Nr. 40 Buchst. d Satz 2 EStG zu 40 % steuerfrei ist, sind nur 270 € (60 % von 450 €) der ausländischen Kapitalertragsteuer nach § 34c Abs. 2 EStG abzugsfähig.

Hiernach berechnet sich der Verlust aus Gewerbebetrieb wie folgt:

erklärter Verlust			./.	5 000 €
Gewinnausschüttung – 1/2 von 6 000 €		3 000 €		
Steuerfrei – § 3 Nr. 40 Buchst. d Satz 2 EStG – 40 % von 3 000 €	./.	1 200 €		
Steuerpflichtig – § 3 Nr. 40 Buchst. d Satz 2 EStG – 60 % von 3 000 €			+	1 800 €
Betriebsausgaben – Zinsen – 1/2 von 1 000 €		500 €		
nicht abzugsfähig – 40 % von 500 € – § 3c Abs. 2 EStG	./.	200 €		
abzugsfähig – 60 % von 500 € – § 3c Abs. 2 EStG			./.	300 €
abzugsfähige ausländische Steuer – 60 % von 450 € – § 34c Abs. 2 EStG			./.	270 €
Einkünfte aus Gewerbebetrieb (Verlust)			./.	**3 770 €**

2. Einkünfte aus Kapitalvermögen

Die **Gewinnausschüttung** auf die im Privatvermögen gehaltenen Anteile an der X-GmbH gehören nach § 20 Abs. 1 Nr. 1 EStG zu den Einkünften aus Kapitalvermögen. Anzusetzen ist die Bruttodividende, da die von der Republik Österreich einbehaltene Kapitalertragsteuer nach § 12 Nr. 3 EStG bei der Ermittlung der Einkünfte nicht abzugsfähig ist.

Die Einkünfte unterliegen **nicht** dem Teileinkünfteverfahren. § 3 Nr. 40 Buchst. d Satz 1 EStG ist nicht anzuwenden, weil die Dividende zu den Einkünften aus Kapitalvermögen i. S. d. § 20 Abs. 1 Nr. 1 EStG gehört und § 20 Abs. 8 EStG keine Anwendung findet (§ 3 Nr. 40 Satz 2 EStG).

Die Dividende der X-GmbH unterliegt der **inländischen Besteuerung**. Für die Dividende steht der BRD ein Besteuerungsrecht zu (Art. 10 Abs. 1 DBA-Österreich). Die Republik Österreich ist als Quellenstaat nach Art. 10 Abs. 2 Buchst. b DBA-Österreich berechtigt, die Dividende einer Quellensteuer von 15 % des Bruttobetrags der Dividenden zu unterwerfen.

Die Einkünfte unterliegen als Einkünfte aus Kapitalvermögen nach § 32d Abs. 1 Satz 1 EStG der **Abgeltungsteuer.** Ein Antrag nach § 32d Abs. 2 Nr. 3 EStG auf Nichtanwendung des § 32d Abs. 1 Satz 1 EStG kann R nicht stellen. R ist weder an der X-GmbH zu mindestens 25 % beteiligt (§ 32d Abs. 2 Nr. 3 Buchst. a EStG) noch ist er nach dem Sachverhalt für die X-GmbH beruflich tätig (§ 32d Abs. 2 Nr. 3 Buchst. b EStG).

Auf **Antrag** des R werden anstelle der Besteuerung nach § 32d Abs. 1, Abs. 3 und Abs. 4 EStG die nach § 20 Abs. 9 EStG ermittelten Kapitaleinkünfte den Einkünften im Sinne des § 2 Abs. 1 EStG hinzugerechnet und der tariflichen Einkommensteuer unterworfen (§ 2 Abs. 1 Satz 2 i. V. m. § 32d Abs. 6 Satz 1 EStG). Bei der Ermittlung der Einkünfte ist in diesem Fall als Werbungskosten ein Betrag von 801 € abzuziehen (Sparer-Pauschbetrag); der Abzug der tatsächlichen Werbungskosten ist nach § 32d Abs. 6 EStG ausgeschlossen (§ 20 Abs. 9 Satz 1 II. Halbsatz EStG).

Es ist davon auszugehen, dass R einen entsprechenden Antrag nach § 32d Abs. 6 EStG auf Einbeziehung der Kapitaleinkünfte in eine Veranlagung stellt, da er hierdurch eine Besteuerung seiner ausländischen Einkünfte in der BRD vermeidet.

Die auf die ausländischen Kapitalerträge festgesetzte und um einen Ermäßigungsanspruch gekürzte ausländische Steuer ist auf die deutsche Steuer, jedoch höchstens 25 % ausländische Steuer auf den einzelnen Kapitalertrag, auf die zusätzliche tarifliche Einkommensteuer anzurechnen, die auf die hinzugerechneten Kapitaleinkünfte entfällt (Art. 23 Abs. 1 Buchst. b DBA-Österreich i. V. m. § 32d Abs. 6 Satz 2 i. V. m. Abs. 5 EStG). Da sich bei der Höhe des Einkommens des R auch unter Einbeziehung seiner Kapitaleinkünfte eine Einkommensteuer von 0 € ergibt, entfällt eine Anrechnung der österreichischen Kapitalertragsteuer.

Die ausländische Kapitalertragsteuer kann **nicht** auf Antrag nach § 34c Abs. 2 EStG bei der Ermittlung der Einkünfte abgezogen werden. Für ausländische Einkünfte, auf die § 32d Abs. 1 und 3 bis 6 EStG anzuwenden ist, findet § 34c Abs. 2 EStG keine Anwendung (§ 34c Abs. 6 Satz 2 II. Halbsatz EStG). Weder das DBA-Österreich noch § 32d Abs. 6 Satz 2 EStG sehen einen Abzug der ausländischen Steuer bei der Ermittlung der Einkünfte vor.

Hiernach ermitteln sich die Einkünfte aus Kapitalvermögen wie folgt:

Einnahmen – § 20 Abs. 1 Nr. 1 EStG		3 000 €
Sparer-Pauschbetrag – § 20 Abs. 9 EStG	./.	801 €
Einkünfte aus Kapitalvermögen		**2 199 €**

3. Ermittlung der Summe der Einkünfte

Einkünfte aus Gewerbebetrieb (Verlust)	./.	3 770 €
Einkünfte aus Kapitalvermögen	+	2 199 €
Summe der Einkünfte	./.	**1 571 €**

Sachverhalt 4

S ist im Veranlagungszeitraum 2017 bis zur Aufgabe seines inländischen Wohnsitzes in Deutschland am 28. 2. 2017 unbeschränkt einkommensteuerpflichtig (§ 1 Abs. 1 EStG). Anschließend unterliegt er der beschränkten Steuerpflicht (§ 1 Abs. 4 EStG), da er seit seiner Wohnsitzverlegung in die Republik Österreich im Inland weder einen Wohnsitz (§ 8 AO) noch einen gewöhnlichen Aufenthalt hat (§ 9 AO).

S kann **nicht** auf Antrag für die Zeit seiner beschränkten Steuerpflicht als unbeschränkt einkommensteuerpflichtig behandelt werden (§ 1 Abs. 3 EStG), da seine Einkünfte im Kalenderjahr 2017 **nicht** mindestens zu 90 % der deutschen Einkommensteuer unterliegen und die nicht der deutschen Einkommensteuer unterliegenden Einkünfte den Grundfreibetrag nach § 32a Abs. 1 Satz 2 Nr. 1 EStG übersteigen.

Der Einkommensteuer unterliegen **sämtliche Einkünfte**, die R während seiner unbeschränkten Einkommensteuerpflicht bezogen hat und als inländische Einkünfte i. S. d. § 49 EStG während seiner beschränkten Einkommensteuerpflicht erzielt hat (§ 2 Abs. 1 Satz 1 EStG). Die während der Zeit der beschränkten Einkommensteuerpflicht erzielten inländischen Einkünfte i. S. d. § 49 EStG sind in die Veranlagung zur unbeschränkten Einkommensteuerpflicht einzubeziehen (§ 2 Abs. 7 Satz 3 EStG).

Das DBA-Österreich ist auf die Einkommensteuer anzuwenden (Art. 2 Abs. 1 – 3 DBA-Österreich), da S während der Zeit seiner unbeschränkten bzw. beschränkten Einkommensteuerpflicht jeweils in einem der Vertragsstaaten ansässig und jeweils Einkünfte aus dem jeweiligen Nicht-Wohnsitzstaat bezogen hat (Art. 1, Art. 4 Abs. 1 DBA-Österreich).

1. Einkünfte aus selbständiger Arbeit (§ 18 Abs. 1 Nr. 3 EStG)

Als Aufsichtsratsmitglied der T-AG in Düsseldorf erzielt S während der Zeit seiner beschränkten Steuerpflicht Einkünfte aus selbständiger Arbeit (§ 18 Abs. 1 Nr. 3 EStG). Die Einkünfte ermittelt S zulässigerweise als Überschuss der Betriebseinnahmen und der Betriebsausgaben nach § 4 Abs. 3 EStG. Die Einkünfte unterliegen der beschränkten Steuerpflicht, da S die Tätigkeit als Aufsichtsratsmitglied in der Zeit seiner beschränkten Steuerpflicht in Düsseldorf und damit im Inland ausgeübt hat (§ 49 Abs. 1 Nr. 3 EStG).

Die Aufsichtsratsvergütungen, die S als eine in der Republik Österreich ansässige Person (Art. 4 Abs. 1 DBA-Österreich) als Mitglied des Aufsichtsrats der T-AG bezieht, dürfen in der BRD besteuert werden (Art. 16 Abs. 1 DBA-Österreich). Die T-AG ist als Gesellschaft (Art. 3 Abs. 1 Buchst. e DBA-Österreich) eine Person (Art. 3 Buchst. d DBA-Österreich), die in der BRD ansässig und dort auf Grund des Ortes ihrer Geschäftsleitung steuerpflichtig ist (Art. 4 Abs. 1 DBA-Österreich). In der Republik Österreich sind diese Einkünfte von der Besteuerung freigestellt (Art. 23 Abs. 2 Buchst. a DBA-Österreich).

Die Einkommensteuer wird bei Einkünften, die Mitgliedern des Aufsichtsrats für die Überwachung der Geschäftsführung gewährt werden, bei beschränkt Steuerpflichtigen im Wege des **Steuerabzugs** erhoben (§ 50a Abs. 1 Nr. 4 EStG). Der Steuerabzug beträgt 30 % der gesamten Einnahmen (§ 50a Abs. 2 Satz 1 EStG).

Da nach dem Sachverhalt die T-AG ihren steuerlichen Pflichten nachgekommen ist, ist davon auszugehen, dass der Steuerabzug in der gesetzlichen Höhe von der T-AG mit 3 000 € (30/70 von 7 000 €) vorgenommen wurde. Die Abzugssteuer nach § 50a EStG gehört zu den nach § 12 Nr. 3 EStG als Form der Einkommensteuer zu den nicht abzugsfähigen Personensteuern. Die Einnahmen aus der Aufsichtsrattätigkeit betragen somit 10 000 € und stellen gleichzeitig die Einkünfte aus selbständiger Arbeit dar (§ 18 Abs. 1 Nr. 3 EStG), da nach dem Sachverhalt S keine Aufwendungen im Zusammenhang mit dieser Tätigkeit entstanden sind.

Nach § 50 Abs. 2 Satz 1 EStG gilt die Einkommensteuer für Einkünfte, die dem Steuerabzug nach § 50a EStG unterliegen, bei beschränkt Steuerpflichtigen grundsätzlich durch den Steuerabzug als abgegolten. Da S im Kalenderjahr 2017 jedoch sowohl unbeschränkt als auch beschränkt einkommensteuerpflichtig war, tritt die **Abgeltwirkung nicht** ein (§ 50 Abs. 2 Satz 2 Nr. 3 EStG). Die während der beschränkten Einkommensteuerpflicht erzielten inländischen Einkünfte sind in die Veranlagung einzubeziehen (§ 2 Abs. 7 Satz 3 EStG).

Einkünfte aus selbständiger Arbeit (§ 18 Abs. 1 Nr. 3 EStG)	**10 000 €**

2. Einkünfte aus Vermietung und Verpachtung (§ 21 Abs. 1 Nr. 1 EStG)

Aus der Vermietung der zum Privatvermögen gehörenden Wohnung in Salzburg (Republik Österreich) erzielt S während der Zeit seiner unbeschränkten Steuerpflicht bis zum 28. 2. 2017 Einkünfte aus Vermietung und Verpachtung (§ 21 Abs. 1 Nr. 1 EStG).

Die Einkünfte, die S als eine in der BRD ansässige Person aus dem in der Republik Österreich belegenen unbeweglichem Vermögen bezieht, dürfen von der Republik Österreich besteuert werden (Art. 6 Abs. 1 DBA-Österreich). Die BRD stellt diese Einkünfte von der inländischen Besteuerung **frei,** da die Republik Österreich für diese Einkünfte das Besteuerungsrecht hat (Art. 23 Abs. 1 Buchst. a Satz 1 DBA-Österreich).

Die in der BRD von der Besteuerung freigestellten ausländischen Einkünfte sind jedoch im Rahmen des **Progressionsvorbehalts** (§ 32b Abs. 1 Nr. 3 EStG) in Übereinstimmung mit dem DBA-Österreich bei der Festsetzung des Steuersatzes für andere Einkünfte zu berücksichtigen (Art. 23 Abs. 1 Buchst. a Satz 2 DBA-Österreich).

Die von S während der Zeit seiner beschränkten Steuerpflicht seit dem 1. 3. 2017 bezogenen Einkünfte aus Vermietung und Verpachtung unterliegen **nicht** der inländischen Besteuerung. Inländische Einkünfte i. S. d. § 49 Abs. 1 Nr. 6 EStG liegen **nicht** vor, da das vermietete Grundstück nicht im Inland (BRD) belegen ist. Die nicht der deutschen Einkommensteuer unterliegenden ausländischen Einkünfte sind im Rahmen des **Progressionsvorbehalts** zu berücksichtigen (§ 32b Abs. 1 Nr. 2 EStG), da S im Veranlagungszeitraum 2017 **zeitweise** unbeschränkt steuerpflichtig war.

c) Anteile AB-GmbH

Vermögenszuwachsbesteuerung (§ 6 AStG)

S beendet mit seiner Wohnsitzverlegung nach Wien (Österreich) am 28. 2. 2017 seine unbeschränkte Steuerpflicht, da er seit diesem Zeitpunkt im Inland weder einen Wohnsitz noch einen gewöhnlichen Aufenthalt hat (§ 1 Abs. 1 EStG).

Auf die Anteile der AB-GmbH ist im Zeitpunkt der Beendigung der unbeschränkten Steuerpflicht § 17 EStG auch **ohne Veräußerung** anzuwenden (§ 6 Abs. 1 AStG). S war bis zu seiner Wohnsitzverlegung nach Wien als natürliche Person insgesamt mindestens zehn Jahre nach § 1 Abs. 1 EStG unbeschränkt steuerpflichtig, da er seit seiner Geburt im Jahre 1979 in Deutschland gelebt hat.

Seit dem Jahre 2000 ist S alleiniger Gesellschafter der AB-GmbH. Die Anteile hält er im Privatvermögen. Er ist damit wesentlich Beteiligter i. S. d. § 17 EStG, da er innerhalb der letzten 5 Jahre vor der Beendigung seiner unbeschränkten Steuerpflicht zu mindestens 1 % an der AB-GmbH beteiligt ist (§ 17 Abs. 1 Satz 1 EStG). Für die Besteuerung ist es unerheblich, dass die AB-GmbH weder ihre Geschäftsleitung noch ihren Sitz im Inland hat. § 17 Abs. 1 EStG setzt nicht voraus, dass die Kapitalgesellschaft unbeschränkt körperschaftsteuerpflichtig ist (§ 1 Abs. 1 Nr. 1 KStG). Der Veräußerungsgewinn gilt noch in der Zeit der unbeschränkten Steuerpflicht als bezogen, da § 6 AStG im Zeitpunkt der Beendigung der unbeschränkten Steuerpflicht anzuwenden ist.

Der Veräußerungsgewinn ist nach § 17 Abs. 2 EStG zu ermitteln. An Stelle des Veräußerungspreises (§ 17 Abs. 2 EStG) tritt der gemeine Wert der Anteile im Zeitpunkt der Beendigung der unbeschränkten Steuerpflicht (§ 6 Abs. 1 Satz 4 AStG). Das Teileinkünfteverfahren ist anzuwenden.

gemeiner Wert der Anteile am 28. 2. 2017	450 000 €	
40 % steuerfrei – § 3 Nr. 40 Buchst. c EStG	./. 180 000 €	
60 % steuerpflichtig		270 000 €
Anschaffungskosten für die Anteile betrugen	350 000 €	
40 % nicht abzugsfähig – § 3c Abs. 2 EStG	./. 140 000 €	
60 % abzugfähige Anschaffungskosten		./. 210 000 €
		60 000 €
Freibetrag – § 17 Abs. 3 EStG		0 €
steuerpflichtiger Veräußerungsgewinn – § 6 AStG i.V. m. § 17 EStG		**60 000 €**

Ein Freibetrag nach § 17 Abs. 3 EStG ist nicht zu berücksichtigen, da der Veräußerungsgewinn von 60 000 € den Grenzbetrag von 36 100 € um mehr als 9 060 € übersteigt.

Die BRD ist berechtigt, nach innerstaatlichem Recht den bei den GmbH-Anteilen bis zum Ansässigkeitswechsel des S am 28. 2. 2017 eingetretenen Vermögenszuwachs zu besteuern (Art. 13

Abs. 6 DBA-Österreich). Das Besteuerungsrecht steht der BRD zu, da S bis zum 28. 2. 2017 in der BRD ansässig ist (Art. 13 Abs. 5 DBA-Österreich). Anhaltspunkte dafür, dass das Aktivvermögen der AB-AG überwiegend aus in der Republik Österreich belegenem unbeweglichem Vermögen besteht, ergeben sich aus dem Sachverhalt nicht (Art. 13 Abs. 2 DBA-Österreich).

► **Veräußerungsgewinn (§ 17 EStG)**

Mit der Veräußerung seiner GmbH-Anteile am 10. 10. 2017 realisiert S in der Zeit seiner **nicht** unbeschränkten Steuerpflicht einen Veräußerungsgewinn nach § 17 EStG. Der Veräußerungsgewinn ist nach § 17 Abs. 2 EStG zu ermitteln. Nach § 6 Abs. 1 Satz 5 AStG ist der nach § 17 Abs. 2 EStG ermittelte Veräußerungsgewinn um den nach § 6 AStG besteuerten Vermögenszuwachs zu kürzen ist. Der Veräußerungsgewinn ermittelt sich wie folgt:

Veräußerungspreis am 10. 10. 2017		500 000 €		
40 % steuerfrei – § 3 Nr. 40 Buchst. c EStG	./.	200 000 €		
60 % steuerpflichtig				300 000 €
Anschaffungskosten für die Anteile betrugen		350 000 €		
40 % nicht abzugsfähig – § 3c Abs. 2 EStG	./.	140 000 €		
60 % abzugfähige Anschaffungskoten			./.	210 000 €
				90 000 €
Freibetrag – § 17 Abs. 3 EStG				0 €
Veräußerungsgewinn § 17 EStG				90 000 €
bereits versteuerter Vermögenszuwachs – § 6 AStG			./.	60 000 €
steuerpflichtiger Veräußerungsgewinn				**30 000 €**

Der Veräußerungsgewinn von 30 000 € unterliegt **nicht** der beschränkten Steuerpflicht in der BRD. Es liegen **keine** inländischen Einkünfte i. S. d. § 49 Abs. 1 Nr. 1 Buchst. e EStG vor, da die AB-GmbH im Inland weder ihren Sitz noch ihre Geschäftsleitung hat.

Der Veräußerungsgewinn gehört zu den ausländischen Einkünften (§ 34d Abs. 1 Nr. 4 EStG) und ist im Rahmen des **Progressionsvorbehalt** bei der Ermittlung des besonderen Steuersatzes zu berücksichtigen (§ 32b Abs. 1 Nr. 2, § 2 Abs. 7 Satz 3 EStG). S war in 2017 zeitweise unbeschränkt steuerpflichtig.

Teil II – Körperschaftsteuer

Die A-UG ist eine GmbH, die mit einem Stammkapital gegründet wurde, das den Betrag des Mindeststammkapitals von 25 000 € (§ 5 Abs. 1 GmbHG) unterschreitet und daher in der Firma die Bezeichnung „Unternehmergesellschaft (haftungsbeschränkt)“ oder „UG (haftungsbeschränkt)“ führen muss (§ 5a Abs. 1 GmbHG).

Für die nach § 1 Abs. 1 KStG unbeschränkt steuerpflichtige und buchführungspflichtige A-UG bemisst sich die Körperschaftsteuer nach ihrem zu versteuernden Einkommen (§ 7 Abs. 1 KStG, das nach den Vorschriften des EStG und des KStG zu ermitteln ist (§ 8 Abs. 1 KStG). Grundlage für die Ermittlung des Einkommens ist der sich nach der Handelsbilanz zum 31. 12. 2017 ergebende Jahresüberschuss (§ 5 Abs. 1 EStG, § 8 Abs. 1 KStG) vor Gewinnverwendung (§ 8 Abs. 3 Satz 1 KStG).

► **Ermittlung des Jahresüberschusses 2017**

Die A-UG hat ihre Bilanz zum 31. 12. 2017 unter Berücksichtigung der teilweisen Verwendung des Jahresergebnisses aufgestellt (§ 268 Abs. 1 HGB), da sie an Stelle des Jahresüberschusses und des Gewinnvortrags den Bilanzgewinn ausweist. Ausgehend vom Bilanzgewinn ist der Jahresüberschuss 2017 zu ermitteln.

Von dem im **Wirtschaftsjahr 2016** erzielten Jahresüberschuss i. H. v. 4 000 € musste die A-UG ¹/₄ (= 1 000 €) in die gesetzliche Rücklage einstellen (§ 5a Abs. 3 GmbHG). Für 2017 ergibt sich somit ein Gewinnvortrag aus 2016 von 3 000 € (4 000 € Jahresüberschuss 2016 ./. 1 000 € Zuführung zur gesetzlichen Rücklage).

Von dem Jahresüberschuss 2017 hat die A-UG 7 500 € der gesetzlichen Rücklage zugeführt, da sie zum 31. 12. 2017 den Betrag von 8 500 € als gesetzliche Rücklage ausweist. Hiernach ermittelt sich der Jahresüberschuss 2017 wie folgt:

Bilanzgewinn 31. 12. 2017		25 500 €
Gewinnvortrag aus 2016	./.	3 000 €
Zuführung zur gesetzlichen Rücklage	+	7 500 €
Jahresüberschuss 2017		**30 000 €**

Alternative Berechnung:

Betriebsvermögen 31. 12. 2017				54 000 €
Gezeichnetes Kapital 31. 12. 2016:		20 000 €		
Jahresüberschuss 2016	+	4 000 €		
Betriebsvermögen 31. 12. 2016:			./.	24 000 €
Jahresüberschuss 2017				**30 000 €**

Die A-UG hat mit der Zuführung der 7 500 € (¹/₄ von 30 000 € Jahresüberschuss) zur gesetzlichen Rücklage in 2017 ihrer sich aus § 5a Abs. 3 GmbHG ergebenden Verpflichtung Rechnung getragen.

► **Ermittlung des zu versteuernden Einkommens**

Soweit in der Handelsbilanz Bilanzposten ausgewiesenen werden, die den steuerlichen Vorschriften nicht entsprechen, sind diese Ansätze oder Beträge durch Zusätze oder Anmerkungen den steuerlichen Vorschriften anzupassen (§ 60 Abs. 2 EStDV). Außerhalb der Bilanz ist der nach dem Wirtschaftsjahr ermittelte Jahresüberschuss (§ 7 Abs. 4 KStG) um nicht abzugsfähige Betriebsausgaben (§ 4 Abs. 5 EStG), nichtabziehbare Ausgaben (§ 10 KStG) und verdeckte Gewinnausschüttungen (§ 8 Abs. 3 Satz 2 KStG) zur Ermittlung des zu versteuernden Einkommens zu erhöhen, soweit diese den Gewinn gemindert haben. Entsprechend sind nicht körperschaftsteuerpflichtige Erträge außerhalb der Bilanz vom Jahresüberschuss abzuziehen.

Jahresüberschuss 2017	**30 000 €**

Auf Grund der Einzelsachverhaltsfeststellungen sind zur Ermittlung des zu versteuernden Einkommens 2017 nachfolgende Hinzurechnungen und Kürzungen vorzunehmen:

1. Steuern und Erbschaften

Nach dem für 2017 ermittelten zu versteuernden Einkommen (s. u.) ergibt sich eine festzusetzende Körperschaftsteuer von		8 617 €
Körperschaftsteuer-Rückstellung bisher	./.	5 300 €
Jahresüberschuss – Erhöhung Körperschaftsteuer-Rückstellung	./.	3 317 €

Die bereits gebildete Körperschaftsteuer-Rückstellung von 5 300 € und die erfolgswirksame Verbuchung der Erbschaftsteuer haben den **Jahresüberschuss 2017** zutreffend gemindert.

HINWEIS:

Die zutreffende Körperschaftsteuer-Rückstellung kann erst nach Ermittlung des zu versteuernden Einkommens für den VZ 2017 berechnet werden (s. Tz. 7).

Die Körperschaftsteuer und die Erbschaftsteuer gehören nach § 10 Nr. 2 KStG zu den nicht abziehbaren Steuern vom Einkommen. Außerhalb der Bilanz sind sie dem Jahresüberschuss hinzuzurechnen.

Körperschaftsteuer-Rückstellung bisher		5 300 €
Erhöhung Körperschaftsteuer-Rückstellung	+	3 317 €
Erbschaftsteuer	+	6 000 €
Außerbilanzielle Hinzurechnung	+	**14 617 €**

Anfall Erbschaft

Der Anfall der Erbschaft i. H. v. 40 000 € stellt für die A-UG, unabhängig davon, ob die Erbschaft in einem objektiven Zusammenhang mit der betrieblichen Tätigkeit der A-UG steht, einen betrieblichen Ertrag dar und hat daher zutreffend ihren **Jahresüberschuss erhöht**, da sie zu einer Bereicherung der A-UG geführt hat. Als Kapitalgesellschaft verfügt die A-UG über keine private Sphäre, so dass bei ihr jegliche Vermögensmehrung den Jahresüberschuss erhöht. Als Körperschaft, die ihre Geschäftsleitung und ihren Sitz im Inland hat, ist die A-UG als Erwerberin des Vermögens selbst persönlich steuerpflichtig (§ 2 Abs. 1 Nr. 1 Buchst. d ErbStG). Eine außerbilanzielle Kürzung des Jahreüberschusses um den als Ertrag gebuchten Betrag der Erbschaft kommt nur dann in Betracht, wenn es sich um eine verdeckte Einlage handelt, die das Einkommen nicht erhöht (§ 8 Abs. 3 Satz 3 KStG).

Eine verdeckte Einlage liegt vor, wenn ein Gesellschafter oder eine ihm nahe stehende Person der Körperschaft außerhalb der gesellschaftsrechtlichen Einlagen einen einlagefähigen Vermögensvorteil zuwendet und diese Zuwendung durch das Gesellschaftsverhältnis veranlasst ist (R 40 Abs. 1 KStR). Die Gesellschafter der A-UG kommen unmittelbar als Empfänger des durch den Dritten gewährten Vermögensvorteils **nicht** in Betracht. Anhaltspunkte dafür, dass der Erbschaft eine Zuwendung des Dritten an die Gesellschafter zugrunde liegt, die lediglich unter Verkürzung des Leistungswegs über die GmbH ausgeführt wurde, liegen **nicht** vor, denn nicht die Gesellschafter, sondern die GmbH ist Erbin des Dritten. Die Gesellschafter der A-UG sind auch nicht auf Grund der Erbschaft des Dritten bereichert worden, weil ihre Geschäftsanteile durch die Erbschaft der A-UG eine Werterhöhung erfahren haben (BFH vom 25. 10. 1995, II R 67/93,

BStBl 1996 II S. 160). Eine als verdeckte Einlage zu qualifizierende Zuwendung kann auch durch eine dem Gesellschafter nahe stehende Person erfolgen (H 40 KStH: „Nahestehende Person"). Hierfür ergeben sich jedoch aus dem Sachverhalt **keine** Anhaltspunkte, aus denen auf eine besondere Beziehung des Erblassers zu den Gesellschaftern der A-UG geschlossen werden könnte, sie habe die Vorteilszuwendung der anderen Person an die Kapitalgesellschaft beeinflusst.

Die A-UG hat somit die Erbschaft in Höhe von 40 000 € **zutreffend** erfolgswirksam gewinnerhöhend verbucht.

außerbilanzielle Änderung **0 €**

2. Pensionszusage

Nach den Sachverhaltsfeststellungen wurden die Teilwerte der Pensionsverpflichtung von der A-UG zum 31. 12. 2016 und zum 31. 12. 2017 mit den steuerlich zutreffenden Werten ermittelt. Es ist davon auszugehen, dass die Pensionszusage zivilrechtlich wirksam begründet wurde und die Voraussetzungen des § 6a Abs. 1 EStG für die Bildung der Pensionsrückstellung erfüllt sind sowie die Jahresbeträge nach § 6a Abs. 3 Satz 2 Nr. 1 Satz 3 EStG vom Beginn des Dienstverhältnisses bis zur vertraglich vorgesehenen Mindestaltersgrenze von 67Jahren aufzubringen sind (R 6a Abs. 8 EStR).

Die A-UG ist verpflichtet, für den Schluss ihres Wirtschaftsjahres das Betriebsvermögen in ihrer Bilanz anzusetzen (§ 4 Abs. 1 Satz 1 EStG), das nach den handelsrechtlichen Grundsätzen ordnungsmäßiger Buchführung auszuweisen ist (§ 242 Abs. 1 Satz 1 HGB), es sei denn, im Rahmen der Ausübung eines steuerlichen Wahlrechts wurde ein anderer zulässiger Ansatz gewählt (§ 5 Abs. 1 Satz 1 EStG). Der Jahresabschluss muss nach Handelsrecht sämtliche Vermögensgegenstände, Schulden, Rechnungsabgrenzungsposten enthalten, soweit gesetzlich nichts anderes bestimmt ist (§ 246 Abs. 1 HGB). Rückstellungen für ungewisse Verbindlichkeiten sind zu bilden (§ 249 Abs. 1 Satz 1 HGB).

Jahresabschluss zum 31. 12. 2016

Nach § 249 HGB müssen in der Handelsbilanz für Pensionszusagen Rückstellungen gebildet werden. Dieses Passivierungsgebot gilt auch für die steuerliche Gewinnermittlung (R 6a (1) EStR), da nach dem Grundsatz der Maßgeblichkeit der Handelsbilanz die handelsrechtliche Passivierungspflicht für Pensionszusagen die Passivierungspflicht in der Steuerbilanz zur Folge hat, wenn die Voraussetzungen des § 6a Abs. 1 und 2 EStG vorliegen (R 6a Abs. 1 Satz 2 EStR).

Die Ansprüche aus der Rückdeckung von Pensionsverpflichtungen sind als Forderungen mit den Anschaffungskosten zu aktivieren (H 6a EStH: Rückdeckungsanspruch). Eine **Saldierung** des Rückdeckungsanspruchs mit der Pensionsrückstellung ist **unzulässig** (§ 246 Abs. 2 HGB, § 5 Abs. 1a Satz 1 EStG).

Die A-UG hätte somit **erfolgswirksam** in ihrer Bilanz zum 31. 12. 2016 eine Pensionsrückstellung in Höhe des Teilwerts zum 31. 12. 2016 von 10 000 € zu passivieren (§ 6a Abs. 4 Satz 3 I. Halbsatz EStG) und ihren Anspruch aus der Rückdeckungsversicherung mit dem Rückdeckungsanspruch von 3 000 € aktivieren müssen (H 6a (23) EStH: Rückdeckungsversicherung).

Wegen der unterlassenen Bildung der Pensionsrückstellung und der fehlenden Aktivierung des Rückdeckungsanspruchs entspricht der Jahresabschluss zum 31. 12. 2016 nicht den gesetzlichen

Vorschriften, da gegen zwingende Vorschriften des Handels- und Steuerrechtsrechts verstoßen wurde (R 4.4 Abs. 1 Satz 2 EStR).

Eine Änderung der Bilanz zum 31. 12. 2016 ist nicht mehr zulässig (§ 4 Abs. 2 Satz 1 EStG), da sich die Bilanzberichtigung auf die Höhe der bestandskräftigen und nach den Vorschriften der AO nicht mehr änderbaren veranlagten Steuer 2016 auswirken würde (H 4.4 EStH: Bilanzberichtigung und Bilanzänderung).

Jahresabschluss zum 31. 12. 2017

Die Berichtigung der unrichtigen Bilanzansätze in der Anfangsbilanz zum 1. 1. 2017 ist nicht zulässig, da diese Bilanz der nach den Vorschriften der AO nicht mehr änderbaren Veranlagung des Jahres 2016 als Schlussbilanz zugrunde gelegen hat (H 4.4 EStH: Bilanzberichtigung und Bilanzänderung). Der falsche Bilanzansatz ist grundsätzlich in der Schlussbilanz zum 31. 12. 2017 **erfolgswirksam** richtig zu stellen (R 4.4 Abs. 1 Satz 9 EStR).

Hinsichtlich der Pensionsrückstellung ist das sog. **Nachholverbot** zu beachten, nach dem eine Pensionsrückstellung in einem Wirtschaftsjahr höchstens um den Unterschied zwischen dem Teilwert der Pensionsverpflichtung am Schluss des Wirtschaftsjahres und am Schluss des vorangegangenen Wirtschaftsjahres erhöht werden darf (§ 6a. Abs. 4 Satz 1 EStG).

Das sog. Nachholverbot für Pensionsrückstellungen gem. § 6a Abs. 4 Satz 1 EStG geht dem Grundsatz des formellen Bilanzzusammenhangs vor (BFH vom 13. 2. 2008 I R 44/07, BStBl 2008 II S. 673).

Das Nachholverbot des § 6a Abs. 4 Satz 1 EStG gilt auch für die Fälle, in denen der Steuerpflichtige infolge eines **Rechtsirrtums** oder aus einem Versehen die Rückstellung entweder gar nicht oder nicht in der zulässigen Höhe gebildet hat (H 6a (20) EsrH). Eine auf einem Irrtum oder einem Versehen beruhende Minderzuführung zu einer Pensionsrückstellung rechtfertigt keine Ausnahme vom Nachholverbot des § 6a Abs. 4 Satz 1 EStG(H 6a EStH: Nachholverbot). Danach ist die Pensionsrückstellung in der Steuerbilanz der A-UG zum 31. 12. 2017 nur mit 2 000 € erfolgswirksam zu passivieren.

Mit der in § 6a Abs. 4 Satz 1 EStG vorgeschriebenen Anknüpfung an die Teilwerte begrenzt § 6a EStG die Zuschreibung in der Weise, dass eine in Vorjahren unterbliebene Zuführung erst in dem Wirtschaftsjahr nachgeholt werden kann, in dem das Dienstverhältnis des Pensionsberechtigten unter Aufrechterhaltung seiner Pensionsanwartschaft endet oder der Versorgungsfall eintritt (§ 6a Abs. 4 Satz 5 EStG).

Jahresüberschuss 2017	./.	**2 000 €**

Das Nachholverbot gilt nicht für die zutreffende Aktivierung des Rückdeckungsanspruchs. Der falsche bzw. fehlende Bilanzansatz zum 31. 12. 2016 ist in der Schlussbilanz zum 31. 12. 2017 erfolgswirksam richtig zu stellen (R 4.4 Abs. 1 Satz 9 EStR).

Nachholung Aktivierung Rückdeckungsanspruch 31. 12. 2016		3 500 €
Zuführung Rückdeckungsanspruch 2017		3 000 €
Rückdeckungsanspruch 31. 12. 2017		6 500 €
Jahresüberschuss 2017	+	**6 500 €**

Pensionszusage

Die von der A-UG gegenüber ihrem Gesellschafter-Geschäftsführer X gegebene Pensionszusage führt bei diesem noch **nicht** zum Zufluss von Einnahmen. Erst die Erfüllung des Pensionsanspruchs bewirkt den Zufluss von Arbeitslohn beim Arbeitnehmer (BFH vom 23.6.2005 VI R 124/99, BStBl 2005 II S. 766; BFH vom 12.4.2007 VI R 6/02, BStBl 2007 II S. 581).

Die Erteilung der Pensionszusage führt bei der A-UG zu einer **verdeckten Gewinnausschüttung**, die nach § 8 Abs. 3 Satz 2 EStG ihr Einkommen nicht mindern darf. Eine verdeckte Gewinnausschüttung liegt vor, da durch die Bildung der Pensionsrückstellung zum 31.12.2017 bei der A-UG eine Vermögensminderung eingetreten ist, die durch das Gesellschaftsverhältnis veranlasst ist, sich auf die Höhe des Unterschiedsbetrags i.S. des § 4 Abs. 1 Satz 1 EStG auswirkt und nicht auf einem den gesellschaftsrechtlichen Vorschriften entsprechenden Gewinnverteilungsbeschluss beruht (R 36 Abs. 1 Satz 1 KStR). Eine Veranlassung durch das Gesellschaftsverhältnis liegt vor, weil ein ordentlicher und gewissenhafter Geschäftsleiter die Vermögensminderung gegenüber einer Person, die nicht Gesellschafter ist, unter sonst gleichen Umständen nicht hingenommen hätte (H 36 KStH: „III. Veranlassung durch das Gesellschaftsverhältnis Allgemeines"). Ein ordentlicher und gewissenhafter Geschäftsleiter hätte einem fremden Geschäftsführer eine Pensionszusage nicht unmittelbar nach der Anstellung und nicht ohne die unter Fremden übliche Wartezeit erteilt (H 38 KStH: „Warte-/Probezeit").

Außerbilanzielle Hinzurechnung	+	**2 000 €**

Rückdeckungsversicherung

Unabhängig davon, dass die Pensionszusage durch das Gesellschaftsverhältnis veranlasst ist und zu einer verdeckten Gewinnausschüttung führt, sind die Beiträge, die die A-UG für Rückdeckungsversicherung entrichtet, die sie zur Rückdeckung der zugesagten Pension abgeschlossen hat, **keine** verdeckte Gewinnausschüttung (H 38 KStH: Rückdeckungsversicherung). Die Ausgaben sind nicht durch das Gesellschaftsverhältnis veranlasst, sondern dienen der A-UG nur dazu, sich die Mittel zur Leistung der ihrem Gesellschafter-Geschäftsführer zugesagten Versorgung zu verschaffen.

3. Ausländische Einkünfte

a) Beteiligung an der ausländischen GmbH mit Sitz in Oman

Die Dividende der ausländischen GmbH in Oman unterliegt grundsätzlich der inländischen Besteuerung, da die BRD mit Oman kein DBA abgeschlossen hat. Mit der Form der vorgenommenen Verbuchung des Beteilungsertrags hat die A-UG gegen das **Saldierungsverbot** (§ 246 Abs. 2 HGB, § 5 Abs. 1a Satz 1 EStG) verstoßen. Die A-UG hätte als Beteiligungsertrag 8 000 € und als Steueraufwand 1 000 € buchen müssen. Die unzulässige Saldierung führt im Endergebnis jedoch zu **keiner Änderung** des Jahresüberschusses.

Die in Oman einbehaltene ausländische Quellensteuer entspricht der deutschen Körperschaftsteuer und ist daher nach § 10 Nr. 2 KStG als Personensteuer **nicht** abzugsfähig.

Außerbilanzielle Hinzurechnung	+	**1 000 €**

Die in Oman erzielten Dividenden sind Bezüge i. S. d. § 20 Abs. 1 Nr. 1 EStG, die bei der Ermittlung des Einkommens außer Ansatz bleiben (§ 8b Abs. 1 Satz 1 KStG). Die Beteiligung hat zu Beginn des Kalenderjahres 2017 nicht weniger als 10 % betragen (§ 8a Abs. 4 KStG).

Außerbilanzielle Kürzung	./.	**8 000 €**

Nach § 8b Abs. 5 Satz 1 KStG gelten 5 Prozent der Bezüge als Ausgaben, die nicht als Betriebsausgaben abgezogen werden dürfen.

Außerbilanzielle Hinzurechnung – 5 % von 8 000 €	+	**400 €**

Die in Oman auf die Dividende entrichtete ausländische Steuer kann **nicht** nach § 26 Abs. 1 Satz 1 KStG auf die deutsche KSt angerechnet werden, da auf die Einkünfte auf Grund der Freistellung nach § 8b Abs. 1 KStG keine inländische KSt entfällt.

Ein Abzug der ausländisch Quellensteuer nach § 32c Abs. 2 EStG, § 26 Abs. 6 Satz 1 KStG bei der Ermittlung der ausländische Einkünfte entfällt, da die Einkünfte bei der Ermittlung des Einkommens außer Ansatz bleiben.

b) Gewinn Betriebsstätte in Oman

Die A-UG unterliegt als unbeschränkt körperschaftsteuerpflichtige Kapitalgesellschaft (§ 1 Abs. 1 Nr. 1 KStG) mit ihren inländischen und ausländischen Einkünften der Körperschaftsteuer (§ 1 Abs. 2, § 8 Abs. 1 KStG). Der aus der Betriebsstätte in Oman erzielte Gewinn ist als betrieblicher Ertrag zu erfassen.

Jahresüberschuss – Gewinn vor Steuern	+	**20 000 €**

Die in Oman entrichtete ausländische Steuer mindert als betrieblicher Aufwand den Jahresüberschuss.

Jahresüberschuss – ausländische Steuer	./.	**5 000 €**

Die in Oman erhobene Steuer ist nach § 10 Nr. 2 KStG **nicht** abzugsfähig, da sie als Steuer vom Einkommen einer nicht abzugsfähigen Personensteuer entspricht.

Außerbilanzielle Hinzurechnung	+	**5 000 €**

Die ausländische Steuer ist **nicht** nach § 34c Abs. 1 EStG, § 26 Abs. 1 Satz 1 KStG auf die deutsche Körperschaftsteuer anzurechnen, da sie **nicht** der deutschen Körperschaftsteuer entspricht.

Ein Abzug der ausländischen Steuer bei der Ermittlung der Einkünfte nach § 26 Abs. 6 Satz. 1 KStG i. V. m. § 34c Abs. 2 EStG ist **nicht** möglich, da der Abzug ebenfalls voraussetzt, dass die ausländische Steuer der deutschen Körperschaftsteuer entspricht.

Die ausländische Steuer kann aber nach § 26 Abs. 6 Satz 1 KStG i. V. m. § 34c Abs. 3 EStG abgezogen werden. Es handelt sich um eine Steuer vom Einkommen. § 34c Abs. 3 EStG setzt **nicht** voraus, dass die Steuer der deutschen Körperschaftsteuer entspricht.

Außerbilanzielle Kürzung	./.	**5 000 €**

4. Geschäftsführergehalt

Die Kapitalgesellschaft und der dahinterstehende Gesellschafter sind jeweils selbstständige Steuersubjekte. Schuldrechtliche Leistungsbeziehungen zwischen der Kapitalgesellschaft und ihrem Gesellschafter sind grundsätzlich steuerlich anzuerkennen. Sie führen auf der Ebene der Kapitalgesellschaft zu Betriebsausgaben, die den Unterschiedsbetrag i. S. d. § 4 Abs. 1 Satz 1 EStG mindern (BMF vom 14. 10. 2002 IV A 2 - S 2742 - 62/02, BStBl 2002 I S. 972).

Verträge einer Kapitalgesellschaft mit ihrem **beherrschenden** Gesellschafter, die auf einen Leistungsaustausch gerichtet sind, müssen zur Vermeidung einer verdeckten Gewinnausschüttung (§ 8 Abs. Satz 2 KStG) zivilrechtlich wirksam sein, um steuerlich anerkannt zu werden (H 36 KStH: „Zivilrechtliche Wirksamkeit"). Der Mangel einer durch das Rechtsgeschäft vorgeschriebenen Form hat grundsätzlich seine **Nichtigkeit** zur Folge (§ 125 Satz 2 BGB). Ist der begünstigte Gesellschafter ein beherrschender Gesellschafter, so kann eine verdeckte Gewinnausschüttung auch anzunehmen sein, wenn die Kapitalgesellschaft eine Leistung an ihn erbringt, für die eine klare und von vornherein abgeschlossene Vereinbarung fehlt oder für die die entsprechende Vereinbarung entweder nicht durchgeführt wurde oder zivilrechtlich unwirksam ist (H 36 KStH: „Beherrschender Gesellschafter - Klare und eindeutige Vereinbarung").

X ist beherrschender Gesellschafter der A-UG, da er die Mehrheit der Stimmrechte in der A-UG besitzt und deshalb bei Gesellschafterversammlungen entscheidenden Einfluss ausüben kann (H 36 KStH: „Beherrschender Gesellschafter"). Der Vorschrift des § 47 Abs. 4 GmbHG über einen Stimmrechtsausschluss des Gesellschafters bei Rechtsgeschäften zwischen ihm und der Gesellschaft kommt für die Frage der Beherrschung der Gesellschaft keine Bedeutung zu (H 36 KStH: „Stimmrechtsausschluss"). X ist an der A-UG zu 30 % unmittelbar beteiligt. An der die A-UG mit 60 % beherrschenden B-GmbH ist X mit 51 %, und damit deren beherrschender Gesellschafter. Infolge seiner unmittelbaren Beteiligung von 30 % und seiner Mehrheitsbeteiligung von 51 % an der B-GmbH, die 60 % der Anteile an der A-UG hält, kann X mit zusammen 90 % der Stimmrechte in den Gesellschafterversammlungen der A-UG einen entscheidenden Einfluss ausüben, da er die für Beschlüsse in der Gesellschafterversammlung notwendige $^{3}/_{4}$ Mehrheit des Stammkapitals besitzt.

X hat am 1. 1. 2017 als beherrschender Gesellschafter-Geschäftsführer sein Geschäftsführergehalt von monatlich 3 000 € auf 5 000 € erhöht. Die entsprechende Änderung des Anstellungsvertrages wurde von ihm in seiner Eigenschaft als Geschäftsführer der A-UG und in seiner Eigenschaft als Arbeitnehmer der A-UG allein unterzeichnet.

Als Vertretungsorgan der A-UG konnte X das Rechtsgeschäft **nicht** rechtswirksam im Namen der A-UG und im eigenen Namen vornehmen, da er zum Zeitpunkt des Vertragsabschlusses am 1. 1. 2017 hierzu mangels rechtswirksamer Befreiung vom Selbstkontrahierungsverbot des § 181 BGB nicht berechtigt war. Bei beherrschenden Gesellschafter-Geschäftsführern bedarf eine Befreiung von den Beschränkungen des § 181 BGB einer Regelung in der Satzung und der Eintragung im Handelsregister (BFH vom 23. 10. 1996 I R 71/95, BStBl 1999 II S. 35). X hat am 1. 1. 2017, ohne wirksam von den Beschränkungen des § 181 BGB befreit zu sein, ohne Vertretungsmacht gehandelt. Die Voraussetzungen für die Befreiung nach § 181 BGB waren zunächst **nicht** erfüllt, insbesondere fehlte eine entsprechende Satzungsregelung. Die fehlende Befreiung des X von den Beschränkungen des § 181 BGB führt dazu, dass das Rechtsgeschäft zunächst

schwebend unwirksam war (§ 177 Abs. 1 BGB). Die an X geleisteten Zahlungen sind daher grundsätzlich als verdeckte Gewinnausschüttungen zu beurteilen (§ 8 Abs. 3 Satz 2 KStG).

Der Abschluss des Vertrages vom 1. 1. 2017 ist indes später genehmigt worden (§ 184 BGB), da X durch die Änderung des Gesellschaftsvertrages aufgrund des Gesellschafterbeschlusses vom 1. 7. 2017 in rechtswirksamer Weise von den Beschränkungen des § 181 BGB befreit wird. Die Genehmigung am 1. 7. 2017 **wirkt** auf den Zeitpunkt der Vornahme des Rechtsgeschäfts am 1. 1. 2017 **zurück** (§ 184 Abs. 1 BGB).

Durch die nach Abschluss des Rechtsgeschäfts vom 1. 1. 2017 im Gesellschaftsvertrag geregelte Befreiung des X von den Beschränkungen des § 181 BGB und deren Eintragung ins Handelsregister wird das Rechtsgeschäft **nachträglich genehmigt**. Die Genehmigung bewirkt, dass das Rechtsgeschäft als **von Anfang wirksam** anzusehen ist. Das steuerliche **Rückwirkungsverbot** steht der steuerlichen Anerkennung der Vereinbarung vom 1. 1. 2017 **nicht** entgegen. Dies wäre nur dann der Fall, wenn die eigentliche vertragliche Vereinbarung im Zuwendungszeitpunkt gefehlt hätte und erst zu einem späteren Zeitpunkt nachgeholt worden wäre. Vorliegend wurde im Zuwendungszeitpunkt eine klare und eindeutige vertragliche Abrede zwischen der Kapitalgesellschaft und dem beherrschenden Gesellschafter-Geschäftsführer getroffen und diese war lediglich infolge der zunächst ausstehenden Befreiung vom Verbot des In-sich-Geschäfts noch schwebend unwirksam. Der Schwebezustand wurde zivilrechtlichen und auch **steuerlich rückwirkend** beendet und das Rechtsgeschäft erlangte dadurch Wirksamkeit. Da in der vertraglichen Vereinbarung vom 1. 1. 2017 von vornherein klar und eindeutig bestimmt ist, in welcher Höhe das Geschäftsführergehalt gezahlt werden soll und der tatsächlichen Durchführung der vertraglichen Vereinbarung durch Überweisung des erhöhten Gehalts von Januar bis Dezember 2017 Rechnung getragen wurden, liegen gewichtige Indizien dafür, dass die Vereinbarung ernstlich gemeint ist (H 36 KStH: „Tatsächliche Durchführung von Vereinbarungen").

Die Vereinbarung der Erhöhung der Geschäftsführervergütungen ist steuerrechtlich anzuerkennen. Die Zahlung des erhöhten Gehalts für die Monate Januar bis Dezember 2017 stellt **keine** verdeckte Gewinnausschüttung dar (§ 8 Abs. 3 Satz 2 KStG), da die bei der A-UG durch die erhöhte Gehaltszahlung eingetretene Vermögensminderung nicht durch das Gesellschaftsverhältnis veranlasst ist, sondern auf einer auch steuerrechtlich anzuerkennenden zivilrechtlich wirksamen schuldrechtlichen Vereinbarung beruht.

5. Zuwendungen an den örtlichen Tierschutzverein e. V.

Nach § 9 Abs. 1 Nr. 2 Satz 1 KStG sind Zuwendungen zur Förderung steuerbegünstigter Zwecke (§§ 52 bis 54 AO) unter den Voraussetzungen des § 9 Abs. 1 Nr. 2 Satz 2 KStG abziehbare Aufwendungen, soweit die Zuwendungen nicht als verdeckte Gewinnausschüttungen (§ 8 Abs. 3 Satz 2 KStG) zu beurteilen sind.

Die Übertragung der Aktien auf den Tierschutzverein e.V. führt zu einer **verdecken Gewinnausschüttung**, weil bei der A-UG eine **Vermögensminderung** eingetreten ist, die durch das Gesellschaftsverhältnis des X veranlasst ist und sich auf die Höhe ihres Gewinns (§ 4 Abs. 1 Satz 1 EStG) auswirkt (R 36 Abs. 1 Satz 1 KStR).

Für die Veranlassung durch das Gesellschaftsverhältnis reicht es aus, dass die Vermögensminderung bei der A-UG zugunsten einer ihrem Gesellschafter X nahe stehenden Person erfolgt ist (R 36 Abs. 1 Satz 3 KStR). Zur Begründung des Nahestehens reicht jede Beziehung eines Gesellschafters der Kapitalgesellschaft zu einer anderen Person aus, die den Schluss zulässt, sie habe die Vorteilszuwendung der Kapitalgesellschaft an die andere Person beeinflusst (H 36 KStH; „Nahe stehende Person"). Die Beziehungen, die ein Nahestehen begründen, können familienrechtlicher, gesellschaftsrechtlicher, schuldrechtlicher oder auch rein tatsächlicher Art sein. Zum Kreis der dem Gesellschafter nahe stehenden Personen zählen sowohl natürliche als auch juristische Personen. Hiernach ist der **Tierschutzverein e.V.** auf Grund der langjährigen Vorstandstätigkeit des Sohnes als eine dem X **nahe stehende Person** anzusehen.

Die Zuwendung der Aktien an den Tierschutzverein e.V. führt bei der A-UG zu einer verdecken Gewinnausschüttung (§ 8 Abs. 3 Satz 2 KStG), die ihr Einkommen nicht mindern darf. Die verdeckte Gewinnausschüttungen ist mit dem **gemeinen Wert** der Aktien im Zeitpunkt der Übertragung auf den Tierschutzverein e.V. zu bewerten (H 37 KStH: „Hingabe von Wirtschaftsgütern").

Außerbilanzielle Hinzurechnung			+	**800 €**

Die verbleibende Gewinnminderung ist bei der Ermittlung des Einkommens nicht zu berücksichtigen und für Zwecke der Ermittlung des zu versteuernden Einkommens dem Jahresüberschuss außerhalb der Bilanz hinzuzurechnen (§ 8b Abs. 3 KStG).

Veräußerungserlös				0 €
Buchwert			./.	1 000 €
			./.	1 000 €
Wert der Aktien		800 €		
Gegenleistung	./.	0 €		
verdeckte Gewinnausschüttung (§ 8 Abs. 3 Satz 2 KStG)			+	800 €
Außerbilanzielle Hinzurechnung – Anwendung § 8 Abs. 3 KStG			**+**	**200 €**

6. Umwandlung

Die Verschmelzung ist auf der Ebene der übertragenden T-GmbH sowie der übernehmenden A-UG hinsichtlich des übertragenen Vermögens als Veräußerungs- und Anschaffungsvorgang der Anteile zum gemeinen Wert zu beurteilen (BMF vom 11.11.2011 IV C 2 - S 1978-b/08/10001, BStBl 2011 I S. 1314). Die Verschmelzung der T-GmbH auf die A-UG erfüllt die Voraussetzungen des UmwStG hinsichtlich des sachlichen Anwendungsbereichs (§ 1 Abs. 1, Abs. 3 UmwStG) und des persönlichen Anwendungsbereich (§ 1 Abs. 2, Abs. 4 UmwStG). Die A-UG und die T-GmbH sind verschmelzungsfähige Rechtsträger (§ 1 Abs. 1 Nr. 1 UmwStG). Es handelt sich um die Übertragung des gesamten Vermögens der Tochtergesellschaft T-GmbH auf die schon bestehende Muttergesellschaft A-UG (Verschmelzung durch Aufnahme). Der übertragende Rechtsträger und der übernehmende Rechtsträger haben ihren Sitz im Inland (§ 1 Abs. 2 UmwStG).

Die übertragende T-GmbH hat ihre auf den 31.12.2017 aufgestellte handelsrechtliche Schlussbilanz der Anmeldung der Verschmelzung zur Eintragung in das Handelsreger beigefügt (§ 17 Abs. 2 UmwG). Der Bilanzstichtag darf höchstens acht Monate vor der Anmeldung der Verschmelzung zur Eintragung in das Registergericht liegen (§ 17 Abs. 2 UmwG).

Steuerlicher Übertragungsstichtag ist der 31.12.2017, auf den die übertragende T-GmbH ihre dem Registergericht vorgelegte handelsrechtliche Schlussbilanz aufgestellt hat (BMF vom 11.11.2011 IV C 2 - S 1978-b/08/10001 RandNr. 02.02, BStBl 2011 I S. 1314). Das Einkommen und das Vermögen der übertragenden T-GmbH sowie der übernehmenden A-UG sind steuerlich so zu ermitteln, als ob das Vermögen der T-GmbH mit Ablauf des 31.12.2017 auf die übernehmende A-UG übergegangen wäre (§ 2 Abs. 1 UmwStG).

Forderungen und Verbindlichkeiten gegen den übernehmenden Rechtsträger sind in der steuerlichen Schlussbilanz auch anzusetzen, wenn sie durch die Verschmelzung erlöschen (BMF vom 11.11.2011 IV C 2 - S 1978-b/08/10001 RandNr. 03.05, BStBl 2011 I S. 1314).

a) Auswirkungen bei der übertragenden T-GmbH

Die T-GmbH hat bei der Verschmelzung auf die A-UG die übergehenden Wirtschaftsgüter, einschließlich nicht entgeltlich erworbener oder selbst geschaffener immaterieller Wirtschaftsgüter, in ihrer steuerlichen Schlussbilanz zum 31.12.2017 grundsätzlich mit dem gemeinen Wert anzusetzen (§ 11 Abs. 1 UmwStG). Die in der steuerlichen Schlussbilanz der T-GmbH gegen die übernehmende A-UG ausgewiesenen Verbindlichkeiten sind zu berücksichtigen (§ 4 Abs. 4 UmwStG).

Bei Ansatz der gemeinen Werte in der steuerlichen Schlussbilanz zum 31.12.2017 entsteht mit Ablauf des steuerlichen Übertragungsstichtags bei der T-GmbH in Höhe der aufgedeckten stillen Reserven ein Übertragungsgewinn. Die Besteuerung des Übertragungsgewinns erfolgt in dem Veranlagungszeitraum, in dem das Wirtschaftsjahr endet, in das der steuerliche Übertragungsstichtag fällt.

Auf Antrag kann die übertragende T-GmbH die übergehenden Wirtschaftsgüter, abweichend von § 11 Abs. 1 UmwStG, einheitlich mit dem Buchwert oder einem höheren Wert, höchstens jedoch mit dem gemeinen Wert ansetzen, soweit sichergestellt ist, dass die stillen Reserven später bei der übernehmenden Körperschaft der Besteuerung mit Körperschaftsteuer unterliegen (§ 11 Abs. 2 Satz 1 Nr. 1 UmwStG). Die Voraussetzungen des § 11 Abs. 2 Satz 1 2. Halbsatz UmwStG liegen vor. Sofern ein Antrag nach § 11 Abs. 2 Satz 1 UmwStG auf Fortführung der Buchwerte gestellt wird, entsteht bei der T-GmbH kein Übertragungsgewinn.

Die übertragende T-GmbH ist zum Übertragungsstichtag 31.12.2017 noch zum Verlustabzug berechtigt, da zum 31.12.2016 ein verbleibender Verlustvortrag in Höhe von 70 000 € gesondert festgestellt wurde (§ 10d Abs. 4 Satz 1 EStG). Nach § 12 Abs. 3 i.V.m. § 4 Abs. 2 Satz 2 UmwStG gehen bei einer Verschmelzung verbleibende Verlustvorträge von der übertragenden Körperschaft **nicht** auf die übernehmende Körperschaft über. Eine Verlustnutzung kann die T-GmbH dadurch erreichen, dass sie auf einen Antrag nach § 11 Abs. 2 UmwStG verzichtet und in ihrer Übertragungsschlussbilanz die auf die A-UG übertragenen Wirtschaftsgüter nach § 12 Abs. 2 UmwStG mit dem gemeinen Wert ansetzt und so die in ihrem Betriebvermögen vorhandenen stillen Reserven vollständig aufdeckt. Der sich bei der übertragenden T-GmbH ergebende Übertragungsgewinn unterliegt dann der Besteuerung nach den allgemeinen Grundsätzen und kann so von der übertragenden T-GmbH noch für den bestehenden Verlustabzug von 70 000 € nutzbar gemacht werden.

Es ist daher vorliegend sinnvoll, auf einen Antrag auf Fortführung der Buchwerte zu verzichten und die gemeinen Werte anzusetzen, um den noch bestehenden Verlustabzug nutzbar zu machen.

Für die T-GmbH ergibt sich der Übertragungsgewinn hiernach wie folgt:

Aktiva lt. Schlussbilanz 31.12.2017	20 000 €	
Stille Reserven (Firmenwert)	+ 30 000 €	
Aktiva zum gemeinen Wert		50 000 €
Passiva	./.	35 000 €
Betriebsvermögen T-GmbH lt. Übertragungsbilanz	+	15 000 €
Betriebsvermögen T-GmbH lt. Schlussbilanz 31.12.2017	(./.) ./.	15 000 €
Übertragungsgewinn		**30 000 €**

Der Übertragungsgewinn entspricht den im Anlagevermögen aufgedeckten stillen Reserven. Der sich durch den Ansatz des gemeinen Werts nach § 11 Abs. 1 UmwStG ergebende Übertragungsgewinn, unterliegt bei der übertragenden T-GmbH der Besteuerung nach den allgemeinen Grundsätzen. Der abzugsfähige Verlust der T-GmbH aus dem Jahr 2016 ist außerhalb der Bilanz bei der Ermittlung ihres Einkommens abzuziehen.

Das Einkommen der T-GmbH ermittelt sich hiernach wie folgt:

Jahresüberschuss 2016 lt. Bilanz		10 000 €
Übertragungsgewinn		+ 30 000 €
Einkommen		40 000 €
Verlustvortrag	70 000 €	
Verlustabzug	./. 40 000 €	./. 40 000 €
Verbleibender Verlustvortrag	30 000 €	
Zu versteuerndes Einkommen 2017 T-GmbH		**0 €**

Der verbleibende Verlustvortrag von 30 000 € geht nach § 12 Abs. 3 i.V. mit § 4 Abs. 2 Satz 2 UmwStG unter.

b) Auswirkungen bei der übernehmenden A-UG

Die übernehmende A-UG hat die auf sie übergegangenen Wirtschaftsgüter mit dem in der steuerlichen Schlussbilanz der übertragenden T-GmbH enthaltenen Wert im Sinne des § 11 UmwStG zu übernehmen (§ 12 Abs. 1 Satz 1 UmwStG).

Soweit die übernehmende A-UG an der übertragenden T-GmbH beteiligt ist, entspricht der Übernahmegewinn, der auf diese Anteile entfällt, einem Gewinn aus der Veräußerung der Anteile. Für die A-UG ergibt ein Übernahmegewinn, da der Wert der auf die A-UG übergegangenen Wirtschaftsgüter den Buchwert der Anteile an der T-GmbH übersteigt. Der Übernahmegewinn ermittelt sich wie folgt:

Übernommene Aktiva der T-GmbH		50 000 €
Übernommene Passiva der T-GmbH	./.	35 000 €
Übernommnes Betriebsvermögen		15 000 €
Buchwert der untergehenden Beteiligung T-GmbH	./.	10 000 €
Jahresüberschuss A-UG – Übernahmegewinn	**+**	**5 000 €**

Bei der übernehmenden A-UG bleibt der Gewinn außer Ansatz (12 Abs. 2 Satz 1 UmwStG).

Außerbilanzielle Kürzung	./.	5 000 €

Auf den sich ergebenden Gewinn findet § 8b KStG sowie § 3 Nr. 40 Satz 1 Buchstabe a Satz 2 und 3 EStG in voller Höhe Anwendung (§ 12 Abs. 2 Satz 2 UmwStG), da der Gewinn dem Anteil der übernehmenden A-UG an der übertragenden T-GmbH entspricht (§ 12 Abs. 2 Satz 2 UmwStG); die A-UG ist zu 100 % an der T-GmbH beteiligt. § 8b Abs. 5 KStG ist somit wegen der 100%igen Beteiligung in vollem Umfang anwendbar. Zur Ermittlung des zu versteuernden Einkommens sind nach § 8b Abs. 5 KStG 5 % von 5 000 € außerhalb der Bilanz dem Jahresüberschuss hinzuzurechnen.

Außerbilanzielle Hinzurechnung – 5 % von 5 000 €	+	**250 €**

c) Übernahmefolgegewinn

Bestehen zwischen der übertragenden und der übernehmenden Kapitalgesellschaft Forderungen und Verbindlichkeiten, so vereinigen sich diese durch die Vermögensübertragung (Gesamtrechtsnachfolge) auf die A-UG (Konfusion). Die Forderungen und Verbindlichkeiten erlöschen zivilrechtlich mit der Eintragung der Verschmelzung in das Handelsregister. Daraus folgt, dass Forderungen und Verbindlichkeiten auszubuchen sind.

In der steuerlichen Schlussbilanz (Übertragungsbilanz) der T-GmbH sind bestehende Forderungen und Verbindlichkeiten gegen die übernehmende A-UG **noch** auszuweisen. Die übernehmende A-UG hat zunächst noch die **Bilanzansätze** der steuerlichen Schlussbilanz der übertragenden GmbH **fortzuführen**. Die Konfusion tritt erst **nach** dem steuerlichen Übertragungszeitpunkt ein. Nur bei der übernehmenden A-UG entsteht bei Wertdifferenz ein buchmäßiger Gewinn.

Steuerlich führt das Erlöschen der Forderungen und Verbindlichkeiten zu einem Gewinn, da Forderungen und Verbindlichkeiten bei der übertragenden T-GmbH und der übernehmenden A-UG mit unterschiedlichen Werten bilanziert worden sind (§ 6 Abs. 1 UmwStG). Es ergibt sich bei der übernehmenden A-UG durch Konfusion ein sog. „**Übernahmefolgegewinn**" (Übernahmegewinn 2. Stufe).

Der Übernahmefolgegewinn aus dem Vermögensübergang entsteht bei dem übernehmenden Rechtsträger A-UG mit **Ablauf** des steuerlichen **Übertragungsstichtags 31. 12. 20017** (BMF vom 11. 11. 2011 IV C 2 - S 1978-b/08/10001 RandNr. 06.01, BStBl 2011 I S. 1314). Der bei der A-UG entstehende "Übernahmefolgegewinn" ist **laufender Gewinn 2017**, da die Verschmelzung in das Jahr 2017 fällt. Der Übernahmefolgegewinn unterliegt bei A-UG der Körperschaftsteuer und der Gewerbesteuer.

Die übernehmende A-UG kann nach § 6 Abs. 1 UmwStG in Höhe des Übernahmefolgegewinns eine den steuerlichen Gewinn mindernde **Rücklage** bilden, die in den auf ihre Bildung folgenden drei Wirtschaftsjahren mit mindestens je einem Drittel gewinnerhöhend aufzulösen ist (§ 6 Abs. 2 UmwStG).

Es ergibt sich für die A-UG folgender Übernahmefolgegewinn:

Ausbuchung Forderungen/Verbindlichkeiten		
Verbindlichkeit T-GmbH		20 000 €
Forderung A-UG	./.	5 000 €
Übernahmefolgegewinn	+	15 000 €
Gewinnerhöhung 2017 für die A-UG	+	15 000 €
Rücklage gem. § 6 Abs. 2 UmwStG	./.	15 000 €
verbleibende Gewinnerhöhung 2017		**0 €**

7. Ermittlung des zu versteuernden Einkommens 2017 der A-UG

Jahresüberschuss		30 000 €
Erhöhung KSt-Rückstellung Tz. 1	./.	3 317 €
Rückdeckungsanspruch – Tz. 21	+	6 500 €
Pensionsrückstellung – Tz. 2	./.	2 000 €
Gewinn Betriebsstätte in Oman – Tz. 3	+	20 000 €
ausländische Steuer Betriebsstätte in Oman – Tz. 3	./.	5 000 €
Übernahmegewinn – Tz. 6	+	5 000 €
berichtigter Jahresüberschuss		**51 183 €**
Steuern – Tz. 1		14 617 €
Erbschaft – Tz. 1		0 €
Pensionsrückstellung – Tz. 2	+	2 000 €
Beteiligung GmbH in Oman – Tz. 3	+	1 000 €
Dividende GmbH in Oman – Tz. 3	./.	8 000 €
Dividende GmbH in Oman – Tz. 3	+	400 €
Gewinn Betriebsstätte in Oman – Tz. 3	+	5 000 €
Außerbilanzielle Kürzung – Tz. 3	./.	5 000 €
Geschäftsführergehalt – Tz. 4		0 €
Zuwendung Tierschutzverein e.V. – Tz. 5	+	800 €
Zuwendung Tierschutzverein e.V. – Tz. 5	+	200 €
Übernahmegewinn – Tz. 6	./.	5 000 €
Umwandlung – Tz. 6	+	250 €
Zu versteuerndes Einkommen A-UG		**57 450 €**
Festzusetzende KSt - § 23 Abs. 1, § 31 Abs. 1 Satz 3 KStG – 15 %		**8 617 €**
Endgültiger Jahresüberschuss 2017		51 183 €
Gewinnvortrag aus 2016	+	3 000 €
Zuführung gesetzliche Rücklage	./.	7 500 €
Berichtigter Bilanzgewinn		**46 683 €**

Verprobung

Verprobung: – Veränderungen Bilanz 31. 12. 2017			
	Aktiva		**Passiva**
Beteiligung an T-GmbH	./. 10 000 €	Übernahme Passiva T-GmbH	+ 15 000 €
Forderung gegenüber T-GmbH	./. 5 000 €	Pensionsrückstellung	+ 2 000 €
Übernommene Aktiva T-GmbH	+ 20 000 €	Erhöhung KSt-Rückstellung	+ 3 317 €
Firmenwert T-GmbH	+ 30 000 €	Rücklage § 6 Abs. 2 UmwStG	+ 15 000 €
Rückdeckungsanspruch	+ 6 500 €	Bilanzgewinn	+ 21 183 €
Summe	**+ 41 500 €**	Summe	**+ 56 500 €**
Differenz – Gewinn Oman	+ 15 000 €		
	+ 56 500 €		

Steuerberaterprüfung 2012/2018

Prüfungsaufgabe aus dem Gebiet der Buchführung und des Bilanzwesens

Teil I: Einzelunternehmen Winter

Allgemeiner Sachverhalt:

Der Kaufmann Rüdiger Winter (RW) betreibt seit 2004 als Einzelunternehmer auf einem zunächst gemieteten und im Jahr 2017 erworbenen Grundstück einen Einzelhandel mit Importwaren aus dem fernen Osten in Bremen.

Die Gewinnermittlung erfolgt nach § 5 Abs. 1 EStG. Etwa erforderliche Verzeichnisse nach § 5 Abs. 1 Sätze 2 und 3 EStG werden geführt. Die Voraussetzungen des § 7g EStG liegen vor. Bei Inanspruchnahme von § 7g Abs. 1 EStG, sollen die nach § 7g Abs. 3 EStG gebotenen Folgen möglichst vermieden oder eingeschränkt werden. Das Kalenderjahr und das Wirtschaftsjahr stimmen überein.

RW ist zum Vorsteuerabzug berechtigt. Er versteuert seine Umsätze nach vereinbarten Entgelten mit dem Steuersatz von 19 %. Die Belege der Buchführung liegen vor und die Aufzeichnungspflichten wurden beachtet.

RW wünscht im Jahr 2017 einen möglichst hohen Eigenkapitalausweis in seiner Handelsbilanz (1. Priorität) und einen möglichst niedrigen steuerlichen Gewinn (2. Priorität).

Nach dem vorläufigen Ergebnis der (handelsrechtlichen) Buchführung ergibt sich ein Jahresüberschuss i. H. v. 80 000 €. Steuerrechtliche Korrekturen erfolgen nach § 60 Abs. 2 Satz 1 EStDV außerbilanziell.

RW hat Sie gebeten, den Jahresabschluss für das Jahr 2017 zu erstellen. Gehen Sie davon aus, dass Sie diese Arbeit am 31. 3. 2018 erledigen / erledigt haben.

Aufgaben:

- Beurteilen Sie die nachfolgenden Einzelsachverhalte 1 — 3 unter Hinweis auf die gesetzlichen Bestimmungen des Handels- und Steuerrechts sowie die Verwaltungsanweisungen. Nennen Sie dabei auch die nach Handelsrecht (noch) erforderlichen (Korrektur-) Buchungen.
- Stellen Sie in der Anlage 1 die Änderungen des vorläufigen Jahresüberschusses aufgrund der nachstehenden Einzelsachverhalte dar und berechnen Sie den sich danach ergebenden Jahresüberschuss in der Handelsbilanz und den steuerlichen Gewinn.
- Auf Aspekte der Wirtschaftlichkeit ist nicht einzugehen, sodass auch geringe Beträge den Vorschriften entsprechend zu behandeln sind.
- Auf § 15a UStG ist nicht einzugehen.

Einzelsachverhalte:

1. Grundstück Hafenstr. 11

Das Grundstück in der Hafenstr. 11 hatte RW seit 1999 gemietet und mit Kaufvertrag vom 7. 4. 2017 erworben. Als Tag des Übergangs von Besitz, Nutzen und Lasten ist der 1. 5. 2017 im Kaufvertrag genannt. Die Eintragung im Grundbuch erfolgte am 1. 7. 2017.

Als Kaufpreis wurden im Kaufvertrag 200 000 € vereinbart. Der Anteil des Grund und Bodens beträgt 25 % vom Kaufpreis.

Die Notarkosten betrugen 1 000 € zzgl. 19 % USt, die Kosten der Eintragung in das Grundbuch betrugen 200 € und die GrESt betrug 4,5 % des Kaufpreises.

Das im Jahr 1921 errichtete Gebäude hat im Erdgeschoss und in der ersten Etage eine Nutzfläche von jeweils 120 qm. Das Erdgeschoss und die erste Etage werden von RW für eigene betriebliche Zwecke genutzt. In der zweiten Etage befindet sich eine Wohnung mit einer Nutzfläche von 80 qm. Die Wohnung wurde bis zum 31. 8. 2017 fremd vermietet. Der Grund und Boden wird im Verhältnis der Nutzfläche der Wohnung zum gesamten Gebäude vom Wohnungsinhaber genutzt.

RW hat das Grundstück in vollem Umfang bilanziert und wie folgt gebucht:

30. 4. 2017

Gebäude	200 000,00 € an	Bank	200 000,00 €

15. 7. 2017

Gebäude	9 000,00 €		
Sonstige betriebliche Aufwendungen	1 200,00 €		
Vorsteuer	190,00 € an	Bank	10 390,00 €

Im September 2017 wurde am Gebäude eine zusätzliche Fassadenverkleidung zum Wärme- und Schallschutz angebracht und es wurden die bisher einfach verglasten Fenster durch Isolierglas ersetzt. Die nach Beendigung der Arbeiten am 4. 10. 2017 erteilte Rechnung wurde von RW sofort durch Überweisung bezahlt. Auf den eigenbetrieblich genutzten Teil des Gebäudes entfallen 18 000 € Kosten und auf die bisher fremd vermietete Wohnung entfallen 6 000 € Kosten. Die berechnete Vorsteuer wurde richtig gebucht. Der gesamte Betrag von 24 000 € wurde auf dem Konto „Gebäude“ gebucht.

Nach dem Auszug des bisherigen Mieters war es RW trotz ernsthafter Bemühungen bis Mitte November 2017 nicht gelungen einen Nachmieter zu finden. RW entschloss sich daher kurzfristig, die Wohnung in der zweiten Etage selber zu nutzen. Er kündigte seine bisherige Mietwohnung und zog bereits am 1. 12. 2017 in seine nun selbst genutzte Wohnung in der Hafenstr. 11 ein.

Ende November 2017 hatte RW gleich von mehreren Interessenten Kaufangebote für das Grundstück erhalten, da die Gegend um die Hafenstraße aufgrund bekannt gewordener Sanierungspläne erheblich an Attraktivität gewinnen sollte. Trotz der gebotenen Kaufpreise von 300 000 € (einschließlich Anschaffungsnebenkosten und einem unveränderten Anteil des Grund und Bodens von 25 %) lehnte RW einen Verkauf ab, da er sein erworbenes Grundstück nun erst recht in Zukunft für sich und seinen Betrieb nutzen möchte.

Die hier nicht bezifferten Mieteinnahmen und die ebenfalls nicht genannten laufenden Grundstückskosten hat RW zutreffend gebucht.

Zu Recht geht RW davon aus, dass die voraussichtliche Nutzungsdauer des Gebäudes beim Erwerb noch 50 Jahre beträgt. Zum 31. 12. 2017 buchte er die mit 2 % von 233 000 € berechnete Abschreibung wie folgt:

Abschreibungen auf Gebäude	4 660,00 €	an	Gebäude	4 660,00 €

Weitere Buchungen sind in diesem Zusammenhang nicht erfolgt.

2. Grundschuld Hafenstr. 11

Zur Finanzierung des Grundstückskaufs Hafenstr. 11 benötigte RW ein Darlehen. Nach dem mit seiner Hausbank abgeschlossenen Darlehensvertrag sollen die Darlehensmittel nur der Finanzierung des eigenbetrieblich genutzten Grundstückteils dienen. Die Darlehensmittel wurden deshalb auch tatsächlich nur zur Begleichung der auf den eigenbetrieblich genutzten Grundstücksteil entfallenden Anschaffungskosten verwendet.

Die Kosten eines für die Kreditvergabe erforderlichen internen Ratings zur Ermittlung der Beleihungsgrenze und der Kreditkonditionen i. H. v. 1 000 € hat die Bank bei der Auszahlung des Darlehensbetrages abgezogen. Das Darlehen ist ab 1. 5. 2017 mit 4,5 % jährlich zu verzinsen. Die Zinsen sind zusammen mit der jährlichen Tilgungsrate von 10 000 €, erstmals am 30. 4. 2018 und letztmalig am 30. 4. 2022, zu bezahlen.

RW hat die Auszahlung am 30. 4. 2017 wie folgt gebucht:

Bank	99 000,00 €	an	Darlehensschuld	99 000,00 €

Nach diesem Bankeingang standen RW ausreichende Mittel zur Bezahlung des Grundstückskaufpreises zur Verfügung. Siehe dazu den 1. Einzelsachverhalt.

Weitere Kosten sind RW in diesem Zusammenhang nicht entstanden und weitere Buchungen sind nicht erfolgt.

3. Verpackungsmaschine

Bei der Gewinnermittlung für 2016 hatte RW für die beabsichtigte Anschaffung einer Verpackungsmaschine einen Investitionsabzugsbetrag i. H. v. 40 % der aus damaliger Sicht voraussichtlichen Anschaffungskosten i. H. v. 20 000 € in Anspruch genommen.

Im Herbst 2017 wurde eine Verpackungsmaschine, die den Vorstellungen von RW zur Verpackung seiner Waren entsprach und die Schutz vor Beschädigungen und Verschmutzung bietet, zu einem besonders günstigen Preis angeboten. RW erwarb eine solche Maschine zum Preis von 16 000 € zzgl. 19 % USt.

Nach einem erfolgreichen Probelauf am 30. 12. 2017, dem Tag der Lieferung, wurde die Maschine ab Januar 2018 im Vertrieb regulär bei der Warenverpackung eingesetzt.

Folgende Buchungen hat RW am 30. 12. 2017 vorgenommen:

Technische Anlagen und Maschinen	16 000,00 €			
Vorsteuer	3 040,00 €	an	Verbindlichkeiten LuL	19 040,00 €

Abschreibungen auf Sachanlagen	2 000,00 €	an	Technische Anlagen und Maschinen	2 000,00 €

Die Bezahlung der Rechnungen erfolgte am 28. 1. 2018. Die betriebsgewöhnliche Nutzungsdauer der Verpackungsmaschine beträgt 8 Jahre. Nachträgliche Anschaffungs- oder Herstellungskosten sind für die Maschine nicht zu erwarten.

Teil II: Sommer GmbH

Allgemeiner Sachverhalt:

Die Firma Sommer GmbH betreibt ein Zellstoffwerk. Sitz der Gesellschaft ist Quedlinburg. Das Stammkapital der im Jahr 2003 gegründeten Gesellschaft beträgt 1 000 000 € und ist voll eingezahlt. Zum 31. 12. 2016 / 1. 1. 2017 sind 400 000 € Kapitalrücklagen und 50 000 € Gewinnvortrag (saldiert mit Jahresfehlbetrag aus dem Jahr 2016) auszuweisen.

Geschäftsführender Gesellschafter der Sommer GmbH ist Maik Sommer. Er hält 80 % der Anteile. Weitere 20 % werden von seiner Ehefrau Sandy gehalten. Gewinnausschüttungen wurden für 2016 nicht beschlossen und sind auch für 2017 nicht geplant.

Nach den Betriebsgrößenmerkmalen wird die Sommer GmbH als mittelgroße Kapitalgesellschaft i. S. d. § 267 HGB eingestuft. Das Wirtschaftsjahr der GmbH stimmt mit dem Kalenderjahr überein. Für die Wirtschaftsjahre bis einschließlich 2016 wurden ausschließlich Handelsbilanzen erstellt. Steuerlich abweichende Ansätze oder Bewertungen haben sich bis dahin nicht ergeben. Aus den Konten des betrieblichen Rechnungswesens ergibt sich ein vorläufiger Jahresfehlbetrag von 650 000 €. Die Konten des betrieblichen Rechnungswesens enthalten die handelsrechtlich maßgeblichen Werte und Bestände.

Für die Erstellung der Handelsbilanz zum 31. 12. 2017 und einer ggf. erforderlichen Überleitungsrechnung nach § 60 Abs. 2 Satz 1 EStDV sind für das Jahr 2017 die folgenden Einzelsachverhalte unter Berücksichtigung der Besteuerungsmerkmale noch zu überprüfen.

Das körperschaftsteuerliche Einkommen für das Jahr 2016 betrug – 10 000 € und wurde in das Jahr 2015 zurückgetragen. Bei der Gewerbesteuer ergab sich wegen diverser Kürzungen ein maßgebender Gewerbeertrag (Gewerbeverlust) von – 50 000 €. Für das Jahr 2017 liegen, sofern sich aus dem Sachverhalt nichts anderes ergibt, keine Hinzurechnungen oder Kürzungen zur Ermittlung des Gewerbeertrags und des Einkommens vor. Die Sommer GmbH führt mit den Erlösen aus dem Zellstoffwerk nur zum Vorsteuerabzug berechtigende Umsätze aus.

Aufgaben:

- Erläutern Sie unter Angabe der einschlägigen Vorschriften, wie die nachfolgenden Einzelsachverhalte 1 - 3 unter Berücksichtigung der Besteuerungsmerkmale handelsrechtlich und steuerrechtlich zu behandeln sind. Die für die Erstellung der Handelsbilanz noch erforderlichen Buchungssätze (ggf. Korrekturbuchungssätze) sind anzugeben.
- Im Falle vom Handelsrecht abweichender steuerlicher Lösungen sind zur Erstellung einer Überleitungsrechnung (§ 60 Abs. 2 Satz 1 EStDV) die entsprechenden Abweichungen (ausgehend von der Handelsbilanz) anzugeben.

- Ermitteln Sie unter Berücksichtigung der Besteuerungsmerkmale den handelsrechtlichen und den ggf. abweichenden steuerlichen Jahresüberschuss bzw. Jahresfehlbetrag und das der Besteuerung zugrunde zu legende Einkommen sowie den maßgebenden Gewerbeertrag für das Jahr 2017.

HINWEISE:

- In der Handelsbilanz soll ein möglichst hohes Vermögen ausgewiesen werden.
- Das steuerliche Ergebnis soll möglichst hoch ausfallen.
- Die Ertragsteuerbelastung beträgt 30 % (15 % Körperschaftsteuer, 15 % Gewerbesteuer). Auf Solidaritätszuschlag ist nicht einzugehen.
- Steuervorauszahlungen sind nicht geleistet worden.
- Steuerrückstellungen sind bisher nicht gebucht worden. Soweit erforderlich, sind sie noch zu buchen.
- Soweit ein steuerlicher Verlust festgestellt wird, ist davon auszugehen, dass dieser innerhalb der nächsten fünf Jahre mit Gewinnen verrechnet werden kann.
- Auf die steuerliche Behandlung der Zuwendungen für die VIP-Logen bei den Empfängern ist nicht einzugehen.
- Die Sommer GmbH macht von Pauschalierungswahlrechten keinen Gebrauch.

Einzelsachverhalte:

1. VIP-Logen

Für die Heimspiele des Fußballvereins FC Quedlinburg e.V. hat die Sommer GmbH das Recht, eine VIP-Loge mit sechs Sitzplätzen im Stadion als Sponsor gegen Entgelt zu nutzen. Der FC Quedlinburg e.V. hat die Vermarktung der Heimspiele der Marketing GmbH überlassen. Neben der Überlassung der VIP-Logen werden auch Werbeleistungen (Bandenwerbung und Werbung im Vereinsmagazin) und Bewirtungsleistungen an Geschäftsfreunde und Arbeitnehmer erbracht.

Die Marketing GmbH hat mit der Sommer GmbH für die Maßnahmen ein Gesamtpaket vereinbart und für die 20 Heimspiele der Saison 2017/2018 am 1. 7. 2017 insgesamt 20 000 € zzgl. 3 800 € Umsatzsteuer in Rechnung gestellt. Der angemessene Rechnungsbetrag entfällt zu 40 % auf Werbung, zu 30 % auf Bewirtung und zu 30 % auf Geschenke (z. B. Eintrittskarten).

Zu den Spielen waren jeweils zur Hälfte Geschäftsfreunde und Arbeitnehmer (wechselnde Personen) eingeladen und erschienen. Mit den Einladungen bezweckte die GmbH die Vorbereitung geschäftlicher Kontakte, außerdem wollte sie sich geschäftsfördernd präsentieren. Auf der Rückseite der Rechnung wurden Anlass und Teilnehmer der Bewirtung vermerkt. Von den 20 Heimspielen fanden zwölf im Jahr 2017 statt. Acht Spiele sind für das Jahr 2018 angesetzt.

Der Betrag von 23 800 € wurde am 8. 7. 2017 vom betrieblichen Bankkonto überwiesen und wie folgt gebucht:

Werbekosten	20 000,00 €		
Vorsteuer	3 800,00 €	an Bank	23 800,00 €

2. Lärmschutzwand

Gemäß Bescheid der Landesregierung vom 15. 12. 2017 ist die Sommer GmbH zu Beiträgen für die Erweiterung einer Lärmschutzwand an der am Grundstück angrenzenden Bundesstraße verpflichtet, weil durch die Arbeiten im Betrieb die zulässigen Lärmpegel überschritten werden (Störerprinzip). Die Erweiterung der Lärmschutzwand erfolgt auf dem Gelände der Bundesstraße. Am 1. 1. 2021 müssen die Baumaßnahmen beginnen und am 30. 6. 2021 müssen sie beendet sein. Ein früherer Termin ist nicht möglich. Nach dem Stand vom 31. 12. 2017 werden die Kosten dafür 100 000 € betragen. Die künftigen Preis- und Kostensteigerungen von jährlich 3 % sind hierbei noch nicht enthalten. Der durchschnittliche Marktzinssatz der letzten sieben Jahre wurde von der Deutschen Bundesbank mit 4 % bekanntgegeben.

Im Rahmen der Abschlussarbeiten wurde folgendes gebucht:

Sonstige betriebliche Aufwendungen	100 000,00 €	an	Sonstige Rückstellungen	100 000,00 €

3. Lieferungen der finnischen Tochtergesellschaft

Die Sommer GmbH ist zu 100 % an der finnischen Holzgroßhändlerin Puu-Summer Ltd. beteiligt. Im Jahr 2017 lieferte die Puu-Summer Ltd. an ihre deutsche Muttergesellschaft Sägespäne zur Papierverarbeitung für insgesamt 100 000 €).

Gebucht wurde (umsatzsteuerlich korrekt):

Innergemeinschaftliche Erwerbe (Wareneinkauf)	100 000,00 €			
Vorsteuer	7 000,00 €	an	Verbindlichkeiten aus LuL	100 000,00 €
			Umsatzsteuer	7 000,00 €

Die Sägespäne sind zum Bilanzstichtag verbraucht.

Aufgrund einer durchgeführten Marktpreisanalyse nach der Preisvergleichsmethode wurde festgestellt, dass für die Lieferungen zu hohe Preise vereinbart wurden. Als angemessene Fremdvergleichspreise sind lediglich 70 000 € netto anzusehen. Der Ertragswert der Puu-Summer Ltd. hat sich durch die überhöhten Verkaufspreise nicht nachhaltig erhöht.

Teil III: XYZ GmbH & Co. KG

Allgemeiner Sachverhalt:

X, Y und Z sind Kommanditisten der XYZ GmbH & Co. KG. Einzige Komplementärin der KG ist die XZ GmbH. X und Z sind an der KG zu je 40 %, Y zu 20 % beteiligt. An die Stelle von Z ist am 1. 1. 2017 S getreten. Die GmbH ist vermögensmäßig nicht an der KG beteiligt, erhält jedoch eine angemessene Haftungsvergütung von 2 000 € pro Jahr (Abbuchung vom Bankkonto der KG). Die Haftungsvergütung wurde bei der KG im Jahr 2017 — wie auch in den Vorjahren — als Aufwand gebucht. An der GmbH sind X und Z jeweils mit 50 % beteiligt. X ist alleiniger Geschäftsführer der GmbH. Neben ihrer Stellung als Komplementärin geht die GmbH keiner weiteren Geschäftstätigkeit nach. Das Stammkapital der Komplementär-GmbH beträgt 25 000 €

und ist voll eingezahlt. Die GmbH-Anteile enthalten keine stillen Reserven. X, Y und Z sind Brüder.

Das Geschäfts- bzw. Wirtschaftsjahr der KG entspricht dem Kalenderjahr. Geschäftszweck ist die Produktion und der Vertrieb von diätetischen Lebensmitteln.

Die KG hat auf den 31. 12. 2016 folgende – vereinfachte – Handelsbilanz aufgestellt:

Aktiva		**Passiva**	
Bebaute Grundstücke	200 000,00 €	Kapital X	400 000,00 €
Gebäude	400 000,00 €	Kapital Y	200 000,00 €
Bank	1 000 000,00 €	Kapital Z	400 000,00 €
Diverse Aktiva	100 000,00 €	Diverse Passiva	700 000,00 €
	1 700 000,00 €		1 700 000,00 €

Die stillen Reserven der Aktiva betragen 1 000 000 €. Diese stillen Reserven entfallen vollständig auf das bebaute Grundstück (vgl. Einzelsachverhalt 3), und zwar i. H. v. 600 000 € auf den Grund und Boden und 400 000 € auf das Gebäude. Sie bestehen auch Ende 2017 noch in gleicher Höhe.

Aufgaben:

- Nehmen Sie zu den nachfolgenden Einzelsachverhalten 1 - 3 hinsichtlich der KG unter handelsrechtlichen und ertragsteuerrechtlichen Gesichtspunkten detailliert Stellung und erstellen Sie die Handels- und Steuerbilanz(en) der KG auf den 31. 12. 2017 einschließlich der erforderlichen Korrekturbuchungssätze.
- Die KG wünscht keine Überleitungsrechnung nach § 60 Abs. 2 Satz 1 EStDV, sondern in jedem Fall eine Steuerbilanz.
- Neben dem handelsrechtlichen Buchungskreis wird für eine eventuell abweichende steuerliche Behandlung von Geschäftsvorfällen ein eigener steuerlicher Buchungskreis geführt.
- Vom Handelsrecht abweichende steuerrechtliche Buchungen haben bezüglich des Gesamthandvermögens bisher noch nicht stattgefunden. Wahlrechte sollen so ausgeübt werden, dass sich der niedrigste mögliche steuerliche Gewinn ergibt.

HINWEISE:

- Gehen Sie für die Lösung davon aus, dass es neben den im Aufgabentext aufgeführten Geschäftsvorfällen bei der KG keine weiteren gegeben hat.
- Schuldzinsen sind bei der KG nicht angefallen.
- Auf etwaige ertragsteuerliche Auswirkungen bei den Gesellschaftern ist nicht einzugehen. Ebenso ist auf steuerliche Aspekte außerhalb der Ertragsteuer nicht einzugehen.
- Nach dem Gesellschaftsvertrag der KG brauchen bei einem unterjährigen Gesellschafterwechsel oder Ausscheiden eines Gesellschafters keine Zwischenbilanzen erstellt zu werden.
- Für die Übertragung des Anteils des jeweiligen Gesellschafters an eigene Angehörige wurde im Gesellschaftsvertrag der KG allgemein die Zustimmung erteilt.
- Im Fall des Ausscheidens eines Kommanditisten aus der KG ermittelt sich laut Gesellschaftsvertrag der Abfindungsanspruch aus dem Buchwert seines Kapitalkontos zzgl. des Anteils an den stillen Reserven.
- Im Zweifel ist der Verwaltungsauffassung zu folgen.
- Auf latente Steuern ist nicht einzugehen.

Einzelsachverhalte:

1. Übertragung eines KG-Anteils

Z ist Inhaber der Marke „Z“, die seit vielen Jahren bundesweit bekannt ist. Diese Marke hatte sich Z vor vielen Jahren selbst ausgedacht, und zwar ausschließlich mit dem Ziel, sie der KG zur Verwertung zu überlassen. Z gestattet der KG die Nutzung der Marke gegen eine monatliche Zahlung von 20 000 € (fremdüblich). Die KG verkauft ihre Produkte bundesweit unter dem Namen der Marke „Z“. Die Marke hat Verkehrsgeltung i. S. d. § 4 MarkenG (Hinweis auf die beigefügte Anlage 2).

Zum 1. 1. 2017 überträgt Z seinen Anteil an der KG unentgeltlich auf seinen Sohn S. Er überträgt an S ebenfalls die Rechte an der Marke „Z“ gemäß § 27 MarkenG. S überlässt die Marke weiterhin gegen Entgelt von 20 000 € pro Monat der KG, die dieses jeweils zum 1. jedes Monats im Voraus per Banküberweisung auf das private Bankkonto des S überweist. Z bleibt wie bisher an der GmbH beteiligt.

Die KG hat den Vorgang in ihrer Buchführung wie folgt erfasst:

Kapital Z	400 000,00 €	an	Kapital S	400 000,00 €

Die Zahlungen für die Überlassung der Marke wurden bei der KG — wie schon in den Vorjahren — als Aufwand erfasst.

Buchungssatz jeweils zum 1. jedes Monats:

Aufwand für Markenrechte	20 000,00 €	an	Bank	20 000,00 €

2. Vermietung einer Wohnung

In der Bilanz befindet sich ein bebautes Grundstück. Die KG hatte es am 2. 1. 1986 für insgesamt 1 Mio. € (umgerechneter damaliger DM-Wert) erworben. Davon entfielen 200 000 € auf den Grund und Boden und 800 000 € auf das Gebäude. Das Gebäude war im Jahr 1951 fertiggestellt worden. Die KG hatte die Nutzungsdauer seinerzeit zutreffender Weise mit 50 Jahren geschätzt. Für das Jahr 2017 wurde die AfA in der Buchführung bereits zutreffend erfasst.

Im Erdgeschoss des Gebäudes befindet sich ein Labor, in welchem die KG ihre diätetischen Lebensmittel weiterentwickelt.

Im ersten Stock befinden sich die Büroräume der Geschäftsleitung der KG.

Im zweiten Stock befinden sich Wohnräume, die der Mutter von X und Y (Großmutter von S) für deren eigene Wohnzwecke überlassen werden. Die Mutter zahlt eine monatliche Miete von 800 € per Überweisung auf das Bankkonto der KG, jeweils am 1. Werktag eines jeden Monats. Die ortsübliche Miete für eine vergleichbare Wohnung beträgt 1 600 €.

Die Nutzfläche ist in allen Etagen gleich groß.

In der Zeit von März 2017 bis August 2017 wurden an dem Gebäude Renovierungs- und Sanierungsarbeiten i. H. v. 70 000 € ausgeführt. Davon kommen 60 000 € allen drei Etagen gleichermaßen zugute, während 10 000 € auf die Erneuerung der Fenster im zweiten Stock entfallen. Die Arbeiten wurden vollständig durch Unternehmer i. S. d. § 19 Abs. 1 UStG (Kleinunternehmer) erbracht. Einen Verzicht auf die Anwendung des § 19 Abs. 1 UStG gemäß § 19 Abs. 2 UStG hatten die Unternehmer nicht gestellt.

Die laufenden Aufwendungen für das Gebäude betragen 40 000 €, davon entfallen 5 000 € auf die vermietete Wohnung.

Alle Aufwendungen wurden im Jahr 2017 vom Bankkonto der KG durch Überweisung bezahlt. Die KG hat die Aufwendungen als Betriebsausgaben sowie die von der Mutter gezahlte Miete als Betriebseinnahmen erfasst.

3. Darlehen an Y, Insolvenz des Y

Y ist — neben seiner KG-Beteiligung — auch noch als Unternehmensberater in Form eines Einzelunternehmens tätig. Dieses Einzelunternehmen befindet sich Anfang 2017 in einer finanziell schwierigen Lage. Infolgedessen gewahrt die KG — unter ausdrücklicher Einwilligung von X und S – dem Y mit Vertrag vom 1. 3. 2017 ein Darlehen i. H. v. 800 000 €. Die Laufzeit des Darlehens beträgt 10 Jahre, die erste Tilgungsrate i. H. v. 100 000 € ist am 1. 3. 2020 fällig. Die weiteren Raten von je 100 000 € sind in den Folgejahren jeweils zum 1. 3. fällig. Y hat das Darlehen mit jährlich 8 % zu verzinsen, jeweils zum 31. 12. zahlbar. Sicherheiten hat Y nicht zu leisten.

Die KG refinanziert das Darlehen durch ein Bankdarlehen von 800 000 €, jährlich zu verzinsen i. H. v. 10 %, jeweils zum 31. 12. Dieses Darlehen wurde ebenfalls am 1. 3. 2017 aufgenommen. Im Jahr 2017 muss noch keine Tilgung geleistet werden. Die Zinsen wurden am 31. 12. 2017 vom Bankkonto der KG überwiesen.

Am Freitag, den 30. 12. 2017 wird über das Vermögen des Y das Insolvenzverfahren eröffnet. Das Insolvenzgericht bestellt einen vorläufigen Insolvenzverwalter, erlegt dem Y ein allgemeines Verfügungsverbot auf und untersagt die Zwangsvollstreckung in das Vermögen des Y. Eine von § 131 Abs. 3 Satz 1 Nr. 2 HGB i. V. m. § 161 Abs. 2 HGB abweichende vertragliche Regelung besteht nicht. Bereits am 30. 12. 2017 teilt der Insolvenzverwalter den Gläubigern des Y mit, dass mit einer Quote von 5 % zu rechnen sei.

In ihrer Buchführung hat die KG die Darlehensvergabe und die Refinanzierung wie folgt erfasst:

Verrechnungskonto Y	800 000,00 €	an	Bank	800 000,00 €
Bank	800 000,00 €	an	Darlehensverbindlichkeiten	800 000,00 €
Zinsaufwand	66 666,00 €	an	Bank	66 666,00 €

Außer dieser Buchung ist in dem Verrechnungskonto Y keine weitere Buchung erfolgt.

Ab dem 15. 12. 2017 war absehbar, dass Y wegen Zahlungsunfähigkeit das Darlehen nicht zurückzahlen konnte. Aus diesem Grunde buchte die KG am selben Tag:

Abschreibungen auf Finanzanlagen	800 000,00 €	an	Verrechnungskonto Y	800 000,00 €

Weitere Buchungen erfolgten nicht.

Anlage 1

Kaufmann Rüdiger Winter

Ergebnis

Vorläufiger Jahresüberschuss 2017 (Ergebnis der Handelsbilanz)	80 000,00 €
Änderungen Einzelsachverhalt 1 „Grundstück Hafenstr. 11"	
Änderungen Einzelsachverhalt 2 „Grundschuld Hafenstr. 11"	
Änderungen Einzelsachverhalt 3 »Verpackungsmaschine"	
Jahresüberschuss nach den vorstehenden Änderungen (Ergebnis der Handelsbilanz)	
Steuerliche Unterschiede gegenüber der Handelsbilanz	
Steuerliches Ergebnis nach den vorstehenden Änderungen	

Anlage 2

Gesetz Ober den Schutz von Marken und sonstigen Kennzeichen Markengesetz (MarkenG)

(Auszug)

§ 3 Als Marke schutzfähige Zeichen

(1) Als Marke können alle Zeichen, insbesondere Wörter einschließlich Personennamen, Abbildungen, Buchstaben, Zahlen, Hörzeichen, dreidimensionale Gestaltungen einschließlich der Form einer Ware oder ihrer Verpackung sowie sonstige Aufmachungen einschließlich Farben und Farbzusammenstellungen geschützt werden, die geeignet sind, Waren oder Dienstleistungen eines Unternehmens von denjenigen anderer Unternehmen zu unterscheiden.

(2) Dem Schutz als Marke nicht zuganglich sind Zeichen, die ausschließlich aus einer Form bestehen,

1. die durch die Art der Ware selbst bedingt ist,
2. die zur Erreichung einer technischen Wirkung erforderlich ist oder
3. die der Ware einen wesentlichen Wert verleiht.

§ 4 Entstehung des Markenschutzes

Der Markenschutz entsteht

1. durch die Eintragung eines Zeichens als Marke in das vom Patentamt geführte Register,
2. durch die Benutzung eines Zeichens im geschäftlichen Verkehr, soweit das Zeichen innerhalb beteiligter Verkehrskreise als Marke Verkehrsgeltung erworben hat, oder
3. durch die im Sinne des Artikels 6bis der Pariser Verbandsübereinkunft zum Schutz des gewerblichen Eigentums (Pariser Verbandsübereinkunft) notorische Bekanntheit einer Marke.

§ 27 Rechtsübergang

(1) Das durch die Eintragung, die Benutzung oder die notorische Bekanntheit einer Marke begründete Recht kann für alle oder für einen Teil der Waren oder Dienstleistungen, für die die Marke Schutz genießt, auf andere übertragen werden oder übergehen.

(2) Gehört die Marke zu einem Geschäftsbetrieb oder zu einem Teil eines Geschäftsbetriebs, so wird das durch die Eintragung, die Benutzung oder die notorische Bekanntheit der Marke begründete Recht im Zweifel von der Übertragung oder dem Übergang des Geschäftsbetriebs oder des Teils des Geschäftsbetriebs, zu dem die Marke gehört, erfasst.

(3) Der Übergang des durch die Eintragung einer Marke begründeten Rechts wird auf Antrag eines Beteiligten in das Register eingetragen, wenn er dem Patentamt nachgewiesen wird.

(4) Betrifft der Rechtsübergang nur einen Teil der Waren oder Dienstleistungen, für die die Marke eingetragen ist, so sind die Vorschriften über die Teilung der Eintragung mit Ausnahme von § 46 Abs. 2 und 3 Satz 1 und 2 entsprechend anzuwenden.

Steuerberaterprüfung 2012/2018

Lösung der Prüfungsaufgabe aus dem Gebiet der Buchführung und des Bilanzwesens

Verfasser: Steuerberater Jörg Koltermann

Teil I: Einzelunternehmer Winter

1. Grundstück Hafenstraße

Zur Bilanzierung von Vermögensgegenständen/Wirtschaftsgütern ist grundsätzlich der Eigentümer berechtigt und verpflichtet (§ 246 Abs. 2 HGB). Dabei knüpfen aber weder das Handelsrecht noch das Steuerrecht unbedingt an das bürgerlich-rechtliche Eigentum an. Ist ein Vermögensgegenstand/Wirtschaftsgut nicht dem Eigentümer, sondern einem anderen wirtschaftlich zuzurechnen, hat dieser ihn in seiner Bilanz auszuweisen. Steuerrechtlich ist das wirtschaftliche Eigentum gesetzlich verankert in § 39 Abs. 2 AO. Dort findet sich auch eine überzeugende Definition: Wirtschaftliches Eigentum besitzt, wer den rechtlichen Eigentümer für die gewöhnliche Nutzungsdauer von jeder Einwirkung auf das Wirtschaftsgut ausschließen kann. Handelsrechtlich ergibt sich der Vorrang des wirtschaftlichen Eigentums vor dem rechtlichen Eigentum aus § 246 Abs. 1 Satz 2 HGB. Das HGB verzichtet auf eine eigene Definition. Zwischen dem steuerrechtlichen und dem handelsrechtlichen Begriff des „wirtschaftlichen Eigentums" bestehen aber keine Unterschiede. Mit Hilfe dieses Korrektivs wird handelsrechtlich sichergestellt, dass in der Bilanz nur solche Vermögensgegenstände ausgewiesen werden, die den Gläubigern auch als Schuldendeckungspotential dienen können. Dies wäre bei Vermögensgegenständen, die nicht wirtschaftlich zugerechnet werden können, gerade nicht der Fall. Wenn also rechtliches und wirtschaftliches Eigentum nicht in derselben Person vereinigt sind, ist der wirtschaftliche Eigentümer zur Bilanzierung berechtigt und verpflichtet.

Das Grundstück ist dem RW somit mit Wirkung vom 1. Mai 2017 als wirtschaftlichem Eigentümer handels- und steuerrechtlich zuzurechnen. Mit der Eintragung im Grundbuch am 1. Juli 2017 erlangt RW auch das hier für die Bilanzierung unbeachtliche zivilrechtliche Eigentum. Als Mieter besaß RW weder das wirtschaftliche noch das rechtliche Eigentum an dem Grundstück; er verfügte lediglich über ein vertragliches Nutzungsrecht aus einem befristeten Dauerschuldverhältnis.

Ein Grundstück umfasst in der Regel Grund und Boden, Gebäude, Außenanlagen und Zubehör. Steuerrechtlich handelt es sich dabei jeweils um selbständige Wirtschaftsgüter. Der **Grund und Boden** stellt ein selbständiges und nichtabnutzbares Wirtschaftsgut dar, unabhängig davon, ob er bebaut oder unbebaut ist. Bei **Gebäuden** ist darüber hinaus zwischen unselbständigen und selbständigen Gebäudeteilen zu unterscheiden. Unselbständige Gebäudeteile sind einheitlich mit dem Gebäude zu bilanzieren und abzuschreiben, z. B. Sammelheizung, Personenfahrstuhl, Rolltreppen, sanitäre Anlagen (H 4.2 [5] „Unselbständige Gebäudeteile sind z. B. ..." EStH).

Selbständige Gebäudeteile bzw. selbständige Wirtschaftsgüter sind solche Gebäudeteile, die nicht in einem einheitlichen Nutzungs- und Funktionszusammenhang mit dem Gebäude stehen. In Betracht kommen (vgl. R 4.2 Abs. 3 EStR):

a) Betriebsvorrichtungen (vgl. gleich lt. Erlasse vom 5. 6. 2013, BStBl 2013 I S. 734)

b) Scheinbestandteile (Einbauten für vorübergehende Zwecke)

c) Ladeneinbauten, Schaufensteranlagen usw.

d) sonstige selbständige Gebäudeteile je nach Nutzung (R 4.2 Abs. 4 EStR):

aa) eigenbetrieblich genutzte Gebäudeteile

bb) fremdbetrieblich genutzte Gebäudeteile

cc) eigenen Wohnzwecken dienende Gebäudeteile

dd) fremden Wohnzwecken dienende Gebäudeteile

Für die steuerrechtliche Bilanzierung gilt folgendes: Grundstücke und Grundstücksteile, die eigenbetrieblich genutzt werden, gehören zum notwendigen Betriebsvermögen. Dabei teilt der Grund und Boden das Schicksal des Gebäudes: In dem Umfang wie das Gebäude bilanziert ist, muss auch der Grund und Boden bilanziert werden (R 4.2 Abs. 7 Satz 1 und 2 EStR). **Vermietete** Grundstücksteile können als gewillkürtes Betriebsvermögen behandelt werden (R 4.2 Abs. 9 Satz 1 EStR); auch hierbei teilt der Grund und Boden das Schicksal des Gebäudes (R 4.2 Abs. 9 Satz 6 EStR). Grundstücksteile, die **dauernd eigenen Wohnzwecken** dienen oder unentgeltlich zu Wohnzwecken an Dritte überlassen werden, sind als notwendiges Privatvermögen von der Bilanzierung ausgeschlossen (R 4.2 Abs. 9 Satz 1 EStR). Dasselbe gilt handelsrechtlich (§ 246 Abs. 1 HGB).

RW hat somit zunächst das Grundstück in vollem Umfang zu Recht bilanziert. Mit der Umwidmung der 80 qm großen Wohnung in der zweiten Etage zu eigenen Wohnzwecken bewirkt RW mit Wirkung vom 1. 12. 2017 eine Entnahme (§ 4 Abs. 1 Satz 2 EStG).

Die Bewertung der Grundstücksanschaffung erfolgt mit den Anschaffungskosten (§ 5 Abs. 1 EStG i.V.m. § 253 Abs. 1 HGB). In der Folgebewertung sind für das Gebäude Abschreibungen (AfA) zu berücksichtigen. Der Begriff „Anschaffungskosten" wird sowohl im Handelsrecht als auch im Steuerrecht verwendet. Eine auch für die steuerliche Bewertung gültige Definition findet sich in § 255 Abs. 1 HGB. Vgl. auch R 6.2 EStR und H 6.2 EStH. Anschaffungskosten eines Wirtschaftsguts können nur solche Kosten sein, die nach wirtschaftlichen Gesichtspunkten dessen Beschaffung tatsächlich zuzuordnen sind.

Als **Erwerbsnebenkosten** sind zu berücksichtigen: Verpackungs-, Transport-, Frachtkosten (einschließlich Speditions- und Lagerkosten sowie Rollgelder), Zölle, Provisionen, Maklergebühren, Grunderwerbsteuer, Notarkosten, Grundbuchkosten, Gutachterkosten, Vermessungskosten, Reisekosten anlässlich der Besichtigung und des anschließenden Erwerbs eines Wirtschaftsgutes.

Verrechenbare **Vorsteuer** gehört nicht zu den Anschaffungskosten des Wirtschaftsgutes, auf dessen Anschaffung sie entfällt (§ 9b Abs. 1 EStG). Nicht verrechenbare Vorsteuer gehört zu den Anschaffungskosten. Soweit Vorsteuer auf zu fremden Wohnzwecken vermietete Grundstücksteile entfällt, ist diese nicht verrechenbar (§ 15 Abs. 2 Nr. 1 i.V. mit § 4 Nr. 12 UStG). Insoweit kann die auf die Notarkosten entfallende Vorsteuer nicht von der USt-Schuld abgezogen werden. Diese Vorsteuer beträgt nach dem Verhältnis der Nutzfläche der vermieteten Wohnung zur gesamten Nutzfläche 47,50 € (190 € x 80qm/320qm) und gehört zu den Anschaffungskosten dieses Grundstücksteils.

Die Anschaffungskosten berechnen sich wie folgt:

Kaufpreis	200 000,00 €
Notarkosten	1 000,00 €
Nicht verrechenbare Vorsteuer	47,50 €
Grundbucheintrag	200,00 €
Grunderwerbsteuer (4,5 v. H.)	9 000,00 €
Summe = Anschaffungskosten	210 247,50 €

Die Anschaffungskosten sind wie folgt aufzuteilen:

Anschaffungs-kosten	Eigenbetrieblich genutzter Gebäudeteil 75 % von 240/320	Vermieteter Gebäudeteil 75 % von 80/320	Anteil Grund und Boden Betrieb 25 % von 240/320	Anteil Grund und Boden Vermietung 25 % von 80/320
Kaufpreis	112 500,00 €	37 500,00 €	37 500,00 €	12 500,00 €
Notarkosten	562,50 €	187,50 €	187,50 €	62,50 €
Vorsteuer direkt		35,63 €		11,87 €
Grundbuchkosten	112,50 €	37,50 €	37,50 €	12,50 €
GrESt	5 062,50 €	1 687,50 €	1 687,50 €	562,50 €
Summe	118 237,50 €	39 448,13 €	39 412,50 €	13 149,37 €

Zu den Aufwendungen für die Herbeiführung des **betriebsbereiten Zustands** i. S. von § 255 Abs. 1 Satz 1 HGB gehören z. B. Fundamentierungskosten, die der Standsicherheit einer Maschine dienen. Bei Gebäuden handelt es sich um Aufwendungen, die die objektive und subjektive Funktionstüchtigkeit des Gebäudes ermöglichen. Ein Gebäude ist objektiv funktionsuntüchtig, wenn z. B. Türen und Fenster fehlen. Davon kann im vorliegenden Fall nicht ausgegangen werden. Vielmehr war das Gebäude im Zeitpunkt des Erwerbs in einem betriebsbereiten Zustand, da RW es sofort nutzte. Auch handelt es sich nicht um Herstellungskosten i. S. von § 255 Abs. 2 Satz 1 HGB. Der Austausch der Fenster und die zusätzliche Fassadenverkleidung stellen weder eine Erweiterung noch eine wesentliche Verbesserung dar.

Bei Baumaßnahmen ist allerdings steuerrechtlich (nicht handelsrechtlich) von sog. anschaffungsnahen Herstellungskosten auszugehen, wenn die Aufwendungen für Instandsetzungs- und Modernisierungsmaßnahmen, die innerhalb von drei Jahren nach der Anschaffung eines Gebäudes durchgeführt werden, ohne USt 15 % der Anschaffungskosten des Gebäudes übersteigen (§ 6 Abs. 1 Nr. 1a Satz 1 EStG). Das ist hier der Fall. Die Anschaffungskosten für das Gebäude betragen (118 237,50 € + 39 448,13 € =) 157 685,63 €. 15 v. H. davon entsprechen 23 652,84 €. Dem stehen tatsächliche Aufwendungen von 24 000 € gegenüber. Diese sind sodann i. H. v. 18 000 € dem eigenbetrieblich genutzten und in Höhe von 6 000 € dem vermieteten Gebäudeteil als anschaffungsnahe Herstellungskosten zuzuschlagen. Im Rahmen der AfA-Berechnung sind sie so zu behandeln, als seien sie im Erwerbszeitpunkt entstanden (R 7.4 Abs. 9 Satz 3 EStR).

Handelsrechtlich erfolgt die Abschreibung des Gebäudes nach Maßgabe der voraussichtlichen Nutzungsdauer von 50 Jahren (§ 253 Abs. 3 HGB), hier also jährlich mit 2 %. Im Jahr 2017 kann die AfA nur zeitanteilig berücksichtigt werden (Mai bis Dezember). Steuerrechtlich beträgt die

AfA für das 1921 errichtete Gebäude gem. § 7 Abs. 4 Satz 1 Nr. 2b EStG 2,5 % der Anschaffungs- und anschaffungsnahen Herstellungskosten.

Mit der Nutzung der Wohnung zu eigenen Wohnzwecken ab 1. Dezember 2017 wird dieser Gebäudeteil nebst dazu gehörendem Grund und Boden notwendiges Privatvermögen. Eine Bilanzierung ist damit weder steuerrechtlich noch handelsrechtlich zulässig (R 4.2 Abs. 9 Satz 1 EStR). Es handelt sich um eine Entnahme, die mit dem Teilwert zu bewerten ist (§ 4 Abs. 1 Satz 2 i. V. m. § 6 Abs. 1Nr. 4 Satz 1 EStG). Dieser beträgt lt. Sachverhalt 300 000 € und entfällt mit 25 % auf den Grund und Boden (= 75 000 €) und mit 75 % auf das Gebäude (225 000 €). Sodann entfällt auf die Wohnung ein Bodenanteil von (80/320 von 75 000 € =) 18 750 € und ein Gebäudeanteil von (80/320 von 225 000 € =) 56 250 €.

Kontenentwicklung eigenbetrieblicher Grundstücksteil:

	Gebäude HB	Grund und Boden HB	Gebäude StB	Grund und Boden StB
Zugang Mai 2017	118 237,50 €	39 412,50 €	118 237,50 €	39 412,50 €
Anschaffungsn. HK			+ 18 000,00 €	
AfA 2 % für 8 Mon.	./. 1 576,50 €			
AfA 2,5 % für 8 Mon.			./. 2 270,63 €	
Stand 31. 12. 2017	116 661,00 €	39 412,50 €	133 966,87 €	39 412,50 €

Kontenentwicklung Wohnung

	Gebäude HB	Grund und Boden HB	Gebäude StB	Grund und Boden StB
Zugang Mai 2017	39 448,13 €	13 149,37 €	39 448,13 €	13 149,37 €
Anschaffungsn. HK			+6 000,00 €	
AfA 2 % für 7 Mon.	./. 460,23 €			
AfA 2,5 % für 7 Mon.			./. 662,79 €	
Buchwert 1. 12. 2017	38 987,90 €	13 149,37 €	44 785,34€	13 149,37 €
Entnahmewert Entnahmegewinn	56 250,00 € 17 262,10 €	18 750,00 € 5 600,63 €	56 250,00 € 11 464,66 €	18 750,00 € 5 600,63 €
Bilanzansatz 31.12.17	-	-	-	-

Folgende Berichtigungsbuchungen sind in der Buchführung für die HB erforderlich:

30. 4. 2017

Bebaute Grundstücke (Grund und Boden)	50 000 € an	Gebäude	50 000 €

15. 7. 2017

Bebaute Grundstücke (Grund und Boden)	2 561,87 € an	Gebäude	1 314,37 €
		und Sonst. betriebl. Aufwendungen	1 200 €
		und Vorsteuer	47,50 €

HINWEIS:

Zu aktivieren sind 10 247,50 €, davon beim Grund und Boden 25 % = 2 561,87 € und beim Gebäude 75 % = 7 685,63 € und daher insoweit 1 314,37 € weniger als bisher.

4. 10. 2017

Instandhaltungskosten	24 000 € an	Gebäude	24 000 €

1. 12. 2017

AfA 460,23 € an Gebäude 460,23 €

Entnahmen	56 250,00 € an	Gebäude	38 987,90 €
		und Erträge aus Anlagenabgang	17 262,10 €
Entnahmen	18 750,00 € an	Bebaute Grundstücke	13 149,37 €
		und Erträge aus Anlagenabgang	5 600,63 €

31. 12. 2017

Gebäude	3 083,50 € an	Abschreibungen (AfA)	3 083,50 €

HINWEIS:

Es handelt sich um den Unterschiedsbetrag zwischen bisheriger AfA (4 660 €) und richtiger AfA (1 576,50 €).

2. Grundschuld Hafenstr. 11

Da die Darlehensschuld betrieblich veranlasst ist, muss sie passiviert werden (§ 246 Abs. 1 HGB, § 5 Abs. 1 EStG, H 4.2 Abs. 15 „Betriebsschuld" EStH). Sie ist gem. § 253 Abs. 1 Satz 2 HGB mit ihrem Erfüllungsbetrag anzusetzen: 100 000 €. Wegen ihrer Verzinslichkeit entfällt auch steuerrechtlich die Abzinsung (§ 6 Abs. 1 Nr. 3 EStG).

Die Zuordnung der Darlehensverbindlichkeit zum eigenbetrieblich genutzten Grundstücksteil ist steuerrechtlich zutreffend erfolgt und nicht zu beanstanden (H 4.2 Abs. 15 „Gemischt genutztes Grundstück" und das dort auch für den betrieblichen Bereich für anwendbar erklärte Schreiben des BMF vom 16. 4. 2004, BStBl 2004 I S. 464). Damit sind die gesamten Finanzierungskosten als Betriebsausgaben abziehbar. Das gilt auch für die Kosten des für die Kreditvergabe erforderlichen Ratings i. H. v. 1 000 €. Es handelt sich dabei weder um Anschaffungskosten für ein aktivierbares Wirtschaftsgut noch um eine zeitraumbezogene Leistung für eine Gegenleistung wie etwa bei einem Damnum.

Handelsrechtlich wird entsprechend verfahren.

Die im Jahr 2017 entstandenen Zinsen i. H. v. 3 000 € (100 000 € x 4,5 v. H. = 4 500 €; davon 8/12) sind, da am 31. 12. 2017 noch nicht bezahlt, als sonstige Verbindlichkeit zu passivieren. Dies ist dem Realisationsprinzip geschuldet (§ 252 Abs. 1 Nr. 5 HGB, R 5.6 Abs. 3 Satz 2 EStR).

Berichtigungsbuchungen für die HB:

30. 4. 2017

Sonst. betriebl. Aufwendungen		an	Darlehensschuld	1 000 €

31. 12. 2017

Zinsaufwendungen	3 000 €	an	Sonstige Verbindlichkeiten	3 000 €

3. Verpackungsmaschine

Mit dem Tag der Lieferung erwarb RW das rechtliche und wirtschaftliche Eigentum an der Maschine. Sie gehört zum notwendigen Betriebsvermögen und muss bilanziert werden (§ 246 Abs. 1 HGB, R 4.2 Abs. 2 Satz 1 EStR). Da der Tag der Lieferung gleichzeitig der Tag der Anschaffung ist (§ 9a EStDV), steht AfA ab diesem Zeitpunkt zu. Auf die tatsächliche Inbetriebnahme kommt es nicht an.

Die Maschine ist ein bewegliches Wirtschaftsgut des abnutzbaren Anlagevermögens (§ 6 Abs. 1 Nr. 1 EStG). Die Bewertung erfolgt mit den Anschaffungskosten abzüglich AfA (§ 253 Abs. 1 und 3 HGB, § 7 Abs. 1 EStG). Da verrechenbare Vorsteuer nicht zu den Anschaffungskosten gehört (§ 9b Abs. 1 EStG), ergeben sich Anschaffungskosten i. H. v. 16 000 €. Bei acht Jahren Nutzungsdauer ergibt sich handelsrechtlich eine AfA von jährlich 2 000 €. Auf das Jahr 2017 entfallen dann für die Ende Dezember 2017 angeschaffte Maschine 1/12 = 166,67 €.

HINWEIS:

Auch eine tagegenaue Berechnung der AfA ist zulässig: 1/365 von 2000 € = 5,48 €.

Buchung für die HB:

31. 12. 2017

Techn. Anlagen und Masch.	1 833,33 €	an	Abschreibungen auf Sachanl. (AfA)	1 833,33 €

Da in 2016 für diese Maschine ein Investitionsabzugsbetrag i. H. v. 8 000 € in Anspruch genommen wurde, kann nun eine außerbilanzielle Hinzurechnung i. H. v. 40 % von 16 000 € = 6 400 € erfolgen (§ 7g Abs. 2 Satz 1 EStG). Weil RW lt. Sachverhalt unter allen Umständen die Anwendung von § 7g Abs. 3 EStG vermeiden möchte, ist von dieser Möglichkeit sofort Gebrauch zu machen.

Da RW einen möglichst niedrigen Gewinn wünscht, kann er zudem gem. § 7g Abs. 2 Satz 2 EStG den Betrag von 6 400 € von den Anschaffungskosten der Verpackungsmaschine abziehen, so dass sich eine AfA-Bemessungsgrundlage i. H. v. 9 600 € ergibt (§ 7g Abs. 2 Satz 2 letzter Halbsatz EStG). AfA nach § 7 Abs. 1 EStG kann im Anschaffungsjahr nur zeitanteilig in Anspruch genommen werden (§ 7 Abs. 1 Satz 4 EStG). Die lineare AfA beträgt sodann bei acht Jahren Nutzungsdauer jährlich (9 600 €/ 8=) 1 200 €. Auf das Jahr 2017 entfallen 1/12 = 100 €.

Zusätzlich kann eine Sonderabschreibung nach § 7g Abs. 5 EStG vorgenommen werden. Diese beträgt 20 % der Bemessungsgrundlage von 9 600 €, hier also 1 920 €.

Da lt. Sachverhalt nachträgliche Anschaffungs- oder Herstellungskosten nicht zu erwarten sind und die Nachteile, die mit §7g Abs. 3 EStG verbunden sind (z. B. Verzinsung), ist der nicht in Anspruch genommene Teil des Investitionsabzugsbetrags, hier also (8 000 € ./. 6 400 € =) 1 600 € ebenfalls sofort rückgängig zu machen (§ 7g Abs. 3 EStG). Der steuerliche Gewinn für das Jahr 2016 ist entsprechend zu erhöhen.

Kontenentwicklungen:

Verpackungsmaschine	Handelsbilanz	Steuerbilanz
Zugang 30. 12. 2017	16 000,00 €	16 000 €
Abzug gem. § 7g Abs. 2 EStG		./. 6 400 €
Bemessungsgrundlage	16 000,00 €	9 600 €
AfA Dezember	./. 166,67 €	./. 100 €
Sonderabschreibung gem. § 7g Abs. 5 EStG		./. 1 920 €
Bilanzansatz 31. 12. 2017	15 833,33 €	7 580 €

Teil II: Sommer GmbH

1. VIP-Logen

Da die Überlassung der VIP-Logen an Geschäftsfreunde und eigene Arbeitnehmer erfolgte, ist eine betriebliche Veranlassung gegeben. Die Zahlung betrifft u. a. auch Leistungen, die erst im Folgejahr vom Schuldner erbracht werden; insofern ergeben sich zum 31. 12. 2017 gem. § 246 Abs. 1 HGB „Sonstige Vermögensgegenstände" in Gestalt von geleisteten Anzahlungen: 8/20 von 20 000 € = 8 000 €. Dieser Sichtweise folgt auch das Steuerrecht (§ 5 Abs. 1 Satz 1 EStG). Die in der Rechnung ausgewiesene USt ist gem. § 15 Abs. 1 Nr. 1 UStG – von den unten beschriebenen Ausnahmen abgesehen – verrechenbar.

Die steuerliche Abzugsfähigkeit der verbleibenden 12 000 € ist nach Maßgabe des § 4 Abs. 5 EStG mit entsprechenden Auswirkungen auf den Gewinn und das zu versteuernde Einkommen zu beurteilen. Gem. § 8 Abs. 1 KStG sind die Vorschriften des EStG zu beachten.

Werbung (40 v. H. = 4 800 €)

Es handelt sich um sofort und in vollem Umfang um abzugsfähige Betriebsausgaben. Die Maßnahme hat weder zu einem immateriellen Wirtschaftsgut noch zu einem Rechnungsabgrenzungsposten geführt. Auch die darauf entfallende Vorsteuer ist voll verrechenbar.

Bewirtungskosten (30 v. H. = 3 600 €)

Hier ist die Regelung des § 4 Abs. 5 Satz 1 Nr. 2 EStG zu beachten. Abzugsfähig sind nur 70 v. H. der angemessenen Aufwendungen. Da die Bewirtung insgesamt geschäftlich veranlasst war, gilt das Abzugsverbot auch für den Teil der Aufwendungen, der auf die an der Bewirtung teilnehmenden Arbeitnehmer entfällt (R 4.10 [7] Satz 3 EStR). 30 v. H. der Aufwendungen – 1 080 € – sind dem Gewinn außerhalb der Buchführung hinzuzurechnen.

Die Vorsteuerverrechnung bleibt unbeschadet (§ 15 Abs. 1a Satz 2 UStG).

Geschenke (30 v. H. = 3 600 €)

Zu beachten ist § 4 Abs. 5 Satz 1 Nr. 1 EStG. Aufwendungen für Geschenke an Personen, die nicht Arbeitnehmer des Steuerpflichtigen sind, dürfen den Gewinn nicht mindern, wenn die Anschaffungs- oder Herstellungskosten der dem Empfänger im Wirtschaftsjahr zugewendeten Gegenstände insgesamt 35 € übersteigen. Jede Eintrittskarte hat einen Wert von (3 600 € geteilt durch 12 Spiele) 300 €. Damit ist die Freigrenze von 35 € überschritten. Soweit eigene Arbeitnehmer Eintrittskarten bekommen haben, greift das Abzugsverbot nicht. Sechs Geschäftsfreunde wurden mit Eintrittskarten beschenkt. Es ergibt sich einer außerbilanzielle Hinzurechnung zum Gewinn von 1 800 €. Die hierauf entfallende Vorsteuer von 342 € ist nicht verrechenbar (§ 15 Abs. 1a Satz 1 UStG). In der laufenden Buchführung wird sie als Aufwand behandelt; gem. § 10 Nr. 2 KStG erfolgt aber in gleicher Höhe eine Hinzurechnung zum zu versteuernden Einkommen der GmbH.

Die vorgenannten Aufwendungen sind gem. § 4 Abs. 7 EStG einzeln und getrennt von den sonstigen Betriebsausgaben aufzuzeichnen. Soweit diese Aufwendungen nicht bereits nach § 4 Abs. 5 EStG vom Abzug ausgeschlossen sind, dürfen sie bei der Gewinnermittlung nur berücksichtigt werden, wenn sie besonders aufgezeichnet sind. Die nachfolgenden Buchungen sind somit unverzichtbar, um die Teilabzugsfähigkeit nicht zu gefährden.

Sonstige Vermögensgegenstände	8 000 €	an	Werbekosten	8 000 €
Nicht abziehbare Vorsteuer	342 €			
Nicht abziehbare Geschenke	1 800 €			
Abziehbare Geschenke	1 800 €			
Bewirtungskosten	3 600 €	an	Werbekosten	7 200 €
			Abziehbare Vorsteuer	342 €

Außerhalb der Buchführung sind Gewinn und Einkommen der GmbH wie folgt zu erhöhen:

Geschenke	1 800 €
Bewirtung	1 080 €
USt	342 €
Summe	3 222 €

2. Lärmschutzwand

§ 249 Abs. 1 HGB bestimmt für die Handelsbilanz, dass Rückstellungen nur zu bilden sind für

1. ungewisse Verbindlichkeiten
2. drohende Verluste aus schwebenden Geschäften
3. im Geschäftsjahr unterlassene Aufwendungen für Instandhaltung, die im folgenden Geschäftsjahr innerhalb von drei Monaten nachgeholt werden
4. Abraumbeseitigung, die im folgenden Geschäftsjahr nachgeholt wird
5. Gewährleistungen, die ohne rechtliche Verpflichtung erbracht werden.

Für andere als die vorgenannten Zwecke dürfen Rückstellungen nicht gebildet werden (§ 249 Abs. 2 HGB). Eine Ausnahme besteht für Pensionsrückstellungen für Pensionszusagen, die vor dem 1. 1. 1987 gegeben wurden (Art. 28 Abs. 1 EGHGB); für diese gilt ein Passivierungswahlrecht.

Das Vorstehende gilt gem. § 5 Abs. 1 Satz 1 EStG grundsätzlich auch für die Steuerbilanz. Allerdings ist die Rückstellungsbildung in der Steuerbilanz durch Sonderbestimmungen teilweise eingeschränkt (vgl. § 5 Abs. 2a – 4b, § 6a EStG).

Für die Verpflichtung zur Errichtung der Lärmschutzwand ist somit handels- wie steuerrechtlich eine Rückstellung wegen ungewisser Verbindlichkeit dem Grunde nach zu bilden. Die Ungewissheit bezieht sich auf die exakte Höhe der Schuld.

Wie Rückstellungen zu bewerten sind, ergibt sich für das Handelsrecht aus § 253 Abs. 1 und 2 HGB, für das Steuerrecht aus § 6 Abs. 1 Nr. 3a EStG i. V. m. R 6. 11 EStR.

Handelsrechtlich erfolgt die Bewertung mit dem nach kaufmännischer Beurteilung notwendigen Erfüllungsbetrag (§ 253 Abs. 1 Satz 2 HGB), das ist bei Sachleistungs- und Sachwertverpflichtungen der im Erfüllungszeitpunkt voraussichtlich aufzuwendende Geldbetrag und bei Geldleistungsverpflichtungen der Rückzahlungsbetrag (= Nennwert). Durch die Verwendung des Begriffs „Erfüllungsbetrag“ wird klargestellt, dass bei der Rückstellungsbewertung künftige Preis- und Kostensteigerungen unter Vernachlässigung des Stichtagsprinzips zu berücksichtigen sind. Vorliegend ist von jährlichen Preissteigerungen von 3 v. H. auszugehen. Der Aufzinsungsfaktor beträgt dann für 1 € $1{,}03^{\text{Restlaufzeit}}$, hier also bei einer Restlaufzeit von drei Jahren $1{,}03^3$ = 1,092727. In drei Jahren ist somit von einem Erfüllungsbetrag von 109 272 € auszugehen.

Ferner besteht nach § 253 Abs. 2 HGB für Rückstellungen mit einer Restlaufzeit von mehr als einem Jahr eine **Abzinsungspflicht**. Derartige Rückstellungen sind mit dem ihrer Restlaufzeit entsprechenden durchschnittlichen Marktzinssatz der vergangenen sieben Geschäftsjahre abzuzinsen. Abweichend davon dürfen Altersversorgungsverpflichtungen oder vergleichbare langfristig fällige Verbindlichkeiten unter Abkehr vom Grundsatz der Einzelbewertung pauschal mit dem durchschnittlichen Marktzinssatz abgezinst werden, der sich bei einer angenommenen Restlaufzeit von 15 Jahren ergibt. Entsprechendes gilt für auf Rentenverpflichtungen beruhende Verbindlichkeiten, für die eine Gegenleistung nicht mehr zu erwarten ist. Der anzuwendende Abzinsungssatz wird durch die Deutsche Bundesbank nach Maßgabe einer Rechtsverordnung ermittelt und monatlich bekannt gegeben (siehe www.bundesbank.de). Im vorliegenden Fall beträgt er lt. Sachverhalt 4 v. H.

Nach den Regeln der Finanzmathematik erfolgt bei einem Zinssatz von 4 v. H. die Abzinsung nach folgender Formel:

$$\frac{\text{Beseitigungskosten am Stichtag}}{1{,}04^{\text{Restlaufzeit}}}$$

Somit ergibt sich vorliegend bei einer Restlaufzeit von drei Jahren ein Abzinsungsfaktor von $1{,}04^3$ = 1,124864. Der abgezinste Rückstellungsbetrag beträgt sodann für die Handelsbilanz 109 272 €/1,124864 = 97 142 €.

Korrekturbuchung für die Handelsbilanz:

Sonstige Rückstellungen	2 858 €	an	sonstiger betrieblicher Aufwand	2 858 €

Auch steuerrechtlich ist die Rückstellung anzusetzen (§ 5 Abs. 1 Satz 1 EStG). Allerdings sind die steuerrechtlichen besonderen Bewertungsvorschriften zu beachten (§ 5 Abs. 6 EStG). Aus § 6 Abs. 1 Nr. 3a Buchst. f EStG ergibt sich, dass Preis- und Kostensteigerungen nach dem Bilanzstichtag unberücksichtigt bleiben müssen. Außerdem beträgt der steuerliche Abzinsungssatz generell 5,5 v. H. In der StB ist deshalb wie folgt zu bewerten:

Aufwand aus Sicht des 31. 12. 2017: 100 000 €

Abgezinst zum 31. 12. 2017: 100 000 €/$1{,}055^3$ = 85 161 €

HINWEIS:

Statt des Divisors aus $1{,}055^3$ (=1,1742413) kann auch mit dem Vervielfältiger aus Tabelle 2 in Anh. 9 V EStH (BMF v. 26. 5. 2005, BStBl 2005 I S. 699) gerechnet werden: 100 000 € x 0,852 = 85 200 €.

Im Rahmen der Überleitungsrechnung zur steuerlichen Gewinnermittlung ist der handelsrechtliche Jahresüberschuss um 11 981 € zu erhöhen (97 142 € ./. 85 161 €).

Hierdurch ergibt sich eine Differenz zwischen einem handelsrechtlichen und einem steuerrechtlichen Bilanzansatz. Da es sich nicht um eine permanente Differenz handelt, kommt die Bildung einer aktiven Steuerabgrenzung in Betracht (§ 274 Abs. 1 Satz 2 HGB). Da lt. Aufgabenstellung ein möglichst hoher Vermögensausweis gewünscht wird, ist von dem Wahlrecht Gebrauch zu machen. Es ergibt sich ein latenter Steuerertrag von 30 % von 11 981 € = 3 594 €. Buchung für die Handelsbilanz:

Aktive latente Steuerabgrenzung	3 594 €	An	Steuern vom Einkommen und Ertrag, davon latent Steuern	3 594 €

Für die Überleitungsrechnung nach § 60 Abs. 2 Satz 1 EStDV zur Ermittlung des steuerrechtlichen Ergebnisses hat das folgende Auswirkungen:

Kürzung Rückstellung	+ 11 981 €
Latenter Steuerertrag	./. 3 594 €

3. Lieferungen der finnischen Tochtergesellschaft

Mit der Hinnahme der überteuerten Lieferung der Puu-Summer Ltd. an ihren Alleingesellschafter (Sommer GmbH) bewirkt die GmbH handelsrechtlich eine Zuwendung an die Puu-Summer Ltd. im Wert von 30 000 €. Denn dieser Leistung in Höhe von 30 000 € steht keine Gegenleistung gegenüber, insbesondere wird dadurch kein aktivierbarer Vermögensgegenstand erworben. Allenfalls könnte von einer Wertsteigerung bei der Beteiligung an der Puu-Summer Ldt. ausgegangen werden. Diese Annahme ist nach dem Sachverhalt ausgeschlossen. Es liegen auch keine nachträglichen Anschaffungskosten i. S. von § 255 Abs. 1 Satz 2 HGB vor, weil die Beteiligung der GmbH schon gehört und die Mehrzahlung nicht dem Erwerb dient. Für die GmbH ergibt sich somit auch bezüglich des überzahlten Betrags Aufwand. Die vorgenommene Buchung ist vom Ergebnis her handelsrechtlich nicht zu beanstanden. Aus kalkulatorischen Gründen könnte eine Umbuchung erwogen werden, z. B.:

Sonstiger betrieblicher Aufwand	30 000 €	An	Innergemeinschaftliche Erwerbe (Wareneinkauf)	30 000 €

Steuerrechtlich ist von einer verdeckten Einlage im Betrag von 30 000 € und von zusätzlichen Anschaffungskosten auf die Beteiligung auszugehen (§ 6 Abs. 6 Satz 2 EStG). Außerdem erhöht sich das Einkommen der GmbH um denselben Betrag (§ 8 Abs. 3 Satz 4 KStG). Dies ist für die Überleitungsrechnung nach § 60 Abs. 2 EStDV zu beachten.

Wegen der – nur in der Steuerbilanz stattfindenden – Erfassung zusätzlicher Anschaffungskosten i. H. v. 30 000 € auf die Beteiligung, kommt eine aktive latente Steuerabgrenzung in Betracht, denn im Verkaufsfall der Beteiligung würde in der Steuerbilanz der GmbH wegen des höheren Buchwerts ein um 30 000 niedrigerer Veräußerungsgewinn entstehen. Da ein möglichst höher Vermögensausweis erfolgen soll, ist die Steuerabgrenzung vorzunehmen. Sie berechnet sich unter Beachtung von § 8b Abs. 2 und 3 KStG (95 % des Veräußerungsgewinn sind steuerfrei) wie folgt:

30 000 € x 5 % = 1 500 €

Latenter Steuerertrag: 30 % von 1 500 € = 450 €

Auswirkungen auf die Überleitungsrechnung nach § 60 Abs. 2 EStDV:

Fremdvergleichsdifferenz	+ 30 000 €
Latenter Steuerertrag	./. 450 €

HINWEIS.

Im vorliegenden Fall ist auch eine Korrektur nach § 1 Abs. 1 AStG denkbar. §1 Abs. 1 AStG bestimmt:

Werden Einkünfte eines Steuerpflichtigen aus einer Geschäftsbeziehung zum Ausland mit einer ihm nahe stehenden Person dadurch gemindert, dass er seiner Einkünfteermittlung andere Bedingungen, insbesondere Preise (Verrechnungspreise), zugrunde legt, als sie voneinander unabhängige Dritte unter gleichen oder vergleichbaren Verhältnissen vereinbart hätten (Fremdvergleichsgrundsatz), sind seine Einkünfte unbeschadet anderer Vorschriften so anzusetzen, wie sie unter den zwischen voneinander unabhängigen Dritten vereinbarten Bedingungen angefallen wären. Für die Anwendung des Fremdvergleichsgrundsatzes ist davon auszugehen, dass die voneinander unabhängigen Dritten alle wesentlichen Umstände der Geschäftsbeziehung kennen und nach den Grundsätzen ordentlicher und gewissenhafter Geschäftsleiter handeln. Führt die Anwendung des Fremdvergleichsgrundsatzes zu weitergehenden Berichtigungen als die anderen Vorschriften, sind die weitergehenden Berichtigungen neben den Rechtsfolgen der anderen Vorschriften durchzuführen.

In diesem Fall wäre eine außerbilanzielle Korrektur i. H. v. + 30 000 € vorzunehmen. Ein latenter Steuerertrag wäre nicht zu berücksichtigen. Die Finanzverwaltung vertritt allerdings die Auffassung, dass die verdeckte Einlage der Korrektur nach § 1 Abs. 1 AStG vorgeht (BMF v. 12. 42005, BStBl 2005 I S. 570 Tz 5.3.1).

Zusammenfassung:

Jahresfehlbetrag lt. vorläufiger Handelsbilanz	./. 650 000 €
Änderungen aus Tz 1	
Werbekosten	+ 8 000 €
Nicht abziehbare Vorsteuer	./. 342 €
Nicht abzugsfähige Geschenke	./. 1 800 €
Abzugsfähige Geschenke	./. 1 800 €
Bewirtungskosten	./. 3 600 €
Werbekosten	+ 7 200 €
Änderungen aus Tz 2	
Sonstige Rückstellung/S.b.Aufwand	+ 2 858 €
Latenter Steuerertrag (3 594 € + 450 €)	+ 4 044 €
Zwischenergebnis (vorläufiger Jahresfehlbetrag lt. Handelsbilanz)	./. 635 440 €
Überleitungsrechnung nach § 60 Abs. 2 EStDV	
Aus Tz 2	
Sonstige Rückstellung	+ 11 981 €
Latenter Steuerertrag	./. 4 044 €
Aus Tz 3	
Innergemeinschaftliche Erwerbe, verdeckte Einlage	+ 30 000 €
Steuerlicher Jahresfehlbetrag	./. 597 503 €
Außerbilanzielle Korrekturen	
Aus Tz 1	
Geschenke	+ 1 800 €
Bewirtungskosten	+ 1 080 €
Nicht abziehbare USt	+ 342 €
Steuerlicher Verlust/Einkommen/Gewerbeertrag	./. 594 281 €

Nach dem Sachverhalt kann der vorstehende steuerliche Verlust ebenso wie der gewerbesteuerliche Verlust aus 2016 innerhalb der nächsten fünf Jahre mit Gewinnen verrechnet werden. Nach § 274 Abs. 1 Satz 4 HGB sind steuerliche Verlustvorträge bei der Berechnung aktiver latenter Steuern in Höhe der innerhalb der nächsten fünf Jahre zu erwartenden Verlustverrechnung zu berücksichtigen. Nicht einzubeziehen ist der körperschaftsteuerliche Verlust aus 2016, da dieser nach 2015 zurückgetragen wurde.

Die latente Steuerentlastung berechnet sich wie folgt:

	Körperschafsteuer	Gewerbesteuer
Verlustvortrag aus 2016		50 000 €
Steuerlicher Verlust 2017	594 281 €	594 281 €
Summe	594 281 €	644 281 €
Steuerentlastung jeweils 15 v. H.	89 142 €	96 642 €

Insgesamt ergibt sich eine aktive Steuerentlastung i. H. v. (89 142 € + 96 482 € =) 185 784 €.

Buchung für die Handelsbilanz:

Aktive latente Steuerabgrenzung	185 784 € An	Steuer vom Einkommen und Ertrag, davon latent	185 784 €

Diese Buchung erhöht den Handelsbilanzgewinn. Im Rahmen der Überleitungsrechnung ist der Betrag wieder abzuziehen: ./. 185 784 €.

Endgültige Zusammenstellung

Zwischenergebnis (vorläufiger Jahresfehlbetrag lt. HB) siehe oben	./. 635 440 €
Latenter Steuerertrag aus Verlustvortrag	+185 784 €
Endgültiger handelsrechtlicher Jahresfehlbetrag	./. 449 656 €
Korrekturen durch Überleitungsrechnung nach § 60 Abs. 2 EStDV	
Aus Tz 2	
Sonstige Rückstellung (siehe oben)	+ 11 981 €
Latenter Steuertrag (siehe oben)	./. 4 044 €
Aus Tz 3	
Preisdifferenz aus Fremdvergleich, verdeckte Einlage	+ 30 000 €
Latenter Steuerertrag aus Verlustvortrag	./. 185 784 €
Steuerlicher Jahresfehlbetrag (wie oben)	597 503 €
Aus Tz 1	
Geschenke	+ 1 800 €
Bewirtungskosten	+ 1 080 €
Nicht abziehbare USt	+ 342 €
Steuerlicher Verlust/Einkommen/Gewerbeertrag	./. 594 281 €

Teil III: XYZ GmbH & Co. KG

1. Übertragung eines KG-Anteils

Handelsrecht

Nach §§ 161 Abs. 2, 105 Abs. 3 HGB finden auf eine KG die Vorschriften des BGB Anwendung. § 719 Abs. 1 BGB bestimmt, dass ein Gesellschafter nicht über seinen Anteil an dem Gesellschaftsvermögen und an den einzelnen dazu gehörenden Gegenständen verfügen kann. Es handelt sich hierbei um dispositives Recht, d. h. es gilt nur, soweit die Beteiligten nichts anderes vereinbart haben. Nach dem Gesellschaftsvertrag ist die Übertragung eines Anteils am Gesamthandsvermögen an eigene Angehörige generell zulässig. Da Z seinen Anteil auf seinen Sohn S überträgt, liegt die Zustimmung der übrigen Gesellschafter vor. Dabei tritt S unmittelbar in die Rechtsstellung des Z ein; dies kann durch einfache Umbuchung geschehen: Kapital Z an Kapital S. Die übrigen Gesellschafter sind nicht betroffen.

Unberührt bleiben auch die im Alleineigentum des Z befindlichen Anteile an der Komplementär-GmbH und sein Recht an der Marke „Z“. Diese gehören nicht zum Gesamthandsvermögen der KG und dürfen von dieser auch nicht bilanziert werden.

Die Haftungsvergütung an die Komplementär-GmbH ist bei der KG als Aufwand zu erfassen.

Steuerrecht

Z besitzt bei der KG alle Eigenschaften eines Mitunternehmers. Diese bestehen darin, dass die KG Einkünfte aus Gewerbebetrieb erzielt, ein Gesellschaftsverhältnis besteht, Z an den stillen Reserven beteiligt ist, ein unternehmerisches Risiko trägt und unternehmerische Initiative entfalten kann.

Sein 50-%iger Anteil an der Komplementär-GmbH gehört zwar nicht zum Gesamthandsvermögen der KG; gleichwohl handelt es sich steuerrechtlich um Betriebsvermögen der KG in Gestalt von notwendigem Sonderbetriebsvermögen II, da die GmbH in der KG die Vollhaftung übernimmt und über keinen eigenen Geschäftsbetrieb verfügt. Der GmbH-Anteil ist in einer Sonderbilanz zugunsten des Z zu erfassen.

Da Z sein Markenrecht an der Marke „Z“ der KG zur Nutzung überlässt, gehört dieses ebenfalls zum steuerrechtlichen Betriebsvermögen der KG, hier in Gestalt von Sonderbetriebsvermögen I. Ein Ansatz in einer Sonderbilanz zugunsten des Z scheitert aber daran, dass es sich um ein von Z selbst geschaffenes immaterielles Wirtschaftsgut handelt, dass gem. § 5 Abs. 2 EStG nicht angesetzt werden darf.

Die zu Recht als Betriebsausgaben behandelten Zahlungen der KG an Z für das Markenrecht, sind bei Z nach § 15 Abs. 1 Nr. 2 EStG zu behandelnde Sonderbetriebseinnahmen und gleichzeitig – da die Zahlungen auf sein privates Bankkonto erfolgten – Entnahmen aus seinem Sonderbetriebsvermögen: 240 000 €.

Auch die Haftungsvergütung an die GmbH kann für die KG Betriebsausgabe sein, wenn sie nicht im Gesellschaftsvertrag als Gewinnvorab vereinbart ist. Gleichwohl ist sie aber bei der GmbH nach § 15 Abs. 1 Nr. 2 EStG zu erfassen und dem KG-Gewinn wieder hinzurechnen.

Z hat seinen Mitunternehmeranteil an der KG und sein Markenrecht an der Marke „Z“ unentgeltlich auf S übertragen. Wird der Anteil eines Mitunternehmers an einem Betrieb unentgeltlich übertragen, ist § 6 Abs. 3 EStG zu beachten, wonach die Buchwertfortführung unter bestimmten Voraussetzungen in Betracht kommt.

Der Mitunternehmeranteil eines Gesellschafters umfasst sowohl den Anteil am Gesamthandsvermögen als auch das dem einzelnen Mitunternehmer zuzurechnende Sonderbetriebsvermögen (BFH v. 12.4.2000, BStBl 2001 II S. 26). Im Rahmen des § 6 Abs. 3 EStG kommt nur die funktionale Betrachtung zur Anwendung. Funktional wesentlich können nur solche Wirtschaftsgüter sein, die für die Funktion des Betriebes von Bedeutung sind; auf das Vorhandensein erheblicher stiller Reserven kommt es nicht an. Wird der gesamte Anteil des Mitunternehmers an der Gesellschaft übertragen, setzt § 6 Abs. 3 Satz 1 EStG voraus, dass neben dem Anteil am Gesamthandsvermögen auch sämtliche Wirtschaftsgüter des Sonderbetriebsvermögens, die für die Funktion des Betriebes von Bedeutung sind (funktional wesentliches Sonderbetriebsvermögen), übertragen werden (BMF v. 3.3.2005, BStBl 2005 I S. 458 Rz 3 und 4). Dem Markenrecht an der Marke „Z“ kommt eine solche funktionale Bedeutung für die KG zu. Sie vertreibt bundesweit ihre Produkte unter dieser Marke. Die Marke ist zudem bundesweit bekannt. Da es sich um diätetische Lebensmittel handelt, ist das Verbrauchervertrauen in die Marke geschäftserheblich. Da S aber das Markenrecht mit übernimmt, steht der Anwendung des § 6 Abs. 3 EStG nichts im Wege. Das

Markenrecht gehört bei ihm ebenfalls zum notwendigen Sonderbetriebsvermögen I und ist mit 0 € aus den genannten Gründen zu bewerten.

Wird anlässlich der Übertragung des Anteils am Gesamthandsvermögen funktional wesentliches Sonderbetriebsvermögen zurückbehalten und in das Privatvermögen des Übertragenden überführt, ist eine Buchwertfortführung nach § 6 Abs. 3 Satz 1 EStG nicht zulässig. Es liegt insgesamt eine tarifbegünstigte Aufgabe des gesamten Mitunternehmeranteils vor (BFH v. 31. 8. 1995, BStBl 1995 II S. 890). Fraglich ist, ob der zurückbehaltene Anteil des Z an der Komplementär-GmbH funktionales Sonderbetriebsvermögen darstellt. Ist ein Kommanditist einer GmbH & Co. KG zugleich an der Komplementär-GmbH beteiligt, so ist diese Beteiligung bei funktionaler Betrachtung keine wesentliche Betriebsgrundlage seines Mitunternehmeranteils, wenn der Kommanditist im Rahmen der GmbH nicht seinen geschäftlichen Willen durchsetzen kann (BFH v. 25. 11. 2009, BStBl 2010 II S. 471). Das ist hier der Fall. Z ist lt. Sachverhalt nur zu 50 % an der GmbH beteiligt, die übrigen 50 % hält X. Z hat den GmbH-Anteil entnommen. Eine Gewinnauswirkung ergibt sich wegen fehlender stiller Reserven nicht. Korrekturbuchung im Sonderbereich des Z:

Entnahme	12 500 €	an	GmbH-Anteil	12 500 €

Da die Vergütung für die Marke auf das private Bankkonto des S überwiesen wird, ergeben sich insoweit Entnahmen im Sonderbereich des S. Buchung:

Entnahmen	20 000 €	an	Erträge aus Überlassung von Rechten	20 000 €

2. Vermietung einer Wohnung

Handelsrecht

Das bebaute Grundstück ist ein Vermögensgegenstand des Gesamthandsvermögens und damit bilanzierungspflichtig (§ 246 Abs. 1 HGB). Die Überlassung der Wohnung im zweiten Stock an die Mutter des X und Y zum halben Mietpreis ist für die Bilanzierung unbeachtlich. Entscheidend ist allein, dass die KG Eigentümerin ist.

Aufwendungen für die Erneuerung von bereits vorhandenen Teilen, Einrichtungen oder Anlagen sind regelmäßig Erhaltungsaufwand und damit sofort abzugsfähige Betriebsausgaben (H 6.4 „Abgrenzung von Anschaffungs-, Herstellungskosten und Erhaltungsaufwendungen" EStH i. V. m. R 21.1 Abs. 1 EStR). Das trifft vorliegend auf die Renovierungs-und Sanierungsarbeiten zu. Die buchmäßige Behandlung ist nicht zu beanstanden. Das gilt auch für die Behandlung der Mieteinnahmen.

Steuerrecht

Bei dem bebauten Grundstück handelt es sich in vollem Umfang um Betriebsvermögen der KG (R 4.2 [11] EStR. Der eigenbetrieblich genutzte Gebäudeteil, die vermietete Wohnung und der anteilig darauf dazu gehörende Grund und Boden stellen dabei jeweils selbständige Wirtschaftsgüter dar (R 4.2 Abs. 3 EStR, H 4.2 [7] „Anteilige Zugehörigkeit des Grund und Boden" EStH). Der Grund und Boden wird den beiden unterschiedlich genutzten Gebäudeteilen anteilig zugerechnet. Da die Stockwerksnutzflächen gleich groß sind, entfallen vom Grund und Boden 2/3 auf den eigenbetrieblich genutzten Gebäudeteil und 1/3 auf den Wohnteil.

Die AfA für das Gebäude ergibt sich aus § 7 Abs. 4 Satz 1 Nr. 2 EStG. Da das Gebäude nach dem 31. 12. 1924 fertiggestellt wurde, beträgt der jährliche AfA-Satz 2 %. Die Anschaffungskosten für das Gebäude betrugen 800 000 €, so dass sich eine jährliche AfA von 16 000 € ergibt.

Da die Überlassung an die Mutter teilentgeltlich erfolgt, ergibt sich eine Nutzungsentnahme (H 4.7 „Teilentgeltliche Überlassung" EStH). Diese ist mit dem Teilwert zu bewerten (§ 6 Abs. 1 Nr. 4 EStG). Bei Nutzungsentnahmen entspricht der Teilwert den tatsächlichen Selbstkosten (H 6.12 „Nutzungen" EStH). Dies sind vorliegend grundsätzlich 50 v. H. der Aufwendungen einschließlich AfA, soweit nicht eine direkte Zuordnung möglich ist. Die Nutzungsentnahme ist eine Entnahme aller Gesellschafter, da sie alle die verbilligte Wohnungsüberlassen dulden (H 4.3 Abs. 2-4 „Personengesellschaften" EStH).

X 40 %

Y 20 %

S 40 %.

Die Mieteinnahmen wurden zutreffend als Betriebseinnahmen erfasst.

Im Einzelnen:

Laufende Aufwendungen 40 000 €, davon für Wohnung 5 000 €, 50 %	2 500 €
Erhaltungsaufwand 60 000 €, davon für Wohnung 1/3 = 20 000 €, 50 %	10 000 €
Erneuerung der Fenster 10 000 €, 50 %	5 000 €
AfA 16 000 €, davon Wohnung 1/3 = 5 333 €, 50 %	2 666 €
Wert der Nutzungsentnahme	20 166 €

Korrekturbuchung:

Entnahmen X	8 066 €			
Entnahmen Y	4 033 €			
Entnahmen S	8 067 €	an	Unentgeltliche Wertabgaben (ustfrei)	20 166 €

3. Darlehen an Y und Insolvenz des Y

Handelsrecht

Die Darlehensforderung stellt einen Vermögensgegenstand dar und gehört zum bilanzierungspflichtigen Gesamthandsvermögen der KG (§ 246 Abs. 1 HGB). Die Erfassung auf dem „Verrechnungskonto Y" ist nicht zu beanstanden, da dort nur das Darlehen ausgewiesen wird und insbesondere keine Verluste verbucht werden.

Nach § 169 Abs. 1 HGB hat ein Kommanditist nur Anspruch auf Auszahlung des ihm zukommenden Gewinns; er kann auch die Auszahlung des Gewinns nicht fordern, solange sein Kapitalanteil durch Verlust unter den auf die bedungene Einlage geleisteten Betrag herabgemindert ist oder durch die Auszahlung unter diesen Betrag herabgemindert werden würde. Dieses Entnahmeverbot ist vorliegend allerdings nicht verletzt. Zum einen liegt ein Darlehen vor, zum anderen haben X und S zugestimmt.

Forderungen sind mit den Anschaffungskosten zu bewerten (§ 253 Abs. 1 Satz 1 HGB), hier also mit 800 000 €. Nach § 253 Abs. 3 HGB sind bei Vermögensgegenständen des Anlagevermögens bei voraussichtlich dauernder Wertminderung außerplanmäßige Abschreibungen vorzunehmen, um diese mit dem niedrigeren Wert anzusetzen, der ihnen am Abschlussstichtag beizulegen ist. Lt. Sachverhalt beträgt dieser beizulegende Wert am 31.12.2017 5 % von 800 000 € = 40 000 €.

Die Zinsforderung gegen Y in Höhe von 53 333 € ist ebenfalls zu berücksichtigen (§ 252 Abs. 1 Nr. 5 HGB). Da sie allerdings nur in Höhe von 5 % werthaltig ist, ist sie in dieser Höhe einzubuchen. Alternativ käme auch eine Einbuchung von 53 333 € und anschließend eine Abschreibung i. H. v. 50 667 € in Betracht.

Korrekturbuchungen:

Verrechnungskonto Y	40 000 €	An	Abschreibungen auf Finanzanlagen	40 000 €
Sonstige Forderungen	2 667	an	Zinserträge	2 667

Anlässlich der Eröffnung des Insolvenzverfahrens über das Vermögen des Y scheidet Y mit Wirkung vom 30.12.2017 aus der KG aus (§ 131 Abs. 3 Satz 1 Nr. 2 i. V. m. § 161 Abs. 2 HGB). Daraus ergibt sich für Y ein Abfindungsanspruch gegen die KG, der von der KG geschuldet und als Verbindlichkeit des Gesamthandsvermögens zu passivieren ist. Der Abfindungsanspruch berechnet sich – da keine Zwischenbilanz erstellt werden muss – sowohl zum 30.12.2017 wie zum 31.12.2017 wie folgt:

Kapitalkonto vom 31.12.2017	200 000 €
Anteil des Y am Verlust der KG lt. Anl. 2 (20 v. H. von 1 182 400 €)	./. 236 480 €
Anteil des Y an den stillen Reserven	+ 200 000 €
Abfindungsanspruch	163 520 €

Wegen der Aufdeckung der stillen Reserven im Grund und Boden und Gebäude ist dort eine entsprechende Aufstockung vorzunehmen. Buchung:

Grund und Boden	120 000 €			
Gebäude	80 000 €	An	Kapital Y	36 480 €
			Sonstige Verbindlichkeiten	163 520 €

Anmerkung: Fraglich ist, ob der Abfindungsanspruch von 163 520 € aufgerechnet werden kann gegen die Darlehnsforderung in Höhe von 800 000 €. § 94 Insolvenzordnung bestimmt dazu: Ist ein Insolvenzgläubiger zur Zeit der Eröffnung des Insolvenzverfahrens zur Aufrechnung berechtigt, so wird dieses Recht durch das Insolvenzverfahren nicht beeinträchtigt. Vorliegend bestand aber die Aufrechnungslage **vor Eröffnung** des Insolvenzverfahrens noch nicht. Denn der Abfindungsanspruch entsteht erstmals im Zeitpunkt des Ausscheidens des Y, also am 30.12.2017. Mit dem Beschluss der Eröffnung des Insolvenzverfahrens scheidet Y kraft Gesetzes am 30.12.2017 aus der KG aus. Damit fallen Beginn des Insolvenzverfahren und Entstehen des Abfindungsanspruchs zusammen, so dass keine Aufrechnungslage vor Beginn des Insolvenzverfahrens bestand.

Steuerrecht

Zwischen Personengesellschaften und ihren Gesellschaftern abgeschlossene Verträge sind zivilrechtlich wirksam (z. B. Miet-, Darlehens- und Beratungsverträge sowie Werkleistungsverträge).

Die auf der Grundlage solcher Verträge gezahlten Vergütungen der Gesellschaft an den Gesellschafter mindern den handelsrechtlichen Gewinn. Steuerrechtlich sind derartige Vereinbarungen mit den ihnen innewohnenden bürgerlich-rechtlichen Konsequenzen (z. B. Mieten, Zinsen) wegen § 15 Abs. 1 Satz 1 Nr. 2 EStG unbeachtlich: Bei den von der Gesellschaft an den Gesellschafter gezahlten Vergütungen (z. B. Mieten, Zinsen, Honorare) handelt es sich steuerrechtlich um Gewinnanteile des Gesellschafters.

§ 15 Abs. 1 Satz 1 Nr. 2 EStG gilt jedoch nicht, wenn – wie hier – Empfänger der Vergütung aus Darlehens-, Miet-, Werkleistungsverträgen usw. die Gesellschaft ist, weil sie Vermieterin, Darlehens- oder Auftraggeberin ist. Hier liegen zivilrechtlich und steuerrechtlich bei der Gesellschaft Mieterträge, Zinserträge oder sonstige betriebliche Einnahmen – jeweils im gewerblichen Bereich – vor. Es gelten dann die allgemeinen Vorschriften wie zwischen Fremden.

Voraussetzung für die steuerrechtliche Anerkennung von Darlehensvertragen **zwischen Angehörigen** – wie hier – ist aber, dass der Darlehensvertrag zivilrechtlich wirksam geschlossen worden ist und tatsächlich wie vereinbart durchgeführt wird; dabei müssen Vertragsinhalt und Durchführung dem zwischen Fremden Üblichen entsprechen (Fremdvergleich). Der Fremdvergleich bedeutet, dass das Vereinbarte in jedem Einzelfall und während der gesamten Vertragsdauer nach Inhalt und Durchführung dem entsprechen muss, was fremde Dritte bei der Gestaltung eines entsprechenden Darlehensverhältnisses üblicherweise vereinbaren würden. Vergleichsmaßstab sind die Vertragsgestaltungen, die zwischen Darlehensnehmern und Kreditinstituten üblich sind. Das setzt insbesondere voraus, dass

- eine Vereinbarung über die Laufzeit und über Art und Zeit der Rückzahlung des Darlehens getroffen worden ist,
- die Zinsen zu den Fälligkeitszeitpunkten entrichtet werden und
- der Rückzahlungsanspruch ausreichend besichert ist (BMF v. 23. 12. 2010, BStBl 2011 I S. 37).

Vorliegend fehlt es an der ausreichenden Besicherung. Außerdem sind die Refinanzierungskosten höher als die vereinbarte Verzinsung, so dass die Darlehensgewährung der KG zu keinem Zeitpunkt einen wirtschaftlichen Vorteil bringt. Kein Kaufmann würde sich auf eine solche Darlehnsgewährung einlassen. Daraus folgt, dass das Darlehen nicht betrieblich sondern privat veranlasst ist. Da das Darlehen steuerlich nicht zum Betriebsvermögen gehört, ist es als Entnahme zu behandeln, die allen Gesellschaftern anteilig unter Minderung ihrer Kapitalkonten zuzurechnen ist (H 4.3 [2-4] „Personengesellschaften" 5. Spiegelstrich). Das mit dem Darlehen wirtschaftlich zusammenhängende Refinanzierungsdarlehen teilt das Schicksal des dem Gesellschafter gewährten Darlehens; es stellt einschließlich der Zinsen eine Privatschuld aller Gesellschafter dar entsprechend ihrer Beteiligungsquote. Denn bei Schulden gibt es kein gewillkürtes Betriebsvermögen. Maßgebend ist immer, wodurch die Schuldaufnahme wirtschaftlich verursacht wurde. Dient die Schuldaufnahme der Anschaffung von (auch gewillkürtem) Betriebsvermögen oder der Begleichung betrieblicher Aufwendungen, so ist die Schuld notwendiges Betriebsvermögen. Die Zinsaufwendungen sind dann Betriebsausgaben. Ist die Schuld hingegen durch Anschaffungen oder Ausgaben im privaten Bereich verursacht, gehört sie zum notwendigen Privatvermögen.

Die Ausbuchung der Schuld erfolgt buchungstechnisch als Einlage, da sie zu einer Erhöhung des Betriebsvermögens führt.

Folgende Korrekturbuchungen sind erforderlich:

Entnahmen X	320 000 €			
Entnahmen Y	160 000 €			
Entnahmen S	320 000 €	an	Abschreibungen auf Finanzanlagen	800 000 €
Darlehensverbindlichkeit	800 000 €	an	Einlagen X	320 000 €
			Einlagen Y	160 000 €
			Einlagen S	320 000 €
Entnahmen X	26 666 €			
Entnahmen Y	13 333 €			
Entnahmen S	26 667 €	an	Zinsaufwand	66 666 €

Die vorstehenden Buchungen führen im Kapitalkontenbereich zu einer Abweichung zwischen Handels- und Steuerbilanz. Falls das nicht gewünscht ist, können die Entnahmen und Einlagen auch in Ergänzungsbilanzen dargestellt werden.

Anlage 1

Kaufmann Rüdiger Winter	**Ergebnis**
Vorläufiger Jahresüberschuss 2017 (Ergebnis der Handelsbilanz)	80 000,00 €
Änderungen **Einzelsachverhalte 1** Grundstück Hafenstr. 11	
Sonst. betriebl. Aufwand (ANK Gebäude)	+ 1 200,00 €
Instandhaltungskosten (betriebliche Räume)	./. 24 000,00 €
AfA Gebäude (Wohnung)	./. 460,23 €
Erträge aus Entnahmen (17 262,10 € + 5 600,63 €)	+ 22 862,73 €
AfA Gebäude (Betrieb)	+3 083,50 €
Änderungen **Einzelsachverhalt 2** Grundstück Hafenstr. 11	
Sonst. betriebl. Aufwand (Ratinggebühren)	./. 1 000,00 €
Zinsaufwendungen	./. 3 000,00 €
Änderungen **Einzelsachverhalt 3** Verpackungsmaschine	
Abschreibungen auf Sachanlagen (AfA)	+1 833,33

Jahresüberschuss nach vorstehenden Änderungen (Ergebnis der Handelsbilanz)	80 519,33 €
Steuerliche Unterschiede gegenüber der Handelsbilanz (§ 60 Abs. 2 EStDV)	
Unterschiede **Einzelsachverhalt 1** Grundstück Hafenstr. 11	
Anschaffungsnaher Herstellungsaufwand	+ 24 000 €
Unterschied AfA Gebäudeteil Wohnung (662,79 € statt 460,23 €)	./. 202,56 €
Entnahmegewinn (17 262,10 € ./. 11 464,66 €)	./. 5 797,44 €
AfA Betriebsgebäude (2 270,63 € statt 1 576,50 €)	./. 694,13 €
Unterschiede **Einzelsachverhalt 3** Verpackungsmaschine	
AfA-Unterschied	+66,67 €
Außerbilanzielle Hinzurechnung Investitionsabzugsbetrag	+6 400,00 €
Abzugsbetrag nach § 7g Abs. 2 Satz 2 EStG	./. 6 400,00 €
Sonderabschreibung nach § 7g Abs. 5 EStG	./. 1 920,00 €
Steuerliches Ergebnis nach vorstehenden Änderungen	95 971,87 €

Anlage 2

Handelsrechtlicher Abschluss der KG auf den 31. 12. 2017

Gewinn- und Verlustrechnung

2017

Aufwendungen	
Entgelt für die Überlassung des Markenrechts	240 000 €
Aufwendungen für das Gebäude	126 000 €
Außerplanmäßige Abschreibung	760 000 €
Zinsaufwand	66 666 €
Haftungsvergütung für GmbH	2 000 €
Summe	1 194 666 €
Erträge	
Miete	9 600 €
Zinsforderung	2 666 €
Summe	12 266 €
Jahresfehlbetrag	1 182 400 €

Bilanz 31.12.2017

Aktiva		Passiva	
Bebaute Grundstücke	320 000 €	Kapital X	./. 72 960 €
Gebäude	464 000 €	Kapital S	./. 72 960 €
Bank	590 934 €	Abfindungsverbindlichkeit	163 520 €
Diverse Aktiva	100 000 €	Diverse Passiva	700 000 €
Verrechnungskonto Y	40 000 €	Darlehen	800 000 €
Zinsforderung	2 666 €		
Bilanzsumme	1 517 600 €	Bilanzsumme	1 517 600 €

Nachrichtlich: Kapitalentwicklung

Vorgang	X 40 v. H.	S 40 v. H.	Y 20 v. H.
Stand 1.1.2017	400 000 €	400 000 €	200 000 €
Jahresfehlbetrag 2017 1 182 400 € (siehe oben)	./. 472 960 €	./. 472 960 €	./. 236 480 €
Ausscheiden des Y am 30.11.2017 (Abfindung 200 000 € ./. 36 480 € = Auseinandersetzungsanspruch 163 520 €)			+ 36 480 €
Stand 31.12.2017	./. 72 960 €	./. 72 960 €	-

Steuerrechtlicher Abschluss der KG auf den 31.12.2017

Gegenüber der Handelsbilanz muss die Steuerbilanz um die Entnahmen und die nicht anzuerkennende Teilwertabschreibung berichtigt werden. Auszubuchen sind die Darlehnsforderung, die Zinsforderung und das Bankdarlehen.

Der steuerliche Gewinn ist wie folgt zu ermitteln:

Handelsrechtlicher Ergebnis (Verlust)	./. 1 182 400 €
Nicht anerkannter Gebäudeaufwand	+20 166 €
Nicht anerkannte Abschreibung Darlehen	+760 000 €
Zinsaufwand	+66 666 €
Zinsertrag	./. 2 666 €
Steuerlicher Ergebnis (Verlust)	./. 338 234 €

Folgende Entnahmen sind zu berücksichtigen:

Gebäudeaufwand Darlehensvergabe Zinsaufwand	20 166 € 800 000 € 66 666 €
Steuerliche Entnahmen Davon entfallen auf X 40 v. H. Davon entfallen auf S 40 v. H. Davon entfallen auf Y 20 v. H.	886 832 € 354 733 € 354 733 € 177 366 €

Folgende Einlagen sind zu berücksichtigen:

Refinanzierung Darlehen: 800 000 €
Davon entfallen auf X: 320 000 €
Davon entfallen auf S: 320 000 €
Davon entfallen auf Y: 160 000 €

Steuerrechtliche Entwicklung der Kapitalkonten:

Vorgang	X 40 v. H.	S 40 v. H.	Y 20 v. H.
Stand 1. 1. 2017	400 000 €	400 000 €	200 000 €
Steuerliches Ergebnis (Verlust)	./. 135 294 €	./. 135 294 €	./. 67 646 €
./. 338 234 € (siehe oben)	./. 354 733 €	./. 354 733 €	./. 177 366 €
Entnahmen (siehe oben)	+320 000 €	+320 000 €	+160 000 €
Einlagen (siehe oben)	+229 973 €	+229 973 €	+114 988 €
Zwischenstand vor Ausscheiden des Y			./. 114 988 €
(Anspruch des Y: Kapital 114 988 € + stille Reserven 200 000 € =314 988 € ./. Tats. Abfindung 163 520 € = Verzicht des Y 151 468 €). Der Verzicht des Y auf 151 468 € erhöht die Kapitalkonten von X und S um jeweils	+75 734 €	+75 734 €	
Stand 31. 12. 2017	+305 707 €	+305 707 €	-

Steuerlich wäre das Ausscheiden des Y zu buchen gewesen:

Kapital Y 114 988 €, Grund und Boden 120 000 €, Gebäude 80 000 €

an

Abfindungsanspruch Y 163 520 €, Kapital X 75 734, Kapital S 75 734 €

Bilanz 31. 12. 2017

(Gesamthandsvermögen)

Aktiva		Passiva	
Bebaute Grundstücke	320 000 €	Kapital X	305 707 €
Gebäude	464 000 €	Kapital X	305 707 €
Bank	590 934 €	Abfindungsanspruch Y	163 520 €
Diverse Aktiva	100 000 €	Diverse Passiva	700 000 €
Summe	1 474 934 €	Summe	1 474 934 €

Die Anteile des X an der Komplementär-GmbH sind als Sonderbetriebsvermögen II in einer Sonderbilanz zu erfassen:

Sonderbilanz des X 31. 12. 2017

Aktiva		Passiva	
Beteiligung an der GmbH	12 500 €	Kapital	12 500 €
Summe	12 500 €	Summe	12 500 €

Sonderbilanz des S 31. 12. 2017

Aktiva	Passiva	
	Kapital 1. 1. 2017	0 €
	Lizenzerträge	240 000 €
	Entnahmen	./. 240 000 €
	Kapital 31. 12. 2017	0 €
Summe 0 €	Summe	0 €

Das Markenrecht des S war gem. § 5 Abs. 2 EStG nicht zu bilanzieren.